世界(F.是它的代表)和我的自我在难分难解的争执中撕碎我的躯体。

——弗兰茨·卡夫卡

星·空·丛·书

丛书主编 林和生

犹太人质的悲与欣

——卡夫卡的旷野漂流

Franz Kafka

林和生 著

西南师范大学出版社
国家一级出版社 全国百佳图书出版单位

图书在版编目(CIP)数据

犹太人质的悲与欣 ：卡夫卡的旷野漂流 / 林和生著
— 重庆 ：西南师范大学出版社，2015.1
ISBN 978-7-5621-7292-5

Ⅰ.①犹… Ⅱ.①林… Ⅲ.①卡夫卡，F.(1883～1924)—人物研究 Ⅳ.①K835.215.6

中国版本图书馆 CIP 数据核字(2015)第 002154 号

星空丛书　丛书主编　林和生

犹太人质的悲与欣——卡夫卡的旷野漂流

YOUTAIRENZHI DE BEIYUXIN——KAFUKA DE KUANGYE PIAOLIU

林和生　著

责任编辑：何雨婷
装帧设计：尚品视觉 CASTALY　周　娟　刘　玲
排　　版：重庆大雅数码印刷有限公司
出版发行：西南师范大学出版社
地址：重庆市北碚区天生路 2 号
邮编：400715　市场营销部电话：023-68868624
http://www.xscbs.com
经　　销：全国新华书店
印　　刷：重庆五环印务有限公司
开　　本：890mm×1240mm　1/32
印　　张：14.25
字　　数：380 千字
版　　次：2015 年 7 月　第 1 版
印　　次：2015 年 7 月　第 1 次印刷
书　　号：ISBN 978-7-5621-7292-5

定　　价：43.00 元

目录

contents

第二部 文学与使命

第三部 人的尽头

星空与创造
——“星空丛书”总序

等着他辽远的歌声，
重新穿透星空的肺腑。

——《异象》

星空：天使在歌唱

没见过比凡·高《星月夜》更美的星空：

……苍穹在燃烧，宛如哲人所述的永恒火焰。
星月的夜空在燃烧，在辉煌，在流动，在奔泻，在旋转，
在流动和旋转中奔泻和辉煌，
在流动、旋转、奔泻和辉煌中燃烧并耳语，天地间充满它们耳语的喧闹——巨大而悄然，神秘又美丽……

安徒生的星空是童话：“一颗星星划过夜空，又一个人死了……”——连死亡，也变成了一个童话。

克尔恺郭尔的星空与他一样孤绝：“就像一株孤傲的冷杉，兀然而立，直指天际，我站立着，不留下一丝阴影，只有岩鸽在我枝丫上筑巢。”

“恶是善的星空。”卡夫卡写下如此“怨毒”的箴言。然而，一旦涉及其犹太血缘，他的星空——连同星空下他的同胞——就会恍若温柔：“就在两条小街的分路处，韦瑟站住了，只将身体倚着的手杖拄在对面的街上。一时兴起，夜空吸引了他，夜空中的深蓝与金黄。他一无所知地凝视夜空，一无所知地稍稍掀起帽子，把头发掠到帽下。”

卡夫卡的星空正是亚伯拉罕的星空，无论其下发生何种罪孽，终归寄托着人类的平安：

我观看你指头所造的天，并你所陈设的月亮星宿，
便说：“人算什么？你竟顾念他；世人算什么？你竟眷顾他。”

万古之先，亚伯拉罕即被眷顾，也被寄望。人类的平安系于他，一位“绝对单数性质”的个人——就此而言，他是一位万古之先的克尔恺郭尔。他蒙恩拥有无数属灵后裔、旷世知己或“精神邻居”，如星星布满浩瀚的星空。

只是，星星——如地球——既在星空中，也在星空下。

星空下，芸芸众生不一不异，跻身汨谷，无不背负自己的十字架——恰如犹太人马克思所言：“人所固有的我无不具有。”

魔鬼、天使齐集于每位世人，翱翔其心空。

心空对应着星空。星空却恍若没有魔鬼，唯有天使。

天使意味着光明，光明天使在星空翱翔。

然而，光明天使亦受难天使，一面翱翔天际，一面徜徉地狱——吟唱一首“卡夫卡式”(Kafkaseque)的天使之歌：

相比地狱最深处的人，无人能唱得更纯洁。凡我们以为天使的歌唱，其实是他们在歌唱。

光明天使在歌唱。受难天使在歌唱。光明天使是牛顿、巴赫、凡·高、安徒生、克尔恺郭尔、卡夫卡……而就其人生的无奈与悲苦，他们也是受难天使。好在，无论光明或受难，他们都在歌唱：用艺术，也用思想。从各自地狱的至深处，他们背负着自己的十字架——既是纯洁的歌唱，更是虔诚的祷告，恰如卡夫卡所言：

祷告和艺术，两者都出于属灵的激情。面对庸常的选择，当事人渴望超越和升华。跟祷告一样，艺术是一只伸向未知的手，渴望触及恩典，而恩典的馈赠，将把艺术转化为一只能够给予的手。

借卡夫卡代言，我们懂了牛顿，他“创造”了万有引力的宇宙，却始终随身携带一本《圣经》。我们也懂了巴赫，在他手上，音乐无非“为了上帝的荣耀”，三百多首康塔塔和受难曲，篇篇开头与结束，总要虔诚写下“求告耶稣”与“荣耀只归于上帝”。[1]几乎一模一样的话语，见于安徒生的人生终篇。辞世前不到一年，69岁的安徒生亲手编定《安徒生童话全集》，之后欣然告白世人：“若我真写了好的故事，荣耀只归于上帝！”这番话出自童话《墨水笔和墨水瓶》，其中那位诗人正是安徒生自己。“……那该是多么愚蠢啊！而我们人，诗人、艺术家、科学上的发明家、将领，却常常这样干。我们夸耀自己，而我们大家实则不过上帝演奏的乐器罢了。光荣只属于他！”[2]安徒生童话堪称儿童版的《福音书》。绝非偶然，巴赫的音乐确乎被人称为“第五福

1　[美]唐纳德·杰·格劳特，格劳德·帕利斯卡，《西方音乐史》，余志刚译，人民音乐出版社，2010年，第332页。

2　参见《安徒生童话故事全集》，林桦译，中国少年儿童出版社，1995年，第1卷第18页，第3卷第171页。

音书”。[1]当代音乐大师L.伯恩斯坦就此做出评价:“巴赫是一位受造,而不是创造者(creator);然而,作为受造,他敬畏创造者;正因为如此,他的艺术蒙受着创造者的恩典。”[2]

恩典借星空抵达。

于是,一种儆醒也借星空抵达,却仿佛来自尘世。

至深至炽的火焰,腾腾燃烧。就在众生眼前,深深融入星月的夜空。

那流动、旋转、燃烧、喧哗、辉煌着的星月的夜空,与它们融为一体——根系却深深地,永恒地扎入大地……

大地景象:腰裙与“同体大罪”

大地上另有什么本质的景象呢?

从开始结束的地方结束开始,一切都要回到伊甸园现场。“伊甸园被关闭了,万物都已被改变,那男人既恐惧自己,也恐惧周遭的世界。”[3]

重返伊甸园现场,首先遭遇的,是那件无花果树叶的腰裙(loincloth)。

亚当夏娃弃绝绝对之爱(agape)的劝勉,偷吃智慧果,拥有了“如神”的眼光(意识),却当下意识到肉身的有朽与必死(自我意识)。死亡让他们恐惧,他们旋以无花果树叶编织腰裙,擅加文饰,谁知反而

---

1 [德]克劳斯·艾达姆,《巴赫传:真实的一生》,王泰智译,商务印书馆,2000年,第1页。

2 转引自《巴赫传:真实的一生》,第395~396页。

3 [丹]克尔恺郭尔,《十八训导书》,吴琼译,中国工人出版社,1997年,第108页。

导致心理的、属灵的死亡恐惧——不是死亡产生恐惧，而是恐惧产生死亡——成就“虽生犹死”的异象。

对于万物生灵，本来并无死亡，“它不是世界的事实”[1]。

一棵树有生而不知生：春天发芽，夏天开花，秋天结果，冬天凋零。同样，它有死而不知死，终其一生不会有死亡意识，更不会恐惧，相反永远平安。[2]

按同样的逻辑，对于身体本身，死也“不是世界的事实”。偷吃智慧果之前，亚当夏娃与大千世界同体大在，与万物生灵不分彼此，与自己的身体浑然一体。对于他们，死亡并不存在。

不幸的是，偷吃智慧果导致意识的“冒起”，结束了道法自然、绝对和谐的关系。人性就此分裂。

分裂首先是人与创造者的分裂，由此引发一系列分裂：人与自然、人与社会、个体与群体、我与你、人与己、意识与无意识、意识与身体……

现在，身体作为无意识，不复与亚当夏娃同体大在，相反，它成为二元-对象化思维（意识）的对象。

意识“误读”道法自然的生命节律，异化其本真性质，经投射(projection)而成死亡的虚像，进而诱发死亡恐惧。

这一切固然悲剧，然而至为悲剧者，在于无花果腰裙的文饰。

文饰是一种无意识行为。在伊甸园的悲剧中，亚当夏娃的文饰

---

1 [奥]路德维希·维特根斯坦，《维特根斯坦全集》，陈启伟译，河北教育出版社，2003年，第1卷第156页。

2 除人之外，宇宙万物，例如一棵树，凭借自然的需要，有如一呼一吸，合乎创造者之道。唯有人，因恐惧而欲望，又因欲望而恐惧，自酿恶果，以至于自己吓死自己。正是“欲望/恐惧综合体”应有之义。

意在掩盖原罪，否认死亡恐惧。[1]

然而，原罪[2]及死亡恐惧不可能掩盖，相反欲盖弥彰，借“反向作用”(reaction formation)投射出来，以欲望的形式向外推诿，嫁祸于人，害人害己：亚当夏娃推卸偷吃智慧果的罪责，其子该隐因嫉妒(推诿的重大副产品、原罪的重要位格)谋杀胞弟亚伯，该隐后裔拉麦淫乱而暴戾，再往后，所多玛和蛾摩拉更是伤天害理。[3]

显然，所谓推诿，即“以伤害[他者]来称义……靠攫取他者生命来证明自己”[4]。但他者与我们同为受造，来自同一位创造者，同体大在，休戚相关。因此，伤害他者，就是伤害我们自己；嫁祸于人，就是嫁祸于人类整体。

自文饰的当下，罪孽与苦难即开始转移、传播、扩散；同体大在之人类逐渐沦陷于“同体大罪”，伴随着同体大欲、大病、大难、大苦、大疯……直至同体大死。死亡的个体虚像终成群体实像，从心理的、属灵的事实，演绎为社会的、历史的真相。恰如保罗所说：“罪始于偷吃智慧果之亚当，终至于普世同体大罪、大死。”

概而言之，文饰即推诿。借文饰或推诿，原罪欲盖弥彰，死之恐惧甚嚣尘上。

---

1 偷吃智慧果纯属自暴自弃、自我毁灭，当然是罪；而且，这是自暴自弃、自我毁灭的起点，所以是“原罪”。起点的发生、发展均系无意识状态，所以，无意识是罪的大本营。

2 此处乃逻辑推断而非“判决”。偷吃智慧果导致自我毁灭，当然是罪；而且，这是自我毁灭的起点，所以是“原罪”。

3 第一，该隐之前另有人类。这是因为，亚当夏娃犯罪之后自食其果，惩罚之一即“分娩时会加倍痛苦”(创3:16)，说明犯罪之前已有孩子，正因为如此，亚当才称夏娃为“众生之母”(创3:20)。第二，如果说该隐因父母犯罪而遗传有罪，这些孩子就是无罪的孩子。第三，该隐之前的人类，并非完全生于亚当夏娃，因为他们受造于创世第三日(创2:4~8)，但另有人类受造于创世第六日(创1:26~29)，他们与偷吃智慧果无关，因而也是无罪之人。

4 [美]E.贝克尔，《死亡否认》，林和生译，人民出版社，2015年，第204页。

死之恐惧异化道法自然的生之需要，使之膨胀为骄奢的生之欲望。[1]

例如，死之恐惧异化朴素的娱乐天性，忘情于消费主义的生之欲望：穷奢极欲，贪得无厌，争先恐后，趋之若鹜，争强斗狠，不择手段，赢家通吃，膨胀起泡，放浪形骸，饮鸩止渴，作死造死——直至"娱乐至死"!

因为生之欲望，"你"日益异化为"他"，直至物化为"他物"，无异时下的油田、煤井、矿山、森林、水源、风景、文化……横遭算计、抢占、掠夺、控制并榨取。

由此酿成不二的双向灾难，祸及社会关系的内外两面：人性越是物化（社会关系的资源化与各种文化心理污染），社会就越是向外异化（针对自然的抢占、掠夺、控制、榨取和污染），反之亦然。

两者恶性循环，将异化引向极致，终成物化时代——今天的大众消费时代——其丑陋现实印证了一位作者的深刻批判，对于本处也是精准的概括："并非自然的动物本性，而恰恰是对惊恐(panic)的掩饰，让我们活在丑陋之中。"[2]——这正是"失乐园"的路线图，其间惊心动魄，一路如卡夫卡所说"从烟里到火里"，每况愈下，直到"娱乐至死"——正如N.波兹曼的《娱乐至死》开篇所言：

在[奥威尔的]《一九八四年》中，人们受制于痛苦，而在[A.L.赫胥黎的]《美丽新世界》中，人们由于享乐失去了自由。简而言之，奥威尔担心我们憎恨的东西会毁掉我们，而赫胥黎担心的是，我们将毁于我们热爱的东西。

1　需要与欲望相区别，有如树与人的区别。一棵树不会因为听闻（或意想）明天要遭砍伐，就满腔仇恨，不择手段或先下手为强。同样，一只狮子绝不会滥杀超过自己需要的角马；狮群中当然也不会有争先的"角马富翁"或恐后的"角马贫民"。事实上，争先是欲望，恐后是恐惧，两者同属"欲望/恐惧综合体"，不过是同一枚硬币的正反两面。

2　《死亡否认》，萨姆·基恩"前言"。

这本书想告诉大家的是，可能成为现实的，是赫胥黎的预言，而不是奥威尔的预言。[1]

那么，人类会走向毁灭吗？

是毁于自己热爱的事物吗？

所热爱的事物是什么？

如果就是娱乐，那么娱乐又是什么？

人类所憎恨的事物是什么？

人类之沦丧或假如毁灭，与其所憎恨的事物没有联系吗？

如果有联系，那么，所热爱的事物与所憎恨的事物，两者之间，又会有着怎样一种关联？

……

这样一系列的考问，直指人类的“被驱性”，对此，卡夫卡箴言第25条进行了深刻的揭示：

除非逃进这个世界，否则怎么会如此兴高采烈？

卡夫卡替波兹曼说出了隐而未显的话：“我们之所以热爱，本质上是因为我们憎恶。”我们憎恶死亡（死之恐惧），于是用疯狂娱乐的热爱（生之欲望）加以文饰，结果反而“娱乐至死”。我们下意识否认死亡，逃离死亡，反而与死亡撞个满怀。憎恶是事实，热爱是否认。憎恶是原因，热爱是结果。经由娱乐至死，热爱回到憎恨，发现自己就是憎恨，应了精神分析“误读出真相”的行话，更见证了诗人对人性

---

1 [美]N.波兹曼，《娱乐至死·童年的消逝》，章艳等译，广西师范大学出版社，2009年，第4页。

命运的深刻颖悟。“抵达出发之地/重新认识自己的起点”，然而，“终点以为我们就是/起点”。[1]

自因与“自因”——欲望/恐惧综合体

起点还是伊甸园那件腰裙。这是人类“创造力”的首发式：第一项文明、第一件时装、第一场娱乐、第一宗产品、第一项成果……

如前所述，腰裙的目的很简单：否认死亡，掩饰惊恐。也可理解为生之欲望：亚当夏娃弃绝创造，坠入死亡的虚空，如惊恐的溺水者，抓住了腰裙这根稻草。“抓”是欲望的现象，结果“抓出了”——或者说“创造了”——腰裙的文明。

腰裙意味着一个诱因系列：弃绝创造者—自我意识—死亡—原罪—死亡恐惧—生之欲望。在这个系列中，内在诱因是弃绝创造者，表象诱因是生之欲望。或者说，在掩饰惊恐的同时，“文饰”已然走向欲望。

一方面，欲望文饰着恐惧；另一方面，如前所述，欲望不过是恐惧的反向作用。

于是，文饰的过程和结果呈现为一个绝妙的公式：欲望/恐惧或欲望/恐惧综合体——这是人性的核心成分与机制。

其中，“欲望”是表象，掩盖（文饰）着其下实质性的“恐惧”。表象的欲望越炽热，说明其下的恐惧越强烈。[2]

---

1 [美]约翰·费尔斯坦纳，《保罗·策兰传：一个背负奥斯维辛寻找耶路撒冷的诗人》，李尼译，江苏人民出版社，2009年，第352页。

2 如“越焦虑越吃”。又如胡长清、林龙飞等巨贪因“穷怕了”而欲望泛滥。欲望之人为恐惧折磨，虽生犹死，实为作死之人。不过，日常生活中，欲望之“成功者”竟遭艳羡——足见人性之可悲、可怜。

换一个角度，无论个体还是群体，作为表象的欲望，既可“正面”表达为消费狂欢、娱乐至死，也可“反面”暴露为垂死挣扎——有如溺水者抓稻草。

综而言之，欲望激发个体之粒子或粒子组合（如资本家组合）——使之从群体之波脱颖而出，凭空“冒起”，出类拔萃。众多欲望粒子（或粒子组合）交相辉映，形成群体的欲望之波，同体大欲，有如众多肥皂泡花团锦簇、五彩缤纷，掩饰着其下的恐惧——包括个体之粒子的恐惧，也包括群体之波的恐惧。

事实上，正是恐惧驱使个体粒子归宿于群体，抱团取暖，在绝望与虚空的人性寒冬簌簌发抖如“波”——如此群体之波，有如众多溺水者生死纠缠，仿佛同体大爱，实则同体大惧乃至同体大死。[1]

所有这些个体或群体现象，无论欲望或恐惧，也无论同体大欲、大惧或大死，都以各自的位相，见证着“同体大罪”的事实。

从另一个角度说，“文饰”一举，在掩盖恐惧的同时，貌似也在掩盖欲望。然而，“文饰”一词，其本身的含义，与其说是掩饰，不如说是浪漫。文饰当然在掩饰欲望，但更在浪漫欲望——这正是“腰裙”或文明的根本功能。就此而言，文饰就是文明，反之亦然，文明就是文饰，更不用说“娱乐至死”的文明。

1　这是“人学”的“波粒互补”或“波粒不二”。在量子力学中，基本粒子具有波粒二象性，但相互排斥，或者说，无法同时被观察为波和粒子（海森堡不确定性原理）。然而，量子力学的波尔互补原理认为，波粒二象的互斥也意味着同一实验中不会存在波粒二象的冲突；相反，只有通过二象的互补，才能完成现象的完整的阐释。事实上，我们完全可以认为，粒子“本来”就是波，或者说，粒子的“本征态”处于发散的波态，无处不在，弥散于整个宇宙，只是被我们的观察“坍缩”为粒子而已。同理，波“本来”就是粒子——如前所述，粒子不过是波的“道成肉身”。参见 Hans Reichenbach, *Philosophic Foundations of Quantum Mechanics*, Dover Publications Inc., New edition, 1998, pp.21~24。

不过，欲望只是心像，文明却是物像。[1]

心像是投射(projection)的产物，物像是企划(project)的结果。

借由上述逻辑，不难理解亚当夏娃深层心理的无意识机制：

他们投射欲望为企划，转而享受由欲望所企划的“文明”。

他们试图以欲望的文明来称义，却不料欲望是恐惧的反向作用，即对恐惧的文饰。

他们所作所为，貌似出自向往“生命果”的欲望，实质却源于偷吃“智慧果”的恐惧。[2]

他们对于恐惧浑然不知，唯其如此，他们完全沦为恐惧的奴隶。

恐惧驱赶着他们，令他们殚精竭虑，一路“从烟里逃到火里”，仿佛奔往生命，其实逃向死亡。

死亡作为起点——如保罗·策兰所说——判决他们自己就是终点：

No zuo no die！——不作死，不会死！然而，人的本性就是作死、造死。

因偷吃智慧果，人性虽生犹死。

借用斯宾诺莎之语，这正是所谓的“自因”——这个词已然描述了至为讽刺的结局：

在生活中拼命掩饰惊恐，其结果，生活本身成为惊恐。

事实上，这是自伊甸园以来的真相，始终如一。在创造面前，人类自以为异彩纷呈的漫长历史，却只是一个同一性的瞬间。同一性

1　就其欲望/恐惧的本性，两者都是虚像，意味着虚无、否定生命、虽生犹死等等。在这样的意义上，围绕死亡，无论是个体虚像还是群体实像，或者说，无论是心理的、属灵的事实，还是社会的、历史的真相，统统都是虽生犹死的虚像，即《金刚经》所谓“如梦幻泡影”。

2　可参比卡夫卡箴言第82、25条。“我们之所以有罪，并非因为吃了智慧树之果，而是因为尚未吃生命树之果。如此背景本身已然有罪。在这样的背景上，我们觉得自己有罪或没罪，倒不那么重要了。”“除非逃进这个世界，否则怎么会如此兴高采烈？”

(identification)也叫身份。迄今为止，人类掩饰惊恐、逃避罪责的身份始终没变。同样，他们到达的任何终点又成为他们的起点；反之，他们的任何起点当下即成终点。用克尔恺郭尔的话说："他们原本就是虚无，所以成了虚无。"绝非偶然，半个世纪之后，尼采宣告"上帝（创造）已死"，人类就此沉陷虚无主义。[1]

这正是"自因"的逻辑机制与必然结局。

伟大的斯宾诺莎英年早逝，他最伟大的著作《伦理学》在他死后得以发表。第一部分"论神"开篇定义如下：

> 自因[causa sui]，我理解为这样的东西，它的本质即包含存在，或者它的本性只能设想为存在着。[2]

斯宾诺莎一路证明下来，到第一部分"命题25"得出结论说：

> 概而言之，神既谓之自因，同理也必然谓之万物的原因。[3]

所谓自因，可理解为自存在、自运动、自启示、自演绎、自表述、自规定、自定义、自义……概而言之，自因即"自有永有"或"我是我所是"。[4]这样一种属性，唯创造独有，无法加以二元-对象化，因而不会

---

1 1855年9月25日生平最后日记，载《克尔凯戈尔日记选》，彼得·P.罗德选编，姚蓓琴等译，上海社会科学院出版社，1992年。克尔恺郭尔一语成谶，堪称先知的愤怒。

2 [美]斯宾诺莎，《伦理学》，贺麟译，商务印书馆，1958年，第1页。

3 Spinoza, *Complete Works*, trans. by Samuel Shirley, Hackett Publishing Company, Inc., 2002, pp.232.某个意义上，自因就是《道德经》的自然，两者的差别在于，老子不追问源头，虽然他也说"无名，天地之始"；而斯宾诺莎则强调：创造者作为源头，不仅决定一切真知，而且包含一切真知，舍此不可能有至善之境。参见斯宾诺莎《神学政治论》，温锡增译，商务印书馆，1963年，第四章。

4 I AM WHO I AM.《出埃及记》第3章14节。

产生分裂，也无法成为理性观照的“目标图式”（target view）[1]。至多只能按弗罗姆、蒂利希等人的建议，加以“否定式神学”的体认：自因“不是什么……是无限……不是不善……不是不公正”。[2]人越意识到理性无法把握自因，他关于自因的体认就越深刻，越丰富。

不幸的是，亚当夏娃弃绝了自因之创造，在惊恐中，如溺水者抓稻草一般，抓住了，“创造”了那条“自因”的腰裙，并就此以“创造者”自居：凭腰裙的浪漫来“自因”，借文明的灿烂来“自义”。

如前所述，他们试图以欲望证明自己不恐惧，却忘记了欲望正是恐惧的反向作用。

而腰裙或文明，最终不过是欲望心像的物像，是欲望/恐惧综合体的一个位相。

创造者与“创造者”

弗洛伊德悲观地认为，一切文明巧智无非自我催眠的“自恋物”，包括“腰裙”（时装）、美化的身体、化妆品、名包、名表、豪车、人造风景、摩天大楼……

摩天大楼又称“巴别塔”或“通天塔”——作为隐喻，克尔恺郭尔早在1850年就有过批判：“铁路的狂热，从任何方面来说，无异于修建巴别塔的企图。”[3]

1 *A Confusion of the Spheres: Kierkegaard and Wittgenstein on Philosophy and Religion*, by Genia Sch..onbaumsfeld, Oxford University Press Inc., 2007, pp.195~201.

2 [美]弗罗姆，《爱的艺术》，陈维纲、林和生等译，四川人民出版社，1986年，第78~79页；着重号为原有。

3 Kierkegaard, *Papers and Journals: A Selection,* edt. by Alastair Hannay, Penguin Books, 1996, pp.476.

据《希伯来圣经》，巴别塔乃伊甸园腰裙的后续工程，应该算是人类欲望文明的第一座地标。然而，其功能与伊甸园腰裙一样，无非是借欲望文饰恐惧。伊甸园事件之后，人类因“自因”而遭大洪水，之后，“他们说，来吧，我们要建造一座城和一座塔，塔顶通天，为要传扬我们的名……”。这是一项“自因企划”或“神化工程”(causa sui project)，其通天欲望中，暗藏着大洪水的恐惧记忆。[1]

“神化”是冒犯，也是文饰和逃避，既是“自因”对自因的冒犯，也是对于自身惊恐的文饰和逃避。因而，跟伊甸园腰裙一样，巴别塔也是“自因”的象征，是欲望/恐惧综合体的隐喻和投射——这正是克尔恺郭尔批判“巴别塔”所指。他的批判，本质上适用人类一切文明巧智的“创造”。人不可能借文明“自因”成神；相反，人越是“自因”，巴别塔修得越高，毁灭就越快，越惨。被克尔恺郭尔视为“巴别塔”的文明成果不限于铁路，也包括他那个时代的巴士、汽船、电报、速印机、安全阀、减震器……他把这一切都归纳为“人类傲慢[欲望/恐惧]的产物”，源于伊甸园那个古老的故事：

> 这是一个古老的故事。人类做出的发现是人类[掩饰恐惧]的胜利，他们热情地对待一切，欲将一切事物都用来使这一发明日臻完满。人类兴高采烈，并且[“自因”]崇拜起自我来了。[2]

克尔恺郭尔无情嘲讽腰裙和巴比塔的文明。例如，他挖苦高速

1　参“高楼迷”网站(http://www.gaoloumi.com/)世界各国“摩天指数”栏。当前，世界最高摩天大楼高828米，已然“图腾”。据称，另一座更高的“图腾”(838米)正在筹建中，号称“天空城市”。另参，张晓玲，陈静，《摩天大楼竞赛》，载2012年5月31日《21世纪经济报道》。摩天指数越高，经济风险越大，“危险正在逼近”。

2　[丹]索伦·克尔凯戈尔，《克尔凯戈尔日记选》，晏可佳等译，上海社会科学院出版社，2002年，第13~14页。

印刷机，“使什么肮脏的糟粕都保证得以出版”，即便用来传福音，也不会为上帝所喜悦，否则“上帝至少可以等到……搞到一二台高速印刷机”才降临！[1]克尔恺郭尔的虔诚貌似恶毒（卡尔·巴特语），其实善意而单纯，只是希望助我们穿透“文明”的表象，洞悉“自因”的内在逻辑：

人类越是远离自因之创造，就越是沦陷于文明“创造”之“自因”，进而更加远离自因之创造……如此恶性循环直至自我毁灭。

因为“自因”，同体大在之人，已然“同体大罪”，进而同体大病，而不限于个人生活的种种焦虑与混乱，也不限于日常的神经症、自由冲动或人格谎言。人类作为整体已然罹患“致死之病”，堪称疯狂：两次世界大战，无数局部战争，600万反犹大屠杀，30万南京大屠杀，柬埔寨百万大屠杀，卢旺达百万大屠杀，美国校园枪击案，“9·11”事件，2011年7月23日挪威奥斯陆爆炸枪击案（布雷维克案），2012年5月24至26日“北美系列食人案”，2011年至今依次发生的埃及事件、利比亚事件和叙利亚事件、伊核危机和朝核危机，乌克兰危机，极端宗教组织其及活动，各类暴恐案，等等等等，其他诸如社会不公、监守自盗、贪污腐化、生态污染、食品及药品安全、埃博拉病毒、“癌症爆炸”或“娱乐至死”……诸般“天灾人祸”，无法逐项枚举。

问题还须从另一方面加以探讨。如前所述，所谓文明，无非“巧智”的“创造”，是腰裙，也是巴比塔，是“娱乐”，也是欲望。

欲望是恐惧的反向作用，本身就会激化恐惧。更重要的是，借欲望消除恐惧，无异饮鸩止渴，必然导致情势的恶化，包括恐惧的强化。

因而，文明越巧智，娱乐越亡命，死亡恐惧就越深重，进而激发更巧智的文明，更亡命的“娱乐”……就此恶性循环，直至“娱乐至死”或“癌症爆炸”——这正是欲望/恐惧综合体的“自因”运动：一方面，“娱

1 《克尔凯戈尔日记选》，第14页。

乐至死”的欲望引发“癌症爆炸”的恐惧；另一方面，“癌症爆炸”的恐惧刺激“娱乐至死”的欲望。两者的纠缠循环正是“自因”的内在逻辑。

如此“自因”，既是疯狂，也是弥天大谎：弃绝自因之创造所留下的虚空，竟想借“自因”之“创造”来文饰。

如此文饰之谎言，无非自欺欺人的“恋物”。

“恋物”(fetish)一词，另含“偶像”“迷信”“物神”“盲目崇拜之对象”等词义。如此说来，“自因”就是“自恋”，就是自我崇拜和私人宗教：无论拜物还是拜偶像，最终不过是拜自己。所谓“他恋”，即精神分析所谓移情，不过是“自恋”的巧智之巧智：另找一只替爱羊/替罪羊，一位可资掌控的“女神”或“男神”，最终还是绕回自我崇拜，以上帝自居，把“自因”当自因，把“创造”当创造。

然而，假借“创造”而弃绝创造，就是与创造相分裂，必然继发一系列的分裂，最终导致二元-对象化思维模式，形成精神分裂性质的文明。

换句话说，二元-对象化必然导致偶像化，即以偶像或自恋僭越创造，有如时下热语：

我能！
一切皆有可能！
我的地盘我做主！
相信(迷信)自己！
……

从另一个角度说，这相当于“自因”向自因争“版权”，受造对创造抢位格。谨举《创造者》一书为例，该书号称“史诗性巨著”，其作者号称“著名文学派史家”，开篇即引普鲁斯特语作为全书题词：“有人说，对上帝最崇高的赞美来自无神论者对上帝的否认。无神论者发现受造物竟如此完美，以致他不再需要一位造物主。”[1]

然而，事实上，任何“创造者”及其“创造”（作品），都受造于自因之创造。

那么，否认这一点的“创造者”（受造），不过是僭越者，其作品即其“自因企划”或“神化工程”，无非自我神化的工具。

如此“创造者”，其自身即狂妄而愚蠢，遑论其“创造”（作品）！

然而，“创造者”竟崇拜自己的“创造”（作品），使之“升华”为“私人宗教”，更是狂妄愚蠢之极！若无创造的拯救，最终必沉沦于无法自拔的虚无主义，自暴自弃直至自我毁灭。

生之恐惧与“脸”的覆灭

一切自暴自弃乃至自我毁灭，无非出于“自因”——在生活中拼命掩饰惊恐，其结果，生活本身成为惊恐——“泉涸，鱼相与处于陆，相呴以湿，相濡以沫。”[2]——这是生之恐惧！除见证于“相濡以沫”，也见证于“娱乐至死”“癌症爆炸”“脸”的覆灭……

“脸”本该是心灵的风景线，散发“思想的风范”或“灵魂的沉思”，彰显尊严的存在。然而，在物质主义/虚无主义的大众消费时代，

1 [美]丹尼尔·J.布尔斯廷，《创造者》，汤永宽等译，上海译文出版社，1997年，扉页。

2 《庄子·大宗师》。

"脸"很容易物化(reification)和虚化,堕落为"面子"。[1]我们或焦虑(恐惧)于"没面子",或亢奋(欲望)于"要面子";既用"面子"掩饰内心的恐惧,也用"面子"承载内心的欲望。

另一方面,马克思说得好:"人的本质……是一切社会关系的总和。"[2]在大众消费时代(物化时代),我们用"社会关系"维系"面子",两者就此等价:"面子"无非"社会关系"的凝缩;反之,"社会关系"则是"面子"的敷衍。两者都可能沦丧为物化的符号系统,围绕它展开一种特殊的"恋物"或"自恋"游戏——"给脸"。

按此逻辑,"脸"已然沦丧,"面子"和"社会关系"相应解体,人性早晚走向覆灭。

这一切绝非耸人听闻。

2012年5月18日,大名鼎鼎的"面子网"——"脸书"(facebook)——梦想成真,在美国纳斯达克证券交易所隆重上市!紧锣密鼓的忙碌与热闹,掩盖了三个月前一阵阴森恐怖的咆哮——正好来自"面子网"论坛——那是一条可怕的留言,威胁要效法美国校园系列枪击案,"拿活人来献祭",制造轰动效应。留言者为美国巴尔的摩21岁的大学生亚历山大·金尤阿。[3]

2012年5月24日,加拿大,距巴尔的摩七百公里的蒙特利尔,30岁的马尼奥塔抢先一步下了手。这是一位加拿大双性恋色情影星。

1 以上参见E. Levinas, *God, Death and Time*, trans. by Bettina Bergo, Stanford University Press, 2000, pp.12, 196。又见他的*Totality and Infinity: An Essay on Exteriority*, trans. by Alphonso Ligis, Martinus Nijhoff Publishers, 1979, pp.80~81。"……the other continues to face me, to reveal himself in his face."

2 见《马克思恩格斯全集》第2版,人民出版社,2002年,第3卷,第5页。又,"社会关系"也可概括为nexus——该词拥有丰富的词义:联结、联系、关系、网络、相互联结的系列或组群等等。此处既可理解为个体之粒子,也可理解为群体之波。

3 *Suspected Maryland cannibal ranted about "human sacrifices" on Facebook*, Associated Press in Maryland guardian.co.uk, Saturday 2 June 2012. 下同。

不幸的童年让他极度渴望出名，憧憬一张为人艳羡的“面子”。他精心选择了可能产生轰动效应的受害人。24日深夜至25日凌晨，他在自己家中制服了受害人，随即安置现场录像设备——他深谙此道：只要够狠，互联网很快就会给他一个大大的“面子”，让他一举成名。录像镜头正是物化时代的眼睛，用以聚焦于“面子”。众目睽睽，他杀死受害人，旋用冰箱的碎冰锥狂刺尸体，稍后割下头胪，肢解躯干，伸手奸尸，噬食受害人之尸……最后上传录像至互联网[1]——这张网本身就是一个同体大在的“面子”。热衷其道者，不择手段追求“点击率”，“抢占眼球”，就此与马尼奥塔无异。

5月25日，巴尔的摩，亚历山大·金尤阿终于下手肢解了37岁的室友阿吉·科迪。他先后吃掉被害者的心和脑，并准备陆续“消费”其余可吃部位。借此，他兑现了三个月前自己在“面子网”上的咆哮。他要强迫社会回忆那声咆哮，让“面子”时代丢尽面子。孟夏5月，北美东海岸潮湿的空气中，“面子”时代发烫的“面子”之下，隐秘的杀机在蔓延，锋芒所向，直指“面子”时代的终结，海风中已然闻到了甜甜的血腥味……

紧接下来，5月26日，下午1点55分的美国迈阿密，一个昏昏欲睡的时辰，31岁的美国公民鲁迪·尤金，大概带着一张物化的脸，以一种“最具性感”的方式——赤身裸体，沿麦克阿瑟堤道的人行辅道独自行走，踩着自己同样赤裸的影子。突然，他发现了素昧平生的流浪者罗纳德·普普正傍着辅道砌栏小憩。鲁迪·尤金随意看了一眼普普的脸，即刻身不由己，上前凝视，达2分钟之久。

自1970年始，普普已然流浪42年。在这42年里，人类社会因死亡恐惧的驱赶正在加速物化；而普普，一位流浪者，40年如一日，孤独

---

1 http://news.ifeng.com/world/special/jianadasuishian/此即所谓“抢占眼球”或“点击率”，足见有朽之人不知敬畏是何等可耻，其渴望（欲望）不朽，又是何等丧心病狂。

于关系之外，流浪在关系边缘，一如眼下，在海风湿润的迈阿密盘桓，而不需要一张“面子”的通行证。相反，以世俗人本主义(secular humanism)眼光看来，因长年户外露宿，经常仰望星空，他的眼神竟若有些深邃，脸上也仿佛有自由的风味。流浪让他的眼中居然犹有星光，多少幸免于“面子”的僭越与压抑，甚至借着某种哲学式的冷峻表情，暗自洋溢人性的芬芳，并在2012年5月26日这个宿命的日子，在下午1点55分的阳光中，绽放在“最具性感”的麦克阿瑟堤道，遭遇了鲁迪·尤金与其胴体一样赤裸的眼神！

那一刻，鲁迪·尤金凝视普普之脸达2分钟之久。这是面对面、“脸对脸”(face to face)[1]的一刻，过去就要在这里了结，未来也会从这里开启，所以惊心动魄。这不是一己之私的时刻，这是共有与分享的时刻。亲在的历史就从这里展开，让萍水相逢的人亲密相连。

鲁迪·尤金凝视着面前这张脸。在炎热的孟夏午后，这张脸让他恍惚而困惑，让他怀疑自己生活的意义。他要剥去这张令他困惑的脸，让它不再是一个赠予。人当然渴望赠予。然而，当赠予令他困惑而痛苦，他宁可用强力意志去揭露这张脸，用他自己的概念之光，暴露这张脸下面蕴藏的神秘。[2]

身不由己，他要吃掉这张脸。这张脸不那么“面子”，让人爱恨交加。他爱这张脸，就像饥饿的人爱面包。他恨这张脸，就像反目的爱人恨彼此。他用凝视阐释着这张脸，释放出其中血肉模糊的复调，交融着他自己的正反心像：“面子”的僭越与压抑，自由的憧憬，缺乏的惆怅与占有的诱惑，或此或彼的冲突与纠结……他扑上去，制服了这位象征性的他者。他扒下普普的裤子，在性爱般的肉搏中，一口一口，吃掉这张复调的脸……那是长达18分钟身心俱焚的快感，饕餮

1 E. Levinas, *God, Death and Time*, pp.230.

2 E. Levinas, *Totality and Infinity: An Essay on Exteriority*, pp.74~75.

而精致……这近乎完美的暴行，亦然复调，与普普之脸相应的复调，其间复合着同样血肉模糊的内涵：物化时代的生死恐惧、"通吃"他者的饕餮欲望、极度渴望的"反向作用"、爱恨交织的"相濡以沫"、同体大死的身心纠缠……直至警方赶来。据目击者称，中弹前后，鲁迪·尤金一直朝警方的枪口"丧尸一样咆哮"，大概跟"面子网"上亚历山大·金尤阿的咆哮相差无几。即便咆哮的当儿，他还在丧尸般横吞大嚼普普的脸。他，鲁迪·尤金，亲友眼中完美、温馨、亲切的好人，此刻"就站在那儿，抬起头，嘴里还咬着一块肉，发出咆哮声"。他最终吃掉罗纳德·普普80%的脸，然后永远告别了这个肥皂泡一般的"面子"世界。

同体大死与"生/死恐惧"

"脸"的覆灭，惊心动魄，再次见证人性的逻辑：我们一直试图掩饰死之恐惧，所以拼命逃向"娱乐至死"的欲望生活，却让欲望把生活本身异化为"生之恐惧"。

有人把死之恐惧定义为人性的一个"常项"。[1]

这一定义提供了一个参照系，让我们得以深入理解生之恐惧——它恰好是一个"变项"。

随着人性的"自因"运动，生之恐惧不断增长，直到足以与死之恐惧"匹配"。

当其峰值压倒死之恐惧，就发生所谓"生不如死"的现象——在这种情况下，个体的"自因"就会突变为自绝或自杀。

1 《死亡否认》第16页。

在个体意义上，当代社会自杀人数激增，是生之恐惧的重要证据。[1]

然而，无论死于自杀还是"癌症爆炸"，或者"娱乐至死"，任何个体悲剧，绝非个体一己之私。相反，个体生之恐惧（焦虑）的恶化，正是"同体大罪"的体现，群体危机的见证。

《美丽新世界》作者A.L.赫胥黎的祖父T.H.赫胥黎1894年写道："……一个否定这种[欲望]天性的社会，必然会被外部力量所消灭。……一个被这种天性统治的社会，必然会因内部争斗而毁灭。"[2]

后世两位广义进化论哲学家也注意到，人类文明借其"进步"，已然获得了一种"毁灭潜能"，表现为"集体自杀的潜能"。[3]

不仅个体或局部生活，人类整体生存已然令人惊恐。

哪怕当事人个体置身尚好，但人类生存之网已然"自绝"，悬而未决，在"自因"的尽头风雨飘摇，人性裹挟着历史走向终结。

一切有如"娱乐至死"的过程：

我们最初"被驱"于死亡恐惧，以腰裙式的"浪漫娱乐"为逃避，却身不由己演变为"亡命娱乐"，乃至成就足以令人惊恐的大众消费文明。

这绝非耸人听闻，当今世界乱象——"娱乐至死""癌症爆炸"以

1　据报道，中国平均每年约有28万人死于自杀，200万人自杀未遂。2009年，世界卫生组织（WHO）的《全球性医学研究报告》指出，世界各地每年约有100万人死于自杀，其中约有三分之一发生在中国；中国的自杀死亡者80%来自农村。自杀为我国人群第五大死因，是15至34岁青年人群的首位死因，农村自杀率是城市的3倍，其中女性自杀率比男性高25%。参见张英《他们为什么选择去死？农村自杀者档案》，2013年7月4日《南方周末》。当前中国，生之恐惧的受害人群分布范围甚广，可参见方可成等《"官心病"，知多少？》该文专论官员自杀（生之恐惧），见2011年10月7日《南方周末》；刘志毅等《富士康"八连跳"自杀之谜》，载2010年5月18日《南方周末》。

2　[美]T.H.赫胥黎，《进化论与伦理学》，宋启林等译，北京大学出版社，2010年，第4页。

3　M.科蒂，T.皮瓦尼，《生物进化和文化进化：迈向全球意识》，载[美]D.洛耶，《进化的挑战：人类动因对进化的冲击》，胡恩华等译，社会科学文献出版社，2004年。

及极端暴恐活动或“埃博拉”(作为象征)——已然提供了惊天见证，让人无法逃避整体的生之恐惧。

其结果——概而言之——单纯的死之恐惧或生之恐惧相互强化，综合发展为成熟的生/死恐惧。

这是人性的奇观：跻身生存之网，当事人身不由己，身陷同体大罪-大病-大恐-大死，求生不得，求死不能；死也恐惧，生也恐惧；既文饰死之恐惧，又掩盖生之恐惧；活又活不好，死又不想死；常常生不如死，总体虽生犹死……

人性已到自身尽头。

所幸的是，哪里有罪哪里就有恩典，哪里有危险哪里就有拯救。

尽头即终点，然而，保罗·策兰说得真好——“终点以为我们就是/起点”。

仰望星空

牛顿一生仰望星空。他的信念无比虔诚：浩瀚无涯之星空，只能出自创造者之手。

他……作为一切的主宰而统治所有。……至高的上帝是永恒的、无限的、绝对完美的存在……他是至高者或者最高的完美……是无限的、全能的和全知的，亦即，在自无有穷期到无有穷期的延展中，在从无限到无限的空间中，他统治一切；且他知道一切，无论是已发生的和将要发生的。他不是永恒和无限[不是对象]，而是永恒的和无限的[自因]……一切事物被他包容且在其中运动，但没有相互的感觉

[不会彼此二元–对象化的“邻舍”]。[1]

牛顿的星空，空间上无边无涯，时间上无始无终，是天地万物的终极隐喻，理想见证着创造之自因或自因之创造。

就在牛顿晚年仰望星空的同时，康德呱呱坠地。1788年，64岁的康德写出《实践理性批判》，在其“结论”部分，开篇讲出世人皆知的那句不朽名言：

两样事物，吾人越是凝神沉思，越是敬畏不已：那就是头上星空与心中道德律令。

仔细分析康德此语的前后文，其意自明：吾人与头上星空“共在”，与心中道德相“关联”——水乳交融，无法区分，参与着星空的“起始和绵延”，也分享着“普遍而必然的联结”。如此绵延与联结，从各个方向否定着“我作为受造之骄傲”，同时也“向我揭明兽性之外的人生”，从而敞开无限升华的可能。[2]

既然如此，康德的道德律令（包含死亡之律令）与万事万物一样，以头上星空为前提，事实上，是头上星空的绵延。

这意味着，对道德律令的敬畏，是星空之敬畏的绵延。

康德毋宁是在说，无论星空或星空的绵延，还是敬畏或敬畏的绵延，最终指向创造的源头，那位自因自有、是其所是的创造者。

康德实际上是在说，星空尚且令人敬畏，遑论创造星空的那一位。因他自因自有，是其所是，所以无可思考，唯有敬畏。

---

1 ［英］牛顿，《自然哲学的数学原理》，赵振江译，商务印书馆，2006年，第648~650页。

2 参见 *The Critique of Practical Reason*, by Immanuel Kant, trans. by Thomas Kingsmill Abbott, London: Longmans, Green, 1909, pp.312。

敬畏:星空下的亲在

在康德的陈述中,还包含这样的推论,与其说亲在之人在敬畏,不如说敬畏临到了亲在之人。所谓亲在之人,即无可比拟之“我”,无可替代之“每个人”,或曰“绝对单数性质的个体”,不一不异之众生。

众生都需要敬畏的仰望或仰望的敬畏。

因为敬畏,星空与律令如约而至,汇成敬畏之约。

现在,敬畏之约率领仰望之人,并同体大在的万事万物,向源头汇聚,向自因回归。

自因自有、是其所是的创造者永不背约。

只有“自因”的受造会背约。

背约的逻辑本质正是二元-对象化思维。

背约是人祸。没有天灾,只有人祸。同样,创造者的世界没有末世,只有当事人一己的“私人末世”。天灾或末世,无非二元-对象化思维的恶果。

大地震(或海啸等)不是天灾,而是受造一己的“私人末世”,一个真正克尔恺郭尔式的“瞬间”(the instant)。[1]

在那个“瞬间”,唯一的选择是与创造者“同时”。[2]

一百年前,泰坦尼克号8人乐队,正是这样一个“瞬间”的见证,他们演奏着《与[造物]主接近歌》,蒙恩,而非蒙难,于那场“天灾人祸”。正如《希伯来圣经》所记,约二千五百年前,面对地震、洪水、瘟疫、刀兵,犹太先知哈巴谷照样高声赞美创造者,稳行在恩典的高处,因当下平安的“瞬间”而永生。

其实,对于虔诚敬畏之人,任一“瞬间”均为一己的“私人末世”,

---

1 参见 *Provocations: Spiritual Writings of Kierkegaard*, Compiled and Edited by Charles E. Moore, Copyright 2002 by The Bruderh of Foundation. Inc.。

2 [丹]克尔恺郭尔,《哲学片断》,翁绍军译,商务印书馆,2012年,第73~74页。

构成生死考验。然而，任一“瞬间”的“同时”，即当下平安的天国。

其实，与创造者“同时”的“瞬间”，已然创造者的恩典。恩典隐喻于十字架（绝对之爱、唯一的终极替罪羊）。那是蒙恩于你的“我与你”（马丁·布伯），是属灵的波粒不二和波粒互补，是属天的关系（nexus）——是永生关系的总和，是不朽生命的本质。

二元-对象化消失了，分裂开始愈合。“万物分崩离析”之乱象反被“颠覆”，“粗野狂兽”之“蓦然巨像”颓然幻灭。“末世”被“翻转”，平安降临。[1]

现在，包括自己（self）在内，万事万物不再是对象化的偶像或“替爱羊/替罪羊”，相反，重归无法区分彼此的“邻舍”。自恋、物恋、分裂、抑郁、变态、污染、罪愆……在阳光下像阴影般消散——太阳照好人也照歹人，雨水降临义人也降临不义的人，包括邻人和仇敌，当然也包括在执着的文饰中放弃沉思的常人，或者在反叛的否认中失之偏颇的哲人（如加缪）。众生无不邻人。一切道德律令和伦理诉求都可委身。现在——当下此刻的“瞬间”，即可与创造者“同时”，从而放心诉求于“美学英雄”或“伦理英雄”[2]……

关于敬畏，世上只有两种人。

最初，世上只有一种人。某个时刻起，我们不约而同，面对死亡惊恐莫名，面对生活困惑不已。相应的，另一方面，对于“头上星空”与“当下此刻”，我们真诚默想：“星空”与“当下此刻”是什么？我是

1 参见［爱尔兰］叶芝《末世审判》（*The Second Coming*）：“……万物分崩离析，中心难以为继；仅存混乱流布于世，血色洪水泛滥人寰，纯真礼俗荡然无存；佼佼者软弱，邪恶者肆虐，邪恶者激情四射，生命浓烈。……蓦然的巨像，出自世界精神，闯入视野：荒漠中，某处一个狮身人面的形体，目光茫然而无情，像日光……黑暗重临，但我已然明了那二十个世纪石头般的沉睡，被一只摇篮摇荡成噩梦；何等粗野狂兽，其时辰已近，正萎靡往圣地去投生？”

2 Kierkegaard, *Stages on Life's Way*, 见 *The Essential Kierkegaard*, Princeton University Press, 1980。

谁？他者是谁？邻人与仇人是谁？这一切从哪里来？在此何为？到哪里去？

无论恐惧、困惑还是沉思，都是在等待恩典——等待敬畏的恩典——卡夫卡借祷告或艺术所渴望的恩典。

当然，如果愿意，可以说，等待，其本身已然恩典。

然而，最终，有人凭借自由意志选择了放弃——放弃了恐惧、困惑或沉思，或者说，放弃了等待。

放弃者将一切视为“自然而然”。[1]

这样的人，只有恐惧及其文饰，不会有敬畏。他/她会辩解说，他/她敬畏(例如父母)。然而，如果连万物源头的创造者尚不知敬畏，不知亏欠、感恩和赞美，遑论其他？

每个人都需要回归源头的敬畏。一则笑话读来可笑，思之催人泪下：

A因无比痛苦而求助于精神分析家B，久治未果后，B亮了底牌，低声建议A去马戏团，观看那位小丑表演。原来，B自己其实一样痛苦无比，实在熬不过去就去马戏团，那位小丑的表演总会让他释怀。A闻言，默然半晌，然后低声告之，自己正是那位小丑。

有人选择了敬畏，或者更准确地说，被敬畏选择。这样的人，在敬畏带领下，用感恩的顺服，代替了二元-对象化的思考，也以亏欠、痛悔与悔过之心代替了追问之心。[2]

作为万物之源头的创造者，无可思考，唯有敬畏。

---

1 非《道德经》的自然，更不是斯宾诺莎的自因，其实质是为我所有，即自我中心，亦即“自因”。

2 斯蒂芬·霍金信奉科技的“自因”，认定“我们生存的唯一机会就是不要蜗居在地球，而是尽快在太空中扩散开来”，据此力挺载人航天，鼓励太空移民的探索。这是骄傲与欲望，更是自卑和恐惧，疯狂和愚蠢。创造者恩赐如此亲爱之地球(不少科学家认为唯一的地球)，人类尚且自我糟蹋而致无以生存，遑论冰冷、虚空、漆黑的外太空！

也可以说，敬畏带领着他/她，怀着亏欠、痛悔与悔过之心，借感恩与赞美在思忖。

敬畏者因此与创造者融为一体，[1]或者严格地说，怀着亏欠、痛悔与悔过之心，在敬畏、感恩与赞美中，他/她踏上了重返伊甸园之路，开始回归那个永生（不朽）的源头。[2]

正是在这样的意义上，自因自有、是其所是的创造者，意味着绝对之爱。

或者说，无可思考、唯有敬畏的创造者，意味着无限之爱。

星空与创造

敬畏意味着重返星空。星空中的绝对与无限之爱，赋予我们平安的属天之境。

创造者“我是我所是”。他是唯一真正的自因。他“无名”而“有名”，既是“天地之始”，亦是“万物之母”。他临在于诸天之上，万事之外，也永驻诸天万事之内心，体恤芸芸众生之悲欣；既是众生之源，为众生分享，也为感受、感恩、敬畏之所向。

对于敬畏之人，创造者的星空生生不息，意味着一切。

不用说，创造者的星空也包括宇宙大爆炸，更兼容了达尔文的进化论。

满怀生生世世同体大罪-大病-大死之创痛，敬畏之人已然明了，自由意志（自我意识）即便视为进化的产物，并未提供“自因”和悖逆

1　这是绝对的一元论。

2　或许有第三种人，从未追问。所以谈不上放弃，更谈不上敬畏。

的理由。

相反，敬畏之人终会明察秋毫：悖逆之举，已然罹罪于欲望/恐惧综合体，因而弃绝平安。

相反，敬畏是蒙恩，痛悔与悔过是新生，感恩与赞美是属天的平安。敬畏之人明白，这是他/她一己的生死大计，是天国与地狱的分野。

事实上，进化是自有永有者的自因过程——自存在、自运动、自启示、自辩证、自演绎、自阐释、自表述、自规定、自定义、自呈现、自平衡……在此过程中，我们经受考验，也蒙受怜恤，终蒙祝福——因为他是绝对之爱，无限之爱。

因而，文明的困惑，乃是要祝福它真正的主人。

同理，考问欲望之际，我们已然抵达道法自然的终点，而“终点以为我们就是/起点”。

相应的，如果我们能够直面惊恐，是因为先已领受勇气的恩典。

甚至沙漠般的“同体大在”，其绝对孤独，也是祝福，让我们“绝对自由”。或者说，无可推诿，只能绝望于人性的终点，而同样，“终点以为我们就是/起点”……

既然如此，那么，最终，自由意志之恶[1]，自我意识之罪，或者说，始于伊甸园之“自因”的二元-对象化缺憾，创造者已然救赎：

世间万事万物，唯自由意志与自我意识之人——能“敬-畏”，能在“敬-畏”中顺服（道法自然），能在顺服中重生，能在重生中感恩，能因感恩而自觉亏欠，能在“亏欠/感恩”的激励中不断重生，能在如此这般的重生中借感恩赞美。

1 “恶的唯一来源是意志的自由选择”。奥古斯丁，《论自由意志》，成官泯译，上海人民出版社，2010年，第189页。关于选择的诱因魔鬼，奥古斯丁这样论述说：“但魔鬼自己从什么源头得了提示，意欲邪恶从而从天堂堕落呢？……显然，要有意愿……”这样，问题在逻辑上还是归结于自由意志（“意愿”）。参同上，第186页。

赞美创造者的绝对之爱、无限之爱。

因为，正是这一绝对之爱与无限之爱，让我们能“敬-畏”，能在“敬-畏”中顺服，能在顺服中重生，能以“同体大罪”之生命领受同体大爱，能代表宇宙万物感恩赞美。

终而言之——能让我们由“自因”回归自因，借受造之创造来荣耀自因之创造，从终点回到起点，重新成倍地拥有无比丰盛的整个世界——

因为：历史既是历史，更是恩典。

同样：星空既是星空，更是恩典。

导言:伤口·人质·温良的舌
——卡夫卡的判决与牺牲

我骨子里存在着某种无可表述、无可阐释之事,而且,也只有在我骨子里,才有可能经历其存在。我一直在坚持,努力表述这无可表述之事,阐释这无可阐释之事。本质上,它也许就是这样一种恐惧——我们曾频繁加以讨论,但是,业已蔓延一切——对最大事物的恐惧,以及对最小事物的恐惧,而且,因单单一句话而令人痉挛的恐惧。

——弗兰茨·卡夫卡《致密伦娜情书》

我带着一个美丽的伤口来到世界上,这是我的全部陪嫁。

——弗兰茨·卡夫卡《乡村医生》

温良的舌是生命树……

——《圣经·箴言》15章4节

岁月是残忍的季节。

在岁月的风尘中,卡夫卡,这位自称"最瘦的人",骨瘦如柴又赤身裸体,与丰腴的世界愈渐了无关系。

但是,在本书中,我们要相遇卡夫卡。我相信,这绝不仅仅是我个人的意愿。

一个日益丰腴而至虚胖的世界,尤其需要卡夫卡这样的个体来平衡,这样的个体禀有"绝对单数的性质"。克尔恺郭尔,一位前世的卡夫卡,卡夫卡的"精神邻居",早在1841年某个黄昏已然意识到:资本(即后来马克思意义上的资本)真了不起,让人心甘情愿沦为消费机器的齿轮、传媒的复制品、被消费的消费者……生活越来越丰腴，但危险就是太丰腴而至虚胖，这矫饰的虚胖不仅戕害我们自身，而且掩盖资本非人(depersonalization)的冷酷、吃人的血腥！严重的时刻，需要有一位战士逆流而上，深怀“地狱里的温柔”，挑战虚伪的世界：“宴会上，宾客已然饱餍，佳肴美味仍在花样翻新，可某人早预备好了呕吐药！”

“呕吐”：犹太伤口的发生学

卡夫卡就是这样的战士，恰如他自己所说：

我在斗争；没有人知道；有些人感觉到了，这是无法避免的；可是没有人知道。我执行着我每天的义务，可以说我有点儿漫不经心，可是不多。当然每个人都在斗争，可是我斗争得比其他人多，大多数人像在睡眠状态中斗争，就像在做梦时挥手赶走某个现象那样，可我确实是挺身而出，经过对如何充分利用我所有的力量的考虑而斗争着。为什么我会从这看上去闹哄哄，可是一涉及这方面就静得让人害怕的人丛中挺身而出呢？为什么我会把大家的注意力吸引到我身上来呢？为什么我现在会列在头号敌人的表上呢？我不知道。过另一种生活让我感到没有生活的价值。战争史上把这种人称为天生的战士。[1]

斗争的起点是所谓的“呕吐”。围绕“呕吐”，卡夫卡曾做经典表述，其情态之极端，没有调和的余地：

1 1917年11月10日至1919年6月26日八开本笔记，见《卡夫卡全集》，叶廷芳主编，黎奇译，河北教育出版社，1996年，第5卷，第198页。

我是父精母血的产物，并因而被缔结在与他们和几位妹妹的血缘关系中；平时……我意识不到这一点，然而从根本上说，我对它的重视出乎我自己的意料。某些时候，这也成为我仇视的目标。看着家里那张双人床，床上铺好的被单和仔细摆好的睡衣，我会恶心得作呕，五脏六腑都要呕出来；就好像我的出生始终没有完成；就好像借由那发霉的生活，我一次又一次被出生在那发霉的房间；就好像我不得不回到那儿，以便证实自己，以便跟这些令人厌恶的事情保持不可分离的联系——如果不在很大程度上，至少也在某种程度上。我的双脚努力想要迈向自由，可什么东西仍然攀牢它们，紧紧攀牢它们，就好像那原始的黏液攀牢它们一样。[1]

不深入卡夫卡的思想，就无法理解他为何如此“怨毒”。

1921年秋，卡夫卡因肺结核“向死而生”已然四年，写成《致父亲的信》亦有两年，其时，大妹艾莉来信探讨子女教育。卡夫卡回信说，他认同这样的观念：以父母为主体的家庭，本质上是一个“生物结构”，可比喻为一只“家庭动物”。[2]因而，父母的施教，其实是一个生物性的过程，贯穿自私的无意识，充满“动物性”的欲望。“你必须相信我，因为我是你的[父]母亲……”父母如此这般诉诸儿女，语气也许碰巧很温柔，但最终难掩“暴君相”及其反面“奴才相”——“你是我的儿子，因此我要把你造就成我的救星。”无论“暴君相”还是“奴才相”，都是同一枚硬币的两面，分别标明父母被压抑的欲望。由于民族、社会、历史、现实、境遇、性格、心理等因素，父母的欲望未能得到正常的社会表达，转向家庭内部寻找出口，以爱的名义，在儿女身上滥施暴政。然而，恰如当代精神分析所知，弱者施暴。父母的确是弱者，所以施暴。在无意识深处，父母自甘失败，自暴自弃于生之焦虑（生之

1　译自1916年10月19日致菲莉斯，见Franz Kafka, *Letters to Felice*, edt. by Erich Heller and Jürgen Born, trans.by James stern and Elisabeth Duchworth, Schocken Books, 1973。

2　1921年秋致大妹艾莉，见《卡夫卡全集》，第7卷。

恐惧或生之痛苦）。所以，他们气急败坏地转向儿女，朝儿女宣泄饱受压抑的欲望，也渴望儿女代自己向社会复仇。这的确很荒谬：父母居然因压抑而退化成儿女，转而试图把儿女培养成父母般的"救星"。

卡夫卡把这类现象概括为"精神乱伦"。这个短语流露出他内心反感的程度，与"恶心得作呕"相似。借助这两个短语，卡夫卡深刻关联了父母的两个侧面："精神乱伦"的父母和"原始场景"（夫妻生活）的父母。他对两者的反感并不完全一致，但的确高度重合。

父母是家庭的主体，是生活的代表。因而，卡夫卡对父母的两种反感，在精神分析看来，意味着典型的生之焦虑，既指向"生活世界"的父母，更指向父母所代表的生活。这样一种生活是"现象世界"的投影，扭曲而虚假，因而也是精神分析——"现象学"分析的对象。借由这样的分析，现象学能否亲睹一位犹太人卡夫卡？这位卡夫卡自称"最瘦的人"，自觉直面"（生之）恐惧"，无师自通于"欲望/恐惧"的辩证法。他自弱于父亲魁梧的体魄、旺盛的食欲、洪亮的嗓音；他恐惧于"父亲的暴政"，也受惑于永恒的"父子战争"……精神分析的现象学能否"还原"这样一位卡夫卡？

不，卡夫卡的眼光比精神分析更澄明：

精神分析强调恋父情结，许多人从中看到丰富的内容，但我所见不同。事情所关，并非无辜的父亲，而是父亲的犹太属性。[1]

什么是"父亲的犹太属性"？在《致父亲的信》中，卡夫卡就此做了"亲在"的深刻探讨，其材料是精神分析的"童年期创伤"（即卡夫卡所谓的"伤口"），其切入点是犹太信仰：

1　译自1921年6月致马克斯·勃罗德，见*Letters to friends, family and editors*, edt. by Max Brod, trans. by Richard and Clara, Schocken Books, 1987。基本而言，精神分析就是一门现象学。弗洛伊德和胡塞尔都师从精神分析-现象学大师F.布伦坦诺。

小时候，我经常为去教堂不够勤，不过斋戒等等而自责，这与您的看法一致。我觉得这不是对自己，而是对您犯了过失，内疚感随时都会涌上心头。

后来，少年时的我不明白，您怎能以您对犹太教的走过场，责备我（“哪怕出于虔诚呢？”您这样说）没有努力做出类似的样子。就我所见，这确实是在走过场，寻开心……这就是在教堂的情况，在家就更差劲了，只在逾越节头夜有宗教仪式，这也一年比一年更成了一场嘻嘻哈哈的闹剧……

再往后，我对此的看法又有了改变，我明白了您为什么认为我在这方面也恶毒地背叛您。您从那个犹太人聚居的小村镇确实带来了些许犹太教，不很多，并且在城里和入伍时还失去了一些。尽管如此，[您]年少时的印象和回忆还能勉强地支撑起一种犹太教徒的生活……这之中也还不乏犹太教，但要把它继续传给孩子就太少了。当您传授时，它就只剩下微不足道的一小团儿了。这一方面是因为[您]年少时的印象无法传授；另一方面是由于您的性格令人畏惧，而且不可能使一个由于害怕而观察入微的孩子理解。您以犹太教的名义漫不经心地走的过场会有更高的意义：对您来说，这些过场是对过去时光的小小缅怀，因此您想把它们传给我，但由于它们自身对您不再具有价值，就只能靠说服或威胁来做；这不仅毫无成效，而且因为您根本没有认识到您在这方面所处的弱势，您必定会对我的冥顽不化大为恼火。

整个这件事并非孤立的现象，过渡时期的这一代犹太人大部分与此类似，他们从相对虔诚的农村移居到城市。这是很自然的结果，却给我俩原本就冲突不断的关系又增添了一重痛苦的分歧。在这一点上，您应当像我一样相信您的无辜，并且通过您的性格和时代状况来解释这种无辜，而不是仅仅找客观借口，比如说您有太多别的事要做，别的心要操，无暇顾及这种事。[1]

---

1 [奥]卡夫卡，《致父亲的信》，载《卡夫卡小说全集》，杨劲等译，人民文学出版社，2003年，第2卷，第342~344页。

伤口一瞥：俯瞰绝望的深渊

卡夫卡的父亲无法直面犹太人的sein——"犹太人的-存在(痛苦)"。这一存在(痛苦)的两个锋面，其对比是如此尖锐和残酷。一方面，自公元135年"大流散"直至第二次世界大战，犹太人惨遭欧洲主流文化排斥、凌辱、虐待、迫害和屠杀；唯其如此，另一方面，不少犹太人被迫认同欧洲主流文化，试图跻身其中。一个经典的例子见于德国-犹太大诗人海涅，他生于"犹太人大救星"拿破仑的《拿破仑法典》时代，拥有上流社会的大家族背景，仍极度焦虑于一张"欧洲文化入场券"。为此，1825年，海涅不惜放弃犹太教而改宗基督教，以血肉模糊的"自我阉割"，阉割了犹太民族的"割礼"，换取了这张入场券，即便如此，一生也甚为黯然。[1]借此不难理解卡夫卡的父亲，一位底层犹太人，没可能改宗基督教，小小年纪浮沉人世，乡间行贩风餐露宿，军营历练备尝艰辛，草根奋斗十六载，好不容易三十而立，打拼出来一家"赫尔曼·卡夫卡商店"，娶妻生子——貌似融入欧洲文化风景线，内心却深埋"犹太人的-焦虑(恐惧)"，不时被现实的噩梦照亮——就在赫尔曼·卡夫卡(1852年—1931年)展开人生历程的同时，犹太人的现代悲剧也拉开帷幕，一直持续到他身后的时代：

1873年，普法战争催生的投机狂潮泡沫破灭，消费大众的不满需要替罪羊；

1879年，"反犹主义"正式定名；自此，形形色色的"反犹同盟"如

1 参见林和生，《基督·拿破仑·上帝——犹太人海涅的信仰》，载《经典与阐释》，华夏出版社，2005年。从"割礼"到"自我阉割"，两次血肉模糊之间，犹太民族的命运可谓惊心动魄。25年后海涅声称："我从来没有掩饰过自己的犹太教信仰，我并没有回归犹太教，因为我从没有离开过它。"转引自[以色列]埃利·巴尔纳维主编《世界犹太人历史——从<创业纪>到二十一世纪》，刘精忠等译，中国人民大学出版社，2007年，第173页。大约在此前后，海涅还写道："近代犹太人的历史是悲剧性的历史，如果人们来写这一悲剧，还要受到讥笑，这是最悲惨的。"参见《海涅全集》，章国锋，胡其鼎主编，河北教育出版社，2003年，第十一卷，第275页。

雨后春笋，肆意辱骂的反犹书刊铺天盖地；

1881年3月13日，亚历山大二世遇刺身亡，在俄国触发犹太大屠杀；

同年4月25日，一份请愿书递交“铁血宰相”俾斯麦，强烈呼吁“解放”德国人民于犹太人的控制，签名者达25万人左右；

1882年（弗兰茨·卡夫卡出生前一年），匈牙利“蒂萨-埃斯拉血祭事件”，反犹浪潮就此迅速扩散；

同年，首届世界反犹大会在德国召开；

1886年，爱德华·德吕蒙出版反犹经典《犹太法国》；

1887年，德国议员、民俗学者奥托·伯克尔发表小册子《犹太人，我们这个时代的帝王》，狂销150万册；

同年，俄国犹太人中学与大学入学受限；

1889年，爱德华·德吕蒙成立自己的反犹联合会；

同年，俄国犹太律师被禁从业，除非司法大臣特别许可；

1890年，奥托·伯克尔成立自己的反犹政党，为大众热捧；

1891年，犹太人被逐出莫斯科；

1892年，爱德华·德吕蒙创办反犹期刊《自由言论》；

1893年，西奥多·弗里奇出版《反犹问答手册》，他因此被后来的纳粹尊为良师益友；

1894，法国爆发著名的“犹太人德雷福斯案”，激发巨大的社会风波，一直延续到1906年；

1903年，俄国基什尼奥夫，半官方性质的犹太大屠杀，“其残忍的程度超过……[历史上]任何一次”；

1905年，俄国比亚韦斯托克，半官方性质的“特大规模”犹太大屠杀；并在此后四年之内扩散至284个俄国城镇，死亡人数达5万；

1910年，1200个犹太家庭被逐出基辅；

1911年—1913年，当时俄国统治下的乌克兰基辅，“贝利斯血祭

案"：犹太人贝利斯被污谋杀基督徒儿童，"获取其鲜血"，以作犹太教祭祀之用；[1]

1919年，纳粹党成立，阿道夫·希特勒当年入党；

1921年，希特勒成为纳粹党魁；

1923年（弗兰茨·卡夫卡辞世前一年），希特勒发动啤酒馆政变；

1925年（弗兰茨·卡夫卡辞世后一年），希特勒重建纳粹党，自此把一切负面社会问题归咎于犹太人；

1933年，希特勒上位德国总理，纳粹德国诞生；5月10日午夜，柏林歌剧院广场，纳粹燃起焚书的冲天大火，它们的作者多为犹太人，其中的海涅不幸有言在先："无论在哪儿，他们要是烧书，迟早也要烧人。"[2]果然，几年后，纳粹建立集中营，发动二战，对犹太人实施"最终解决"，让他们灰飞烟灭……

随意一瞥，即知犹太人的sein（生之恐惧或生之痛苦）是何其沉重！直面（自觉意识）如此惨烈的现实（所谓"亲在"），如果不是不可能，必定是痛苦之极。不必过于责难赫尔曼·卡夫卡，他不是"最瘦的人"弗兰茨·卡夫卡，相反，他属于后者反讽的"占有空间的资本家"，全球通用的世界公民，"在北方他们会发出热量，在南方他们可给人遮阳"。实事求是，能够在信仰上坚持"走过场"已然很了不起了——一年一度"嘻嘻哈哈"一下，平时终日劳碌之余打打牌，偶尔"恨铁不成钢"吼吼儿子……凡此等等，都可视为无意识的自我心理文饰——哪怕无意识之间把压力和扭曲转嫁给了儿子——没有这样一些自救性质的心理文饰，恐怕撑不起那血肉模糊的人生！赫尔曼·卡夫卡承

1　专门针对犹太人的此类"血祭"或"人祭"污谤事件，始于1144年。到1911年"贝利斯血祭案"，不到8个世纪共发生120起，其中三分之一发生于19世纪。参见《犹太人》，第38~39页。又，基辅及其所在的乌克兰，是史上犹太人的聚居要地。

2　转引自[美]凯西·迪亚曼特，《卡夫卡最后的爱》，张阅译，江苏人民出版社，2012年，第281页。顺便指出，上述反犹现象，某个意义上受激于近现代犹太复兴运动（或称犹太复国主义）。不过，无论就人本语境或神本语境，就此处所论，并无本质区别。

担不了弗兰茨·卡夫卡的任务[1]:记录最微小的震动,感知最高境界的诉求,俯瞰绝望的深渊,破除怯懦的(心理)文饰,直面惨淡的人生,正视淋漓的鲜血,探究犹太命运致命的伤口(生之恐惧或生之痛苦)——这正是卡夫卡一唱三叹的"犹太哀歌":

他们内心不安全,在人群中不安全。他们没有安全感,这就解释了一切:唯有握在手心里、咬在牙齿间的事物,他们才敢相信;唯触手可及的财产让他们有望生存,而且他们的拥有一旦丧失,就永远丧失……防不胜防的危险威胁着他们;不谈危险,更准确地说:"他们被威胁所威胁。"[2]

所以,面对您[恋人密伦娜]24岁的基督徒生涯,我38岁的犹太人生涯如是说:

事情何以至此?…… 你才38岁,何以如此疲惫?这绝非年龄之故。更确切地说,你哪里是疲惫,你是不安。对于你,地上处处是陷阱,令你恐惧,举步维艰。你的确不是疲惫,而是恐惧,恐惧可怕的不安会耗尽你的生命(你,终归是犹太人,知道自己恐惧什么,害怕什么),即便侥幸活下来,这生命无非变成痴呆的凝视,就像卡尔广场疯人院里的景象。[3]

如此深刻、悲哀和绝望的自我审视,一般而言,只有卡夫卡及其相似人格之人才可能遭遇。面对生之恐惧做如此自我审视,意味着"卡夫卡式"(Kafkaesque)的呕吐现象系列:

"海涅式"的苍白面孔及其"床褥墓穴";

---

1 令人悲悯的事实是:赫尔曼·卡夫卡有他自己的任务。

2 译自1920年5月30日自意大利美兰致密伦娜。见 Franz Kafka, *Letters to Milena*, translated and with an introduction by Philip Boehm, Schocken Books, 1990。

3 译自1920年6月2日自意大利美兰致密伦娜。

“克尔恺郭尔式”的恐惧与战栗；

圣雷米疯人院中“凡·高式”的呕吐：“……恶心、呕吐、大便失禁……生之恐惧……”；[1]

更不用说：

纳粹集中营中“维克多·弗兰克尔式”的呕吐。“周遭的一切，即便只是外表的样子，就足以叫人作呕。”“任何梦任何事就是再恐怖，也不可能比得上集中营的残酷现实。”[2]

“勒维纳斯式”的死亡、忧虑与恐惧：“我**替**我害怕。”[3]

“保罗·策兰式”的《死亡赋格曲》：“清晨的黑牛奶呀我们夜里喝你/中午喝你/死亡是来自德国的大师。”[4]

保罗·策兰一语成谶：“来自德国的大师”经营着令人作呕的死亡，在卡夫卡死去20年前后，让犹太人“都化作烟雾升天”（《死亡赋格曲》）。

事实上，死于纳粹手中的犹太人有600万！

包括卡夫卡遗世的众多至爱亲朋：三位妹妹，他最喜爱的“乡村医生”舅舅西格弗里德，曾经的恋人密伦娜，东欧犹太依地语剧团带领人洛维，中学时代的文学知己保尔·基施，女友格蕾特等等，而他“最亲爱的父亲/母亲”先后于1931和1934年离世，所以“逃过一劫”……

也包括维克多·弗兰克尔的父母、妻子、兄长，他自己侥幸逃生……

也包括勒维纳斯的几乎全部亲人，他自己侥幸逃生……

1　1889年5月22日自圣雷米致提奥，凡·高书信592号，见*The Complete Letters of Vincent van Gogh*, edt. by J .van Gogh-Bonger, Thames and Hudson, 1958；着重号由凡·高自己标出。

2　［奥］维克多·E.弗兰克尔，《活出意义来》，赵可式，沈锦惠译，生活·读书·新知三联书店，1991年，第16、24页。

3　［法］E.勒维纳斯，《上帝·死亡和时间》，余中先译，生活·读书·新知三联书店，1997年，第49页；黑体字为原有。

4　［德］保罗·策兰，《死亡赋格曲》，载《保罗·策兰诗选》，孟明译，华东师范大学出版社，2010年。

也包括保罗·策兰最亲爱的父母双亲，他自己侥幸逃生……

600万犹太人死于“来自德国的大师”，这600万生命是犹太民族最惨痛的伤口，诉告世界：“迄二战止，世界对于犹太人，本质上就是一座集中营，或者说一座疯人院——福柯意义上的犹太疯人院——对犹太人专政的疯人院，其现象学的象征——恶心和呕吐——隐喻着犹太人的生之恐惧。”

而早在30年前，卡夫卡，这只先知般的寒鸦，已然预感到这一切，并因此承受非人的恶心和呕吐之感，或者说，直面了犹太人的生之恐惧。

判决与牺牲

亲爱的，这是一个多么恶心的故事。我现在再一次放下它来，以便再在对你的思念中振作起来。这个故事已写一半了。总的来说，我对它不是不满意，但它太恶心了……[1]

这是卡夫卡在热恋阶段致恋人菲莉斯的一封情书，它写于1912年11月24日，所谈及的故事就是《变形记》，卡夫卡对它的“恶心”，让人不由想起他创作《判决》的情形：

[《判决》]这部小说从我身上诞生出来，就像一次真正的分娩，覆盖着污秽和黏液……[2]

“多么恶心”“太恶心”“污秽”“黏液”……这一系列用语，把我们带回“呕吐”的家庭现象学，重返“父精母血”的“原始场景”——对于

1 1912年11月24日致菲莉斯，《卡夫卡全集》，第9卷，第82页。

2 译自1913年2月11日致菲莉斯。

犹太人卡夫卡，如此场景隐喻着痛不欲生的世界，因而激发巨大的生之恐惧，令他“恶心得作呕”！《变形记》和《判决》这两个“恶心的故事”，专门写给犹太人自己——犹太人卡夫卡自己及其犹太恋人菲莉斯。[1]两部经典都代表着卡夫卡文学的突破，其技术性起点可追溯到1912年9月15日。那天，卡夫卡产生了一个重大预感：“独特的自传作家的预感。”[2]只是，这一所谓的自传，并不限于卡夫卡一己之私，也代言犹太民族：记录世界的伤害，感受对世界的生之恐惧。

1913年2月11日，卡夫卡在日记中精细论及《判决》这部“自传”：

[《判决》]这部小说从我身上诞生出来，就像一次真正的分娩，覆盖着污秽和黏液，唯独我拥有能触及那躯体的手，以及实现这欲望的力量。

[主人公格奥尔格的]这位朋友是联系父亲和儿子的纽带，他是这对父子之间压倒一切的共性。故事开头，格奥尔格独自坐在窗前，舒适地享受、玩味着他意识中以为与父亲所共有的东西，相信父亲就在自己身上，因而得以静静地沉浸于那些转瞬即逝的、略带些悲哀意味的思绪。随着故事的进展，父亲利用朋友这个共性纽带脱颖而出，成为格奥尔格的对立面。父亲的权力地位不断增强，儿子则不断遭受削弱，渐渐被剥夺得一无所有，爱、对母亲的奉献与忠诚、他开辟的业务等等，都被父亲优先占有或夺走。至于那位未来的新娘，她在故事中的存在依赖于那位远在俄国的朋友，也就是说，她作为父子之间的一种联系，很容易被父亲切断，因为婚姻尚未成为事实，因而她无法突破父子周围的血缘。最终，父亲成为共性纽带的中心，而格奥尔格则成为与父亲异己的存在，这是一种被隔离的存在，从未得到充分的保护，而且被暴露于俄国革命之前，他只能作为这样一种存在来感受

1　译自1912年12月4至5日致菲莉斯。

2　1912年9月15日日记，《卡夫卡全集》，第6卷，第235页；着重号为引者所加。

自己与父亲之间的共性纽带。格奥尔格就这样失去了一切,只剩下对父亲的意识,正因为如此,父亲的判决(这一判决完全断绝了他与父亲的关系)才对他产生了如此强烈的效果。

格奥尔格[Georg]的字母数与卡夫卡[Kafka]一样多。……弗丽达[Frieda]与F. [Felice]的字母数一样多……[1]

卡夫卡讲得十分明确。不过,为了更透彻地理解,让我们先来看一看,为什么卡夫卡要提到俄国革命呢?小说告诉我们,格奥尔格那位朋友,大概无法适应弱肉强食的资本主义市场经济,"几年以前当真逃到俄国去了",在彼得堡经营一家店铺。多半因为"天下乌鸦一般黑",或出于人性的"同体大罪",他最终没能混出个样子。人越来越孤独,气色越来越憔悴,回国探望也越来越少,"并且准备独身一辈子了"。格奥尔格自己也不清楚为何牵挂这位朋友,包括给他写信。某次,格奥尔格告诉父亲,他给朋友写了信,告知自己订婚之事。没料到父亲对此敏感至极,追问为什么要写信到俄国,继而竟声称"你没有朋友在彼得堡"!父亲的攻击性背后似有隐情,令其不敢直面,或因为老迈,或出于软弱。格奥尔格耐心提醒父亲,快三年前,朋友还曾回国探望呢:"您一定会回忆得起来的。他当时谈了一些关于俄国革命的令人难以置信的故事。"

譬如有一次,他为了营业上的事来到基辅,遇上群众骚动。他看到一个[基督教]教士站在阳台上,往自己的手心里刻了一个粗粗的血淋淋的十字,还举起手来,向人群呼唤。[2]

---

1 译自1913年2月11日日记,见Franz Kafka, *The Diaries* (*1910—1923*), edt. by Max Brod, trans. by Joseph Kresh and Martin Greenberg with the cooperation of Hannah Arendt, Schocken Books,1975,1976;方括号中的英文名字为引者所加。

2 此处引文均见[奥]卡夫卡,《卡夫卡小说选》,孙坤荣等译,人民文学出版社,1994年。

这正是父亲不敢直面的“隐情”，即犹太人被迫害的事实！朋友在基辅看到的事情，正是血淋淋的象征。稍稍回顾一下前面反复强调的犹太人之sein，及其相应的编年事件，那么，卡夫卡想要说什么就一目了然了！显然，所谓“群众骚动”，首先直指1911年基辅的“贝利斯血祭案”（刚好发生于创作《判决》上一年），更隐喻迄今的反犹形势，这一形势自卡夫卡呱呱坠地（1883年），愈演愈烈，延及卡夫卡的家庭，特别扰动卡夫卡这一“绝对单数性质”的敏感个体，引发致命的“童年期创伤”和“青春期压抑”。

《判决》全书，尤其这一情节，笔法如此精细委婉，读来却诡异不知所云，貌似梦境或魔幻。然而，一旦明白个中隐情，转眼真相毕现，字字血，句句泪，提示我们“卡夫卡之sein”。相比普遍的“犹太人之sein”，卡夫卡之sein格外包含着一种“痛苦的痛苦”，即“直面痛苦的痛苦”，并借此区分开了卡夫卡与父亲（儿子与父辈）两代人：儿子直面，父亲文饰。

文饰的实质是投射（projection）。父亲的文饰，其实质，是向外投射无意识的痛苦——由历史的“实在界”强加给犹太人，后来变成犹太人的“命”，或者说犹太人的“伤口”——恰如卡夫卡《乡村医生》中“伤口”的暗喻，非通常人力所能“治愈”，也非通常意识所能直面，却为无意识所深味。父亲的无意识深味这一痛苦，为了“正常”生活，也需要平衡这一痛苦，平衡的结果，可能体现为以下诸般人格取向：马克思式的思想革命家，弗洛伊德式的精神革命家，爱因斯坦式的科学革命家，罗莎·卢森堡式的社会革命家，马丁·布伯式的犹太复国主义者，马勒式的悲剧艺术家，E.勒维纳斯式的现象学大师，保罗·策兰式的黑暗诗人，鲁迅或卡夫卡那样直面人生的勇士……

然而，正如我们已经论述过的，这些取向无法强加于父亲，它们需要特殊的勇气、机遇和恩典，何况事情还有其反面：父亲之“命”，格外包含着日常的家庭责任。这样下来，父亲的投射多半会采取一种特殊的“内投”：自身之外，家庭之内，尤其家庭之内那位儿子——被父亲“恨铁不成钢”的儿子。有理由支持父亲向儿子投射痛苦：父亲含辛茹苦，难道不就是为了这个家庭？而这个家庭，就卡夫卡所谓“生物结构”而言，将来不就是儿子的家庭？假如这位儿子恰好“不争气”，硬要以献身文学来“直面人生”，那么，父亲难道不该“恨铁不成钢”？

然而，父亲向儿子投射痛苦的理由，完全不足以消解儿子被投射所伤害的事实，更无法抹杀儿子已然指出的真相，这真相象征于“贝利斯血祭案”——此案象征着过去，也隐喻着将来：1913年，“贝利斯血祭案”落幕，六年后，纳粹党成立，同年希特勒入党，不久升任宣传部长，两年即成党魁，再过两年发动啤酒馆政变，再过两年重组纳粹，全面反犹，再过八年(1933年)缔造纳粹德国，同年开创集中营……真相渐次展开，但一开始就遭遇了文饰；文饰真相意味着异化，认同当下欧洲主流文化：“上帝已死”，弱肉强食，赢家通吃——这是“体魄硕壮”之资本家的文化，是欲望-消费的文化，是欲望-恐惧的文化，是对传统犹太文化的放弃，是对贞洁犹太血缘的背叛[1]……

《判决》之初，至少在儿子心中，犹太血缘连接着父与子，是他们的“共性纽带”，象征着那位远赴俄国的朋友。然而，围绕那位朋友，爱恨情仇在父子间微妙展开，峰回路转，血肉模糊。一开始，父亲诡异地怀疑、否认朋友的存在：“难道你……真有这样一个朋友？”“在那

1　犹太文化的贞洁性(割礼可视为象征)，本身即一个重大问题，就理解卡夫卡而言，至少同样重大。卡夫卡的人生(包括文字)，在我看来，处处流露出对于贞洁性的迷恋，在他当下的“欲望-消费”时代为贞洁而斗争，当然也包括相关的自我斗争。犹太民族的遗产中不仅有原罪、诅咒和苦难，也有关乎贞洁的恩典和救赎。进一步的研究可以揭明：犹太民族的贞洁本性，与犹太民族的伦理特质相关——犹太民族既是一个虔信的民族，又是一个伦理(就这个词的本义而言)的民族，异质于六亲不认的资本主义文化(赢家通吃的消费主义“伦理”——引号针对这个词的本义)。《判决》以及稍后的《变形记》等，都在深刻揭露两者的异质性，即如加缪所说“明察秋毫的伦理学的惊人画卷”，这是它们之所以扣人心弦的一个重大奥秘。从某种意义上可以说，是对犹太贞洁的迷恋和为犹太贞洁的斗争(包括相关的自我斗争)，成就了我们今天所知的卡夫卡。

儿你怎么会有一个朋友呢？我根本就无法相信。"为帮助父亲"直面真相"，儿子一边扶父亲上床休息，为父亲盖好被子，一边帮父亲回忆那位朋友，并温柔地暗示父亲并非"忘了"，而是"反感"，因为"我的朋友有些怪癖"。儿子指出的"反感"即"反向作用"：表面上"恨铁不成钢"，其实是掩盖爱的无能，更准确地说，是勇气的丧失。相反，儿子的"怪癖"却是对真相的执着。儿子借此提醒父亲，希望父亲觉悟到自己的文饰。没料到父亲突然恶语相向，阴阳怪气指责儿子一直在欺骗父亲("你要把我盖上")，并暴露一个骇人的想法："我当然认识你的朋友，他要是我的儿子倒合我的心意[恨铁不成钢]。因此这些年来你一直在欺骗他。"

儿子似乎明白了什么。他望着父亲骇人的模样，不由自主再次想起那位远方的朋友：

……这位朋友的景况还从来没有像现在这样打动过格奥尔格。他看见他落魄在辽阔的俄国。他看见他站在被抢劫一空的商店门前。他正站在破损的货架、捣碎的货品和坍塌的煤气管中间。他为什么非要到那么遥远的地方去呢？

最后一个问句，不仅是对受害同胞的心疼，也的确是一个意味深长的质疑。"那么遥远的地方"——这个带问号的语句，暗示了文艺复兴以来"哥伦布时代"的某种特征，某种强迫症性质的欲望。这个语句直指全球化资本主义-消费主义的某种本性，也可换喻马克思意义上的资本品格。接下来的事态证实了儿子的怀疑。"但是你的朋友毕竟没有被你出卖！"父亲喊道，"我是他在这里的[商务]代表。"这是血肉模糊的悲剧，令人痛不欲生。父亲因为勇气的丧失与爱的无能，竟以商务僭越了亲情。用刚才的话说，父亲没有勇气认同犹太人的受难，转而抓住商务的稻草。他的文饰由心理的虚像转化为商业资本的实像。对于格奥尔格(卡夫卡),事情就是如此可悲:商业活动在父亲这儿,已然背弃犹太血缘的贞洁(节制)本性,走向六亲不认的资本主义文化,陷于赢家通吃的消费主义"伦理"。这是犹太血缘被异化的悲剧,是犹太民族从内部的溃败。在反犹背景下,借助父亲歇斯底里的崩溃与嘶喊,格外惊心动魄:

……[你的朋友]他什么都知道了!我一直在给他写信,因为你忘了拿走我的笔。因此他这几年就一直没有来我们这里,他什么都知道,比你自己还清楚一百倍呢。他左手拿着你的信,连读也不读就揉成了一团,右手则拿着我的信,读了又读。……他什么都知道,比你清楚一千倍!

借助资本的魔性,父亲完成了巫术般的置换:在以"朋友"置换儿子的同时,也用文饰置换了真相。正如我们反复强调,犹太人受害之真相被文饰起来,父亲得以"合理"[1]融入欧洲主流文化(资本主义文化和消费主义"伦理"),并因而"成为共性纽带的中心"。与此同时,直面真相的儿子也在"异化",准确地说是"被异化"——被判决去死!

这是一个悲哀的判决,不用父亲宣判已然生效,因为它其实是世界对犹太民族的判决,它由犹太血缘的父亲——向犹太血缘的儿子——宣判出来,既是荒诞的过场,更是惊心动魄的悲剧!儿子之死是多义的隐喻,它隐喻着犹太民族的命运真相,也隐喻着对真相的文饰,还隐喻着文饰的胜利——尽管反犹形势日益高涨,父亲,父亲们,依然借由文饰"合理"地活着,并向儿子投射压抑之罪,再据以量刑,继而判决和"被执行"——直至纳粹的"实在界"借集中营森然"冒起",划开敷衍着犹太伤口的文饰,还原"令人作呕"的"恶心"真相。事实令人不堪面对:儿子,以及儿子的至亲骨肉,当然包括父亲,连同

1　在严格的精神分析意义上。

或近或远的犹太血缘，已然（或将要）不在人间，“都化作烟雾升天”。

最亲爱的菲莉斯：

……多年来我只哭过一次，那是两三个月之前，我硬是在扶手椅中哭得全身颤抖，短暂的间歇过后再次哭得全身颤抖。当时我担心我失控的悲泣会惊醒隔壁房间的父母，那是在夜里，起因是我的小说[《判决》]写到了一个特殊的情节。[1]

这是先知的悲恸，既为民族血缘和父母深情，也为儿子自己，因为儿子之死是先知般的献祭，更因为儿子之死隐喻了另一位儿子——卡夫卡自己的牺牲，还因为这牺牲的意义眼下无法证明，只能经由时间来洗礼和呈现！有声音反复在告诫：“时辰要到！”然而，在最后的时辰到来之前，牺牲仍无法见证，斗争因而不得不是“一个人的斗争”，所以，可以哭得全身颤抖，但不要失控而身不由己以至放声悲号，别惊醒夜色中昏睡的亲人，他们“额头枕着胳臂，脸朝着地，安详地睡着”[2]，以为“正睡在房间里……安全的床上，可靠的屋顶下，平躺或蜷卧在褥垫之上、睡单之中、毛毯之下”，别打搅他们的文饰之梦！因为，倘若时辰未到？倘若噩梦醒来并非早晨？事实上，这是夜晚，夜正长，犹太血缘正“深深地沉入夜幕”，“挤在荒郊，挤在野外一块宿营地……挤在寒冷的露天下，冰冷的地面上，倒卧在他们早先曾经站过的地方”！所以，别惊醒他们，单单等待时辰的到来！只是，在不眠之夜的孤灯下，一只手挡住命运的绝望，另一只手必须要写下这些故

1　译自1912年11月28日致菲莉斯。几年以后，卡夫卡再次为他的民族大哭一场：“到某处，读不下去了，只好停下来，坐进沙发哭起来。好几年没哭过了。”（译自1916年10月28日致菲莉斯）卡夫卡所读系犹太同胞A.茨威格所著悲喜剧《匈牙利的宗教谋杀》，主题即卡夫卡出生前一年（1882）的“蒂萨-埃斯拉血祭事件”。后来，在病危之际（1922年），卡夫卡称自己的生命为“出生前的踟蹰”，就此处所论，可谓意味深长，惊心动魄。

2　[奥]卡夫卡，《夜晚》，载《卡夫卡随笔》，冬妮译，漓江出版社，1991年。

事，哪怕它们覆盖着“污秽和黏液”，哪怕它们“太恶心”，“多么恶心”，以至“恶心得作呕”……这是守夜，是看守！“你为什么要看守呢？据说必须有个人看守，必须有个人在那儿……”

判决与使命：终极人质卡夫卡

“判决”是一个多义的起点，首先是悖谬的起点。这悖谬，卡夫卡自己曾反复表述，其最后形式是如此惊心动魄：“出生前的踟蹰。我处于生命的底层——除非存在灵魂的轮回转世。我的生命是出生前的踟蹰。”[1]

在“判决”这个悖谬的起点，卡夫卡的“出生”正在踟蹰，却不期展开；正在进入“诉讼”，却提前被判决；正在见证和斗争，却已然牺牲；被父亲（代表生活）判决，因而不得不“成为自己的父亲”；被逐入虚无的黑暗，却担当了守夜人……

“守夜人就是不眠的人……先知不仅是预言者……也是守夜人，他们的预见就是他们的守夜。”与此同时，“一种失眠在警戒[守夜]的某种深度上证实自己”。[2]在不眠的夜晚或警戒（而非“醒着”）的白天，卡夫卡，这只犹太寒鸦，殉道先知，从孤绝向孤绝，展开血肉模糊的写作：

黑暗写作和失眠写作——“我是一个活着的记忆，所以无法入眠……”[3]如此痛苦，令人毛骨悚然。然而另一方面，“如果没有这些可怕的不眠之夜，我根本不会写作。而在夜里，我总是清楚地意识到我

1　译自1922年1月24日日记。

2　依次引自[英]约翰·多恩，《丧钟为谁而鸣：生死边缘的沉思录》，林和生译，新星出版社，2009年，第127~128页；《上帝·死亡和时间》，第256页。

3　或者译为：我是记忆的道成肉身，所以无法入眠。（I am a memory come alive, hence my insomnia.）译自1921年10月15日日记。

单独监禁的处境”；[1]

祷告式写作——“写作乃祈祷的形式”；

替罪式写作——“一个这样的作家……是人类的替罪羊，他允许人享受罪愆而……几乎不负罪”；

恐惧性写作——“一个这样的作家……不得不带着可怕的恐惧死去，因为他还没有活过”；

“幽灵”写作——“写作时越来越恐惧了。这不难理解。每个词，都在幽灵之手中反扭——这种幽灵之手的反扭是幽灵们的独特姿势——反扭过来指向说话的人自己”；[2]

自由写作——“精神只有不再作为支撑物的时候，它才会自由”；

自杀写作——“就像一种自杀一样，一本书必须是一把能劈开我们心中冰封的大海的斧子”；

婚恋写作的综合征——“不是写作的嗜好，我最亲爱的菲莉斯，而是整个的我自己。一种嗜好可以被戒除或打破，但这次是我自己。无疑，我也可以被戒除或打破，但你怎么办？你将被生活遗弃，可又生活在我身边。……这样一种生活……你能设想吗……”；

纯写作——“挣钱职业与写作艺术应该绝对分开”；

魔鬼写作——“写作乃一种甜蜜的报偿……报偿替魔鬼效劳”；

疾病写作——“肺部的感染只是象征……它的深度是自我辩解的深度”；“今天我对肺结核的态度，就像小孩子对母亲的裙角，紧紧抓住不放”；[3]

生命写作——“我对文学没有兴趣，我就是文学组成的，除此之外我什么都不是，也不可能是什么”；

自传式写作——“独特的自传作家的预感”；

---

1 雅诺施听到卡夫卡这样说立即想：难道他自己不也是《变形记》中的不幸的甲虫吗？参见[奥]卡夫卡，《卡夫卡口述》，赵登荣译，上海三联书店，2009年，第4页。

2 译自1923年6月12日卡夫卡最后的日记。

3 依次译自1917年9月15日日记，1917年9月中旬致勃罗德。

……

“判决”是卡夫卡之谶。“判决”一语成谶。自“判决”这个谶兆的起点，卡夫卡依次写出“自传”的生命：作为犹太儿子领受犹太父亲的判决，见证犹太血缘的悲剧；寄身小职员亲历异化的魔性，“被变形”为令人作呕的甲虫；担当“乡村医生”直面“伤口”之哀痛；身不由己卷入神秘“诉讼”而“死于荒野”；直至亲自成为伤口（罹患当时的“白死病”肺结核），就此遭遇“悬而不决”的渴望-恐惧（欲望/恐惧综合体）；徘徊“城堡”顽强叩问神秘法庭；向死而生表演“饥饿艺术”；潜行地洞深味小动物的惊恐；化身“耗子歌手”代言族类，最终“一瘸一拐……吹出最后一声口哨，然后就悄无声息”……

只是，我们已然明了，这“自传”的生命，并非只关乎卡夫卡一己之私，也不仅限于代言犹太民族。“当我是我时，我就是你。”[1]卡夫卡，这位犹太人中的犹太人，他一己的生命源自父亲的“企划”（project）[2]。父亲是生活的代表，父亲代表的生活，既是犹太人的生活，也是人类的生活。生活判决了父亲，父亲无力承担，于是把判决传递给儿子。在卡夫卡的当下，这一判决即世界对犹太民族的判决，更准确地说，是欧洲主流文化——埃斯库罗斯所象征的希腊文化[3]——对犹太民族的判决。如此判决，是伤害的传递，是伤痛的旋涡，同构于卡夫卡对一己生命的某次感受：“我写的与说的不同，我说的与想的不同，我想的与应有的想法不同，由是一步步走向极端的黑暗。”[4]最终，以一己生

1 保罗·策兰，《远颂》，见《保罗·策兰诗选》，第56页。这位德语犹太诗人是卡夫卡的又一位“精神邻居”，他的诗中多处流露出对卡夫卡的深情，如《保罗·策兰诗选》第305~306页等。

2 “企划”（project）可视为“投射”（projection）的“道成肉身”。投射产生虚像，企划则产生相应的实像——当然，在其指向死亡的意义上仍是虚像。

3 [法]E.勒维纳斯，《塔木德四讲》，关宝艳译，商务印书馆，2002年，第125页。

4 卡夫卡1914年7月10日致奥特拉，见《卡夫卡全集》，第8卷，第18页。这一自我感受为其生前友人维利·哈斯所见证：“卡夫卡的生命是由自我折磨、自我谴责、恐惧、甜蜜和怨毒、牺牲和逃避组成的巨大的旋涡。”见《卡夫卡全集》，第10卷，第442页。

命之“自传”，卡夫卡代言了他不幸的犹太父亲及整个犹太民族：被弱肉强食，深陷渴望-恐惧，被全球化资本主义异化，或者“都化作烟雾升天”……

而犹太民族的不幸，不过是人类之不幸的一个典型！

也就是说，人类“同体大罪”并因而“同体大悲”！

卡夫卡深知“同体大罪”的事实，虽然他并不轻言“同体大爱”或“同体大救”。正如《审判》（又译《诉讼》）中“大教堂”那一场，神父当面告知K有罪，K下意识反问说：“一个人怎么会有罪呢？我们大家都是一样的人啊。”[1]又如卡夫卡对布拉格街头群众运动的即兴点评：“上帝已死，人类自暴自弃，都在忙着‘拔根’，而且‘人的根’早已从土地里拔了出去。”然而——卡夫卡强调指出：“拔根的事我们大家都参加了。”[2]失去伊甸园的人类，在虚无的寒气中，就像一群溺水者紧抱在一起，被欲望/恐惧之罪拉扯在一起。这是原罪的本意：不存在一个人犯罪，哪怕是一个人的斗争，也必然“拉扯在一起”。[3]

正是在这样的“拉扯”中，不幸与伤害分分秒秒在传递。就此而言，在人本而非神本的意义上，卡夫卡被生活“判决”为不幸与伤害的“终极人质”——所有“他者”的人质或“替罪羊”——这是他的使命。[4]因为：

作为所有他者人质之人对全人类都是必要的，因为没有这样的人，道德不会在任何地方发生。世界上产生任何一点宽宏都需要[这

1　《卡夫卡小说选》，第484页。

2　《卡夫卡口述》，第45页。

3　保罗·策兰，《黑暗》，见《保罗·策兰诗选》，第146页。

4　“救一个人等于救世界。”此句犹太圣言中，深藏着反向的终极真理：不存在单独一个人的得救。原罪意味着“同体大罪”，因而，得救唯靠同体大救。然而，同体大救只能以同体大爱为前提，可表述为同体大救/同体大爱——这是神本而非人本的任务——按犹太教义，非弥赛亚无法担当。弥赛亚作为救世主，同时具有中介的位格：他是神本的替罪羊，也拣选了人本的替罪羊。就此而言，唯有弥赛亚，乃是人本/神本意义的终极替罪羊。

样的]人质之人。[1]

恰如曾经的恋人密伦娜对他彻骨的体认：

他总是把自己看成罪人或弱者。而全世界没有第二个人有他那样巨大的力量：这种绝对的、不容更改的对完美，对纯洁和真理的需求。[2]

更让人柔肠寸断的，是在人性的尽头，卡夫卡自己的绝唱：

相比地狱至深处之人，无人能唱得更纯洁。凡我们以为天使的歌唱，其实是他们在歌唱。[3]

---

1 《塔木德四讲》，第125页。

2 转引自[奥]马克斯·勃罗德，《卡夫卡传》，叶廷芳，黎奇译，河北教育出版社，1997年，第239页。

3 译自1920年8月26日自布拉格致密伦娜。

第一部 “父亲”与宿命

我与犹太民族一样老，像永恒的犹太人一样老。

——弗兰茨·卡夫卡

第一章　犹太-以色列:“与父神摔跤”

在其他方式失败的地方,这种力量却从犹太民族深厚的历史遗产中得到祝福。

——弗兰茨·卡夫卡

公元1883年7月3日,弗兰茨·卡夫卡生于当时的奥地利行省波希米亚(今捷克西部地区)首府布拉格,他的父母都来自世代血缘的犹太人家庭。

卡夫卡百年诞辰纪念邮票(1983年)

卡夫卡是布拉格的犹太人,这对于我们今天的理解是否重要?他血管里流淌着犹太人之血,这一点,是否决定着他的命运?怎样决定着他的命运?他的生命是否因此呈现某种“绝对单数性质”?……要回答这些问题,恐怕需要首先回溯一下远远近近的往事。

第一节 祝福与乱离

犹太民族以《希伯来圣经》为历史依据。[1]根据《希伯来圣经》及相关考古证据，犹太民族兴起于公元前2000年的"亚伯拉罕之约"："耶和华对亚伯兰[亚伯拉罕]说，你要离开本地，本族，父家，往我所要指示你的地去。我必叫你成为大国，我必赐福给你，叫你的名为大……地上的万族都要因你得福。亚伯兰就照着耶和华的吩咐去了……"

耶和华所赐之地古称迦南，按现代严格的定义，乃约旦河以西的巴勒斯坦。亚伯拉罕之孙雅各，生性狡诈，自视聪明，处处算计，以至于与耶和华摔跤，结果自伤己身。然而，雅各为人几乎一无是处，却知道祈求耶和华，耶和华赐他一个新名"以色列"，直译为"与父神摔跤的人"。

后来，"雅各-以色列"的12个儿子发展成12个部落，史称"以色列十二支派"，历经成长、考验与征战，于公元前1000年前后建成统一王国，定都耶路撒冷，修筑第一圣殿，成就辉煌的文明。

不幸的是，约公元前922年，统一王国分裂为南国犹大与北国以色列。公元前722年，北国以色列遭亚述人侵占，人民乱离，血统被污染。自公元前597年起，南国犹大逐渐为巴比伦所灭，第一圣殿被毁，"举族流放"，包括国王与精英，大部分犹太人被掳至巴比伦。公元前539年，巴比伦被波斯征服，自翌年起，众多犹太人得以重返耶路撒冷，重建"第二圣殿"。自此400年间，犹太人先后在波斯、希腊、罗马占领下开展自治。约公元前140年，甚至一度复兴成立独立的

1 《希伯来圣经》即《旧约》，乃上帝与犹太民族所立的永恒之约。借此，犹太民族得以度过2700年的非人苦难，包括始于19世纪下半叶的反犹排犹大潮，尤其是20世纪40年代前后纳粹屠犹的疯狂。犹太人最终于1948年神奇复国。同样神奇的是，犹太民族深陷苦难之际，《希伯来圣经》的一神信仰却传播诸国，启发了另外两大一神信仰，即基督教与伊斯兰教，侧面印证了"亚伯拉罕之约"。因此，自古以来，犹太民族以"圣书的子民"自许，以《希伯来圣经》为安身立命之本。相关内容参见《世界犹太人历史——从<创世纪>到二十一世纪》以及《不列颠百科全书》，国际中文版修订版，中国大百科全书出版社，2007年。

犹太国家“哈斯蒙尼王朝”，历时80余年，于公元前63年为罗马所灭。100年后，公元66年至73年，犹太人为反抗罗马暴政起义，悲壮落败，其间“第二圣殿”被罗马军队付之一炬。

焚毁“第二圣殿”的大火是一个悲哀的象征，终结了犹太民族的国家史，也开启了举世大流散的血泪史。自此，绵亘近一千九百年，犹太人流落他乡，直至1948年神奇复国为“以色列”。

一个民族离散近两千年，复国后竟以“与父神摔跤”为国号，绝非偶然。事实上，按《希伯来圣经》及虔诚的犹太精神，人性被理解为无可救药，以全自暴自弃、自作自受乃至自取灭亡。不作不死，但人不可能不作死，人最大的本事就是作死、造死，害人害己，是谓“原罪”。犹太民族也这样理解历史。按《希伯来圣经》的时间表，早在公元前1500年左右，“雅各-以色列”的爱子约瑟即做以下总结：“人要作死、造死，但耶和华要爱人、救人，所以必赦免罪恶，救赎罪人生命，成就恩典的光景。”[1]所以，历史无非耶和华的自我运动和自我成就，一切都在他掌管之内，包括犹太人自身的作死、造死、亡国、乱离、流浪与复国。让他们受苦的人——如古埃及、古亚述或古巴比伦——他们称为“耶和华手中的刀”，既是管教，更是祝福，仿佛历史，恍然恩典。那么，人该做的事情，唯有向耶和华认罪、感恩。所以，古希伯来语词汇中没有“感谢”，唯有“感恩”。[2]犹太人表面向人笑，内心向神哭——借悔罪的恸哭而感恩。

不管犹太人是否恸哭他们史上的劫难，我们需要来一个简略的总结。

---

1 《希伯来圣经·创世纪》，150章20节，另参第12、15、17、32、37、50章相关内容。

2 希伯来语乃犹太民族自古使用的语言。因此，犹太民族又被称为希伯来民族。《希伯来圣经》借古希伯来语写成。自公元135年，犹太民族大流散，希伯来语随之销声匿迹，仅有限保留于犹太教活动，近乎秘传，就日常而言已死亡。不可思议的是，在卡夫卡的时代，随着犹太复兴运动的兴起与高涨，希伯来语竟然复活，成为人类史上绝无仅有的奇迹。1948年，以色列复国，规定希伯来语为国家与民族的官方语言。

概而言之，自公元前722年，犹太民族即深陷分裂、亡国、乱离乃至大流散，至卡夫卡时代，已然长达2700年！公元359年起，罗马帝国开始崩溃，加速了他们流浪的进程。他们大批大批向北迁徙，进入基督教地区，尤其是今天的中欧和东欧。他们异样的容貌和语言、古老的信仰与生活方式，引起原住民的疑虑、恐惧和排斥。他们饱受歧视和伤害，无法融入原住民文化，于是自发形成犹太社区，这些社区多数类似于贫民窟，其中，随着岁月的流逝和艰辛的积累，也逐渐发展出不少繁华的商业中心。

布拉格的犹太人居民区——约瑟夫大街(摄于1902年)

1096年，基督教世界发动了第一次十字军东征，犹太人随之沦陷到历史上最黑暗的时期。克吕尼神父(Abbé of Cluny)公然声称："犹太人与穆斯林都是敌基督，但犹太人比穆斯林有害一千倍，所以，十字军剑锋所指，不应该是阿拉伯的穆斯林，只能是欧洲的犹太人。"[1] 数十万十字军，近乎乌合之众，横扫莱茵河、多瑙河流域的犹太社区，众多犹太人惨遭杀害，财产被掠劫一空。

稍后的1144年3月，基督教复活节，英国诺里奇(Norwich)发生了另一场标志性事件：该地郊外丛林中发现了一具男孩尸体，立即有人声称，是犹太人谋杀了该男孩，用于邪恶的"犹太血祭"。此类污谤之荒唐，与虔诚而敬畏的犹太教风马牛不相及。然而，无知的人们还是被挑动起来，狂怒的大火烧毁了诺里奇的犹太社区。一波反犹浪潮迅速席卷整个欧洲，自此800年间，大大小小的迫害事件层出不穷：

1171年，法国博伊西(Blois)"犹太人嗜血案"，犹太社区被焚；

1 参见查姆·伯曼特，《犹太人》，冯玮译，上海三联书店，1991年，第25页。

布拉格官殿门前的守门人(摄影时间不详)

1179年及1215年,第三、四次拉特兰会议决议,对犹太人进行强制性隔离;

1298年,弗兰克尼亚(Franconia)、洛汀根(Rottingen)"亵渎圣饼案",40个犹太社区被洗劫一空;

1348年—1351年,黑死病大瘟疫期间"犹太人投毒案",欧洲境内350个犹太社区被大火夷为平地,其中包括德国、西班牙、瑞士等地60个大型繁华社区;

1879年,"反犹主义"正式定名;自此,形形色色的"反犹同盟"如雨后春笋,肆意辱骂的反犹书刊铺天盖地;

1911年—1913年,当时俄国统治下的乌克兰基辅[1],"贝利斯血祭案":犹太人贝利斯被污谋杀基督徒儿童,"获取其鲜血",以作犹太教祭祀之用;如前所述,所谓"血祭"或"人祭",乃荒唐无稽的污谤,大约始于1144年的英国诺里奇,到本次基辅"血祭",不到8个世纪,共发生120起,其中三分之一发生于19世纪。这一数据充分说明反犹排犹的总趋势,从19世纪至纳粹屠犹,达到疯狂的高潮。

……

1940年前后—1945年,600万犹太人死于德国纳粹之手——其中包括本书主人公卡夫卡当时在世的所有直系亲人,以及他曾经的恋人暨知己密伦娜!

这场以"奥斯维辛集中营"为标志的种族大灭绝,不仅是人类历史上最黑暗的一页,也是犹太人历史命运的浓缩象征!

---

1 基辅及其所在的乌克兰,是历史上犹太人的重要聚居地区。

而浓缩的文学象征则来自海涅,这位与卡夫卡异曲同工的犹太天才,用令人震撼的笔触描述了犹太人宿命般的悲哀:

我一边四处寻找老夏洛克[莎士比亚戏剧《威尼斯商人》中的犹太商人],一边全神贯注地观察所有犹太人的苍白而表情痛苦的脸,这时我突然有了一个发现,可惜我不能不把它说出来。那就是,在同一天,我曾访问过圣卡洛疯人院,而现在在犹太会堂里,我忽然发现,在犹太人的眼睛里,闪烁着同一种悲苦的、半凝视、半游移、半狡猾、半呆痴的目光,它就是我刚刚在圣卡洛从疯人眼中曾见到的……

……尽管我在威尼斯的犹太会堂四下寻找,但无论在哪儿,我都没有看见夏洛克的面貌。可我仍然觉得,他就隐藏在那里,在任何一件白色的长袍下面,他的祈祷比别的信徒更热忱、狂热,激烈的祈祷声直向严酷的神王耶和华的王座上升! 我没有看见他。但是,临近黄昏,按照犹太人的信仰,当天堂的大门关闭,不再进行祈祷时,我突然听到了一个声音,里面滚动着泪水,好像不是从眼睛里哭出的。……这是一种连石头也会为之生出同情心的啜泣……这是只有从保存着全部苦难——一千八百年来一个备受折磨的民族所承受的苦难——的心胸中才能发出的哀号……这是一个精疲力竭而倒在天堂大门之前的灵魂的喘息……这个声音我是多么熟悉啊,我仿佛曾听见它充满绝望的哀叹:"杰西卡[夏洛克所失去的女儿],我的孩子!"[1]

同样令人震撼的、异曲同工的描述则来自本书主人公卡夫卡!他一生吟唱自己的"犹太哀歌",催人泪下。有人说他是"20世纪上半叶无名的恋诗歌手",[2]总体而言,并不属实。宁可说,他是——借用他自己的文学隐喻——"耗子[犹太]民族"的歌手,他的"犹太哀

1 《海涅全集》,第七卷,第360~361页。

2 参*Kafka's True Will*, by Erich Heller, 见*Franz Kafka*: *Letters to Felice*。

歌"空前绝后。

莎士比亚笔下的丹麦王子哈姆雷特有一句名言:"To be or not to be? That is a question."这句话在不同情境可以做不同的理解,此处它的含义是:是不是犹太人,这是一个问题!

要理解卡夫卡那"复杂得要爆炸"的生命,我们不得不从他的"犹太之根"着手。

只是,卡夫卡的"犹太之根"并非某种单一的线索,它是一个复杂的"根系",不仅关联民族和家族渊源,也牵涉近代欧洲尤其是中欧的犹太人生存斗争史。不仅事关历史的进程,也卷入精神和思想的空间。

第二节 犹太复兴:赫茨尔与"犹太人问题"

海涅死于1856年。这位天才的德国-犹太诗人崇拜拿破仑,因为后者秉承法国大革命的人权精神,推行了一系列解放犹太人的重大举措,如召开中断了近1800年的世界犹太大会,撤销对犹太人的隔离,确认犹太人宗教信仰的自由等。应该说,拿破仑的所作所为,根本上出于法国大革命以来的"天赋人权"观念,但的确惠及犹太民族。一系列举措解除了捆绑个性和思想的桎梏,启发和解放了犹太民族先知先觉者的热情,在科学民主日益昌盛的19世纪,点燃了整个犹太民族自我拯救的火种,拉开了犹太复兴运动(zionist)[1]的大幕。

1862年,即海涅死后6年,卡夫卡出生之前21年,历史上第一部犹太复兴著述《以色列的复兴》于中欧的德国问世。本书无异于暗夜中一柱烛光,40年之后形成世界性影响。本书问世之后20年的1882年,即卡夫卡出生之前一年,另一部里程碑式的犹太复兴著作《自我解放》问世。接下来的1896年,卡夫卡尚在接受中学教育,他的奥地

1 "zionist"一词,既可译为"犹太复国主义",也可译为"犹太复兴运动",两者异同详下。本书将视具体情况做不同移译。

利同胞西奥多·赫茨尔出版了《犹太国家——犹太问题的现代解决之道》,这本薄薄的小书从根本上改进了犹太复兴的概念,系统阐述和论证了犹太复国的可行性。后来发生的历史进程表明,它标志着政治犹太复国主义的开端。

短短七年之内,赫茨尔以殉道者的激情,领导召开了共六次犹太复国主义大会,包括其他各项重大政治行动。借此,犹太复国主义迅速发展为自觉的政治力量,引发大规模的社会运动,震动欧美,波及全世界,连遥远的智利、印度、新西兰,甚至西伯利亚也不例外。各类犹太复国主义组织竞相诞生,如雨后春笋。

1904年,即卡夫卡21岁那年,44岁的赫茨尔英年早逝。他早就知道自己活不长,但义无反顾,不惜用生命换取“世界历史的新开端”。“犹太民族无法承受任何等待和拖延!”赫茨尔如是说。这一结论的根本诱因之一,即当时“中欧-奥地利”背景下的犹太人生存状况。

几个世纪以来,很大程度上,中欧历史可以归结为“奥地利-普鲁士争霸史”。两个德语民族明争暗斗,此消彼长,争夺德意志诸邦的领导权。最终,普鲁士借1866年“七周战争”击败奥地利,兼并德意志诸邦,唯独排斥奥地利在外,建立了所谓的“德意志第二帝国”。无奈之下,奥地利转而与匈牙利结盟,于1867年缔结了奥匈帝国。1918年,第一次世界大战结束,奥匈帝国因战败而解体,其疆域碎裂为奥地利、捷克斯洛伐克、匈牙利、波兰等国,大致回复到几个世纪之前的版图。这一问题也牵涉到卡夫卡:他在1918年以前是奥地利作家,但1918年之后就成了捷克作家。

错综复杂的历史、政治和战争格局,使奥地利境内犹太人的生存尤为艰辛。历史上,奥地利属古罗马版图,其境内犹太人源远流长,自古受害深重。在奥地利首都维也纳,反犹势力从来嚣张,帮助孕育了希特勒这样的反犹罪魁,他后来让维也纳近20万犹太人仅剩3500人!

更复杂的情况则见于卡夫卡的故乡波希米亚。该地系奥地利行省，奥地利犹太人主要栖居地之一，它像一把楔子挤在德意志中部，靠近普鲁士。奥地利与普鲁士以及德意志诸邦之关系，错综复杂，冲突不断，而波希米亚则首当其冲。它的境内混居着多个民族，包括捷克人、斯洛伐克人、普鲁士人、犹太人等等，这些人讲着形形色色的语言：捷克语、德语、依地语[1]……大而无当的奥匈帝国日见衰弱，各类民族矛盾和社会矛盾益趋激化。例如，捷克民族主义者一直在争取独立，凡帝国各项既定政策，包括对早先倾斜于犹太人的相关政策，一律反对。这就导致了捷克民族主义者的反犹倾向升级，相应的反犹暴行随处可见。波希米亚首府布拉格——卡夫卡终身厮守的城市——更是首当其冲。在这儿，政治、民族、宗教、文化和社会冲突犬牙交错，犹太人只能在夹缝中艰难求生。

犹太人生存难，奥地利犹太人生存更难，而奥地利的德语犹太人，其生存尤其艰辛。以布拉格的德语犹太人为例，1900年，布拉格德语人口不到总人口的10%。与此同时，布拉格犹太人仅占全市总人口的7%。两项相叠，布拉格德语犹太人恐怕占比更小，也就是千分之一二。更何况，布拉格德语犹太人多属文化阶层，敏感而神经质，其生存的复杂性遂遭相应地放大，卡夫卡即属此情况。作为犹太人，他们受迫害于一切人——包括反犹主义的基督徒、日耳曼人和捷克民族主义者；进而，作为德语犹太人，他们尤其受迫害于日耳曼反犹主义者和捷克民族主义者！

正是这一处境，令奥地利犹太人赫茨尔忧虑不已。在他看来，“中欧-奥地利”背景下的犹太人生存状况，集中体现着整个欧洲乃至全世界的“犹太人问题”——这正是当年赫茨尔所使用的关键词。绝非偶然，几十年后，另一位犹太思想家汉娜·阿伦特把“犹太人问题”

1 依地语为德语、希伯来语和斯拉夫语的混合语，是犹太人的国际通用语言，也是中欧和东欧犹太人的主要口语。

和“卡夫卡问题”关联起来：

这里涉及的就是自从1870年或1880年起就被称为“犹太人问题”，并仅仅在那些年代说德语的中欧地区中以那种方式存在的那些问题……在这儿我们无法跳过它，因为如果没有它，我们……不可能理解卡夫卡……[1]

关键词是“说德语的中欧地区”。犹太复兴运动即由此兴起，其代表人物，除中欧德语犹太人西奥多·赫茨尔等社会精英，还包括中欧德语犹太人马丁·布伯，以及——如本书可见——中欧德语犹太人弗兰茨·卡夫卡。只是，就犹太复兴运动来理解卡夫卡，还须另做一项相关的考察。

第三节　犹太复兴：从赫茨尔到布伯

卡夫卡出生之前5年，即1878年，马丁·布伯出生于维也纳。借用日后卡夫卡的自省，布伯的生命也带着深不可及的“伤口”。约3岁那年，母亲即因婚外情私奔去了俄国西伯利亚。直到30年后，母亲自西伯利亚返回，与他约见，然而，其结果恐比当初的失去更痛苦：母子天涯相隔30年，此刻竟彼此彬彬有礼，相视无言，有如路人！也许正因为如此，日后布伯痛定思痛，加之1914年夏一战爆发之际的“梅赫事件”（参见本书第二章第三节），遂深入思考“我与你”“相遇”“到场”“失诸交臂”“心心相印”等问题，形成自己独特的哲学体系。

1　参见[美]汉娜·阿伦特，《瓦尔特·本雅明：1892—1940》，载《本雅明：作品与画像》，孙冰编译，文汇出版社，1999年，第199~200页。顺便指出，在此前后，奥地利德语犹太人还包括弗洛伊德、里尔克、阿德勒、勋伯格、马勒、斯蒂芬·茨威格、维特根斯坦、奥托·兰克等。在相邻的德国，则有同类的德语犹太人本雅明等。

母亲私奔约一年后，布伯被送往乌克兰莱姆贝格祖父家中。祖父所罗门·布伯，当地成功的犹太地产商兼银行家，也是著名的犹太学者，精通《希伯来圣经》与犹太传统。更重要的是，乌克兰一带盛行犹太教哈西德主义（Chasidism或Hasidism）。哈西德主义也称哈西德派，源于18世纪东欧犹太人的激进敬虔运动。对于哈西德派，上帝绝非抽象或人格化概念。相反，有类于斯宾诺莎，上帝是绝对之爱，无限之爱，普世之爱。上帝既在诸天之上，万有之外，也与诸天同在，永驻大千世象，知悉并怜恤一切。所以，上帝既是一切生命之源，为一切生命分享，更应该是一切感恩与感受之所向。这也意味着，繁文缛节的律法无法抵达上帝，相反会失落于精神和思想的控制，沦丧于"组织"的僭越。相反，恩典见证于丰盛而激情的生命。尤其虔诚祷告的激情，既是生命的祝福，也是苦难的赦免。祷告的恩典是普世的恩典。上帝将借此引导内心的平安与人际的和谐，指向普世的救赎——用后来布伯自己的话说，上帝作为大写的"你"，保证并守护了"我与你"的存在。不仅如此，激情的文字或文学，也可以成为一种特殊的祷告，为"我与你"带来祝福。

哈西德派强调生命的丰盛，所以盛行于广泛的社会阶层，也深深影响了布伯的祖父。作为哈西德派的著名学者，祖父"深深迷恋文字"，加之祖母在相夫教子之外，酷爱德国古典文化及文学，颇有研究成果，凡此等等，最后都对布伯形成重大影响。

布伯在祖父家中一住就是十来年，直到1892年14岁才返回维也纳。经历了一次信仰危机之后，布伯转而研读康德、克尔恺郭尔、尼采等人的思想。1896年至1900年的四年间，他先后在几所著名大学攻读哲学、历史与艺术。1901年，23岁的他即受命主编《世界》周刊，这是一份犹太复兴运动的主力杂志。1916年，布伯自己创办并主编德语犹太月刊《犹太人》，此刊成为德语犹太人精英论坛，直至1924年停刊。1925年，布伯与人合作，着手移译《希伯来圣经》为德文，合作者去世后，他独立支撑这项至伟之工，旷日持久。希特勒上台后，布伯代表犹太人奋起抗争，成为反纳粹的精神领袖。1938年，他移居巴勒斯坦，任教于希伯来大学等校，1965年逝世于耶路撒冷。

布伯不仅是影响世界的大思想家，与赫茨尔一样，他也是犹太复兴运动的领袖。赫茨尔代表着政治犹太复国主义，布伯则代表着犹太复兴的文化取向。他按照自己的理解阐释犹太复兴运动，定义为"对犹太民族的宗教和社会天赋的虔诚信任"[1]，既非单纯的"宗教共同体"，也非更深邃的"民族共同体"。必须还要进一步"看得更深，从而去发现它的本质"：

> 犹太教是一种精神过程，这一点在犹太人的内部历史中同时也在伟大的犹太人的著作中得到了证明。[2]

所谓"内部历史"和"伟大的犹太人的著作"，其实都浓缩于《希伯来圣经》，其精华可概括为三大观念：指向创造源头的统一观念，跟随创造源头的行动观念，盼望普世拯救的未来观念——弥赛亚（救世主）理念，它最终整合了三大观念。

今天看来，布伯的思想融合了犹太教传统的救赎观念与现代哲学的批判精神。借一系列相关演讲，他满怀激情，直抒己见。他说，如果犹太人仅仅付出向外的努力，局限于针对外界苦难做出回应，那么，犹太人就并未真正存在。他说，犹太血脉源远流长，饱含着伟大的真理，犹太人必须学会从中汲取，借此活出丰盛的生命，见证蒙恩的存在。

布伯提倡向内寻求。然而，向内寻求，就必然会遭遇犹太人的

---

1 [德]彼得-安德烈·阿尔特，《卡夫卡传》，张荣昌译，重庆大学出版社，2012年，第216页。

2 参见[德]马丁·布伯《论犹太教》，刘杰等译，山东大学出版社，2002年，第31页以下。

"原罪"。依据犹太教的原罪观,布伯提醒犹太人留心自身内部的两重性:

> "这一点是确实无疑的:或者是戏剧演员,或者是真正的人;既能拥有美,又能拥有丑;既淫荡又寡欲;既是骗子或赌棍,又是狂热者或胆怯的奴隶——犹太人就等于这一切。"……这些话概括了我所认为的犹太教的基本问题,其生存的不可思议的、令人敬畏的和创造性的矛盾就在于:她的两重性(dualism)。[1]

历史与细节都有助于诠释布伯的良苦用心。例如,卡夫卡后期恋人密伦娜的丈夫(艾恩斯坦·波拉克),正是所谓"淫荡"的犹太人:他风流成性,生活放纵,接二连三发生婚外情,令基督徒密伦娜爱无所望,终于走向卡夫卡。当然,布伯所指,并非仅仅这类肉身的淫荡。例如,犹太人海涅改宗基督教,以此换取"欧洲文化入场券",显然出于思想精神的"淫荡"。以大历史的眼光,对于永世漂泊的犹太人,世界本质上属于乱世。"淫荡",则意味着乱世的诱惑,既有外部逼迫,也有自身异化。换句话说,对于犹太人,乱世意味着双重意义的乱世,并意味着双重意义的考验。而且,这一考验的辩证性质,其复杂与微妙,恐怕出人意料。

吊诡的是,从大历史的眼光看,外部逼迫与自身异化,其成分比例貌似相对稳定。例如,文艺复兴的人性大解放一直持续至今,其内在逻辑牵引了诸多历史现象:斯宾诺莎、启蒙运动、法国大革命、浪漫主义、《拿破仑法典》、克尔恺郭尔、马克思、尼采、弗洛伊德、爱因斯坦乃至后来的大众消费等等——就本处所论,当然特别包括19世纪下半叶爆发的犹太复兴运动。至少400年间,总体而言,犹太人的外部逼迫日益缓解,但犹太人的自身异化却愈发严峻。表面上,自19世纪下

1 《论犹太教》,第21页。

半叶起，反犹排犹形势恶化，直至纳粹屠犹的疯狂一举。但是，严格而言，反犹排犹形势的恶化，与犹太复兴运动深度相关。更微妙的是，犹太复兴与反犹排犹，此两者，复与犹太异化深度相关。

不妨这样做一个总结：

置身外部逼迫的惊涛骇浪，如何保守犹太民族内在的贞洁（“寡欲”），这是一个问题。然而更重要的是，另一方面，不与自身异化展开血肉模糊的自我厮杀，又如何保持属灵的贞洁？如上述波拉克与海涅的“淫荡”，尤其海涅改宗基督教，与其说因为外部逼迫，不如说出于自身“淫荡”（异化）。

这样一种理解告诉我们，犹太民族的“两重性”既是熬炼，也是成长与祝福的前提。

与生俱来的两重性意味着“永恒的分裂”，也决定了犹太人首要的使命：“在我们的灵魂中努力去追求统一性，并纯化我们的民族。”而这就需要一场尼采式的“重新评估一切价值”。也就是说，解放首先是灵魂的解放，是“成为人”。布伯特别强调，所谓“成为人”，并非成为抽象的、普遍的人，并借此文饰罪愆，回避历史。这不是真正的解放。相反，唯有向内的路才是向外的路，必须“以犹太人的方式成为人”，首先向内成为人——“为先知犹太教的重建认真劳作”，[1]进而向外解放，带来民族的复兴。“这正是我认为将在犹太教中所发生的东西：不只是一种复原或复活，而是一种真正的总体的复兴。”犹太人将不再流浪，他们将重获恩典，找回“原初力量”，重返上帝当年应许的“迦南”故土，进而——如“亚伯拉罕之约”——代言普世人类的盼望，即“导致人类的复兴”：

我们一定要创建一种社团，并通过联合起劳动和牺牲而使之坚固地确立起来。这个社团中的人们，在那难以言说的上帝的名义下，

1 本处及以下参见《论犹太教》，第32~34页。

将来到体现其意志的锡安山[迦南故土或耶路撒冷的象征]。他们心中的神秘在不断地扩展，超越了所有教诲和律法的范围，不过依然不可表达，没有定型。而原初力量的洞察力已经向他们开放，凭借它，那些不可表达的和无以定型的东西就能经历一种新的显现，那就是人类对神的响应，以及神圣与世俗的一致。[1]

绝非偶然，作为犹太文化复兴运动的代言人，布伯特别强调犹太民族文学的意义：

探寻民族文学和他们生活的深层奥秘这两方面共同的努力，将使拥有虔敬和无偏见认识的一代人，一步一步地沿着原初力量的路径走下去，就如同那种力量在过去的时代引导人们向前一样。

布伯强调精神的凝聚、“道成肉身”式的行动、永恒的盼望——如此诉求，包含着人对神的呼应、默契与同一。布伯正视罪愆与苦难，唯其如此，罪愆的救赎与苦难的超越反而成为可能。综而言之，布伯的思想源于犹太教的伟大辩证传统，直面“原罪”，坚守信仰，在两者的张力之间，充满得救的希望。

在犹太复兴的时代大潮中，布伯的一系列思想充满激情的魅力，尤其影响了“中欧-奥地利”背景下的犹太青年一代。

1 《论犹太教》，第152~153页。

第二章 一个人的犹太复兴：从赫茨尔-布伯到卡夫卡

相信一切事情及所有瞬间都相互联系，都有意义；相信生活是一个唯一的整体；相信切身之事与至远之事！

——弗兰茨·卡夫卡

布伯上述一系列演讲做于1909年至1918年，其时卡夫卡正满怀憧憬走向生活和写作。

最初的演讲，有三次刚好就在布拉格，题目依次为："犹太教的意义""犹太教和人类"和"犹太教的革新"。时间依次为1909年1月20日、1910年4月3日及12月8日。

更重要的是，最初这三次演讲，主办方均为"巴尔-科赫巴"犹太人协会，卡夫卡虽非会员，但积极参与相关活动。所以，他多半听过这三次演讲。[1]此后其他演讲他听过多少次，无法完全确定。

然而，真正的问题是：卡夫卡是否受布伯影响？受了什么影响？

抑或相反，卡夫卡与布伯之间，存在着微妙的相互关系？

1 以上参见阿尔特，《卡夫卡传》，第213~214页。

第一节 信仰告白：以文学独自默祷

1913年1月16日，卡夫卡曾向恋人菲莉斯明确表示，他不喜欢布伯的演讲：

我听过他的演讲，觉得枯燥乏味。他无论哪方面，感觉都欠缺点什么。[1]

两天后，卡夫卡偕一行人泛舟莫尔道河，包括布伯、韦尔弗、鲍姆和卡夫卡终身密友马克斯·勃罗德。在船上，围绕犹太复兴运动及相关的“集体感”或“团结友爱精神”，大家展开了辩论。卡夫卡独持另类立场，公开声称自己“没有这类感觉”，因为“力量只够用于自己”。[2]

卡夫卡的终身挚友马克斯·勃罗德

也许，面对如此重大的犹太复兴问题，他可能会不知从何说起。某种“反向作用”的心理机制，让卡夫卡倾向于“大的事情小声说”，或“欲言又止”，或“自言自语”，或“顾左右而言他”，直至完全沉默。主题越是重大，情况就可能越是如此。如下可见，勃罗德将指出：对于“犹太”或“上帝”这样的“神圣范畴”，卡夫卡近乎失语。

终其一生，卡夫卡反感大声宣讲，因为大声宣讲本质上属于群众运动。据卡夫卡后期忘年交雅诺施所言，某天，两人散步时偶遇布拉格街头群众运动。卡夫卡当即评论说，此类群众运动其实是变相的宗教战争，在一个“上帝已死”的时代，演变为“高声喧闹的街头骚乱”，尤为恐怖，“它们以旗帜、歌声和音乐开始，以抢劫和流血告终”，

1　译自1913年1月16日致菲莉斯。

2　参见勃罗德，《卡夫卡传》，第108页；并参该书另一中译本：《灰色的寒鸦：卡夫卡传》，张荣昌译，北京十月文艺出版社，2010年，第110~111页。以下未另注出处者同。

在罪恶的时代，没有一样事情名副其实。他甚至论及自身的分裂："拔根的事我们大家都参加了。"——因为他深知人类无法不"同体大罪"。雅诺施当下反驳："这不符合事实，布拉格现在几乎天天有游行，每次游行都很平静，很有秩序。"卡夫卡回应说："事情只不过发展得慢一些而已，不过这不要紧，很快就会发生的。"他举例说，"国际主义"本来主要是一个地域概念，然而，借群众运动，这个词却摇身一变，成为意识形态的旗帜。所谓"平静"的、客观的群众运动，其实是意识形态暴政的伪装。[1]历史无情见证了卡夫卡的先知之见。紧随他的离世，纳粹的"群众运动"森然崛起。更为讽刺者，一个政治的以色列——犹太复国主义"群众运动"的当然结果——其问题重重，世所共知，尤令有识之士深思。[2]

问题另有更微妙的一面：群众运动自有其不二的对立统一体，那就是群众运动的领袖。恰如当代法国思想家佩雷菲特所说，领袖借爱群众爱他自己，然而，群众也借爱领袖爱他们自己。希特勒与德国民众的关系即典型之一。

显然，在卡夫卡与布伯之间，存在着一个本质的分歧。围绕布伯，时代、群众、个体三大因素相互作用，促成了一个事实：他是当然的犹太复兴运动领袖。他向广大群众大声宣讲，"这些演讲震撼了当时欧洲无数犹太青年的心"。不仅如此，他还与另一位领袖赫茨尔激烈争论，并毫不留情指责赫茨尔的"人格缺陷"，认为赫茨尔不具备"领袖的魅力"。[3]布伯有理由提出这样的指责，因为他自己就具备"领袖的魅力"。

毋庸否认，布伯的领袖魅力并不庸俗，相反充满犹太教哈西德派的激情。事实上，据报道，布伯演讲现场，甚至包括他的相关著述，充

---

1 《卡夫卡口述》，第44~46页。当卡夫卡说"拔根的事我们大家都参加了"，他也许想到了例如自己购买战争债券之事，参见1915年11月5日日记。

2 事实上，布伯自己也反对犹太人敌视阿拉伯民族。

3 以上参见《论犹太人》"代译序"。

斥着“普遍激动情绪”，某种“极度兴奋的革新激情”或“蒙着面纱的主观性”，甚至控制了一向冷静的勃罗德。[1]

跟布伯一样，卡夫卡也有某种哈西德取向。然而，与布伯不同，卡夫卡只认同哈西德派的个体存在和内心祷告，因为这切合他的“文学人生”。他认为文学的任务是“逃避现实”，而这一所谓现实，正是他与雅诺施讨论的群众运动。因而，“逃避现实”，其实是退回内心祷告。所以，他向雅诺施明确指出，文学的任务是“唤醒”，而且，他强调指出，“肯定倾向于祷告”。对于卡夫卡，

> 祷告和艺术，两者都出于属灵的激情。面对庸常的选择，当事人渴望超越和升华。跟祷告一样，艺术是一只伸向未知的手，渴望触及恩典，而恩典的馈赠，将把艺术转化为一只能够给予的手。[2]

所以他斩钉截铁，在日记中写下一条箴言般的独句：

> 写作乃祈祷的形式。[3]

总体而言，全部卡夫卡日记，只有另外一句可与之比肩：“独特的自传作家的预感。”[4]然而，所谓“自传”，其实是为犹太民族立传。可见，在抱负上，卡夫卡与布伯并无区别。

区别在于，与布伯群众运动式的路线相反，卡夫卡走了一条孤独的路，向内的路。

1　参见阿尔特，《卡夫卡传》，第215~216页。显然，卡夫卡与稍晚的犹太学者肖莱姆(Gershom Scholem, 1897—1982)拥有共识。

2　*Conversations with Kafka*, by Gustav Janouch, Goronwy Rees (Trans.), Francine Prose (Intro.), New Directions; Second Edition, January 26, 2012, pp.47~48.

3　《卡夫卡全集》，第5卷，第206页。

4　1912年9月15日日记。引自《卡夫卡全集》，第6卷，第235页。

他很清楚，对于以文学为祷告的他自己，唯有孤独的路、向内的路引向救赎，就此得以成为向外的路。

正因为如此，1913年1月18日那天的辩论之后，卡夫卡专门向勃罗德介绍了克尔恺郭尔的思想。一般认为，要到1918年罹患“白死病”肺结核之后，卡夫卡才会系统研究克尔恺郭尔，并将其认同为自己的“精神邻居”。然而，早在1913年伊始，就犹太复兴这一重大问题，卡夫卡已然引入克尔恺郭尔，说明自己与之契合之深。不过，作为早慧而执着的天才，克尔恺郭尔思想前后高度一致。尤其在信仰上，他一生坚持绝对的个体立场，其相关表述旗帜鲜明，堪称“信仰告白”，必然为卡夫卡所认同：

> 信仰的本质是成为秘密，成为单个个人(the single individual)的秘密。信仰需要被每个个人(every single individual)保守为秘密，甚至向他者告白自身信仰之际，也必须在内心如此善加保守，否则就不叫信仰。[1]

作为“精神邻居”，克尔恺郭尔代言卡夫卡，告白了“一个人的信仰”。

这一信仰告白，其精神暗合《希伯来圣经》，正好源于耶和华的自我定义之言：“我是我所是。”[2]如此定义，已然内涵了信仰的个人性，以及相应的不可言说性。

一方面，从普世万民之中，耶和华拣选亚伯拉罕个人，赐予特殊启示。另一方面，耶和华对亚伯拉罕个人的特殊启示，正是对人类整体的普遍启示。

启示的奥秘即呈现于上述两方面的张力之间，展开为信仰的路

---

1 参见 Kierkegaard, *Works of Love*, Edited and Translated with Introduction and Notes by Howard V. Hong and Edna H. Hong, Princeton University Press, 1995, pp.24-29。

2 译自《圣经·出埃及记》，3章14节。God said to Moses, “I AM WHO I AM.”

线图：

一方面，太初有道（logos），个体特殊启示与整体普遍启示互为前提。另一方面，道成肉身（history），救赎的历史始于个体特殊启示。

因而，如果说历史既是历史更是恩典，那么，恩典就既属整体更属个体[1]——逻辑上无可告白的个体。

出人意料的是，关于这一信仰立场，卡夫卡早就展开了深刻的思考，不会晚于1904年夏天，其时他刚刚21岁，已然动手写作《一场斗争的描述》，并于1907年完成第一稿。

1909年1月，布伯在布拉格演讲“犹太教的意义”，当年6月，卡夫卡从《一场斗争的描述》中抽出两个部分，修订错别字后，原样发表。其中一个部分即《与祷告者的谈话》，刚好围绕祷告深入展开。[2]

以犹太神学的观点，祷告乃信仰之根本，被称为信仰者属灵的“呼吸”。

既然如此，《与祷告者的谈话》是否围绕祷告与布伯展开了信仰对话？

1904年—1907年写作《一场斗争的描述》之际，大学生卡夫卡正在跟随老师F.布伦坦诺学习“描述心理学”，又称“现象学”，其实也是精神分析，更是神学。其间，布伦坦诺的思想对卡夫卡产生了重大影响，其见证之一即《一场斗争的描述》，这部作品客观上正是回报老师的一份作业。对此，本书第九章第三节将有技术性论证，而

推测是和《一场斗争的描述》同一时期的卡夫卡的素描

---

1 参见《创世记》，第12、15、17章等。终而言之，所谓“信仰路线图”，无非是耶和华的自我运动、自我辩证、自我彰显。

2 载《卡夫卡小说全集》，第3卷。也可参见 *Description of A Struggle*，载 Franz kafka, *The Complete Stories*, Edited by Nahum N. Glatzer, Schocken Books, 1971。

且正好围绕《与祷告者的谈话》展开。只是，那儿的论证主要涉及精神分析层面。然而，《与祷告者的谈话》受布伦坦诺影响，绝非仅限于精神分析，还涉及更为根本、更为重要的神学范畴。

作为虔诚的基督徒，布伦坦诺终身坚信上帝，[1]而且把祷告作为信仰的焦点。1867年，布伦坦诺致信自己的学生C.斯通普夫，如此论及祷告的问题：

> 对于我，人不默祷就很难算是活人；哲学家不默祷就不配称为哲学家，而只是一名科学匠人，一名法利赛人中的法利赛人。……我宁愿放弃学者生涯，宁愿去死，也绝不放弃默祷！[2]

让我们借助布伦坦诺这一重大表述整理一下前后的思路。

显然，在布伦坦诺看来，信仰是人的生命线，若无信仰，虽生犹死。

但是，既然如此，如何信仰，也必然生死攸关。所以卡夫卡会写下这样一条箴言："信仰就像砍头斧，如此轻快，也如此沉重。"[3]

布伦坦诺的答案旗帜鲜明——信仰的真正见证是祷告。不祷告的信仰者，只能称为伪信者（"法利赛人"）。

然而，正像如何信仰生死攸关，怎样祷告，同样生死攸关。

他的回答是："内心的默祷！"

结合上述克尔恺郭尔-卡夫卡式的"信仰告白"，不难得出一个平衡的表述：并非不可以开口祷告，然而——克尔恺郭尔如是说——即

1　参见E.胡塞尔《回忆布伦坦诺》，王俊译，见 http://www.douban.com/group/topic/27568764/，取自2014年10月10日。另请参见《不列颠百科全书》相关词条。

2　1867年新年前夜致学生C.斯通普夫，转译自许为勤，《布伦坦诺价值哲学》，贵州人民出版社，2004年，扉页题辞。

3　译自卡夫卡箴言第87条，见Franz Kafka, *The Zürau Aphorisms*, trans. from German by Michael Hofmann, Harvill Secker, London, 2006。本书以下所引卡夫卡箴言，凡未另注出处者，均由笔者译自本书。

使开口祷告，也必须在内心“保守为秘密”。

绝非偶然，《与祷告者的谈话》刚好辛辣嘲讽了内心默祷的对立面——公开的、哗众取宠的祷告。

有一段时间，我天天去一座教堂……

……一位年轻人引起了我的注意，他那瘦削的身子扑倒在地上。他不时地使尽浑身力气揪住自己的头发，叹息着把脑袋往平放在石头上的手掌里撞得咚咚响。

教堂里只有几位老妇人，为了看这位祷告者，她们屡屡把头巾包着的头扭向那一侧。她们的注意似乎使他感到幸福，因为每次他的虔诚举动爆发前，他都要扫视一下，看看观众多不多。[1]

这位祷告者的“虔诚”祷告，与布伦坦诺的默祷，刚好互为反衬：前者本质上无异于群众运动，后者则见证了信仰的亚伯拉罕路线——“一个人的信仰”，而卡夫卡进一步具体化为“一个人的内心默祷”。

这是文学艺术家卡夫卡的神学贡献，也是他与布伯信仰对话的结果。

在此基础上，我们得以继续探讨卡夫卡与布伯的思想关系。

第二节 默祷的“到场”：“圣徒”卡夫卡

其实，布伯深受犹太教哈西德派影响，相信祷告的根本力量。只是，布伯走向了激情的祷告，而且，他的激情——至少很大程度上——指向外部的运动。更准确地说，对于布伯，点燃一代犹太青年的

1 《与祷告者的谈话》，见《卡夫卡小说全集》，第3卷，第123页。

激情,唤起他们投身犹太复兴运动,就是他祷告的使命。

不能说卡夫卡没有激情。然而,与布伦坦诺一样,卡夫卡的激情只限于内心深处的默祷(comtemplation),以向内的路通向未知,正是在这样的意义上勃罗德评价说:"激情对他来说几乎完全陌生。"[1]

事实上,卡夫卡与布伯一样渴望犹太的复兴,然而,正像布伯不完全认同赫茨尔式的犹太复兴,卡夫卡也不完全认同布伯式的犹太复兴。

卡夫卡认同克尔恺郭尔式的信仰告白,他内心真正的需要,是他一个人的犹太复兴——以文学为凭借,在内心展开默祷的沉思,或沉思的默祷——这是他祷告的使命。这使命与布伯的使命一样,指向犹太的复兴。同时,这使命与布伯的使命不同,指向"一个人的犹太复兴"——以《城堡》为例,勃罗德就此给出了堪称经典的评价:

> "犹太人"这个词并没有在本书[《城堡》]中出现。它也不曾在卡夫卡的其他小说中出现。……然而你几乎可以具体看出:卡夫卡在《城堡》中已经展示出一幅伟大的和悲剧性的图景,描写融合不过是徒劳;在这个简单的故事里,他从犹太人的灵魂深处讲出来的犹太人的普遍遭遇比一百篇科学论文所提供的知识还要多。[2]

不妨继续把《城堡》作为象征,强调卡夫卡文学的普遍意义。在今天看来,作为卡夫卡文学的象征,《城堡》的意义不下于一个国家概念的以色列,虽然《城堡》的复调中也包含着对土地的渴望。按同样的逻辑也可以说,面对布伯,卡夫卡的文学具有不可比拟的意义。借用布伯自己的用语,卡夫卡与他自己都极尽虔诚,祈祷着犹太复兴的"到场",然而,如何到场,正像如何祷告,却存在着可以理解的差异。

1　勃罗德,《卡夫卡传》,第69页。

2　[奥]马克斯·勃罗德,《无家可归的异乡人》,见《论卡夫卡》,叶廷芳主编,中国社会科学出版社,1988年,第81页。

就此，勃罗德也做过经典的评价，正好适用于卡夫卡与布伯的比较：

也许有人比卡夫卡信得更深，也就是说更无疑义；也许有人怀着更辛辣的怀疑，这我不知道。我肯定知道的是这个奇特之处：在卡夫卡那里这两种截然相反的特性化成了最高的综合。其意义可以用这句话来概括：在所有信徒中他是离幻觉最远的；而在一切不怀幻觉看世界的人中，他是最坚定不移的信仰者。[1]

卡夫卡其实深知自身这一特征，就像克尔恺郭尔或布伦坦诺，坚守信仰，却无法与任何教会、组织或群众运动相互接纳。这样的个体，其存在本身，就是对教会、组织或群众运动最大的反讽。卡夫卡自己也在思考这一吊诡。《与祷告者的谈话》发表几周之后，他决定改写《一场斗争的描述》。在这部第二稿中，"我"与祷告者的谈话涉及了"我"自己。"我"向祷告者指出，他们两人无论差异多大，还是拥有一个共同点：恐惧。人的尽头是信仰的开端。恐惧让人绝望，从而走向信仰。既然信仰，就要竭尽虔诚，尤其在教堂如此神圣的场合。然而，

[我]："为何要在教堂里那样祷告。简直不像话！愚蠢之至！多么可笑，旁人会多难受，而虔信的人会多愤怒。"

[祷告者]："你错了！对于虔信者，我的行为纯属自然，对于旁人，则正是虔信的表现。"

[我]："但我很恼火，这证明你错了。"

[祷告者]："你很恼火——假如你真的很恼火——只能证明你既非虔信者，也非其他人。"[2]

1 勃罗德，《卡夫卡传》，第178页。

2 Franz Kafka, *The Complete Stories*, pp.32~33.

面对激情四溢的布伯，卡夫卡就“虔诚”进行双向的考问，砥砺自身“一个人的信仰”，一条内涵于“亚伯拉罕之约”的信仰路线。

犹太经典《塔木德》认为：“救一个人等于救世界。”现在，借助卡夫卡，我们得以明了此中一条含义：在属灵的意义上，“救一个人”首先意味着自我的拯救，更确切地说，是绝对个体回应“我是我所是”的耶和华。体现于人与人之间，则是布伯所谓的“我与你”。在这一表述中，从“我是我所是”出发，首先是一个大写的“我”。然而，从回应“我是我所是”的角度，则是一个大写的“你”——这个大写的“你”决定了人际的“我与你”——此中的关联，呼唤着布伯后来所谓的“到场”(presence)。

所谓“到场”，其实就是“活出来”(live out)——以生命本身为默祷，亲自(the self)见证“亚伯拉罕之约”的信仰路线。

终其一生，无论其主、客观上有多么苦难或“怨毒”，也无论道路多么曲折，人性处境多么复杂，卡夫卡坚持以生命作为默祷的见证，“活出来”他一个人的信仰告白——只有“活出来”的信仰，才是终极意义的“默祷”——这正是古往今来“圣人”或“圣徒”的真实含义。正是在这样的含义上，勃罗德明确把卡夫卡归入“神圣范畴”，虽然他并非“完美的圣徒”。就此，勃罗德如是说：

没有任何不重要的事。没有任何他可以“一笑置之”的事。正如他不会委屈任何人一样，他也不会委屈日常生活中的任何事情、任何活动。所以在他身边人们强烈地感觉到，根本就没有什么平凡和普通的事。有报道称圣徒们和宗教创始人有类似的活动经历——而与卡夫卡的交往则使我确信，这样的报道是以真实感受为依据的。[1]

勃罗德的“卡夫卡印象”并非仅仅抽象的总结，更有大量日常生

1　勃罗德，《灰色的寒鸦：卡夫卡传》，第47~48页。

活的点滴，令他终身无法忘怀。例如，某个下午卡夫卡拜访勃罗德，进屋时不小心惊醒了勃罗德的父亲，后者正在沙发上午休。卡夫卡当下并未做客套的道歉，而是“轻轻踮着脚尖穿过房间”，两只胳膊仿佛被一只无形的手轻轻举起，以极其温柔的语气说：“请您把我看作一个梦。”他后来成为素食者，某次陪同勃罗德女友参观柏林水族馆，竟向鱼说话：“现在我可以平静地看着你们了，我再也不吃你们了。”令勃罗德的女友当场震惊。[1]

勃罗德的报道为奥斯卡·鲍姆所证实，他是布拉格著名的盲人作家，卡夫卡与勃罗德共同的朋友。早在1904年，即卡夫卡开始创作《一场斗争的描述》那年，勃罗德介绍鲍姆与卡夫卡相识。两人初次见面的情形，令鲍姆终生难忘：

> 卡夫卡走进我房间时的第一个动作给我留下了深刻的印象。他知道是到一个盲人那儿。在勃罗德介绍时默默地朝我鞠了个躬。人们会认为这纯属毫无意义的客套，因为我目不见物。显然由于我同时的鞠躬幅度过大，他那梳得光光的头发碰了一下我的额头。我感到一阵激动，其原因当初一下子说不上来。他是我所遇见过的人中的第一个，将我的缺陷确认为仅仅是我个人的事（不是通过适应或体贴，没有在自己的行为上做出丝毫改变）。[2]

依据切身经历与感受，鲍姆回忆了卡夫卡的“唯一性”，某种意义上，这比“圣徒”一词更有说服力。他和勃罗德等人如此评价卡夫卡，并非知识分子之间惺惺相惜。因为劳工与市民阶层也这样评价卡夫卡。据卡夫卡后期忘年交雅诺施报道，一位工人曾亲口说：

---

1 参见勃罗德，《卡夫卡传》，第69页。

2 [奥]奥斯卡·鲍姆，《回忆弗兰茨·卡夫卡》，转引自勃罗德，《卡夫卡传》，第102页。

他不是律师，他是圣徒。[1]

这位工人因工伤致残，得不到应有的抚恤金，遂向法庭起诉。卡夫卡作为被告方律师，代理布拉格工人事故保险公司案件，反帮该工人处理相关事务，还掏钱为他聘请一位著名的原告律师。最后，在法庭上，他自己“体面地败诉”，该工人拿到了应得的抚恤金。雅诺施的父亲就此发表评论，称此类“公义之举”在卡夫卡“不止这一桩”，并归结为基督教的“邻人之爱”。他说，在一个罪恶的世界上，“邻人之爱”会给自己带来危险，并因而成为最高的伦理准则，连主流社会的基督徒都很难践行，但作为边缘化的犹太人，卡夫卡反而活出了丰盛的“邻人之爱”，基督徒应该为此羞愧。但他同时为卡夫卡担忧，并希望雅诺施转告卡夫卡，请他注意保护自己。卡夫卡对此的回应，进一步显示了他的信仰生命。他向雅诺施清晰阐释了“邻人之爱”的实质：“邻人之爱”或博爱，其实源自犹太信仰（摩西十诫），所以，基督教与犹太教并无分歧。相反，两者都身处“末世”般的现实世界，面对罪恶，更应爱之深，善之切：

基督就是一位犹太人，他把拯救的福音带给了世界。此外，无论物质或精神，每种价值都可能面临危险，都要经受考验。然而，“邻人之爱”不应让他人感到羞辱，就此而言你父亲完全正确。不要招人愤怒。眼下的时代充满罪恶，良善与公义反而宛若违法之举。所以，只有发自至深的内心，才有可能践行。战争与革命方兴未艾，而人性的冷漠则无异于火上浇油。

卡夫卡事实上论及广义的、当下的“末世”，并涉及罪与恩典的关

1　本处及以下相关内容见*Conversations with Kafka*, pp.65~67。

系。[1]雅诺施不满卡夫卡的“末世”观,卡夫卡的回应则进一步表明他思考的深度。只有真正“到场”的人,才可能如此体会罪愆、“末世”和恩典的关系。更重要的是,面对青年雅诺施的不解,他善加引导和体恤,其温暖细腻,令人不胜唏嘘。就此而言,他已然当下“到场”——到达了雅诺施生命的现场:

卡夫卡的调子让我不舒服,于是我说:“那么,就像《圣经》所说,我们身处地狱之火?”

“的确如此,”卡夫卡说,“然而,我们身处地狱,却仍存活——这是神迹!”

我摇头否认:“不对!一切出于正常过程,不存在什么神迹。我不相信什么末世。”

卡夫卡微微一笑:“这是你个人的任务。你还年轻,不相信明天,就等于背叛自己。要活下去,就必须相信。”

“相信什么?”我反问。

“相信一切事情及所有瞬间都相互联系,都有意义;相信生活是一个唯一的整体;相信切身之事与至远之事!”

卡夫卡对雅诺施生命的“到场”,绝不仅限于精神与思想的范围。两人交往的后期,雅诺施父母之间的关系越来越紧张,令雅诺施痛苦不堪。卡夫卡及时给出劝诫:“不能因为自身痛苦而谴责父母,相反,要凭借爱心,包括平静、关怀和耐心,给父母心灵支援,帮助他们脱离‘不义’(injustice)的生活,让他们有勇气和力量回归尊严。”说完,

他用手轻轻触摸了我的左颊:“再见,古斯蒂!”转身消失于暗黑

1 “grace”(恩典)乃《希伯来圣经》核心概念,近义于“salvation”(拯救)。参见《诗篇》,第45、51、86章;《以赛亚书》,第53章等。

的玻璃门之后。

我站在原地无法动弹。

他叫我"古斯蒂",像我的父母一样！而且用手……他指尖的触摸还在左颊上,然而,后背一阵战栗,感冒一样突然打起喷嚏来。我终于迈步穿过老环城路,走向昏暗的艾森胡同,下巴一直在颤抖。[1]

两年多时间内,雅诺施亲身经历了众多类似的"到场",直到卡夫卡成为"我的卡夫卡博士"。然而,"到场"不限于他自身,还包括卡夫卡对社会下层的深挚关切。

例如对自杀者:

自杀者只是由于无能而自杀。他什么能力也没有了,他已经失去了 切,他现在去拿走他占有的最后一点东西。要做到这一点,他不需要任何力量。只要绝望,放弃一切希望就足够了,这不是什么冒险。

对被污辱和损害的人:

人们只要看他们一眼就会伤了他们。所以最好不要看他们。可是扭转脑袋又会被看作是看不起他们的表示。难啊……通向爱的路总是穿越泥污和贫穷。而蔑视的道路又会很容易导致目的的丧失。因此,人们只能顺从地接受各种各样的路。也许只有这样,人们才会到达目的地。

对群众运动中身不由己的个人:

1 *Conversations with Kafka*, pp.187~188. 雅诺施名叫"古斯塔夫",其爱称为"古斯蒂"。

是的，人太可怜了。因为他在不断增加的群众中一分钟一分钟地越来越孤独。[1]

第三节 卡夫卡与布伯："我与你"的犹太现场

某种意义上，哪怕在生命早期，卡夫卡从未远离犹太现场。

1920年8月10日，与当时的恋人密伦娜，卡夫卡忆起1896年自己13岁生日的一次"到场"。按犹太教教义，年满13岁，就要求正式进入犹太信仰生活。仪式当天，少年卡夫卡当众登上犹太会堂圣坛，用希伯来语领读《摩西五经》[2]中的祷告文——他花了很大努力才背诵下来——然后又在家中仪式上发表了事先背诵好的演讲，并收到了许多礼物，就此完成了自己的"成人礼"。据卡夫卡回忆，那天，他"十分幸福"。[3]

15年后，1911年12月24日，卡夫卡"到场"参加了外甥的割礼仪式，当晚就此写下日记，其犹太乡愁与忧患，伴随难以言述的体恤之情，感人至深，催人泪下：

今天上午我小外甥行割礼。……除了孩子的祖父和外祖父[卡夫卡父亲]，在场者都做了祷告。他们的祷告如白日梦呓，枯燥乏味，而且，他们完全不了解自己祷告的意义。我眼睁睁看着这些转型期的西欧犹太人，他们前景不明，这与他们休戚相关，可他们自己却无动于衷。当然，类似所有身处转型期的人，他们承受着强加的历史负担。毋庸置疑，他们满足于这样的宗教形式，但这些形式仅剩历史的

1 以上依次引自《卡夫卡口述》，第37、180、173页。

2 《希伯来圣经》的核心内容，即《创世记》《出埃及记》《利未记》《民数记》和《申命记》。

3 参见1920年8月10日自布拉格致密伦娜。

价值，纵使今天仍在通行：正如此刻，花一点时间，按照陈腐的割礼习俗，伴随半哼半唱的祷告，让大家高兴一场。[1]

1911年对于卡夫卡意义重大。那年，他内心深处的犹太乡愁大爆发。正是那一年，即《与祷告者的谈话》发表后第三年，据布伯回忆，28岁的卡夫卡数度拜访33岁的布伯。布伯对他的印象是：此人不幸福。[2]

布伯当年的印象正确吗？如果正确，他知道卡夫卡为什么不幸福吗？世界满目疮痍，燃烧着有形无形的战火，人性自暴自弃，“同体大罪”。此情此景，假设某人被“判决”给超常真诚和敏感的人生，有如“流泪的先知”（如耶利米），然而深知自身也充满“污秽”和“肮脏”，无法免于“同体大罪”——果真如此，他怎样让自己幸福？

绝非偶然，布伯忆及所谓“卡夫卡不幸福”，正是起因于一次痛苦的自我考问：既然相遇，为何我无法听见他人——包括卡夫卡——内心深处无声的话语？

事实上，布伯痛苦的自我考问，起因于1914年的“梅赫事件”。

1914年，罪恶的第一次世界大战爆发，“同体大罪”的心像向外投射成物像，把全世界拖入苦难的深渊。共有超过3500万人伤亡，亡者约1500万，其中士兵约1000万，平民约700万。

那年8月，战火刚燃，一位名叫赫尔·梅赫（Herr Méhé）的男青年来访，告知布伯说，他要去德军服役，希望听取布伯的意见。

其实，梅赫当时所需要的，正是后来布伯的自我考问：他需要布

1　译自1911年12月24日日记。

2　参见 Martin Buber, *Meetings: Autobiographical Fragments*, Edited and introduced by Maurice Friedman, third edition, 2002 by Routledge, pp.15~16。以下未另注出处者同。需要指出，布伯此一回忆未必准确，参见 Kafka, *Letters to Friends, Family and Editors*, 1915年11月29日致布伯信件的编者注。不过，日期是否准确，并不影响本书此处前后的分析。相反，如果出于布伯“误记”，在精神分析看来更说明问题。

伯倾听他内心无声的话语。尤其人生关键时刻,"我"内心会浮现生死攸关的话语。然而,因切身压力不可承受之重,"我"可能一时恍惚,意乱情迷,难以明辨。所以,生死时刻,"我"亟须"你"——借助另外那位唯一大写的"你"——"到场"于"我"的生命,倾听"我"的心声,进而在交谈中分享"我"的心声,甚而用"你"自己的话语,奇迹般讲述"我"的心声,[1]让"我"的生命就此得到祝福。否则"我与你"就徒然相遇,最终"失之交臂",辜负了相遇的恩典。

不幸的是,1914年夏天那个早晨,情况正属"失之交臂"。当时,布伯刚做完早祷,处于内心的狂喜状态,一时心不在焉,遑论"到场"倾听、分享并讲述对方的心声。最终,该青年失望而归,两个月后死在前线。

噩耗传来,布伯震惊之余,恍然大悟,意识到无可挽回的创痛:该青年与自己阴阳相隔,永无再见之日。震惊之余,他痛悔两个月前未有静心倾听该青年的心声,否则,一席交谈,可能会是完全不同的结局。布伯追根溯源,最终意识到:自己的信仰立场有问题。过去,他视信仰为超验之维,意在"心灵的提升",与日常生活了无关系。然而,那位不幸青年以其有生之年,却强烈要求他"到场",在日常生活中缔结"我与你"的关系！这就需要截然不同的信仰立场。借用卡夫卡与雅诺施的谈话——"相信一切事情及所有瞬间都相互联系,都有意义;相信生活是一个唯一的整体;相信切身之事与至远之事!"

以此为契机,布伯"重估一切价值",最终构建了自己独树一帜的思想体系。

至此,我们恍然大悟于卡夫卡与布伯思想人生关联的主要线索:

卡夫卡1904年—1909年写作《与祷告者的谈话》;

布伯1909年1月20日、1910年4月3日及12月8日三次布拉

1　其实日常生活中也是如此,如父母"倾听-分享-讲述"孩子的心声,老师"倾听-分享-讲述"学生的心声,分析家"倾听-分享-讲述"分析者(所谓"患者")的心声,等等。

格演讲；

卡夫卡1909年—1910年立意修改《一场斗争的描述》；

1911年，卡夫卡数度拜访布伯(据布伯回忆)；

1913年1月16日致信菲莉斯，认为布伯演讲“枯燥乏味”，哪方面“都欠缺点什么”；

1913年1月18日，围绕犹太复兴运动以及相关的“集体感”或“团结友爱精神”与布伯等人对话，声称“没有这类感觉”，因为“力量只够用于自己”；

1913年1月19日致信菲莉斯，谈及与布伯对话的印象——“昨天与布伯交谈，作为一个活生生的人，他生动、朴实、优秀，不像他那些不温不火的文字”；

1914年2月28日，卡夫卡赴柏林探望菲莉斯之际，前往拜访布伯，两人互怀敬意，辩论了《希伯来圣经·诗篇》的重大概念“审判”；[1]

1914年8月，布伯遭遇“梅赫事件”。

也许不必过分拘泥于卡夫卡与布伯相互关系的方向，归根结底，这是一场“我与你”的关系，呼唤着双方的“到场”。

布伯的“到场”发轫于何时，无法细考。然而，卡夫卡辞世两年之后，布伯告诉勃罗德，他一字不漏细读了卡夫卡的《审判》。论及其感受，他不禁深情流露：

我信赖这部书，哪怕某些内容令我感到压抑。我对这部书几乎没有保留。我知道，如果这位纯粹的人有幸活到今天，我会鼓起勇气对他说：“不错，虚无当道，意义沦丧，事情的确是这个样子，自始至终，我们不得不面对。然而，这正是我们的关切。为此，我们痛苦地卷入现实的荒诞，在这残酷的成圣过程中，无论是否承认，我们不是一再明白了眼前的意义吗？它与我们完全不相容，却无由回避。最

1　卡夫卡1915年11月29日致马丁·布伯。可参《希伯来圣经·诗篇》，第82篇。

终,在正确的时刻,它将穿透一切污秽之气,进入我们内心。”这些话——我亲爱的马克斯·勃罗德——你就当作卡夫卡亲口对你说的吧。

可能的话,我将就卡夫卡写些什么。你知道,此事对我难度甚大。[1]

关于卡夫卡,布伯可能写些什么呢?23年之后的1948年,以色列复国,犹太复兴大功告成,恍若奇迹。翌年,布伯写成《论两种信仰》,其中悲欣交集论及英年早逝的卡夫卡,其情理之深切,催人泪下:

面对卡夫卡,一位肤浅的基督徒不难视其为未蒙救赎的犹太人,未能活到救恩之后。这样的人,其实把信仰当成了买卖。他们的逻辑伤害不了卡夫卡。这是因为,犹太人始终与自己的源头血脉相连,所以平安!哪怕卡夫卡这样的犹太人,全然裸露于危险之中,亦然平安!他承受着一切,然而,一切均无法加害于他!不错,上帝隐身,时代黑暗,远他而去,他这全然裸露的时代之子,无法再妥切藏身于“主你翅膀的荫下”(Ps,61:4)。然而,如他所知晓的事实,上帝仅仅隐身而已。正因为如此,他最终平安![2]

这是布伯的“到场”。

那么,卡夫卡呢?

卡夫卡,这位“流泪的先知”,他的犹太乡愁深邃幽远。他的一生,是一场“一个人的犹太复兴”,却始终不离“我与你”的现场,无论生前身后,与犹太的知音会意,与民族的血脉交融:

---

1 1926年12月4日致勃罗德,见*The Letters of Martin Buber: The Life of Dialogue*, edt. by Nahun N. Glatzer and Paul Mendes-Flohr, trans. by Richard and Clara Winston and Harry Zohn, Schocken Books, 1991;黑体为原有。

2 *Two Types of Faith: A Study of Interpenetration of Judaism and Christianity*, by Martin Buber, trans. by Norman P. Goidhawk, The Macmillan Company, 1951, pp.167~168.

1911年10月至1912年2月，一个东欧犹太依地语剧团巡演布拉格，该剧团正好来自布伯祖父的故乡——乌克兰莱姆贝格，该剧团与布伯一样认同犹太教哈西德主义。四个月巡演期间，卡夫卡犹太乡愁大爆发，热情洋溢，一反常态，并写下大量日记，系统表达了对犹太民族文学的深沉抱负。[1]

1914年8月，一战爆发，卡夫卡开始创作《审判》(又译《诉讼》)。

1915年1月，《审判》初稿完成。

1915年，趁着一战正酣，布伯着手筹划德语犹太月刊《犹太人》，11月17日，勃罗德致信布伯推荐卡夫卡为撰稿人，布伯欣然接受，致信卡夫卡约稿；11月29日，卡夫卡接受约请，正式成为《犹太人》作者。

1916年，《犹太人》创刊，两年间，卡夫卡先后寄呈作品，包括诗作、《一页陈旧的手稿》《杀兄》等，受到布伯高度评价，卡夫卡则报以格外的珍视，[2]尽管他向来并不热衷于发表作品。

1916年8、9月间，卡夫卡婉劝未婚妻菲莉斯前往“柏林犹太人之家”从事志愿者工作，并多次提出积极建议，而布伯正是这家犹太社团的赞助人之一。[3]7年后，也正是在“柏林犹太人之家”一处海滨度假村，他邂逅自己最终的犹太爱人多拉，与之共浴蒙恩之爱。

1917年初夏，卡夫卡着手学习神奇复活的希伯来语；当年9月，他不幸罹染肺结核，人生重心发生重大偏移，开始考虑移居巴勒斯坦，继续学习希伯来语。正是这段时期，《犹太人》连续发表卡夫卡作品，即1917年第10、11期的《豺狗和阿拉伯人》及《为某科学院写的报告》。与此同时，卡夫卡深入研读布伯著述。

1920年春，卡夫卡告诉青年朋友雅诺施，他“梦想到巴勒斯坦当农业工人或手工工人”。小妹奥特拉提出移居巴勒斯坦的计划，他鼎

---

1 参见卡夫卡1911年10月8日、12月8日、12月25日日记。详本书第十章。

2 参见1916年9月23日、10月6日致菲莉斯；以及1917年4月22日、5月12日、6月28日、7月20日及8月3日致马丁·布伯。

3 参见1916年8月2日、9月12日致菲莉斯。

力支持。

1922年秋到1923年春，卡夫卡每周两天专攻希伯来语，即便病体难撑也绝不中断；稍后开始正式计划移居巴勒斯坦。

自1921年始，直至离世，卡夫卡潜心思考犹太问题，所涉及的深度，所抵达的高度，全然出人意料，并借1922年1月28日的"临终日记"，做出了催人泪下的表述(参见本书第十六章)。不久他写出《城堡》，稍后，与多拉恋爱期间，更写出天鹅绝唱《女歌手约瑟芬或耗子民族》，借用勃罗德的话，这两部作品堪称"这一时代最具犹太风格的文献"。

……

犹太人卡夫卡，他的生命本身就是犹太的现场。就悲壮的犹太复兴而言，他与他的民族心心相印。

进入20世纪，犹太复兴运动日趋高涨。一批一批犹太移民涌入巴勒斯坦，这处古称的"迦南"，对于犹太人，是耶和华向先祖亚伯拉罕的应许，这块土地上"流着奶和蜜"。

1908年，"务实的犹太复国主义者"鲁平在耶路撒冷成立了"巴勒斯坦办事处"。到1912年，最悲观的犹太人都看到了"迦南"的希望之光。1913年，"民族图书馆"在耶路撒冷的斯科普斯山上奠基动工。1914年，特拉维夫作为一座新城破土而出；再过几年，一批中小型企业建成投产，一所艺术学校应运而生；雅法建立了技术学校和希伯来语中学。不久，耶路撒冷的民族图书馆顺利竣工，对于这个凭借"圣书"而生存的民族，相当于点燃了精神的圣火。与此相呼应，这座历经沧桑的犹太圣城业已拥有了两家希伯来文报纸、几家出版社、一个体育协会、一个戏剧社、一所师范学院。更为可喜的是，哈伊姆·魏茨曼，赫茨尔之后的犹太复国主义领袖，著名化学家，后来的第一任以色列总统，于1910年前后一直在筹划创建耶路撒冷希伯来大学[1]，这所未来的大学秉具诸多重大意义，其中之一，准备规定希伯来语为

1 1918年一战结束后正式奠基兴建，1925年建成。

正式官方语言。这门几乎“灭绝”的《圣经》原始语言，自19世纪后半叶始，借犹太人埃里泽·本·耶胡达的献身激情与努力，神奇复活。他的长子成为近两千年来第一人，以希伯来语为母语。1884年，他开始编辑史上第一份希伯来语报纸，继而编纂希伯来语字典，组建希伯来语委员会(即今希伯来语研究院)。他与志同道合者筚路蓝缕，最终硕果累累。约1914年前后，巴勒斯坦地区已有64所幼儿园、中小学和专业学校完全使用希伯来语，当时该地区8.5万犹太人，已有3.4万以希伯来语为母语或日常用语。到1918年，著名的海法技术学院规定希伯来语为唯一授课语言……

所有这一切，对于本书主人公卡夫卡事关重大。辉煌而幽邃的民族古代史，犹太民族的分裂，近两千年的受难与苦痛，世纪之交新生的悸动，外部的逼迫与内部的异化，等等，血肉模糊，都汇入他生命的现场。

然而，要深刻理解卡夫卡的生命，还需要了解另一个“血肉模糊”的“现场”，即卡夫卡自身的家族和家庭。

卡夫卡去世前3年，即1921年，他的犹太同胞、曾经的奥地利同胞弗洛伊德发表了《群体心理学与自我的分析》，把家庭看作人类心理问题的策源地，借晚近精神分析大师拉康的话说，弗洛伊德已然揭示了“个人形成中的家庭情结”。卡夫卡知道弗洛伊德，总体上了解他的工作，但弗洛伊德多半不知道，卡夫卡早在1919年就已写成《致父亲的信》，这封长达数万言的“家书”刚好探讨了所谓“个人形成中的家庭情结”。弗洛伊德多半也不知道，卡夫卡一生关于“家庭情结”的研究有多么深刻，其天才的穿透力，绝不逊于弗洛伊德毕生努力所成就的境界。更重要的是，卡夫卡已然超越家庭的社会层面，把问题引向终极关怀的维度。他无意挑战精神分析，不过，他忧患人类群体的前途。所以，1921年11月，虽然第一次世界大战早已结束，他仍然告白了对于自身和世界的深切忧虑：

精神分析自称发现了诸多病征，包括我的肺结核。然而，我不把它称为病，相反，我把精神分析疗法视为无可救药的误区。所有这些所谓的疾病，看上去悲哀，其实事关信仰，乃危难之际的心灵抵达了母亲般的土地——信仰的共同体。进而，精神分析又声称，信仰起源于个体性的“疾病”。不错，在今天大多数人看来，信仰共同体似乎荡然无存；眼前教派林立，各自为政；然而，恐怕只有信仰的共同体，能为当前人类所寄望。

另一方面，那些抵达信仰母体的心灵，已然扎根真切的土地。这些现象，并非仅为私人拥有、可资交换的财富。相反，如此现象先天预成于人类共性，并将沿自己的方向继续造就人的存在(连同其身体)。精神分析连这个都要治疗吗？[1]

好一个“同体大病”和“病病不病”！

然而，正如卡夫卡所深知，借疾病——他亲爱的肺结核——抵达“信仰的母体”，谈何容易。

应该说，他如是告白，既针对未来的自勉，也指向对过去的回忆。

1 译自1920年11月自布拉格致密伦娜。

第三章　家世:最亲爱的父亲母亲

我们清醒地穿过梦境:我们自己只不过是过去岁月的一个幽灵。

——弗兰茨·卡夫卡

第一节　赫尔曼·卡夫卡:父辈的艰辛

1883年7月3日卡夫卡呱呱坠地之时,他的父亲赫尔曼·卡夫卡已经31岁了。生活让他扮演父亲的角色,是难还是易?多年后,他的儿子卡夫卡指控他做父亲不称职。他,赫尔曼·卡夫卡,一位成长于19世纪后半叶的犹太人,与生俱来秉有若干突出的素质:粗野的生命力、非理性的内驱力、不自觉的自我中心主义、对金钱和地位锲而不舍的专注和执着……他借此奋斗打拼,杀出生存血路,赢得相对的富裕,跻身令人艳羡的中产阶级。然而,世上没有免费的午餐,赫尔曼的人生拼搏,似乎让他没能做成一位好父亲。或者说,他的个人禀赋中可能缺少了必要的温和与细腻,并导致了他日后作为父亲的莫大遗憾:未能保证儿子卡夫卡童年乃至一生的幸福。当然,作为那个时代的犹

婴儿时期的卡夫卡

太人，这样的结果倒属普遍现象，因为赫尔曼·卡夫卡自己，刚好就没有幸福的童年。

犹太人怎么会有幸福的童年?！赫尔曼的父亲雅各布·卡夫卡，生于1814年，是9个兄弟姐妹中的老二，跟着贫穷的父母在一间独屋窝棚里长大成人。他生得虎背熊腰，力大无比，甚至能够用大脚趾挑起一麻袋面粉，并充分发挥“特长”当了一名屠夫。本来，按照统治者历来对犹太人的苛刻法规，雅各布作为老二没有结婚的权利，幸好，那一年恰逢一项惠民政策出台，改变了他的命运。雅各布赶紧结婚生子，加倍劳作，勉力维持一个来之不易的家庭。妻子性情开朗、乐观，以圣母般的坚忍与他患难与共，从1850年到1859年，为他生了6个孩子，赫尔曼就是其中的老二。

一家8口终年只能以土豆为生，然而却一个不落全部活了下来，而且6个孩子后来都像父亲一样，长成身强力壮的大个子。多年后，卡夫卡就父亲所做的概括为“坚强、健康、食欲旺盛、声音洪亮、能言善辩、自满自足、高人一等、坚忍不拔、沉着镇定、通晓人情世故、有某种豪爽的气度”，而且偶尔“脸上会绽出一丝特别美的笑容，谁都会陶醉”。奇迹大概源于卡夫卡家族特有的遗传，外加艰苦生活的磨炼。孩子们才开始长个头就为父亲分忧，拉车送货，春夏秋冬风雨无阻。后来，赫尔曼总喜欢怀着既骄傲又自怜的双重感情，回忆当年小腿上战斗勋章般的冻疮和裂口，历数童年的艰难，表达对儿子卡夫卡的不满。“你知不知道你过的日子有多好？……我像你这么大的时候……”“七岁我就推着小车走南闯北啦。”“我们全家大小挤在一间小屋里睡觉。”“有土豆吃我们就喜出望外了。”“冬天我衣不蔽体，腿上的伤口好多年都不愈合。”“今天谁还懂这个道理！今天的孩子们懂什

父亲赫尔曼·卡夫卡
(1852年—1931年)

么呀！今天没人吃过这种苦！”……后来，卡夫卡与父亲的关系十分成问题，恐怕很大程度上要归因于一年四季这种半是自夸、半是责备的数落。

数落归数落，事实归事实。赫尔曼终归不是一位窝囊的父亲，他并不喜欢吮舔幻想的伤口，他的本意主要是在提醒生活的艰辛。他的儿子内心其实深谙此理。后来，在痛苦的弥留之际，卡夫卡写下《女歌手约瑟芬或耗子民族》，这是他的天鹅绝唱，跟过去别的作品一样，这“歌声”中的意向若有若无，难以捕捉，深不可测，只是有一道旋律格外引人倾听，那就是父亲由之而来的那个世界，在那个世界里晃动着家族和种族的双重影子：

> 我们民族[耗子民族]的成员没有青少年时代，童年也微乎其微。……我们没有学校……一个孩子刚出世，就已不再是孩子了。

只要记住这是文学隐喻，卡夫卡的用心就跃然纸上。所谓“学校”，一语双关，既暗示犹太民族痛失近两千年的国土国家，[1]也形容普遍的实际境遇。

14岁那年，赫尔曼·卡夫卡离开父母兄弟姐妹独自闯荡世界，成为一名犹太小贩。按犹太法规，他差不多已是成年人了。在残酷的生存斗争中，他决心为自己谋得一席之地。当时，形形色色的商品正涌向市场。作为新兴工业的摇篮，波希米亚充满了机遇，市场经济在呼唤。在广大农村地区，零售贸易迫切需要干练的人才。犹太小贩们精明，吃苦耐劳，他们迅速进入了这一领域，其中不少人后来跻身富裕阶层，甚至成为显赫的工商名人。例如，著名作家弗朗兹·魏菲尔，他的父亲成功经营了当时波希米亚最大的手套工厂，弗洛伊德的父亲则在摩拉维亚开设了一座纺织厂。许多人由借贷放利发家，向更大的金融

1　至1948年以色列复国之前。

事业发展，或者像赫尔曼·卡夫卡一样，起步于行商小贩，起早摸黑，漂泊无定，积少成多，逐渐稳定下来，发展成大型的零售兼批发商。

总而言之，19世纪下半叶，在奥匈帝国境内，犹太人的经济地位迅速改进。这一事实意味着两个要点：一方面，它意味着“父辈创业”的丰功伟绩；另一方面，它又意味着以脱贫致富为目的的残酷竞争。从这一过程中所形成的人生观，在犹太中产阶级内部逐渐取得了支配地位。更重要的是，在新兴资本主义这个残酷竞争的世界中，“物竞天择，适者生存”是一个普遍的原则。“上帝已死”，人只能把自己托付给“生存竞争”的概念。人类社会发展中这一阶段性的特点，与犹太人特殊的生存状态相叠加，决定了犹太人家庭关系的一般模式，并使得某些特定的人格特征在其中占据了优势。

随着本书的进展，我们还会不时想起赫尔曼·卡夫卡这一段艰苦奋斗的创业史。未来的卡夫卡会反叛自己的父亲，然而同时，也会在内心保留着深深的崇敬。一方面，他自身最终也无法逃避生活的艰辛；另一方面，他身上流淌着父亲的血。当然，母亲的血会融汇进来，让卡夫卡的生命复杂起来，丰富起来。然而，他毕竟是父亲的儿子，即便反叛父亲，也本能地凭借了父亲遗传的品质。人生虽然悲哀，但敢于与疾病和死亡相持；脆弱，然而坚韧；必要时，足以爆发铤而走险的勇气和力量；在文学的象征世界里，苦苦追求升华，结晶成旷世遗产；展开更为深邃、卓绝、惨烈的寻觅，最后找回血缘深处的希望——犹太民族源远流长、深邃无比的信仰。

然而这是后话。眼下，我们还身不由己，与民族、家族和家庭共担天命，一道领略生命的悲欣交集。整整有6年，年轻的犹太小贩赫尔曼·卡夫卡在波希米亚和摩拉维亚的乡村小道上风餐露宿，往返兼程。直到1872年，他被征入军队，服了两年兵役，晋升为中士。1874年，22岁的赫尔曼退役离开军队，前往布拉格，希望在那里交上好运。他一如既往，艰苦奋斗，锲而不舍。8年过去了，他终于“三十而立”，不仅有了自己的商号，而且娶到一位来自一个传统而殷实的犹太酿造商人家庭的新娘。

第二节 尤莉·洛维：母亲的血脉

赫尔曼娶到的新娘名叫尤莉·洛维，1856年3月22日生于波德布拉特。那座小城位于易北河边，主要居民为捷克人。历史上，在波希米亚波德布拉特这类小城，居住着一些犹太世家，虔诚而奇僻，其中不乏异人：受人尊敬的拉比[1]、会堂长老、离群索居的学者、身怀异术的医生、性情乖谬的单身汉等，其人格常常表现为复杂的混合体。一方面，他们显得行为古怪，举止反常，不谙事理，心不在焉，体质羸弱，神经敏感；另一方面，他们又显得性格突出，特立独行，富于宗教情怀，专注精神生活，关心内心价值远胜于关心世俗利益。

尤莉·洛维就来自这样一个犹太世家。晚年，尤莉·洛维追忆家族历史，一直上溯至她的外曾祖父，即其外祖父的父亲。那是一位传奇式人物，极尽虔诚，博学非凡，整个家族中无出其右者。甚至基督徒都格外尊重这位犹太教徒。[2]据说，有一次，一场大火烧毁了所在街区，唯独他家的房屋完好无损，被人们解读为虔诚的结果。

母亲尤莉·洛维
（1856年—1934年）

尤莉·洛维的外曾祖父育有3个儿子，其中一位坚守犹太信仰，照《希伯来圣经·雅歌》的精神，把象征犹太信仰的“大卫星”缝到袖臂上，以示虔诚与坚贞，引来基督徒儿

1 犹太教神职人员，有类于基督教的牧师，天主教的神父。

2 历史上，基督徒常有反犹排犹倾向，典型者如希特勒及其广大基督徒支持者。

童追随其后搞笑取乐。另一位改宗基督教，并成为医生——这个家族行医治病的不止他一人。两人都寿命不长，剩下他们的哥哥，有幸躲过天灾人祸活下来，他就是尤莉·洛维的外祖父。

尤莉·洛维的外祖父是一位犹太长老。他承继了父亲的虔诚与渊博，守护着满屋藏书，也经营着不大不小的商店，买卖上马马虎虎，信仰上一丝不苟。他终生坚持在易北河里游泳，天寒地冻也不例外。河面结了冰，就凿开冰面再游。此举既在健身，更象征虔诚。到晚年，他银发银须，备受尊敬。

这位可敬的长老生了一儿一女。儿子不幸有些疯癫，女儿就是尤莉·洛维的母亲。与疯癫的兄弟相比，这位女子也并不幸运，她29岁死于伤寒，身后撇下两儿一女：阿尔弗雷德、约瑟夫，以及3岁的尤莉·洛维——后来赫尔曼·卡夫卡的妻子，本书主人公卡夫卡的母亲。

尤莉·洛维的母亲病逝后，她的外祖母不久也自杀身亡。女儿早逝当然是重大打击，然而，据有人推测，女婿旋即再娶，也脱不了干系。无论如何，此事反映了卡夫卡母系家族的精神和情感特征：虔诚、含蓄、丰富、细腻、敏感和脆弱。

尤莉·洛维人生伊始，接连遭受不幸的打击：3岁母亲早逝；稍后外祖母自杀；6岁那年，可敬的外祖父也告别了人世。尤莉·洛维后来告诉自己的儿子弗兰茨·卡夫卡，她终身无法忘怀外祖父离世的悲痛：年幼的她，紧紧抱住外祖父的双脚，久久哭泣，苦苦哀求，乞求亲爱的外祖父原谅，原谅自己曾经的一切不敬与过错。这一早慧的举止，显然也出于洛维家族的精神渊源，然而，可能也牵涉尤莉·洛维母亲死后父亲的再娶。

原来，尤莉·洛维母亲死后不久，父亲就匆匆再娶母亲的一位远房亲戚，成为尤莉·洛维的继母，并生下3个儿子：理查德、鲁道夫和西格弗里德。这样，尤莉·洛维未来的儿子卡夫卡就有了5个舅舅：大舅阿尔弗雷德，一生独身，平步青云，后来荣任西班牙铁道部总经理；二舅约瑟夫和三舅理查德都是殷实的商人;另外两位舅舅西格弗里德和鲁道夫则显得性格怪僻。西格弗里德终身未婚,外表冷冰冰,骨子里却诙谐幽默,为人厚道,乐于助人;他修养颇深,藏书丰富,并且喜爱户外活动;他后来成为特里希地方的乡村医生。卡夫卡最喜欢这位舅舅,日后常去特里希看望。[1]小舅舅鲁道夫最为古怪、内向,尤其是当他改宗天主教以后,更显得“难于琢磨、过分自谦、十分孤寂、滑稽可笑”,而且,跟哥哥西格弗里德一样,这位舅舅也终身未婚,至死都是单身汉。这两位舅舅令人不禁联想到他们后来的侄子卡夫卡,虽多次恋爱、订婚,但终未成婚,仅在弥留之际有一线“回光返照”。

这就是卡夫卡母系家族——后来卡夫卡所谓的“洛维家族”的简史,其中隐含着丰富的线索,日后将在他们的后代卡夫卡身上显出端倪。用卡夫卡自己的话说,洛维家族的人“神经过敏,富有正义感,但时常又显得局促不安”。后来卡夫卡身上局促不安、过分腼腆、懦弱胆怯的性格,应该说与洛维家族的血缘有关,用他自己的话说就是:“祖上的血缘难以抗拒,借我再现舅舅的生命。”他所说的舅舅就是性格最为古怪的鲁道夫舅舅。后面我们将看到,在生命的不同阶段,卡夫卡反复比较“羸弱、胆怯、迟疑不决、惴惴不安”的自己和鲁道夫舅舅,认为两者的相似“令人惊愕不已”,并认为这就是自己不幸的根源:

我有时把自己与O.R.[鲁道夫]舅舅聊以对比,结果发现我的道路距他并不太远……更多的区别几乎不会有。[2]

与O.R.[鲁道夫舅舅]的相似,但有过之而无不及,令人惊愕不已:两者都沉默寡言(我更少语),两者都依靠着双亲(我靠得更多),与父亲敌视,受母亲之爱(他更是注定与父亲一起过可怕的生活……),两

---

1 1942年,在遭纳粹流放过程中,西格弗里德舅舅自杀身亡。

2 卡夫卡1914年7月致父母的信。见《卡夫卡全集》,第8卷,第21页。

者都胆怯腼腆、过分谦虚……两者看上去都是高尚善良的人。关于这一点在我身上是找不到的，据我所知在他身上也找不到许多([恐怕不应该]将羞怯、谦虚、恐惧作为高尚和善良赞许……)。两者先是患疑心病，后来真的病了，两者作为世界上无所事事的人还养得颇好……两者都最单调地活着……两者都近乎精神错乱……他是不是围绕着女人(跟自己)进行了斗争，我不知道……(说他不好也不对)我在他那里没有发现有关吝啬、妒忌、仇恨、贪欲的表现……他在某些个别的地方是我的漫画像，但实质上我是他的漫画像。[1]

值得注意的是，卡夫卡不把自己与母亲比较。这也难怪，因为尤莉·洛维的性格与之完全不同。与后来的丈夫一样，她的童年也未必幸福。3岁就失去生母，必然在深层心理留下重大创伤。另一方面，继母就是继母，此乃人之常情。父亲再婚后不久，全家便迁往布拉格。尤莉·洛维在布拉格长大成人，作为6个子女中唯一的女性，担起“代理母亲”的角色，像灰姑娘一样劳碌终日，父母却常常不是十分满意。然而，跟她后来的儿子卡夫卡相反，尤莉·洛维从不抱怨。她干练、大方、肯奉献、有凝聚力，5位兄弟成人后彼此疏于往来，但都与她保持着亲密关系。根据终生好友勃罗德回忆，“她是位安详、善良、聪明异常，可以说是智慧横溢的女人”。[2]当然，在这样的性格后面，她多半独自要承受很大的心理压力。她后来的儿子卡夫卡运用了心理分析的思路，认为她在丈夫面前压抑自己，并未给他无条件的母爱，令他终生无法释怀。

赫尔曼·卡夫卡的看法自然完全不同，他娶了尤莉·洛维。后来的事实表明，两人从此患难与共，一生恩爱，这从1931年丈夫去世后尤莉·洛维写下的一张纸条也能看出来：

---

1 1922年1月22日日记，引自《卡夫卡全集》，第6卷，第444~446页。

2 勃罗德，《卡夫卡传》，第2页。

我亲爱的已故的丈夫出生在沃塞克……他在30岁那年娶了我。当时，我们手头只有一笔小小的款子，我们把它用来做买卖。我们两口子十分勤快，生意做得红火，渐渐地，我们有了一些小名声。我一共生了6个孩子，现在活在世上的，只有3个女儿了。长子叫弗兰茨，他的性格很软弱，但他的身体倒是挺壮的，他是1883年出生的。两年以后，我们又添了一个小男孩，他叫格奥克，他长得既健壮又漂亮，可惜，他在两岁时就得麻疹死了。后来，我们又有了第三个孩子，但是，他还没活到6个月，得了中耳炎，不久就死了，他叫亨利希。现在，我们的3个女儿都出嫁了，她们的日子都还过得挺顺心。[1]

就在写下这张纸条的前一年，尤莉·洛维与丈夫一道，回了一趟娘家——故乡波德布拉特，并留下一张珍贵的照片。两位犹太老人分别78、74岁了，路旁开满鲜花，他们相依并肩缓步，脸上的表情不敢说是幸福，但肯定可以叫作安详，却隐隐有些无可言喻之情，微妙而令人心碎。背景上鲜花繁盛而朦胧，赫尔曼·卡夫卡满头银发，尤莉·洛维黑衣黑帽有似修女，令难言之情更为浓郁。尤莉·洛维眉头微微蹇蹙，直视镜头，她丈夫则望着妻子脚下前方的地面，眼神温和而略有些依恋。他的手在身后握着手杖，高高的身材依然透出结实的优雅。画面无言，却仿佛说尽他们的一生：他们曾经苦熬，而且，他们一直如此熬过来。往前12年，他们和人类一道，熬过了就在奥地利祖国点燃的第一次世界大战。往前6年，他们唯一长大成人的儿子弗兰茨·卡夫卡英年辞

卡夫卡的父母1930年在波德布拉特

1　转引自[德]克劳斯·瓦根巴赫，《卡夫卡传》，周建明译，北京十月文艺出版社，1988年，第11页。

世。3位儿子都死在他们前头，其中两位出生不久即夭折。往后3年，另一位差点也夭逝的奥地利同胞将当上德国总理，建立所谓的"第三帝国"。这人出世那一年，弗兰茨·卡夫卡不过6岁，天天由厨娘送往老布拉格肉市旁边那所小学。这人后来吞并奥地利，占领捷克，发动第二次世界大战，屠杀犹太人。两位老人的3个女儿——儿子的3个妹妹——无声殒命，儿子最喜爱的"乡村医生"舅舅也罹难其间。同遭噩运的，还有儿子一位曾经的非犹太恋人、一位"洛维"姓氏的犹太挚友、一位犹太女友、一位大学时代的文学知己……不过那一切他们无由知晓：赫尔曼·卡夫卡和尤莉·洛维先后亡故于1931年和1934年。

生活中没有旁观者。所以，明澈的心智唯愿我们警惕。

的确，日复一日，黑夜如期降临。然而，夜复一夜，太阳总要升起，照好人也照歹人；辉映草尖的露珠，恰如太阳的天空，降雨给义人，也给不义的人。

在太阳的天空下，人的生命虽然短促，但已然蒙恩如飞鸟，如青草。

然而，连青草生来也并非为蹂躏，何况一个人，一个民族，一个民族的一个人……

最终，犹太人弗兰茨·卡夫卡，赫尔曼·卡夫卡与尤莉·洛维的长子，他秉承了父母双方的血脉，两者性质迥异，然而融汇如一，形成独特的生命底色，既饱含着卡夫卡家族的韧性和爆发力，也满怀洛维家族的虔诚、含蓄、丰富、细腻、敏感，以及相应的脆弱。

意味深长的是，卡夫卡竟拥有母亲的希伯来姓氏。与信仰虔诚的外曾祖父一样，他也叫Amschel!——这正是卡夫卡自己深情的记述。[1]其时正值1911年年底，来自乌克兰的东欧犹太依地语剧团已然唤醒他的犹太乡愁——这篇乡愁的日记满怀温情，既是追忆，更是寻根。深厚的犹太血缘往前回溯，最终融汇于"以色列——与父神摔跤

1　参见1911年12月25日日记。而且，绝非偶然，他也与外曾祖父一样，坚持冬泳。参见[奥]鲁道夫·福克斯，《回忆弗兰茨·卡夫卡》，载勃罗德，《卡夫卡传》，第269页以下。

的人”，如果还要再往前，就回到了先祖亚伯拉罕怀中，那是民族蒙恩的起点。

事实上，赫尔曼·卡夫卡奋斗成功后，其公司信笺、信封上，就印着这种“卡夫卡鸟”——“长着漂亮尾巴的大头鸟”。

再往后，卡夫卡不幸罹染肺结核，向死而生之际，也念念不忘自己是一只“卡夫卡鸟”，生命中流淌着水乳交融的犹太血缘！

如果站在卡夫卡生命的终点，那么，洛维家族的虔诚，尤其是无比珍贵的恩典；然而，卡夫卡家族的坚韧，报之血肉模糊的砥砺，未辱恩典的重价。

奥秘先存于民族的血泪史。约2700年前的亚述之乱与巴比伦之囚，开启了犹太民族的旷世乱离，大概因此之故，犹太母亲受命于危难，站到命运的一线。[1]

然而，这个蒙恩的民族最终敬畏着一位大写的父亲，也是太阳的天空的父亲，雨的父亲，飞鸟和青草的父亲……

因着这样一位大写的父亲，一切的一切，之于卡夫卡，最终成就一个不二的品格。

赫尔曼·卡夫卡的信笺

这一品格指向文学，则令卡夫卡“肉身成言”，成就一位文学的卡夫卡。

这一品格指向彼岸，则令卡夫卡“言成肉身”，因太初之言(word)而赎回自己，成就一位重生的人。

此乃后话。眼下，让我们回到当前的主题，进一步了解卡夫卡的身世。

---

1 自亚述之乱及巴比伦之囚，犹太民族基本处于乱离状态，大概因此转而依母系计算血统。请综合参考以下文献：[美]魏道思拉比，《犹太文化之旅》，刘幸枝译，江西人民出版社，2009年，第70~71页；《圣经》：《创世记》《以斯拉记》《马太福音》《路加福音》等；中国基督教协会《圣经百科全书》，第Ⅰ卷，第613~618页。

第四章 “最瘦的人”:身世概览

我,说得简单一点,是一个洛维,身上有着某种卡夫卡式的气质……

——弗兰茨·卡夫卡

第一节 卡夫卡是谁?

弗兰茨·卡夫卡,这位犹太人具体是怎样一个人?他经历了什么样的生活?遭受过什么重大心理创伤?秉有何种性格特征?拥有怎样的人际关系?……

要回答这样一系列问题,需要先做一个重要的讨论,那就是:如何理解卡夫卡自己的主述,尤其是他在日记中的主述。

卡夫卡的日记和部分书信——尤其致恋人书信和《致父亲的信》——频频谈及自己的身世,然而他的主述往往与他人所述不尽相符。例如,正如后面会大量看到,按照他的主述,父亲在他心中没有多少光明面可言,然而,好友勃罗德与他和他的家庭交往一生,了解甚深,对此却有不同的看法:

弗兰茨的父亲劳碌了一生,商业上不无成就,然而也充满忧愁和疾病,留下了一个儿孙满堂的家庭……他完全靠自己的劳动,干练地，谨慎地，以牺牲和奋斗建立了这个财丁两旺的家庭，这个家庭及其丰裕的生活供给在弗兰茨的想象力和创作中留下了深深的烙印。就这个意义而言，他对父亲的崇敬是无限的，这种崇敬蒙上了英雄的色彩，由像我这样不曾直接处于该家庭磁场内的，可以冷静地旁观的人看来，这种崇敬有其符合实际之处，亦有某些夸张的因素。对于卡夫卡感情的培养来说，这种崇敬具有根本性的意义。[1]

更直接的证据来自古斯塔夫·雅诺施，卡夫卡所在公司的同事之子。两人相识于1920年3月，很快结成忘年之谊。据雅诺施回忆，某天两人散步至卡夫卡父亲的商号，恰逢卡夫卡父亲下班回家，父子不期而遇，个中细节，雅诺施做了精彩的记叙：

商号中走出来一位高大魁梧的男子，身着深色大衣，头戴漂亮的帽子。五步远之外他停下脚步，等我们走近。

“弗兰茨，回家吧，空气太潮湿。”我们往前走时他大声说。

“我父亲。他担心我的身体。爱，有一副强力的面孔。有空来家里坐坐。”卡夫卡用柔和的嗓音低声说，听起来有些特别。

我向卡夫卡鞠躬致意。他没跟我握手便随父亲一道离去了。[2]

早先的青年时代，朋友聚会，卡夫卡常用“上面”一词谈论父亲，其中显然包含了勃罗德所说的崇敬之情，反映了他的“父亲情结”。1914年，他与恋人菲莉斯第一次解除婚约，随即向父母承认，父亲自小是他模仿的偶像。据后来的恋人密伦娜透露，对于生活中的成功人士，卡夫卡充满敬畏之情，其中就包括他的“上面”。在公司里，他用“上司”一词谈论领导，与他用“上面”一词谈论父亲相类似。每当

1 勃罗德，《卡夫卡传》，第3页。卡夫卡曾极为罕见地承认，他对父亲恐惧与崇拜等量齐观。参见1913年8月24日致菲莉斯。

2 译自 *Conversations with Kafka*，pp.24。

此时，“他的脸由于敬重而放光”。[1]关于这一点，卡夫卡自己在书信中也有充分表露。所长罗伯特·马尔施纳博士精力过人，富于组织才能，且拥有语言天赋，“充满创造力”，卡夫卡十分惊讶，钦佩不已，并身不由己喜欢上了“生动的捷克口语”。绝非偶然，卡夫卡自己在工作中也是一把好手，例如，他的另一位上司欧根·普福尔就对他的工作能力感到“十分惊讶”。

事实上，卡夫卡对父亲的感情是崇敬加敌意的矛盾复合体，这在他的一个梦中表现得十分鲜明。梦中，他与父亲一道出行柏林，置身大都市的辉煌，却遭遇一面墙的阻挡，父亲身手不凡越墙而去，把他一人留在困境中，让他备受伤害，当他好不容易爬到墙头，父亲却身着皇帝的短上装向他飞奔而来，给他拥抱和亲吻。[2]应该说，卡夫卡对父亲的敌意，凸显于其生命的某个阶段，在其间遭到特别的强化，很大程度上出于自我心理诱导，源于当时的人生大策略，即纯粹以文学为中心的取向，本书第九章将有更详细的分析。

围绕“父亲情结”所表现的心理模式，暴露了卡夫卡深层心理的分裂——分裂为一个身体的“我”和一个内心的“我”。前者体现于人际关系，后者表露于绝对内心化的日记。例如，对公司几位上司，他在生活中敬畏有加，日记中却不时出语不敬。更典型的例子见于他与未婚妻菲莉斯的恋爱。后面我们将看到，在这场恋爱中，卡夫卡写下数量惊人的情书，无数个“亲爱的”“最亲爱的”雪片般飞向对方，与此同时，日记中却充斥着刻薄的分析。

日记之外也不乏分裂的例子。例如，卡夫卡终生抱怨自己的身体状况不好，母亲却认为“他的身体倒是挺壮的”。真实的情况大概是，卡夫卡身体并不强壮，身高1.82米，体重却只有60公斤，以至他自认为“最瘦的人”。其实，在布拉格和维也纳这样的“神经质型”都

1　勃罗德，《卡夫卡传》，第233页。

2　参见卡夫卡1912年5月6日日记。

市，与他类似的人并不少见，在世纪末一代犹太精英中尤其常见，如马勒、里尔克、维特根斯坦、斯蒂芬·茨威格等。事实上，卡夫卡身体素质好，否则他无法坚持长期的体育锻炼和严格的素食，也无法支撑多年高标准的亡命写作（“在脑门上猛击一掌的书”“劈开人们心中冰海的书”），包括熬夜、敏感、孤独、单身、厌世、焦虑、疑病、失眠等——其中每一项都是现代人所谓的“健康杀手”。卡夫卡能够如此长期苦苦撑持，已然不凡。当然，毋庸否认，他的确也是在透支健康。母亲心里明白，心疼儿子，但拿他没办法，只能竭力周旋。例如，卡夫卡与菲莉斯恋爱，母亲即致信菲莉斯，请她多关心卡夫卡：“他睡眠不足，吃饭很少，健康状况越来越差，我担心，只有当上帝向他招手时，他才会意识到这一点，但到那时为时已晚了。”[1]后来的事情表明，母亲不幸言中。

关于卡夫卡的“心理事实”，另一种情况也应稍加强调：那些自以为了解卡夫卡的人，其实并不一定真正了解他。更重要的是，卡夫卡知道别人不了解自己，并常写相关日记。例如，28岁那年他曾写道：

我从前的保姆……最近接连两次来看我。第一次我不在，这一次我想独自静一静，睡一睡，便让他们告诉她我不在。她当年为什么把我带养得那么糟糕，我当时可是个听话的孩子。现在，她在前厅跟女厨和女仆说我小时候很乖，脾气好。既然如此，她当年为什么没为我准备一个好的未来？……她眼下在想，我是一个高大健康的男子，年方28，喜欢回忆早年时光，一般而言不乏主见。然而，我现在被世界遗弃在这张沙发上，想睡，睡意却不来，来也只是一掠而过，膝盖因疲乏而疼痛，干瘦的身子为自己将要在混乱中崩溃而颤抖，对此崩溃我不敢想得太多，头脑中是可怕的痉挛。然而此刻，门外却站着三个女人，一个称赞我过去怎么样怎么样，另外两个称赞我现在怎么样怎

1 见《卡夫卡全集》，第9卷，第65页。

么样。女厨说，我会直接——她的意思是说不会绕任何弯子——进入天堂。既然她这样说，那当然就会如此。[1]

不出一个月，他再次写下类似的日记，只不过，这一次的对象，是他自己的母亲：

今天早饭时偶然跟我母亲谈到小孩子和婚姻的事，不过几句话，但我第一次明白了，我母亲关于我的看法是多么错误和幼稚。她把我看作一个健康的年轻男子，只不过因为感觉自己有病而小受折磨，这种感觉会随时间而消失。她想当然地认为结婚和生孩子自然会带来最好的结局，而我对文学的兴趣也就会降低，低到一个受过教育的人所必要的程度。[2]

无论内心对他人藏有何种看法，在实际生活中，卡夫卡总是富于教养，礼貌有加，他人则总是报以好感。上面那则关于儿时保姆的日记，即典型一例。此外，是他对待家中女仆的方式。卡夫卡对这位女仆有看法，但完全保持在内心。外出休假或出差，他给小妹奥特拉写信，会请奥特拉代问亲人，同时特别叮嘱"当然也要以另一种口吻问候小姐[女仆]"。卡夫卡19岁那年，即1902年，父母为三位妹妹请来一位女家庭教师，女教师日后回忆道："这位年轻人又瘦又高，待人诚恳，很少说话。讲话时他的声音平静、温和。他经常穿黑色衣服，有时戴一顶圆形的黑色礼帽。我从来没有见过他兴奋的样子，也从来没有见过他放声大笑。"[3]有必要指出，卡夫卡十分清楚自己写日记的意义，就在上一条日记四天之后他写道：

---

1 译自1911年11月21日日记。

2 译自1911年12月19日日记。

3 转引自[英]尼古拉斯·默里，《卡夫卡》，郑海娟译，国际文化出版公司，2006年，第40页。

坚持写日记的一个好处是，你清晰无误地意识到你持续遭受的变化。一般而言，你理所当然地相信、推测和承认这些变化，然而，当就要从这种承认中得到希望和平静时，你就会无意识地否认这种变化。在日记中，对于今天看来无法承受的情况，你找到证据，证明你从中活过来了……[1]

两年之后他又写道：

读日记使我受触动。是因为我现在完全没有信心了吗？一切对于我都显得是头脑的虚构。别人的每一句话、每道偶然的目光，甚至已经忘怀的事、全然无意义的事，都会彻底颠倒我的内心世界。[2]

事实上，1910年刚开始写日记不久，他就已经发出这样的感慨：

我再也不会放弃写日记了。我必须在日记中紧紧抓住自己，唯有在日记中，我才有可能紧紧抓住自己。[3]

检阅全部卡夫卡日记，类似的自我强调再三出现，可见卡夫卡的生命与其日记具有何等深切的关联。

可以认为存在着几个不同的卡夫卡：亲人面前的卡夫卡，朋友面前的卡夫卡，书信中的卡夫卡，日记中的卡夫卡等。一个卡夫卡分裂成几个不同的卡夫卡，最后形成他作品中那个“复调”的卡夫卡。当然，问题还可以简化一些：卡夫卡分裂为二，即日常生活中的卡夫卡和日记中的卡夫卡。

1 译自1911年12月23日日记。

2 译自1913年11月19日日记。

3 译自1910年12月16日日记。

如果把卡夫卡内心的“我”看成“真我”，那就是一个非身体的我，而他的身体的“我”则是一个“假我”。卡夫卡把“真我”藏在内心，用“假我”与世界打交道，或者说，卡夫卡用他的身体与世界打交道，而他的内心世界则与这个身体相分离，在一边冷眼旁观，常常表现得十分刻薄，甚至怨毒。看来，正如一位作者的精彩表述，了解一个人，必须有人际与个人两种角度，两者缺一不可。[1]

客观而言，对于卡夫卡，这是必要的心理平衡，否则可能导致破坏性后果，甚至疯狂。卡夫卡自己则会说，是父亲的暴政导致他恐惧人际关系。无论如何，人离不开人际关系，如果同时对之感到恐惧，就意味着分裂。就此而言，卡夫卡就像一条悲剧之蛇，自己咬住自己的尾巴。甚至可以说，他不幸分裂为两条蛇，相互咬住对方的尾巴。强烈的心理作用，导致卡夫卡经常“放大”事实，最初多半出于无意识，但由于他超常的自觉，遂演变为“有意无意”。所以，必须对卡夫卡的“心理事实”持审慎态度。尤其因为，分析卡夫卡的身世，我们常常无法绕开卡夫卡本人的主述。所以，描述卡夫卡身世，若涉及卡夫卡本人的主述，则需要特别小心。

然而，此处所论问题，另有侧面，且意义重大，必须适当加以澄清。

也许，正因为卡夫卡能“放大”事实，所以，相比“正常人格”，他更能洞察真理。正如加缪所说，卡夫卡笔法惊人，纤细入微，为我们描画出“明察秋毫的伦理学”。另一位作者总结得好：“要记录最微小的震动，就须有最灵敏的仪器；要感知至高的呼召，就须有最敏锐的灵魂。”这样的事业需要卡夫卡，而非强人、达人或“体魄硕大无朋的资本家”。卡夫卡完全清楚：自己的“心理事实”迥异于常人的“日常事实”。不仅如此，他还有意地利用自身“心理事实”强化两者的区别。

---

1 “认识一个人，需要了解他的孤独，也需要了解他的喧嚣。两者缺一不可。”见林赫然，《From the Death I Come——林赫然箴言录》，载《青年作家》，2006年第3期。也可参见林和生，《家园寻踪》，四川人民出版社，2014年，第231页。

这是因为，卡夫卡需要一个完全属于自己的“自由天地”。就此而言，他是一位天才的魔法大师。在本书的相关讨论中，卡夫卡的主述往往会被用作证据，说明其心理机制与世界观的相互作用。这一相互作用支配他一步步走上“卡夫卡之路”，并最终形成看似复杂、实质明澈的“卡夫卡问题”。

第二节 老犹太城

1882年9月3日，赫尔曼·卡夫卡与尤莉·洛维在布拉格旧城广场一座饭店举行了婚礼。这年年底，夫妇俩张罗起一家批发店。下一年的7月3日，他们生下一个健康的儿子，取名弗兰茨·卡夫卡，以纪念“犹太人的皇帝”弗兰茨·约瑟夫一世（1830年—1916年）——这位皇帝当然不是犹太人，但他的政策给犹太人带来好运，令犹太人心存感激。7天后，一位医生按犹太教规为弗兰茨·卡夫卡行了割礼，完成了“符号化”的民族传统，打上了身体兼文化的种族标记。

一家人最初的寓所是一座犹太人杂居的大楼。这是一座中世纪风格的建筑，一眼看上去大而无当，本是一座古老的修道院，后改作剧院，10多年前又被改造成眼下的样子。它位于旧城与新城结合部，大门外是一大片犹太贫民区，劣等酒馆和妓院一溜儿排开。在这样的地方安家可以省钱，也可以躲避捷克民族主义者的反犹骚扰。

大楼里过道昏暗，墙壁潮湿，空气不良，管道失修，居民成分复杂。一到夜间，老鼠出没，暗淡的烛光渲染出中世纪的氛围。在这里，卡夫卡幼小的心灵一定留下了各种难以磨灭的印记。多年以后，他向青年朋友雅诺施谈起这个话题，情不自禁流露出早年留下的心理阴影：

那些幽暗的角落、神秘的过道、模糊的窗户、肮脏的庭院、嘈杂的酒馆和关闭的餐馆仍然活在我们心中。我们穿越新城宽阔的街道,然而,我们的步伐和目光却是迟疑的。我们好像在贫困的老胡同里那样,内心仍在颤抖。我们的心一点儿也没有感受到卫生条件的改善。存在于我们身上的不卫生的旧犹太城比我们周围的清洁卫生的新城更现实。我们清醒地穿过梦境:我们自己只不过是过去的岁月的一个幽灵。[1]

卡夫卡的出生地,位于布拉格旧城广场的东北面,旧犹太人区的边缘。1883年7月3日,卡夫卡在这里出生。

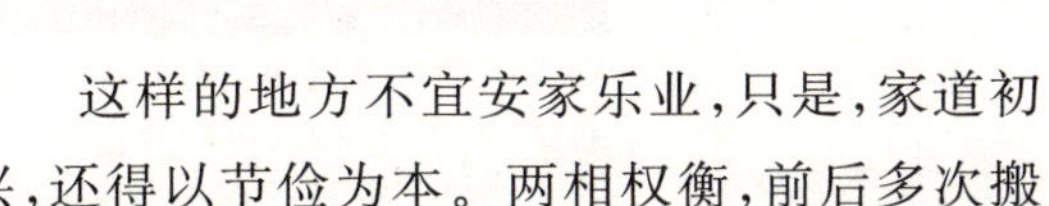

这样的地方不宜安家乐业,只是,家道初兴,还得以节俭为本。两相权衡,前后多次搬来搬去,最终未能搬出"肮脏的旧犹太城"。直到大妹艾莉呱呱坠地,全家才另觅新址。于是,卡夫卡童年期整整六年,全部在犹太旧城度过,其间两位弟弟又不幸早夭,正值卡夫卡四五岁年纪,即心理学上"死亡恐惧"的形成阶段,其深层心理必然留下创伤。多年以后,卡夫卡抱怨不幸的童年毁了他一生,"肮脏的旧犹太城"负有相当的责任。

然而,真正严重的问题还不在这里。这个新兴的家庭正在奋斗的山坳上,零售生意正向大型批发转型。赫尔曼·卡夫卡赤膊上阵,来去匆匆,东奔西走,大量采购女装与百货,再转手批发给乡间的行商小贩——他们正是当年的赫尔曼·卡夫卡。尤莉·洛维则尽可能最大限度帮助丈夫——有什么办法呢?正如日后卡夫卡情不自禁地感叹:"你是犹太人呀!"犹太人要想摆脱不幸过上好日子,除了流血流汗别无他路。这是一个"贫者愈贫富者愈富"的世界,不做铁锤,就只能做铁砧,不争先,就恐后,人性和生存的法则就是如此,犹太人更是无可奈何。尤莉·洛维挑起"全日制"的重担,不仅独当一面,还协助处理业务关系和劳资关系,为丈夫排忧解难。白天在商店忙生意,晚

1 《卡夫卡口述》,第74页。

上回家，还要跟丈夫打牌，缓解心理压力。儿子的生活和教育，几乎全部雇人担当。25年后，卡夫卡即将三十而立，正与菲莉斯恋爱，其间情不自禁倾吐儿时的遭遇，流露深深的伤痛和遗憾：

> 我是6个子女中最年长的孩子。在我之后是两个弟弟，还在婴儿时便因医生救治不当而病死了。于是我成了家中唯一的孩子，直到四五年后，3个妹妹才陆续来到人世……这就意味着，在很长一段时期内，我只能独自面对各种各样的保姆、年纪很大的奶妈、恶言恶语的厨子、面色阴沉的家庭教师，等等。因为，父母总是待在商店里。关于这事，有很多话要说。[1]

卡夫卡的三个妹妹（从左到右）：瓦莉、艾莉和奥特拉，奥特拉是卡夫卡的小妹妹。摄于1898年左右。（柏林克劳斯·瓦根巴赫档案馆提供）

按照今天对早期教育的理解，卡夫卡后来心理和性格上的问题，或许可归因于父母的疏忽和家中的孤单。现存的全部卡夫卡照片，均无父母陪伴。不过，实际情况大概不会如此简单。后来，三位妹妹依次呱呱坠地，然而，卡夫卡的心理环境却未获改善。恰成对照的是，尽管三位妹妹的照片也无父母陪伴，但她们都不存在所谓的“卡夫卡问题”。相反，按母亲尤莉·洛维的说法——“日子都还过得挺顺心”，至少后来都正常恋爱结婚，组成家庭。就眼下而言，大妹艾莉最受父亲喜爱，选边站队绝非卡夫卡。小妹奥特拉与哥哥关系也一直有问题，直至卡夫卡后来不幸患病并解除婚约，才发展出稳固的兄妹深情。[2]自小，姐妹三人整天一起玩，从来就冷落哥哥。卡夫卡大概只有偷空扯扯她们的耳朵之类。照他的回忆，大妹艾莉的耳朵“完全不

1　译自1912年12月19至20日致菲莉斯。

2　奥特拉1918年致未婚夫达维德：“我同哥重归于好了，我很高兴，我们之间已不再有芥蒂。”参见《卡夫卡全集》，第8卷，第63页。

对味”，那当然是因为感情的隔膜。

卡夫卡和他最喜欢的小妹妹奥特拉

5岁时的卡夫卡

这意味着，某种意义上，三位妹妹出生之前，“卡夫卡问题”应该已然存在，并可归结为人际关系障碍，形成深层心理的孤独，表现为焦虑、不安或恐惧。一幅5岁时的照片提供了生动的图解：从小卡夫卡眼中，严重的不安和恐惧流露无遗。现代心理学界有一句名言：“3岁已经迟了！”意思是说，人的基本心理特征，大约3岁左右已然形成。事实上，不安和恐惧，正是日后卡夫卡的主要心理特征之一。

或者可以说，卡夫卡早就“垮掉”了。后来三位妹妹对他的冷落，某种程度上，不是原因，而是结果。如此结果，自有其复杂的“发生学”原因，很难描述。只能推想，一个早慧的孩子，不幸独处晦暗丑陋的犹太旧城公寓，怎么发展健全的身心？30多年后，卡夫卡罹患肺结核，“向死而生”之际，某次致信恋人密伦娜，暗示“童年的陷落”导致“意志薄弱”。[1]不过，即便这一推想不幸言中，也只能归结为“发生学”的因素之一，恰如母亲尤莉·洛维临终之前的评价，儿子“性格很软弱”。母亲目睹儿子一生，眼睁睁看着他英年早逝，担心、痛心之余，一定多次与父亲讨论儿子性格的问题，大概流了不少泪。然而，人难有自知之明，所以，父母亲多半认识不到另一个决定性的“发生学”因素：父亲，即赫尔曼·卡夫卡。他们更难意识到：在他们儿子眼中，父亲并非唯一的罪魁祸首，父亲有一位同盟，居然正是母亲。他们的儿子认为，“父母同盟”伤害他，让他自幼冷落与孤单。而且——冰雪聪明的卡夫卡知道——冷落与孤单只是现象，其实质乃在情感

1　参见《卡夫卡全集》，第10卷，第288页。

的分配和格局，用现代人的话说，是“家庭政治学”的结果。

第三节 “最瘦的人”

人的身心是一个综合体，现代心理学称为“身-心关联”。就此而言，老犹太城的阴影也会体现为一个身心综合体，当然，其中更复合着浓厚的历史阴影，关联着民族与家世。例如那位鲁道夫舅舅，按卡夫卡自己的陈述，他跟这位舅舅一样，“先是患疑心病，后来真的病了”。情况之复杂在于，难以确定事情的因果：是心病投射成身病？抑或相反，心病不过是忧虑身病的后果？

当然，卡夫卡一开始并没有病。按父亲去世后母亲那份陈述，她这位长子“性格很软弱，但他的身体倒是挺壮的”。母亲的陈述隐隐透露出某种微妙情绪。然而，至少成年后的事实表明，卡夫卡身体并不壮。1907年，谋职之际，24岁的青年卡夫卡接受例行体检，身高1.82米，体重只有60公斤，体检报告称：

他身体瘦弱纤细。相对弱一点……由于早年患佝偻病，肺部右上叶跳动迟钝。[1]

这与卡夫卡的经典自述基本一致：

就我所知，我是最瘦的人。[2]

1910年初，卡夫卡写下人生首篇日记，其中赫然论及“对自己身

---

1 参见[美]桑德尔·L.吉尔曼，《卡夫卡》，陈永国译，北京大学出版社，2010年，第9~10页；[英]尼古拉斯·默里，《卡夫卡》，第56页。

2 译自1912年11月1日致菲莉斯。

体的绝望”,而且特别强调这是“真正的绝望”。这篇日记甚至暗示,自己的写作其实也出于这一“真正的绝望”,因为这样一种绝望“自始至终直接越过身体”——指向了写作——所以,他据此进一步推论说:“作家都是在放屁。”这篇日记还表示,这一“真正的绝望”不仅是当下的绝望,也是“未来的绝望”。[1]

果然,近两年后他在日记中声称:“自己恐怕活不到40岁,即便活到这个年龄,也会老得不成样子。”[2]

开始写日记时的年龄

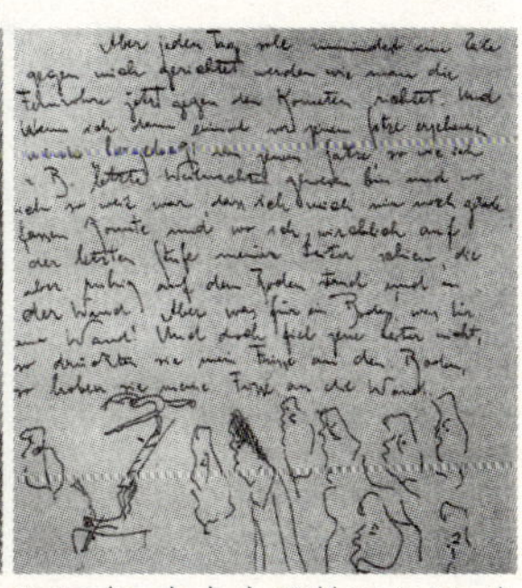

1910年,卡夫卡开始记日记,这是他的头几页日记中的一页。

又过了两个月,他竟就这一“真正的绝望”进行描述,证明自己确属“最瘦的人”,其笔法之精细,令人叹为观止:

我人生的一个主要障碍,显然是我的身体状况。这样一副身体什么也做不成。……身体如此虚弱,身材又如此瘦长,连最基本的脂肪都没有,无法维持内在的热量,精神也无法得到日常的滋养,除非伤筋动骨。虚弱的心脏近来频频令我烦恼,两条腿如此细长,要让血液通过,真难为它了!到膝盖就够它忙活了,到膝盖以下必然精疲力竭。就算到了膝盖以下,又该忙着往回赶——心脏力不从心,血液不得不在膝盖以下滞留、耗费。一切都毁于我瘦长的身材。[3]

九年后,借写作著名的《致父亲的信》,卡夫卡自己给出了儿童时代的回忆:

1 译自卡夫卡1910年首篇日记。

2 参见1911年10月9日日记。

3 译自1911年11月22日日记。

我瘦削、羸弱、窄肩膀，您强壮、高大、宽肩膀。在更衣间里我已觉得自己很可怜了，不单单在您面前，在全世界面前也是如此，因为您是我衡量万物的尺度。接着，我们走出更衣间，走到众人面前，我抓着您的手，一副小骨头架子，心惊胆战，光着脚站在木板上，怕水，学不会您的游泳动作，您好心好意地一再为我做示范，我却恨不得有地缝可钻，万分绝望。在这样的时刻，我各种各样的糟糕经历都融会到一起了。……您有时先脱了衣服，我独自待在更衣间里，可以尽量拖延当众出丑的时刻，直到您终于过来看是怎么回事，把我赶出更衣间。[1]

卡夫卡接下来写道：

我终日忧心忡忡……譬如，我为我的健康担忧。起先是小有不适，这样那样的小病，诸如消化不良、掉头发、脊椎骨弯折等等；随之，经过无数次的逐步升级，最后终于酿成了一场真正的病。……实际上我是个被剥夺了继承权的儿子。因此，很自然的，我便对我最亲近的东西，对自己的肉身也感到没有把握起来了……[2]

事实上，写《致父亲的信》之前两年，37岁的卡夫卡已然罹患当时的“白死病”肺结核，延宕多年后，最终死于肺结核转移而成的喉结核。要知道，卡夫卡常年保持极为良好的生活习惯，并始终坚持体育锻炼。他的食谱主要包括面包、牛奶、蜂蜜、水果、干果、蔬菜和“一点点肉”，可谓绿色。他热爱散步、旅行、农作、日光浴等健康生活方式，而且“骑马、游泳、划船都很出色”（勃罗德）。如此洁身自好，却未能

1 《致父亲的信》，见《卡夫卡小说全集》，第2卷，第327页。

2 《卡夫卡小说选》，第542~543页。

避免肺结核的悲剧，显然与先天体质脱不了干系。

然而，“最瘦的人”既是事实，更是隐喻。

卡夫卡清醒意识到自己与父亲之间能量的对比：

> 我之所以成为今天的我，这是（生命的基础及其影响除外）您的教育和我的顺从的产物。……是您的强大和我的弱小所造成的必然后果。[1]

这番话也来自《致父亲的信》——“最瘦的人”卡夫卡面对“父亲法庭”的陈述。

第四节 亲情的指控

1919年11月，36岁的卡夫卡年纪轻轻就已“向死而生”，因为多年来，在童年阴沉的底色上，生活又给他添加了难以承受的内容。特别是两年前，他不幸罹患当时所谓的“白死病”肺结核，随之与两度订婚并正待完婚的恋人菲莉斯挥泪诀别。两年来，他深入研读他的“精神邻居”克尔恺郭尔，此人号称“生存论-精神分析-宗教神学”的三位一体大师。他也研读犹太同胞马丁·布伯等。这些研读帮助他进一步成长。加之其间因各种因素使之数度生命垂危，更经历了第三次失败的订婚……此情此景，他秉笔写下一封著名的家书《致父亲的信》。

《致父亲的信》其实是一本近4万字的小书，堪称一份自传性的精神分析文献。据说，《致父亲的信》之深刻，甚至超过当时已成气候的精神分析。这样的说法来自卡夫卡的终生好友勃罗德，而勃罗德

---

1 《卡夫卡小说选》，第517~520页。

大概不知道，在后世人的眼中，他这位朋友将被视为生存论大师，而《致父亲的信》也是这方面的一份重要文献。

“最亲爱的父亲”，这封信就这样开了头：

> 最近您问起过我，为什么我说畏惧您。如同往常一样，对您的问题我无从答起，一来是确实我畏惧您，二来是要阐明这种畏惧涉及的具体细节太多，凭嘴很难说得清楚。……写信的时候也是畏惧的……[1]

一上来就是恐惧(“畏惧”)中套恐惧，整封信洋洋洒洒近4万字，语词锋芒所向，直指父亲的专制暴政，最后落实于婚事的失败，进而归结于有问题的父子关系：“对婚姻的要求之所以显得疲软，是有着其他的原因的。这就是您与孩子们之间的关系，整个这封信所探讨的也正是这一关系。”[2]

卡夫卡称，自童年时代，父亲的专制和粗暴就让他深受其害，其典型事件，“至今还记忆犹新”：

> 有一天夜里我呜呜咽咽，吵着要水喝，当然并非真的因为口渴，多半是为了怄气，部分是为了解闷。您声色俱厉，几番呵斥未能奏效。之后，您就将我从被窝里拽出来，挟到阳台上，关了房门让我一个人穿着背心在那里站了很久。……后来，我大概也就驯顺听话了，可是我的心灵却因此带上了创伤。要水喝这个毫无意义的举动，我觉得理所当然。被挟到外面去，我大受惊吓……这二者我怎么也联系不到一块儿去。那个身影庞大的人，我的父亲，他会几乎毫无道理地走来，半夜三更将我从床上揪起来，挟到阳台上。他视我如草芥，

---

1 《致父亲的信》，见《卡夫卡小说选》，第509页。

2 《卡夫卡小说选》，第553页。

在那以后好几年，我一想到这儿，内心就遭受着痛苦的折磨。[1]

由于这样的伤害——卡夫卡论证说——他羸弱而敏感的天性饱受压抑，导致严重的心理问题："如今36岁了，一听到父亲说话的声调，仍然情不自禁'发抖得厉害'。"在他笔下，父亲的形象的确有点可怕："喋喋不休的指责""脾气急躁""使用威力、大叫大嚷和发脾气""暴躁""声色俱厉""呵斥""百般责骂、诽谤、凌辱""完全麻木不仁""当时不留情，事后不同情""专横""横加指责""辱骂""骂、威吓、讽刺、狞笑""骂人的话不绝于我耳边""骂起人来毫无顾忌""用威胁助长骂人""狂喊着绕着桌子转""挂着冷笑，露出恼怒的神色""指桑骂槐""咆哮、咒骂和发怒""别的蛮横行径""专制暴君式的专横态度"等。面对这样一位父亲，幼小的他只能是"畏惧""胆怯""不安""羞怯""惊吓""恐惧""自卑""耻辱""内疚""吓呆""毛骨悚然""罪责""疲软"……

如果了解卡夫卡的一生，就不难理解他为何如此"仇父"。然而奇怪的是，"仇父"之余，他话锋一转，矛头竟然指向了母亲：

母亲对我无限宠爱，这是真的，然而对我来说，这一切都跟我与您的关系，即那并不算好的关系相关。母亲不自觉扮演着围猎时驱赶鸟兽以供人射击的角色。如果说您用制造执拗、厌恶或者憎恨的感情来教育人在某种令人难以置信的情况下还有可能会将我培养为一个能够自立的人的话，那么，母亲用宠爱、理智的谈话（在纷乱的童年，她是理智的典范）、说情把这又给抵消掉了……我们之间没有取得真正意义上的和解，[因为]母亲只是在暗地里保护我免遭您伤害，暗地里对我有所给予，有所允诺，结果我在您面前又畏首畏尾起来，

---

1 《卡夫卡小说选》，第513页。

又成为……自知有罪的人。[1]

卡夫卡的意思很明显:问题不只是简单的“父-子”双边关系,而是复杂的“亲-子”关系——“父-母-子”三角关系,其轴心是“父-母”同盟,其权威涵盖了整个家庭,孩子们无不深受其害:

我要逃避您,那我也得逃避家庭,甚至还得逃避母亲。虽然她总能给我们提供保护,但她也颇受您的掣肘。她太爱您了,她对您太忠贞,太顺从了,致使在孩子们的这场斗争中,她不可能成为一种经久独立的精神力量……随着岁月的移动,母亲与您日益情笃。一方面,当事情涉及她自身时,她总是温良恭谦地维护她的最低限度的独立性,而并不怎么过分伤害您的感情。可另一方面,随着岁月的增长,您对孩子们所做的判断和批判,她却愈来愈全盘接受,盲目附和……[2]

事实上,《致父亲的信》一开始,卡夫卡就把矛头指向了母亲的血缘,即“洛维家族”的遗传素质:

我当然不是说,单单由于受了您的影响我才变成今天这个样子,这样说未免太夸大了(我甚至倾向于这样夸大其词)。即使我在成长过程中丝毫不受您的影响,我也很可能不会变成您心目中[希望我成为的]那样的人。八成我会变成一个羸弱、胆怯、迟疑不决、惴惴不安的人……我,说得简单一点,是一个洛维,身上有着某种卡夫卡式的气质,而推动这个洛维前进的却并不是卡夫卡式的生命力、事业心、进取心,而是一种洛维式的刺激,它较为隐蔽、羞怯,它从另一个方向

1 《卡夫卡小说选》,第524~525页。

2 《卡夫卡小说选》,第530页。

施加影响，且常常会猝然中止。[1]

《致父亲的信》写于11月初，据勃罗德回忆，卡夫卡曾声称他要通过母亲向父亲转交此信。迟至11月下旬，信终于到了母亲手里，然而母亲并未转交，相反把信退还了卡夫卡。不难想象，母亲这样的做法应该正在情理之中，连勃罗德站在外人的立场上都很清楚："此信若果真送上去，效果必然适得其反，通过此信使父亲理解自己的意图根本不可能实现。"[2]卡夫卡大概也意识到这一点。母亲退回该信，他也不了了之。有人认为，卡夫卡没有勇气直面父亲。然而，卡夫卡清楚这封信的真正目的：其锋芒所向，绝非单指父亲，而是"父-母"轴心同盟——只要交到母亲手中，就达到了基本的目的。

卡夫卡的家庭观念是否正确，姑且不论。[3]身处人生绝境，此信也可能出于自我宣泄、自我平衡，即"自救"的无意识心理策略。卡夫卡在信中得以自由表达其"弑父情结"，有助于解除其深层心理压抑。不过，就此处所论而言，我们的关注点，主要是卡夫卡的心理事实：他是父亲的受害者，而且，他是"父-母"轴心家庭的牺牲品。

让我们站在传统的"卡夫卡问题"之外，就此处所论做一个简单的总结。

应该说，某种意义上，某种程度上，赫尔曼·卡夫卡并不失为理想的父亲，他清楚自己肩负着多重的压力：自己是犹太人，也是丈夫、家长和父亲。在弱肉强食的社会，身为犹太人，他必须忍辱负重。在此前提下，他必须爱护好妻子——这是《希伯来圣经》最基本的诉求——这意味着，他必须为全家的生存而拼搏，还要为教育儿女而尽力，为此无法丝毫懈怠。事实上，卡夫卡在《致父亲的信》中也承认，

1 《卡夫卡小说选》，第510~511页。

2 勃罗德，《卡夫卡传》，第13页。

3 和谐的"亲-子"关系取决于和谐的"父-母"关系。此外，以"父-母"关系为中心的家庭结构，也是《希伯来圣经》的原则。此点事关重大，另作他论。

父亲经常不失时机善加鼓励。例如，为了让儿子尽快学会游泳，他不厌其烦，反复示范，等等。

犹太人赫尔曼·卡夫卡深知生活的残酷：物竞天择，适者生存。犹太人要做“适者”，更是难上加难。这位昔日的中士，今天勉为其难，权当“业余教育家”。一方面，他多半会下意识从严要求，用士兵的标准训练儿子，希望儿子像士兵一样坚强、严明而粗犷。另一方面，当儿子达不到要求，“一点儿也模仿不了”，或者暴露别的问题，很可能又转而恨铁不成钢，哀其不幸，怒其不争，被卡夫卡体会为专制和粗暴。父亲是“卡夫卡家族”的传人，秉有顽强的生命力，被卡夫卡总结为：“坚强、健康、食欲旺盛、声音洪亮、能言善辩、自满自足、高人一等、坚忍不拔、沉着镇定、通晓人情世故、有某种豪爽的气度。”然而，事情总有其反面。本来，商海沉浮足以让人心力交瘁，回到家中，精疲力竭之际，更难免情绪失控。加之儿子又是一位“洛维家族”的后代，不难想象，面对“羸弱、胆怯、迟疑不决、惴惴不安”的卡夫卡，赫尔曼·卡夫卡很容易走火入魔，在客观上造成不良后果。其实，卡夫卡并非完全无视这一点，他知道，自身诸多问题，不应尽都归咎于父亲。某种意义上，某种程度上，这些问题不是结果，而是原因：

我有您这样的人做朋友、做上司、做叔父、做祖父，哦，甚至(即便已经有所踌躕)做岳父，我会感到幸运的。可是您偏偏是父亲，而就我而言，您做父亲太坚强有力了，特别是由于我的兄弟们幼年夭折，妹妹们又是多年以后才出世，于是我一个人就首当其冲，而我又太虚弱，大有不堪消受之势。[1]

进而，他反过来站在父亲的角度，设身处地做了如下的考量：

1　《卡夫卡小说选》，第511页。

> 无论如何我也得承认，要是我有一个这样沉默寡言、抑郁不欢、枯燥无味、神色憔悴的儿子，我也会觉得无法忍受的，要是没有别的办法的话，那我大概也会避开他，逃之夭夭……[1]

卡夫卡的父亲逃之夭夭了吗？这个问题不好说。

但是，综而言之，卡夫卡父子之间的能量对比十分不利于卡夫卡。于是，在“发生学”的意义上，最终形成了“卡夫卡气质”。这一气质“放大”了父亲的作用和形象，既包括反面的放大，也包括，如勃罗德指出的正面的放大。

---

1 《卡夫卡小说选》，第553~554页。

第五章　父亲的“法庭”：神经症之罪及其“反向作用”

你要求得到证明，马上就有父亲的诅咒为证；我与父亲搏斗的希望是一幅绚丽的夜景。

——弗兰茨·卡夫卡

第一节　“卡夫卡之罪”

借助《致父亲的信》，卡夫卡事实上列出了一份“受害清单”：

第一，恐惧。

卡夫卡是恐惧的化身。恐惧是他的命运密码，也是进入其生命迷宫的钥匙。恐惧是焦虑的极端形式，反之，焦虑是恐惧的日常形式，简洁起见可概括为恐惧。

恐惧首先是直接的心理折磨。在《致父亲的信》中，卡夫卡大量使用了以下一类词汇：“恐惧”“畏惧”“胆怯”“不安”“惊吓”“吓呆”“毛骨悚然”等，足证其害。关于这一点，本书导言已有充分展示，在那里我们还了解了卡夫卡明确无误的自我总结。他说，他整个人就由恐惧组成，他的本质就是恐惧。另一方面，恐惧也可间接体现为各类神经症，令卡夫卡深受其害，以下将另有分析。

需要强调的是，在《致父亲的信》中，卡夫卡专门表述了其恐惧的一个特殊位格。他认为，在父亲作为“专制暴君”的诸种特征中，有一个重要特征是“猜疑”，这导致他对人际关系的深刻恐惧，最后形成“一种持续的，对所有人的恐惧心理”。[1]

这是对人际关系的恐惧，事实上，它是整个《致父亲的信》的核心问题。按卡夫卡的陈述，它不仅来自父亲的猜疑，更来自父亲的种种专制和粗暴。卡夫卡恐惧父亲。一般而言，如果一个人恐惧父亲，他就会恐惧生活，因为父亲不是别的什么，正是“生活的代表”。但生活又是什么？生活就是人际关系。顺便指出，卡夫卡既恐惧人际关系，又无法脱离人际关系，最终必然形成某种程度的心理分裂，进而将恐惧内化为焦虑，引发神经症。

综而言之，卡夫卡的恐惧最终体现为对人际关系的恐惧，这是“卡夫卡问题”的要点之一。

第二，自卑。

我常有的这种自悲[卑]感……却都来自您的影响。按说，我需要多少受点鼓励，得到点温暖，您应该替我多少清除点我前进道路上的障碍才是，可是与此相反，您却拦住了我的去路。您当然是出于好意，要我走另外一条路。可是，那条路我走不了……

……您原本出于好意，殊不知我却羞得无地自容。此时此刻，我心灰意冷了，在这样的时刻，我在各个领域取得的一切令人不快的经验显得何等协调。[2]

---

1 《卡夫卡小说选》，第536页。

2 《卡夫卡小说选》，第513~515页。

第三，耻辱。

我服从您的命令吧，是耻辱，因为这些命令是单为我而发的；我倔强吧，这也是耻辱，因为我怎么可以对您倔强呢？……

有一次我中肯地描写（我自己）……“他担心，他虽死而羞耻心犹存。”……

您拿话羞辱我，没有比这次（有关性启蒙的问题）更厉害的了，您对我的轻蔑也没有比这次表现得更明显的了。……您以此使我蒙受的耻辱，比之于在您看来我的结婚将会使您的名字所蒙受的耻辱，那简直算不了一回事。[1]

第四，污秽。

卡夫卡认为，当其少年时代，父母严重失职于儿子的性启蒙和性体验，以至不得不由同学补偿。关于此事，卡夫卡心理暧昧，趁着与父母一道散步的机会，转弯抹角引出话题。据卡夫卡的陈述，父亲暗示可借助妓女解决问题，就此“傲慢而粗暴地切断了谈话”。据卡夫卡称，这不仅让他的羞耻心“因此而大受伤害”，更让他滚入了“污秽”的泥潭：

您劝我去做的事，在您看来是一种龌龊的勾当，在我当时的眼里，那就更是如此。你愿意想办法使我不致将那龌龊的东西带到家里来，这是次要的，您不过是以此来保护您，保护您的全家而已。您对您的劝告取超然态度，您是个良家丈夫，一个纯洁的人，您超越这些事情之上，这才是主要的……您身上几乎没有一丁点儿尘世的污秽。而您却用几句赤裸裸的话语，将我推入了这种污秽的泥潭，仿佛

1　以上见《卡夫卡小说选》，第518、535~536、550页。“他担心，他虽死而羞耻心犹存。”这一句最初为卡夫卡小说《审判》（又译《诉讼》）的结尾，正式出版时有改动。

我命中注定活该如此似的。[1]

第五,内疚。

就现代生存论-神学-精神分析的综合理解,内疚可视为罪感的同义语。在一个无神的时代,罪感往往表现为心理学上的内疚,或者说,被诠释为心理学上的内疚。《致父亲的信》从头到尾充满了关于内疚的主述。在卡夫卡看来,内疚贯穿了自己一生大大小小的事件,特别值得强调:

您用威胁助长骂人的气势……您狂喊着绕着桌子转,要逮一个人的情景,看了也令人害怕。显然您根本就还想逮人,可您却做出这个样子,而母亲也就顺势做出救驾的样子来。人家又一次由于您的恻隐之心……而得以活命,从此就将这看作是您馈赠的第二生命,自己则感到受之有愧。……

您脸上也会绽出一丝特别美、极其难得见到、恬静、满意、嘉许的笑容来,谁受您这一笑,都会陶醉的。……[但]就连这种良好的印象也只不过起到了加深我的内疚,使我更不理解这个世界的作用,如此而已。……

母亲只是在暗地里保护我免遭您的伤害,暗地里对我有所给予,有所允诺,结果我在您面前又畏首畏尾起来,又成为骗子,成为自知有罪的人。……这又加深了一层我的内疚……此外,您毫不含糊地表示,我好几次都是罪有应得,早该挨打了,只是由于您的仁慈,我才虎口余生,得以幸免,这不过又使我心头积聚起极大的内疚而已。……

我能享用您给予的东西,然而我却只能怀着羞愧、内疚的心情,拖着疲惫、虚弱的身体去享用。……

1 《卡夫卡小说选》,第548~549页。

我只需提请您回忆一下早年的往事就够了：我在您面前丧失了自信心，换来的则是一种无限的内疚……在跟别人相处的时候，我无法突然改变我的这种心理状态，反而对他们怀着更深的内疚……

在这几次结婚尝试中集中体现了我所能支配的一切积极力量，另一方面，其中也恰恰愤然积聚了我曾将其描述为您的教育的必然结果的全部消极力量，亦即懦弱、缺乏自信和内疚，并且在我和结婚之间筑起了一道真正的封锁线。……

我的内疚实际上都源出于您，并且具有独一无二的特色……[1]

第六，犹太信仰的失落。

恐惧是“卡夫卡问题”的要点之一。同样，根据《致父亲的信》，不难归纳更深切的要点，即犹太信仰的失落。这一要点，其实是恐惧的终极原因。所以，绝非偶然，《致父亲的信》就此做出了痛苦的检讨。

卡夫卡认为，父亲之所以让他如此不幸，最终可归结为犹太信仰的失落。他指出，本来，人生再多的不幸，都可借由犹太信仰获得疗救。他回忆说，小时候，他其实拥有犹太民族与生俱来的虔诚信仰，以及一种相应的“好的内疚”：

小时候，我经常为去教堂不够勤，不过斋戒等等而自责，这与您的看法一致。我觉得这不是对自己，而是对您犯了过失，内疚感随时会涌上心头。[2]

然而，不幸的是，父亲的专制与粗暴，已然窒息了流淌于血脉的犹太信仰之根。论及此处，卡夫卡格外痛心。他认为，最初父亲离开家乡闯荡生活，其时犹太教精神尚存。但是，随着经商奋斗的成功，

1 以上依次见《卡夫卡小说选》，第521、523~524、525、527、535~536、546、553页。

2 《卡夫卡小说全集》，第342 ~ 344页。

珍贵的犹太教精神竟逐渐名存实亡:"一年里头您有四天到教堂[犹太会堂]去,您在那里不像是个虔诚的犹太教信徒,倒更像是个漫不经心的局外人。"卡夫卡承认,犹太教精神并未在父亲身上完全泯灭。"但要把它继续传递给孩子就太少了。当您传授时,它就只剩下微不足道的一小团儿了。"[1]

借由一系列痛苦的检讨批评,犹太教的虔敬气息扑面而来。这就是"卡夫卡问题"的神秘之一。一方面,他的思想情感包含着极端悲观的怀疑论。然而,另一方面,正如终身知己勃罗德所言,卡夫卡秉有虔信者的宝贵品质,"绝对诚实",相信存在着终极的"公正世界"。勃罗德因而将卡夫卡归入"神圣范畴",视为"完美的圣人"。[2]

跟许多人一样,卡夫卡有怀乡病——那是他心灵深处的犹太乡愁。"上帝已死",卡夫卡的乡愁为时代风尘所袭扰,为"理性的梦魇"所压抑,甚至转化为"躯体化症状",呈现为肺结核这样的"致死疾病"。然而,乡愁之根发源于民族深邃的历史,秉有蒙恩的生命力,神奇而久远,总有重新萌发的季节。在本书往后,我们会不断看到这样的萌发。随着一次一次的萌发,犹太信仰之根将逐渐发育、发展和成长,最终成为参天的奇迹。

当然,这是后话。就眼下所论,《致父亲的信》所流露的犹太教虔诚,可视为卡夫卡反抗父亲的重大动向,其主要的凭借,乃母系血缘的犹太教虔诚。卡夫卡希望指出,面对艰难世事,父亲基本上放弃了犹太教信仰,差不多异化为一位异教徒。悲哀的现实也是不幸的象征:就像当年犹太人海涅改宗基督教,当父辈向世俗投降,犹太薪火也风雨飘摇,而将下一代暴露于危险的世界,因信仰的缺失而骨瘦如柴,赤身裸体,有如历史的孤儿,因"欲望/恐惧"的滔天红尘而备受伤害,在"肮脏"与"污秽"中身不由己。

1　参见《卡夫卡小说全集》,第342~344页。

2　勃罗德,《卡夫卡传》,第43页以下。

所谓“欲望/恐惧”“肮脏”“污秽”，无非是“罪”的换喻，事实上，它们都内含于卡夫卡的“受害清单”。

然而，“罪”是什么？

按照“罪”的谱系学，它源自“原罪”，表现为“罪愆”“罪过”“罪行”或“罪责”，可引起“罪感”。就眼下所论，卡夫卡的“受害清单”——恐惧、自卑、耻辱、污秽、内疚等——可以归结为罪感。按现代生存论-神学-精神分析的综合理解，内疚与罪感同义——卡夫卡作为生存论大师深谙此点——其他如恐惧、自卑、耻辱、污秽等，不过是罪感的不同转喻。整个《致父亲的信》，其中心是一个“罪”字，其落脚点即一个哈姆雷特式的考问：“有罪还是无罪，这是一个问题！”

卡夫卡在信中反复强调，父亲的暴政让他从小自知有罪，自认罪有应得。一个“罪”字，划分了他和父亲的世界：“凡是您认为清白无辜的，我可能就认为是一种罪过，反过来也如此。”更严重的是：

在我眼里世界就分成了三部分。我，是个奴隶，生活在其中的一个世界，受着法律的约束，这些法律是单为我发明的。而我，不知为什么，却始终不能守法。然后就是第二个世界，它离我的世界无际遥远，您行使着统治权、发号施令并且还因您的命令得不到执行而生气。最后还有那第三个世界，其余的人都在那儿过着幸福而自由自在的生活……[1]

奴隶就是罪人，必须受法律的约束。法律意味着法庭的诉讼和审判，而父亲代表着法律和法庭，事实上，既代表着卡夫卡全部的生活，也代表着整个的现实世界。就“上帝已死”之意，父亲就是上帝的僭越者、替代者、一个不合法的上帝。卡夫卡认为，在他与父亲之间存在着一场“可怕的诉讼”，一场审判，它具有“不由分说”的性质，因为：

---

1 《卡夫卡小说选》，第523页。

在这场诉讼中，您声称您始终是法官……[1]

从《致父亲的信》结尾处可以看出，“有罪还是无罪”的问题笼罩了卡夫卡的内心，这显然是因为父亲虚假“上帝”的身份使然。唯其虚假，他才感到压抑、不义、不公正。终其一生，卡夫卡始终在探讨“法庭”“诉讼”“审判”“判决”等问题，不仅针对亲子关系，也针对婚事纠纷；既在工作中较真，也在日记和书信中考量，更在创作中构建——其代表作《判决》《审判》《城堡》等都是典型例子。面对父亲的法庭，他要为自己洗清罪名，至少要就“有罪还是无罪”提出申辩。就眼下所论，我们就“卡夫卡之罪”和“罪感”略做深入探讨，考察其神经症的细节——因为罪感的另一个定义就是神经症。

第二节 “反向作用”与“绝对掌握”

还是那个问题：罪是什么？

某种意义上，罪就是孤弱渺小。

事实上，恐惧、自卑、耻辱、污秽、内疚等本身就意味着孤弱渺小。

面对高大强壮的父亲——在所谓“身-心关联”的意义上——卡夫卡痛感自己的孤弱渺小，精彩地隐喻着他的“卡夫卡之罪”。

人的本能无法承受自己的孤弱渺小，并因而产生罪感。当此情况，如果没有信仰来汲收罪感，当事人就会成为心理学上的神经症患者。

这绝不是一个随随便便的结论，而是精神分析的终极进展之一，是克尔恺郭尔和奥托·兰克两位天才人物的惊人洞见。这一进展汇聚了生存论、心理学和神学各自的努力，揭示了现代人普遍的不幸状

1 《卡夫卡小说选》，第533页。

况及其深层心理机制。

罪和神经症是同一枚硬币的两面，在“上帝已死”的时代，两者都代表着当事人——因其孤弱渺小的无意识心理反应，表现为心理事实的膨胀（如世俗人本主义或浪漫主义），表达为自身之内的所谓“创造”，其负面效应，即针对日常生活的理性“放大”，必然具体到细枝末节的“控制”：

与自己的宗教前辈全然无异，神经症类型也为罪感（consciousness of sin）所折磨，不同的是，他不相信罪的概念——他因而成为“神经病”。他在感觉上是一个罪人，但又不相信宗教意义上的罪，对于罪，他需要一种理性的解释。[1]

奥托·兰克跟卡夫卡一样，是一位犹太天才，弗洛伊德的精神传人，他这段精彩论述，对于卡夫卡身上的“理性人格”，堪称绝妙写照。“理性的”卡夫卡既属共时概念，也属历时概念。对于卡夫卡这一位格，其悲剧在于：面对代表整个生活与世界的父亲，他是一位罪人，同时又无话可说。在父亲这位虚假“上帝”的法庭之外，就其“理性”位格而言，更高级的“法庭”——如犹太信仰——尚待见证与确立。卡夫卡因而成为神经症，如兰克所描述，苦于寻找理性的解释，从而深陷“理性的梦魇”。勃罗德保留了卡夫卡青年时代的一句重要言论：

必须把自己限制在绝对掌握的领域内。[2]

1　[奥]奥托·兰克，《超越心理学》。有必要强调两点：第一，神经症通约于罪，其背景为本书第七章讨论的“同体大罪”；第二，精神分析借此揭露神经症之罪，传递了拯救的爱与力量。相反，如果否认神经症的罪性，精神分析就沦为罪的文饰，自身堕落成僭越之罪，暴露其“自因”（causa sui）的分裂、虚假与疯狂，在扮演“上帝”的过程中迟早破产。

2　勃罗德，《卡夫卡传》，第170页。

借由“反向作用”(reaction formation),孤弱渺小竟然巫术般转化为“绝对掌握”,正是神经症的典型特征。带着这样的特征,针对自身的孤弱渺小,沿着相反的方向,卡夫卡会下意识“放大”所有细枝末节的事情。这是神经症的终极心理机制,也是完美主义和偏执人格的精神奥秘。我们将看到,卡夫卡属于典型的偏执人格,就其“他的-存在”(sein),事无巨细,无不关联着他整个生活的意义,密不可分。所以,他无法不执着,以至无所不用其极。对此,他自嘲为来自父亲的“病态的意志”或“悭吝”,[1]见证于他的写作、婚恋、性爱、素食、锻炼、冬泳、患病、信仰等方方面面。除勃罗德所谓“神圣范畴”“文学范畴”和“道德范畴”(详后)外,其典型表现恐怕要数他的体育锻炼。勃罗德称:“无论什么季节,他都开着窗睡觉……他总是穿着单薄的衣服,冬天亦然。”鲁道夫·福克斯的报道更为生动:

夜里我们有一次同不少人一起去葡萄园。那是冬天,冷得可怕。卡夫卡穿着一件薄薄的大衣。韦尔弗因见他穿得太单薄而缠着他劝说。卡夫卡说,他在冬天也洗冷水澡。他乐呵呵地听任别人笑话他。尤其是韦尔弗一个劲儿地取笑他,韦尔弗对他这个伙计非常关心。我记得,那时我们正站在葡萄园的渡槽上。卡夫卡撩起裤腿,在寒冷的夜里展示他赤裸的小腿肚。

……然后我在他生命的最后时期见到过他。他变得很瘦,嗓音沙哑,呼吸困难。在寒冷的天气中他仍然穿着一件薄薄的大衣,在街上他让我看,他的大衣是多么宽大,穿着它是多么舒适,不至于压紧

1 参见1916年8月27日日记;《卡夫卡小说选》,第531页。卡夫卡提出“反向作用”的论证:“悭吝无疑是深刻的、不幸的、最可靠的标志之一。”这其中也隐含着犹太“成功心理学”。并参勃罗德,《卡夫卡传》,第104页。关于患病:“不管怎样,今天我对肺结核的态度,就像小孩子对母亲的裙角,紧紧抓住不放。”译自1917年7月中旬自屈劳致勃罗德。

胸口影响呼吸。他在这件大衣里活动自如。[1]

如此完美主义,如此偏执,在常人看来纯属自虐。此乃他话。无论如何,在偏执诉求和完美主义背后,潜伏着反向的心理态势:相对于内心的期望值,当事人会悲叹自身能量之贫乏,力量之渺小。期望值越高,自卑感就会越强。

不幸,这正是卡夫卡的模式。在试图"绝对掌握"的同时,他会反复悲叹自身力量的渺小:"再小的阻力对它而言都太大了。"一个简单的日常生活话题就会让他不知如何是好:"对于我来说,这个题目太大了。我只能向你讲述全部事情的千分之一,而现在写在纸上又只剩下千分之一中的千分之一,而我所能向你讲清楚的又只是这剩下的千分之一中的千分之一了。"也就是说,卡夫卡会"放大"所面对的对象,放大到足以令自己产生压抑、焦虑或恐惧的程度。用他自己的话说,一旦面对那些决定命运的相关人事,他的眼睛就会"因此变成显微镜似的"。例如,儿童时代的很长一段时期,他就这样"放大"过家中的女厨子,结果令他苦恼了一辈子。对于这种"放大"心理,卡夫卡自己做了高度概括的总结:

一切障碍在摧毁我。[2]

所谓"一切障碍",首先意味着一切人际关系。由此产生的"摧毁",正是追求"绝对掌握"的必然结果,因为人际关系恰好最难掌握,试图"绝对掌握",最终必然失控,结果"爆发"为神经症。

绝非偶然,在其谋职的布拉格工人事故保险公司,如此失控,就曾惊心动魄"爆发"过一次。那是一次神经质的大笑,见证了催人泪

1　转引自勃罗德,《卡夫卡传》,第269~272页。勃罗德的报道则见该书第104页。

2　引自卡夫卡,《笔记本和散页中的断简残篇》,见《卡夫卡全集》,第5卷,第153页。后面还将讨论卡夫卡创造力的来源之一:其心理"放大"机制转而成为其武器。

下的荒唐及惨痛。当时,董事长在上面做报告,他觉得董事长言行举止可笑,便无法控制自己,偷偷笑起来,然而,

一种恐惧攫住了我……我的同事用他的余光警告我,我也恰好正试图控制自己,他的警告适得其反……我看到我的同事们由于怕被此举传染而惊慌失措,相对于己,我更同情他们,但我无法克制自己,我……无助地紧盯着董事长的脸,无法转过脸去……谁也不知道我到底笑什么;大家都开始觉得很尴尬……我不停地笑……世界完完全全消失了,耳边只剩下我响亮的、毫无顾忌的笑声……周围一切都沉寂下来,大笑的我最终成为焦点。我笑的同时两膝也因我内心的恐惧颤个不停,为此,同事们也不由自主地笑起来。但我酝酿已久的笑中埋藏的恐怖他们却领会不到……我为自己的笑向大家多次致歉,也许每次都显得分外真诚,但其间我又屡屡笑起来,令人费解。自然连董事长也糊涂[起来]……我第一个大笑着却又备感不幸地踉踉跄跄跑出房间……[1]

卡夫卡一生患有人际关系恐惧症,孤独是他的常态。勃罗德曾辩称卡夫卡并非孤独人格,然而卡夫卡生前好友鲁道夫·福克斯则提出了相反的观点,相当中庸、平衡,并列举了有说服力的事实:

人们经常可以碰到单独一人的卡夫卡,在布拉格的马路上,在花园绿地中。假如有人陪伴他,丝毫也引不起他的兴奋。他愿意避免谈自己……

他总是……准备着让别人来了解自己,即便只是通过很少的、简短的、往往是很匆忙的话语,即便只是通过意味深长的沉默(这点是

1　1913年1月8日至9日致菲莉斯,见《卡夫卡全集》,第9卷,第200~202页。又据卡夫卡透露,他单位的同事不时会充当“外行的精神病医生”,对他做安慰性的诊断。参见卡夫卡1916年5月11日日记。

不会搞错的)……他是许多人的朋友,尽管他只允许很少的人成为他的朋友。[1]

至少,相对于常态人格,内心的孤独是卡夫卡不自觉的取向。固然,因为全身心投入文学创作,他需要借孤独加以自我保护,这是他有意识的生活策略。另一方面,就人之常情他并不情愿孤独,然而——这正是事情的微妙之处——无论是否情愿,他事实上显示了孤独人格的特征。就此而言,孤独乃是他无意识的深层心理策略。

两方面综合起来,借用他自己的话说,一切人际关系都在威胁他,摧毁他。他因而一步步退却,甚至试图与唯一密友勃罗德断交,以便在绝对的孤独中实施其"绝对掌握"。连勃罗德也不得不承认:

这种观点有时候当然会将他引导到一种境地,使他向内痛苦地完全蜷缩起来。他想要脱离一切,最终也包括放弃与我的交往。[2]

这种试图"绝对掌握"的心理倾向,被R.D.莱恩称为"精神分裂性防御机制",莱恩就此曾做专门论述,而且,绝非偶然,其案例正是卡夫卡:

精神分裂性防御"现实"的机制,存在着重大的问题。在这种机制中,现实中的危险因素和威胁性质,有被不断延续和强化的趋势。自我参与生活是可能的,但同时必须面对剧烈的焦虑。卡夫卡对此知之甚深,他说,唯有通过焦虑,他方能参与生活。也正因为如此,他

---

1 《回忆弗兰茨·卡夫卡》,引自勃罗德,《卡夫卡传》,第270~271页。勃罗德的辩称则见于该书第103页。

2 参见勃罗德,《卡夫卡传》,第170~171页。一个值得注意的现象是,卡夫卡终其一生(即便病入膏肓之际)都没有放弃与家中那条狗的交往,甚至留下一张合影。从精神分析的角度看,这条狗意味着人际关系的某种替代,也是卡夫卡孤独生活的旁证。

无法没有焦虑。对于精神分裂性的个体来说,直接参与生活,会使他感到一种持续的危险,那就是被生活摧毁。因为,正如我们说过,自我的孤独状态实际上是自我的一种努力:在自主性和完整性面临威胁时维护自身的存在。[1]

莱恩天才的论述直指卡夫卡神经症的根源,即父亲所导致的恐惧,尤其对人际关系的恐惧。人际关系是生存的基础,因此,恐惧人际关系必然导致心理分裂:即对于人际关系的“渴望/恐惧”——既渴望又恐惧,越渴望越恐惧——表现为他日记内外的分裂,对父亲的“崇拜/恐惧”,尤其是对婚姻的“渴望/恐惧”——因为婚姻是人际关系的集中体现与终极象征。

据称,卡夫卡在朋友面前“非常快乐,经常哈哈大笑……健谈,而且大声说话”,但在公司里却极度敏感与压抑,往往沉默寡言,甚至“微微打战……仿佛缩成了一团,用明显的怀疑的目光从下面看着他的对方,好像他片刻之间就要挨打似的”。[2]人际关系方面的分裂会渗透扩散到其他方面,例如,卡夫卡的面部特征就给一位作者留下深刻的分裂印象:早慧又沉重;眼神生动,但神思恍惚;表情压抑,却显得满不在乎。

要命的是,卡夫卡如此敏感,对于自身的恐惧与分裂,他多半具有强烈的自我意识,可能形成克尔恺郭尔所谓“恐惧的恐惧”,或弗洛伊德所谓“内化的恐惧”,进一步导致严重的神经症。

卡夫卡的神经症不仅指向人,也指向事;既牵涉翻云覆雨的人际关系,也包括他自己,自己必须面对的业务工作,生理上的小灾小病等。每一个小障碍都被“放大”,而各种障碍则被“放大”为“一切”。

1 [英]R.D.莱恩,《分裂的自我——对健全与疯狂的生存论研究》,林和生,侯东民译,贵州人民出版社,1994年,第82页。

2 《卡夫卡口述》,第9页。从本书中还可找出卡夫卡大量心理分裂的表现。而马丁·布伯则会说,这是犹太民族二重性的典型个体表现。

勃罗德报道说：

> 卡夫卡对任何健康受损状况都很敏感——身体的任何不完美感都能折磨着他，比如头皮屑或便秘或一个未曾完善发育的脚趾都会令他深感不适。[1]

终其一生，卡夫卡饱受神经症折磨，包括严重的失眠，对噪音的极度恐惧等。一位生前好友报道了卡夫卡对噪音的恐惧："他用往耳朵里塞棉花的方法来抵抗噪音。"[2]而且，勃罗德所论的卡夫卡，尚是一位风华正茂的青年，因此，问题的性质就更显严重。事实上，勃罗德上述回忆所涉，乃1910年10月几位朋友的巴黎之旅。那年，卡夫卡年方27岁，却因一个小小的疖子而"吓得够呛，导致了这次巴黎之旅的失败"。1912年2月，东欧犹太依地语剧团结束在布拉格的巡演，告别晚会上，卡夫卡应邀发表演讲，结果爆发了神经症。整整十天，他紧张不已，连日记也中断了。讲稿准备期间，不断发作"无法控制的痉挛"，根本无法安稳。"膝盖在书桌下发抖，要靠两只手紧紧压住……身体如此乏力！眼下这寥寥数语，也只能出自虚弱的力量。"演讲前，他梦见自己的演讲"旋律起伏"，朗诵出他所崇拜的歌德的语句，整个身体走遍了句子的重读音节。后来他演讲成功，居然又激动得"一夜辗转，燥热无眠"。

这类失控的"放大"都是典型的神经症表现。另一类典型表现是，他总是倾向于单一的归因。例如，把一切——包括婚姻的失败等——全部归因于父亲，等等。有趣的是，卡夫卡对此颇有自知，他认为，他的神经症是针对父亲专制的"唯一"防御机制，以免"因恐惧和自知有罪而导致神经错乱"。就此而言，卡夫卡不幸有类于一条悲剧

1　勃罗德，《卡夫卡传》，第103页。

2　《回忆弗兰茨·卡夫卡》，参见勃罗德，《卡夫卡传》，第269页以下。

的自因(causa sui)之蛇,自己咬住了自己的尾巴。

> 我终日忧心忡忡,为自己发愁……对自己的肉身也感到没有把握起来了。我长得身材细长,真是毫无办法,由于不堪重负,腰背逐渐佝偻。我几乎不敢动弹,锻炼则更是不敢问津,因此我身体一直孱弱。对我还拥有的一切,我都视为奇迹,感到十分惊诧,譬如,我的肠胃居然还不错。这一惊诧可坏了事,就此我失去了一副好肠胃,直到后来我做出超凡的努力盼望结婚时(关于这个问题,我后面还要谈到),我竟从肺里咯出鲜血……[1]

卡夫卡的确是一个典型的例子,印证了现代精神分析关于罪与神经症的研究。当一个人像卡夫卡那样遭受了无法释放的心理压抑,就会产生如下的冲突公式:生之渴望/死之恐惧=生之恐惧/生之渴望,并形成罪感和神经症。

卡夫卡之所以觉得自己脆弱不堪,是因为他深感自己不幸和自卑,无法直面父亲所代表的生活,无法处理对世界的恐惧。然而,他内在的心理能量又必须表达,其结果之一就是神经症。卡夫卡无法放弃他的症状,没有神经症他无法生活。如果一个人把所有的鸡蛋都放进一只篮子,那么,为了亲爱的生活,他只能死死攥紧这只篮子。然而,悲剧之处在于,如果一个人想要"绝对掌握",以便赢得世界,那么,他大概只能被恐惧所控制。恐惧转而瓦解"绝对掌握"的意向,结果反致自我放弃。

这就引出卡夫卡另一大心理特征,即"全有-全无"的反应模式,某种意义上,也可视为克尔恺郭尔"或此-或彼"的卡夫卡版。当事人偏执、坚韧,然而,一旦超过自身极限,就可能爆发反向的极端反应,表现为消极的"绝望一跃"。例如,写作不被父母亲理解,卡夫卡就会

1　《卡夫卡小说选》,第542~543页。

想到自杀；婚恋磨合中，也多次萌生自杀念头；不幸罹患肺结核，从负面说，反而启发了一个自我放弃、慢性自杀的过程；卡夫卡反复表示轻生取向，但任何时候都高度神经质，严重焦虑于生理上的小病小恙。凡此等等，都是“全有-全无”的典型表现。

第三节 “绝对掌握”VS“悬而未决”

罪与神经症，这个话题剪不断，理还乱。围绕卡夫卡，尤其涉及其文学创作的深层诱因，我们还将深入讨论。而单单一个“罪”字，就其古典含义，更是不胜吾人之担当。

就眼下所论，让我们继续保持精神分析的张力，关注“绝对掌握”的诱因，即“悬而未决”的亲在。大体上可以说，正是“悬而未决”的亲在，导致了“绝对掌握”的心理特征，然而，也导致了这一特征的镜像：优柔寡断。

在《致父亲的信》中，卡夫卡明确承认：自己是一个惴惴不安、迟疑不决、优柔寡断的人。稍早一些，勃罗德出于朋友的责任感明确指出，卡夫卡身上的确存在优柔寡断的性格问题，并加以坦率的批评。更早的时候，与菲莉斯热恋期间，卡夫卡主动向菲承认：“在我认识的所有人中，我最反复无常。”[1]日后，另一位恋人密伦娜提供了更生动的报道：

他[卡夫卡]按照格式写好电文，摇着头去找他最喜欢的一个小窗口，于是(丝毫无法理解为什么)从一个窗口直到另一个窗口，直到碰到合适的，然后他数好钱，拿到找头，点一点收到的零钱，发现人家多给了他一个克朗，把这个克朗还给坐在窗后的小姐。然后他慢慢走

1 1913年1月21日致菲莉斯，见《卡夫卡全集》，第9卷，第225页。

开，再点一遍钱，在最后一道楼梯上他发现那给还的一个克朗仍然应该是他的……他两脚交替落地，考虑该怎么办。走回去是困难的，上面挤着一堆人。“让它去吧。”我说。他震惊地看着我：“怎么可以算了呢?”他并不是为这个克朗难过。但这样不好。这根本不是一个克朗的问题。怎么能听之任之呢？他就此说了很多，对我非常不满。而这样的事重复发生在每个饭店里，在每个女乞丐那儿，以各种各样的形式出现。有一次他给了一个女乞丐两个克朗，想要收回一个。她说她没钱找。我们在那里站了两分钟，考虑怎么办这件事。后来他想起来，他可以把两个克朗都给她，但刚走开几步，他就变得闷闷不乐。[1]

的确，从心理现象上讲，卡夫卡是一个极度优柔寡断的人，而且，优柔寡断也是卡夫卡生命现象的重大特色。然而，这一神经症背后，存在着更深层的心理原因，《致父亲的信》就此做了深入分析，其出发点正好是罪，以及对罪的审判：

您几乎从来没有怎么认真打过我，这也是事实。可是那叫喊声，那涨得通红的脸，那急忙解下吊裤带的动作，吊裤带放在椅背上的那情景，这几乎比真的打我还令人难受。就好比一个人该处绞刑，他要真处了绞刑，那他也就死了，倒也就没事了。倘若绞架上的一切准备工作他都得身临其境，只是当活套已吊在他面前的时候才获悉他受了赦免，那他可能就会受罪一辈子。[2]

用卡夫卡自己的说法，父亲是这样一位法官，“具有一切暴君所具有的那种神秘莫测的特性”。在这位法官的法庭上，作为被审判

1 密伦娜致勃罗德，1920年8月初，转引自勃罗德，《卡夫卡传》，第232页。

2 《卡夫卡小说选》，第525页。

者，他产生了“悬而未决”之感，这比审判本身更令人恐惧。本来，被审判者并不一定是罪人，但在父亲的法庭上，被审判者就是罪人，因为他遭受着“悬而未决”——这就是罪，因为这比真正定罪更痛苦，更令人恐惧。

我们曾经说过，“卡夫卡之罪”即神经症。现在我们可以进一步认为，“卡夫卡之罪”是“悬而未决”。事实上，在“悬而未决”的问题上，卡夫卡的确受了一辈子的罪。“从童年时代开始，我对等待就有着巨大的神经症的恐惧。”[1]认识未婚妻菲莉斯前夕，他已然做出自我评价，认定自己是那样一种人，“遇到看不到底的东西时会马上垮掉”。[2]

后来，写下《致父亲的信》不久，他向当时的恋人密伦娜承认，他对“捉摸不定的东西”怀有一种“完全捉摸不定的恐惧”。为究其详，他谈起童年一件刻骨铭心的往事。小学一年级，每天早晨，家中女厨领他上学，出门时总要威胁他，要向校方告发他在家中如何如何调皮，卡夫卡则苦苦央求，请对方千万别告发。为此，两人每天都要在路上浪费许多时间，最后：

> 时间晚了，雅克布教堂的大钟敲了八点，学校的钟声也响了，其他孩子都奔跑起来，我最怕迟到，现在我们也不得不跑起来。我一边跑一边想：她会去说的，她不会去说的吧？后来呢，她什么也没有说，自始至终没说过什么，但这种可能性始终握在她的手里，而且在不断上升（昨天我没有说，今天我一定要说），而她永远不放手。……我和这一切——女厨子、威胁和那（对悬而未决的恐惧）纠缠了38年之久……[3]

38年！那正是卡夫卡当时实际年龄的大小，也是他当时整个的一生！卡夫卡想要强调的是，由于父亲，以及父亲所代表的世界，他

1 1911年12月18日日记。

2 1912年7月22日致勃罗德，《卡夫卡全集》，第7卷，第122页。

3 《卡夫卡全集》，第10卷，第264页。

从小就中了“悬而未决”的魔法或巫术，被可怕的咒语“固定”在一个不成熟的心理阶段，没有能力面对真实的生活，成为一个现代的哈姆雷特，永远在问“to be or not to be”“活着或死去”这样的问题，而难以决断。吊诡在于，对于令自己恐惧的对象，进而，对于“悬而未决”本身，卡夫卡转而产生了一种“着迷”，就像青蛙对蛇的“着迷”。对于看不到底的东西，他既恐惧，又反过来对之“着迷”。换句话说，他面对恐惧产生了“恐惧的镜像”或“恐惧的恐惧”。卡夫卡自我分析说：

小时候我就有焦虑，如果说不是焦虑也叫不舒服。爸爸是商人，因而常常会谈起月终(商业上所谓“最后通牒”)……这个“月终”成为令我不安的神秘……特别糟糕的是，由于早就恐惧着“月终”的来临，月终那几天就特别不好过。有时，月终没有什么特别的迹象就过去了……当月初幸运地来临，又要开始谈论下一个月终了，虽然不是特别恐惧，但也被我未经检验便放入了不可理解的事物之列。[1]

无论是恐惧“悬而未决”，还是对之“着迷”，卡夫卡的问题是无法面对。对于未来之事，他总是倾向于“放大”，以至令自己不敢正视。他甚至认为，他生来就无法面对真实的生活：“出生前的踟蹰。我处于生命的底层——除非存在灵魂的轮回转世。我的生命是出生前的踟蹰。”[2]的确，真实的生活是最大的“悬而未决”，并因而导致他犹豫不决，优柔寡断。

这当然并非卡夫卡的主动选择，他不愿如此选择。相反，他希望“绝对掌握”。

或者说，正是因为“悬而未决”的亲在，所以，卡夫卡特别渴望“绝对掌握”。

1　译自1911年12月24日日记。

2　译自1922年1月24日日记。

只是，这纯属一厢情愿。生活，这个最大的“悬而未决”粉碎了卡夫卡的一厢情愿。事实上，举个极端的例子说，即便是他自己的身体，也处于“悬而未决”的洪流，无法例外，所以不可能“绝对掌握”。终其一生，卡夫卡呕心沥血锻炼身体，奉行素食，拒绝医学文明，试图对自身体质达到“绝对掌握”。结果正好相反：卡夫卡终身饱受神经症折磨，甚而感染并死于肺结核。

不妨这样说吧，凡现实的领域，卡夫卡都会被“悬而未决”的汪洋大海所淹没，无法“绝对掌握”，致使“一切障碍”都在摧毁他。

只是，还是那句话：事情总有两面。“悬而未决”，以及相关的“绝对掌握”，对于卡夫卡，既为不幸，也属熬炼，最终是祝福。

事实的确如此。而且，即便就日常生活而言，也会呈现美好新鲜的一面。勃罗德描述过卡夫卡的日常生活方式，在今天的人类看来，其实是何等的健康，令人感动：

> 无论什么季节，他都开着窗睡觉。到他的房间里去拜访他的人都会注意到那里新鲜、清冷的空气。他总是穿着单薄的衣服，冬天亦然，在很长一段时间中不吃肉，从不喝酒。得病时，他选择去乡村原始的环境……[1]

不仅日常生活，在象征或文学的领域，在他的亲在——“他的-存在”之世界，卡夫卡已然魔法大师，擅长“魔化”处境与自身弱点，将“悬而未决”魔化为难以抗拒的魅力。事实上，犹太人卡夫卡的天才创造力，与其“悬而未决”深切关联，见证于其作品的不确定性、多义性、象征性、复调特征、魔幻性质、梦境特征等等。

就信仰而言，情况更为吊诡。一方面，按卡夫卡的“精神邻居”克尔恺郭尔，信仰是“绝望一跃”，因而，首先需要“挖出理性的眼睛”，向

1　勃罗德，《卡夫卡传》，第104页。

绝对彼岸的"最高存在"放弃自己。就此而言，追求"绝对掌握"的卡夫卡显然不堪面对。因为"对恐惧的恐惧"，他难于借由"绝望一跃"而交出自己，从而饱受信仰失落之苦，就此，《致父亲的信》已然做出痛苦的检讨。然而，另一方面，追求"绝对掌握"也意味着完美主义和偏执诉求，信仰的纯度因而得到锤炼，形成勃罗德所谓"绝对的诚实""完美""纯洁"等品质——它们恰好被勃罗德明确归结于信仰的范畴，即所谓"神圣的范畴"。更为吊诡的是，既然信仰意味着"绝望一跃"，那么，相对其"绝对掌握"的神本位相，其人本位相刚好是"悬而未决"。

后面将看到，在信仰的"发生学"过程中，卡夫卡会长期保持"悬而未决"的状态，等待"上面"的"他"来完成神本的"绝对掌握"。这一神本的"绝对掌握"，为人本的"绝对掌握"，即"完美主义和偏执诉求掌握"所呼应，形成正向的反馈回路，恰好解构那条悲剧的自噬之蛇，"翻转"卡夫卡的生命，使之成为恩典的奇迹。

卡夫卡自己说得好："信仰就像砍头斧，如此轻快，也如此沉重。"然而，一旦完成信仰的砥砺，其深度与强度，必然远远出人意料。被"悬而未决"所诅咒的卡夫卡，一旦冲破其魔力，可能转而异常决断——这正是"绝对掌握"的正面表达。不错，卡夫卡日常的"绝对掌握"多为负面表达，遂致谨小慎微、锱铢必较，甚而战战兢兢。然而，一旦面对人生重大关切，他却惯于义无反顾，出人意料，铤而走险。例如，罹患"白死病"肺结核，意味着生死时刻，最需要心理支撑，他竟与菲莉斯挥泪诀别。日常生活中，如此"全有-全无"，注定害人害己。然而，就文学的诉求，可能引向孤绝的卓越。更重要的是，就信仰的关切，可能引向终极的拯救。

综而言之，就文学而言，后面我们将看到，罪与神经症被反转为巫术性质的力量，帮助卡夫卡走向文学，让他"成为文学"。一旦"成为文学"，其超强的敏感性又将导致正向的反馈回路，形成文学的突破。人们说得好，没有神经症，就没有文学艺术的创造。要记录最微小的震动，就须有最灵敏的仪器；要感知至高的呼召，就须有最敏锐的灵魂。这样的事业需要卡夫卡。

当然，"至高的呼召"，对于卡夫卡，既是文学，又胜似文学。

最终，罪与神经症，恰如其本源所暗示，会将问题引回古老深邃的犹太信仰。

回到眼下所论，卡夫卡正像一条悲剧的自噬之蛇。就其肉身，以及相应的日常生活，他完全清楚：除了痛苦、恐惧与绝望，自己什么都无法掌握，更谈不上什么"绝对掌握"。他知道自己"一份遗产也没有"，本质上是一个"历史的孤儿"。

然而，正是在这样一种绝境中，"卡夫卡问题"将展现为一种透彻的自明性。

第四节 "婚姻综合征"

《致父亲的信》洋洋洒洒近4万言，探讨父亲与他的关系，最后落实于婚姻问题。围绕着婚姻问题，我们将遭遇"卡夫卡之谜"最大的奥秘。关于这一点，卡夫卡自己在信中"坦诚己见"，为我们做了绝妙的总结。在这个问题上，他显得十分体谅，明白父辈的艰辛：

> 据我看来，结婚，建立一个家庭，生儿育女，在这动荡不定的世界上抚养他们，甚至带领他们走一段路，这是一个人所能达到的极限了。[1]

然而，卡夫卡的着眼点最终还是在自己身上：正因为结婚是人的极限，所以也是他的极限，是他"最明显的自我解放和自立的保证"。

1 《卡夫卡小说选》，第546~547页。

而且，这也正是您已达到的最高峰。这样，我就会与您平起平坐，所有的耻辱与凌虐，不管旧的还是新的，统统只不过是往事一桩罢了。[1]

“最高峰”？世界如此广阔，人生如此丰盛，何以视婚姻为“最高峰”？卡夫卡使用这样的修辞，事出其“父亲情结”，或是眼界的狭隘？要知道，写作《致父亲的信》的卡夫卡，已然“向死而生”，思想情感高度成熟，不会轻率犯下低级的错误。其关键在于犹太文化的婚姻观，而这一婚姻观深植于《希伯来圣经》的教导：创造世界与人类之后，上帝随即规定了人类最基本的任务——婚姻。“人要离开父母与妻子联合，两人成为一体。”这也是上帝为犹太民族规定的基本任务：“耶和华对亚伯兰[亚伯拉罕]说，你要离开本地，本族，父家，往我所要指示你的地去。”这一基本任务非同小可，因为它是“亚伯拉罕之约”的前提。“耶和华……领他走到外边，说：‘你向天观看，数算众星，能数得过来吗？’又对他说：‘你的后裔将要如此。’”正是借婚姻的祝福，上帝赐下亚伯拉罕之约：“我必叫你成为大国，我必赐福给你，叫你的名为大……地上的万族都要因你得福。”某个意义上，整本《希伯来圣经》都在讲上帝之爱，这一无条件之爱，即体现于婚姻的熬炼与祝福。上帝借婚姻熬炼人，借熬炼成就祝福。所以，功勋赫赫的约书亚离世前才会说：“至于我和我家，我们必定侍奉耶和华。”

毋庸置疑，长达两千七百年的分裂、亡国、乱离、大流散、大逼迫，有可能模糊亚伯拉罕之约的宗教意义。要而言之，可归纳为两个方面：外部逼迫与自身异化。无论外部逼迫还是自身异化，对犹太人都意味着乱世，并构成对婚姻的考验。双重意义的乱世意味着双重意义的考验：一方面，在外部逼迫的惊涛骇浪中，如何保守婚姻的平

1　《卡夫卡小说选》，第552页。

安？另一方面，不与自身异化展开血肉模糊的自我考问与厮杀，绝无婚姻的平安。综而言之，由内而外，婚姻呼唤着坚贞的守望。更重要的是，尤其对于卡夫卡，婚姻也是另一位“父亲”施行审判的法庭，是根本意义上的熬炼与祝福，寄托着恩典的盼望。

婚姻意义重大，深植于幽邃的犹太信仰。借此不难理解，为何婚姻会成为卡夫卡生命的核心难题。婚姻让他剪不断，理还乱。如他借《致父亲的信》述说，他的犹太乡愁柔肠寸断，而婚姻编织着其中最痛苦的内容，几乎不堪言说。

卡夫卡认定，一旦结婚，他就是一个“无罪的儿子”，就成功地“成为父亲”，他的一生就有了一个交代。

然而，同时卡夫卡也深知：一切谈何容易！事实上，“成为父亲”本身就意味着沉重的罪感，或者说，可怕的疯狂。

事情就是如此吊诡。恰如卡夫卡在《致父亲的信》中所说：“结婚虽然最重要，它虽然可以带来光荣的独立，但是它同时也与您有着千丝万缕的联系。因此，挣脱这种联系的愿望便带有某种癫狂的色彩，在这方面的每次尝试几乎都会受到这种惩罚。”

因此，卡夫卡相信，“按我们[两人关系]的情形来说，结婚这桩事是我所不可企及的”。卡夫卡的逻辑十分清楚，他难以摆脱父亲的阴影，在婚姻问题上尤其如此。在父亲的“法庭”上，他除了被审判的位置，别无立锥之地，“一份遗产也没有”。没有“遗产”，婚姻就只是一个美丽动人的童话。

因为那恰好是您所特有的领域。有时我想象一张展开的世界地图，您伸直四肢横卧在上面。我觉得，仿佛只有在您覆盖不着的地方，或者在您达不到的地方，我才有考虑自己生存的余地。根据我想象中的您那庞大的身躯，这样的地方并不多，仅有的那些地方也并不令人感到多少欣慰,而婚姻尤其不在此列。[1]

结婚是卡夫卡的人生极限问题,就此我们再次目睹了他的生存怪圈:一方面,他必须"成为父亲",为自己洗清罪名,因此必须结婚;但另一方面,由于父亲的存在,"结婚之罪"让他无法结婚,因而无法"成为父亲"。结果,卡夫卡再次成为一条自噬之蛇,或两条互噬其尾之蛇。用卡夫卡自己的话说:"在结婚尝试这个问题上,同时发生了在我对您的关系上的两种表面上互相对立的东西,其程度之激烈,任何其他问题都是无法与之比拟的。"换句话说,围绕着婚姻问题,卡夫卡与父亲的关系成为一个解不开的死结,不妨谓之"婚姻综合征"。29岁正式婚恋,41岁辞世,其间,卡夫卡山重水复,呕心沥血,千回百转乃至血肉模糊,这个死结始终未能解开。弥留之际情况有所变化,但为时已晚。

上述婚姻综合征,无论对于卡夫卡,还是对于我们,均至为重要,而且极其复杂而微妙。借用卡夫卡自己的隐喻,这个综合征堪称一道致命的伤口,伴随卡夫卡生命的进程,不断发展、深化、恶化,终将深及其生命的骨髓。最初,这个综合征不过是父亲压抑的直接后果,主要反映了卡夫卡的生存处境。然而,随着卡夫卡生命的展开,它将内化为卡夫卡的心理实体。届时,它不必与父亲有什么直接的联系,而呈现独立的"卡夫卡现象"。当然,此一现象已然包含卡夫卡生命的全部不幸:既包含父亲的存在,更意味着绝对的矛盾、冲突和分裂。就此而言,我们不妨说:卡夫卡自身就是伤口,一道表现为"婚姻综合征"的伤口。如后可见,哪怕父亲不在场,恋人或婚姻——代替父亲——同样会将他撕成碎片,除非他彻底改变自己的心理结构,否则无可幸免。

为什么这个问题如此重要?它是人类的普遍问题还是卡夫卡的

1 《卡夫卡小说选》,第553页。

个人问题？感谢卡夫卡，他以其独有的明澈，穿透遮蔽生存的迷雾和枝蔓，迎接我们渴望了解的目光。从现在开始，他将逐渐摆脱我们的描述和分析，因着某种“神圣范畴”的反向作用，反过来向我们呈现他自己，把我们引入他的迷宫深处，并因而消解所谓的“卡夫卡问题”，进入生存论所谓的“敞开”和“澄明”之境。或者说，从现在开始，我们将追随卡夫卡，他历经磨难，终将抵达自由的精神天地。

他永远是肉身的儿子，然而，他注定要被拣选，成为精神的大师。

他一定不屑于成为“精神的父亲”，但事实上，他的确无愧于他的犹太前辈。

他不是耶利米或以西结，然而，与他们一样，他是承继恩典的犹太先知。

第六章 “成为父亲”:“神圣范畴”的反向作用

精神分析强调恋父情结,许多人从中看到丰富的内容,但我所见不同。事情所关,并非无辜的父亲,而是父亲的犹太属性。

——弗兰茨·卡夫卡

第一节 孤独与吊诡:“大的事情小声说”

犹太人斯宾诺莎说:“穿越悲欣交集,只为理解。”

我们如此残酷地分析“反向作用”与“绝对掌握”,穿越卡夫卡的生命,不仅为理解,更为抵达。

感谢勃罗德,近80年前,他已然做出经典的正面概括,这一概括,将为卡夫卡后来的恋人密伦娜亲身印证:

绝对诚实是他[卡夫卡]的品质中最主要的特点之一。另一个特点是他那精益求精到令人难以想象的认真。……表现在一切道德问题上……他的内心奇异地混合着绝望和建设意志,二者在他心中并不互相抵触,而且上升为复杂到了极点的综合物。……

神圣的范畴(而不是诸如文学这样的范畴)是唯一可据以正确地观察卡夫卡的生活和创作的范畴。……这同时也是他不太愿意发表自己作品的主因之一。[1]

按《希伯来圣经》的逻辑，“神圣范畴”自有神秘的“反向作用”。勃罗德论及卡夫卡的“绝对诚实”，针对“神圣范畴”即是虔诚。卡夫卡对于“神圣范畴”的虔诚，会“反向”表现为“大的事情小声说”。面对重大问题——如犹太问题，他也许不知从何说起，也可能“欲言又止”，或“顾左右而言他”。如此现象，正是“神圣范畴”的反向作用，就此，卡夫卡与其民族幽邃的源流心心相印。[2]勃罗德就此已有经典表述：“卡夫卡不提‘上帝’或‘犹太’，乃因内心卷入太深。”

这就是“神圣范畴”的“反向作用”之于卡夫卡：面对“神圣范畴”低声诉说，欲言又止，顾左右而言他，甚至全然沉默，大音稀声。由此还可推及“上帝”或“天父”——存在着两位父亲：一位要审判，另一位要救赎。事实上，“神圣范畴”本身意味着不可思议的“反向作用”：变虚空黑暗为光明，化腐朽为神奇，废除“全无”成就“全有”，消解欲望/恐惧，祝福孤弱渺小。

正如《希伯来圣经·诗篇》第147篇所言：“他医好伤心的人，裹好他们的伤处。……扶持谦卑人……他不喜悦马的力大，不喜爱人的腿快。”用现代的话说，孤独的人是有福的人，因为孤独的人懂得虔诚和盼望。

这正是上帝启示犹太先祖亚伯拉罕的路线。这一路线源于上帝的自我定义之言：“我是我所是。”如此定义已然内涵了信仰的个人性。启示的奥秘即呈现于上述两方面的张力之间，展开为信仰的路线图：一方面，太初有道，个体特殊启示与整体普遍启示互为前提；另

1　勃罗德，《卡夫卡传》，第43~46页。

2　古代犹太人敬畏耶和华，竟至“不可妄称”的地步（出20:7，申5:11）。除一年一度由大祭司代理外，犹太人“不可妄称耶和华你神的名”，以至古希伯来语中“耶和华”的发音失传（来9:7）。又，《希伯来圣经》的“敬畏”一词已然包含“恐惧”之意，此刻“反向作用”的又一个经典事例，对于理解卡夫卡意义重大。

一方面，道成肉身，救赎的历史始于个体特殊启示。因而，如果说历史既是历史更是恩典，那么，恩典就既属整体更属个体。

所以，孤独是恩典。这是“神圣范畴”反向作用的结果。关于这一点，卡夫卡后期忘年交雅诺施曾有过精彩的评价：

> 有一次我和父亲谈论卡夫卡博士。我父亲称他为坚定的孤僻者。他说：“卡夫卡博士很想自己做自己吃的面包，自己揉面自己烤。他也很想自己做衣服。他忍受不了做好的成衣。他怀疑现成的成语。传统习俗对他来说只是一种思想制服和语言制服，被他当作侮辱人格的囚犯隔离沟而拒绝。卡夫卡博士是个坚定的平民，是不能与他人一起分担生活重负的人。他独自一人行进。他是自觉自愿孤独着。这是他身上特别有战斗性的地方。”[1]

不仅孤独，甚至绝望，都是“神圣范畴”的恩典，因而才有常人无法理喻的“反向”人生选择：“绝望的一跃”，一个人“反向”的旷野漂流，保守为内心秘密的信仰，等等。

甚至卡夫卡的神秘，也是“神圣范畴”反向作用的结果——不是神秘，而是虔诚。有人误以为卡夫卡刻意肉身成谜，正如有人以为卡夫卡存心自杀。答案其实很简单：太虔诚了以至难以言说，所以神秘；太虔诚了以至无法苟活，所以像人子一样甚至“没有枕头”。

甚至，卡夫卡自身的生命特性——“自我折磨、自我谴责、恐惧、甜蜜和怨毒、牺牲和逃避”[2]——也借“神圣范畴”反转。

犹太民族自古深知：救恩出自罪愆的熬炼。人性渴望“绝对掌握”，然而，人性自身，包括人性的历史，最终“绝对掌握”于耶和华之手。就此而言，人性所衍生的一切，包括自暴自弃、作死造死、亡国乱

---

1 《卡夫卡口述》，第155页。

2 参见《卡夫卡全集》，第10卷，第442页。

离、疾病苦难等等，均被上帝用作救恩的前提，既是管教，更是祝福，仿佛历史，恍然恩典。其根本精神可简略归纳为“哪里有罪，哪里就有恩典”或“哪里有危险，哪里就有拯救”。

在这样的意义上，我们得以深刻理解，卡夫卡为什么要认同克尔恺郭尔这样一位“精神邻居”。

以“神圣范畴”为前提，克尔恺郭尔提示了作为恩典的“反向作用”。

借此“反向作用”，卡夫卡的“文学范畴”得以融入“神圣范畴”，并一路成长壮大。

不错，最初“反向作用”驱使他走向文学。恰如他人生第一篇日记所述：“我写这个，根本上出于对自己身体及其未来的绝望。”而且，这是“真正的绝望”，因为它“自始至终直接越过身体”，指向了文学。

然而，卡夫卡的文学，最终指向犹太的乡愁——这一“神圣范畴”将借“真正的绝望”熬炼恩典。

犹太乡愁将一路滋养卡夫卡的文学，经由“反向”的旷野漂流，最终抵达“唯一的应许之地(Promised Land)，因为对于人类而言，不存在第三个世界”[1]。

第二节　自我见证：犹太先知卡夫卡

事实上，《致父亲的信》写就之际，卡夫卡已然一位新的卡夫卡。一生不幸与偏执，反而成全了他的天才。曾经无休无止沉湎于观察和日记，然而眼下，他已然36岁的成熟作家，写出大量优秀文字，包括《判决》《变形记》《审判》《在流放地》《乡村医生》等天才之作(其时除《审判》外均已出版)。尤其是，面对“向死而生”的绝境，他的人生

1　译自1922年1月28日“临终日记”；着重号为原有。并请参见本书第十六章。

重心发生了重大调整。肉身无可幸免渐渐式微，然而，与此同时，他的精神一如既往暗中成长，“天衣无缝地不断向上高耸”，不知从何时起，已然足以“成为自己的父亲”。

就本章所论，他最终达到的思想高度，已足以用来分析他自己。

1917年9月3日，正处于创作高峰的卡夫卡，不幸确诊为肺结核。9月18日，他在日记中写下这样一句话：“一切粉碎了。”三天后，他梦到父亲，梦中场景不同以往，罕见地流露出父子深情，表现为对父亲的崇敬和依恋，暗示了与父亲和解的无意识愿望。又过了一个礼拜：“我真想把自己交托给死亡。一种信念的残余。回到父亲身边。伟大的和解日。”然后就是11月10日，这一年最后一篇日记，他写道：“十分重要的事情，我至今还没写进去，我的两只手臂里还流淌着血液。等着做的工作多极了。”接下来他仔细记叙了夜里所梦见的一场战斗，战斗发生于一处平原与高原的交界，四下另有众多激动的观众。战斗的一方为意大利人，另一方为卡夫卡所属的奥地利人。双方紧张对峙，奥地利人渐显不支，行将崩溃和放弃。当此关键时刻，赫然出现了一队德国人：

1917年的卡夫卡

那是普鲁士近卫军，都是年轻安详的人……他们好像都是军官……以短促的步伐慢慢密集地从我们身边走过，并不时地朝我们看看，这种不言而喻的死亡行走同时是感人的，令人振奋的，保证着胜利的。由于这些人插手而得救，我醒了。[1]

这是一个典型的预兆之梦，它暗示卡夫卡的写作将发生嬗变，从相对的感性退向相对的理性。事实的确如此，卡夫卡日记就从这里

1 《卡夫卡全集》，第6卷，第424~425页。

中断了一年半，直到1919年6月27日。1921年10月，卡夫卡可能自觉不久于人世，遂将迄今全部日记交托于曾经的恋人密伦娜。[1]这些日记记于四开笔记本，然而，其间留下了空档，时间为1917年11月10日至1919年6月27日。

然而，这个空当并不意味着卡夫卡中断了长期坚持的日记写作。1924年卡夫卡去世，从他的遗物中，遗嘱执行人勃罗德发现了八部蓝色的八开笔记本，在时间上，它们刚好填补了上述四开笔记本的空档。只不过，在内容上，它们迥异于过去的日记形式。第一、二、五、六、七、八册以文学写作为主，其中的《猎人格拉胡斯》《为某科学院写的报告》等都属名篇。第三、四册包含大量箴言式的哲学思考，斟酌和锤炼的痕迹历历可见。

这样一些"另类日记"，明显包含了死亡的阴影。

例如他写道："我因迷误而下了道。"[2]意思是说自己在人生的道路上一失足成千古恨，接着便写下一条著名的箴言，后来又亲自抽出来，列入亲手编选的箴言集，并作为首条："真正的道路沿一条绳索延伸，但并非紧绷于空中，而是贴近地面；与其说供人表演行走，毋宁说形如危险的绊索。"[3]

还在与卡夫卡热恋之际，即1920年8月初，密伦娜就向勃罗德沉痛惊呼："弗兰茨不谙生活！弗兰茨无力生活！弗兰茨好不了啦！弗兰茨要死了——千真万确！"[4]密伦娜的哀声绝非空穴来风。无论被

1 包括《致父亲的信》及《美国》手稿。卡夫卡去世后，密伦娜将全部日记及手稿转交勃罗德。参见勃罗德，《卡夫卡传》，第245页；另参Franz Kafka, *Letters to Milena*。

2 《卡夫卡全集》，第5卷，第30页。

3 译自卡夫卡箴言第1条。

4 密伦娜致勃罗德，1920年8月初，译自Franz Kafka, *Letters to Milena*。

死亡追逐还是追逐死亡，[1]眼下的卡夫卡一定深感时日无多，因而希望集中精力，深刻思考，透析死亡，并诉诸精练的文字，这些文字应该具有强烈的理性特征，与感性的日记完全不同。他把迄今全部日记托付于密伦娜，固然有意安排后事，但也不排除这样的可能：留给密伦娜一个感性的卡夫卡。与此同时，聚焦思想的力量，凭借冷峻的心智，他需要面对理性的难题。

后来，从第三、四册八开笔记本中，卡夫卡精心抽选了一共114条箴言，专门另加誊清并编号，足见其重视的程度。

卡夫卡去世后，勃罗德将这些箴言冠名发表，这就是卡夫卡遗产中伟大的箴言集《对罪愆、苦难、希望和真正的道路的观察》，仅仅依据这些箴言，卡夫卡即可当之无愧，接受“现代思想大师”和“箴言大师”的称号。

例如箴言第46条：

德语单词“sein”既指“存在”，也指“属于**他**的”。

事实上，这条箴言可直截了当意译为：

sein：属于**他**的-存在。

所谓“属于他的-存在”或“他的-存在”，完全可理解为“此在”或

1　卡夫卡与疾病和死亡的关系意义重大。德国著名卡夫卡研究专家瓦根巴赫明确认为，是卡夫卡在主动追逐死亡：“卡夫卡是故意诱使肺结核迸发，以此作为借口而[与菲莉斯]退了婚约。”他认为，“卡夫卡不想‘治愈’自己”。见他的《卡夫卡传》，第114、116、122页等处。瓦根巴赫可能参考了精神分析的“无意识”理论，即便如此，本书作者也不认同。卡夫卡自己亦然，因为他这样说过：“我的一生就是在抗拒结束生命的欲望中度过的。”在理性范围内，卡夫卡已经达到现代精神分析的高度，透彻分析过自己的无意识。不过，他尚未最终“分析掉”自己的死亡恐惧。他愿意跟大家一样好好活着，但是——如他笔下那位“饥饿艺术家”——不想以背叛自身为代价。

“亲在”，果真如此，sein即可取代dasein（此在），后者是海德格尔《存在与时间》的关键词，令其殚精竭虑，而且要到卡夫卡箴言八年之后才问世。

不仅如此，由本书相关内容可见，卡夫卡与自身民族拥有内外一致的同一（identification）。就此而言，尤其对于本书所论主题，“他的-存在”可进一步理解为“属于犹太人的-存在”或“犹太人的-存在”。

更重要的是，在箴言第46条中，卡夫卡大写了“他”。[1]这意味着，“属于**他**的-存在”另有所指，既可以理解为“属于父亲的-存在”，更可理解为“属于上帝的-存在”。不要忘记，犹太民族以上帝的特别拣选而自居，如此，箴言第46条本身即一个不可思议的奇迹，为我们打开了犹太信仰的神学空间，深邃无比。[2]就此我们得以理解，为什么卡夫卡箴言充满了犹太信仰的思考，如原罪、死亡、信仰与救赎。

箴言第82条：“关于原罪，我们为何抱怨？我们之所以被逐出天国，并非因为原罪，而是担心我们再吃生命树之果。”

第83条：“我们之所以有罪，并非因为吃了智慧树之果，而是因为尚未吃生命树之果。如此背景本身已然有罪。在这样的背景上，我们觉得自己有罪或没罪，倒不那么重要了。”

第4条：“冥河源于我们，且含有我们海水的腥咸。因而，众多逝者之影忙于舔食冥河水，竟至忘乎所以。此举令河水厌恶，遂翻腾倒流，将死者带回生命世界。他们幸福之至，齐声赞美感恩，抚慰愤怒的冥河。”

第96条：“生命的快乐并非**生命自己的**快乐，而是**我们的**恐惧——对更高生活的恐惧。同理，生命的痛苦也不是生命本身的痛苦，而是该恐惧引起的自我折磨。”

第38条：“某人沿永恒之路轻快前行，以至令自己惊讶不已。他

1　英文版为“Him”，德文原版为“Ihm”。

2　借由本书第十六章，我们对此会有深切的体认。

不幸未能察觉:原来自己在走下坡路,而且是以飞奔的速度。”

第39条:“我们始终试图对罪恶分期付款——这实属不可能之事。”

第60条:“谁宣告弃世,谁必爱众生,因其所弃之世,亦众生之世;与之相应,宣告弃世,即开始真实感受人性,而人性一无所能,唯望被爱。当然,这一切取决于一个前提:他与众生如一。”

事实上,与其“精神邻居”克尔恺郭尔一样,卡夫卡亦然三位一体的大师——他的思想跨越了犹太神学、生存论(存在主义)和精神分析三大领域。所以,他的箴言也包含生存论的哲学概括。

箴言第35条:“没有拥有,只有存在——这样一种存在:渴望最后的呼吸,渴望窒息。”

第22条:“你是功课。四下,不见学生。”

第16条:“笼子在找鸟。”

第103条:“你可以逃避世上的痛苦,这是你的自由,也与你的天性相符。但或许,你唯一能逃避的,只是这逃避本身。”

第25条:“除非逃进这个世界,否则怎么会如此兴高采烈?”

第44条:“诚为斯世,以最可笑的方式,你为自己套上了的挽具。”

第78条:“只有摆脱充当支撑物的诉求,精神才可能自由。”

另一类箴言则如期涉及精神分析:

第9条:“A自负之极,他以为自身之善众所周知,遂自我感受为超凡的魅力,对自己充满吸引力……”

第30条:“某种意义上,善是绝望的精神。”

第27条:“我们被要求做消极之事,积极之事始终与我们同在。”

第33条:“殉道者并不低估身体,他们让身体在十字架上升华。就此而言,他们与敌人并无二致。”

第79条:“单单性爱本身,无法让我们误以为圣爱;然而,当它无意中包含圣爱的因素,就可能让我们误以为圣爱。”

第88条："死亡在我们眼前展开，就像教室墙上亚历山大大帝争战的油画。必须在有生之年，借自身行动掩盖这幅油画，或使之朦胧。"

上述简单的分类，完全不足以显示卡夫卡箴言的珍贵价值。一方面，犹太神学、生存论和精神分析三者已然相互交汇，每条箴言都可解读为三位一体的复调。另一方面，总体上，它们的象征含义超越了单一的犹太神学、生存论或精神分析，格外包含着难以言喻的神秘意象。这些箴言深邃无比，很大程度上实现了卡夫卡内心的理想，能够"在人们脑门上猛击一掌"，或者"劈开人们心中的冰海"，令人猛醒或警觉。

卡夫卡不愧克尔恺郭尔的"精神邻居"，八部蓝色的八开笔记本即是一项重大见证。这些笔记本的内容，秉有珍贵的"自明性"。它们代替过去的日记，完成了卓越的"自我表白"——绝非偶然，这正是卡夫卡评价克尔恺郭尔的用语。

当然，这八部蓝色的八开笔记本另有其他大量内容，包括珍贵的文学描写，卡夫卡的许多短篇珍品就源自其中。把它们与四开笔记本（日记）比较，两者都承载着卡夫卡生命的重大片断，以不同方式存储着丰富的密码。

八部蓝色的八开笔记本，1919年6月27日之前已然写完。

到1919年年底，卡夫卡就要动笔写作《致父亲的信》。与此同时，他的犹太同胞弗洛伊德大概正在构思或写作《群体心理学与精神分析》。这是一部里程碑式的精神分析文献，弗洛伊德将借此证明：家庭是人类一切精神暴政与实际暴政的心理策源地。近20年后，拉康发表《个体形成中的家庭情结》，对此表示认同。

卡夫卡不无道理地批评精神分析，认为它很像一种"倒写体"。[1]

1　卡夫卡的原话为："心理学是阅读的一种倒写体，很吃力，就其永远正确的结论而言，又堪称成果累累，可是实际上什么也没有发生。"（《卡夫卡全集》，第5卷，第76页。）此语典型地反映了卡夫卡对心理学的姿态。

不过,精神分析的若干相关结论,的确可用于卡夫卡。他的批评可解读为对于精神分析的“抗拒”。在精神分析看来,这种“抗拒”正好是因为精神分析说出了真理。其实,卡夫卡自己已然说出了真理。到1919年年底,经过两年的“向死而生”,卡夫卡无师自通,抵达了精神分析的终点,包括犹太同胞奥托·兰克日后所达到的高度。他实际上已经超越了精神分析。对此他自视甚高,并写下相关的第93条箴言:“最后一次心理学!”

总而言之,《致父亲的信》绝非单纯就事论事。相反,这部天才的精神分析文献包含着丰富而深刻的内容。对卡夫卡而言,父亲首先是一个最大的心理学象征,这个象征不仅暗示了他婚姻的命运,而且隐含着生活的全部奥秘。犹太人卡夫卡的天才融汇了犹太神学、生存论和精神分析三大领域,就此而言,至少在某种意义上,他的确用自己的方式“终结”了传统或现代的精神分析。

第三节 父亲究竟是谁?

由于人类的遗传规定性,至少在现代社会以前,一般而言,仅男性被要求进入家庭之外的社会,担当社会角色。换句话说,父亲会代表生活规则诉求儿子,相应地,儿子则会发生“仇父恋母”的心理倾向,被称为“俄狄浦斯情结”。

随着人类社会的进步,男女社会角色随之演变,人们也逐渐调整最初的理论,而将“俄狄浦斯情结”阐释为儿女成长过程中对“生活代表”的逆反,及其反面的依恋。现在,“逆反-依恋者”不再局限于儿子,也可以是女儿。同理,儿(女)所逆反的“生活代表”,也不再局限于父亲,也可以是母亲——无论父亲还是母亲,都可概括为“心理父亲”。

简略地说,在一个家庭内部的父母双方之间,谁代表生活要求儿(女),儿(女)就倾向于逆反谁,而余下的一方则是儿(女)相对依恋的对象——可称为“心理母亲”。

父亲——或者说“心理父亲”——是“生活的代表”！这是精神分析的最新进展，也是卡夫卡一个世纪之前得出的结论。只是必须指出，就卡夫卡个人而言，他的“心理父亲”刚好就是他的生身父亲：赫尔曼·卡夫卡。这绝非偶然，或者说，哪怕现象上偶然，其应然的实质乃属必然——因为，就深邃的犹太民族传统而言，“心理父亲”只能是生身的父亲。精神分析最新的普遍结论，乃针对异化了的人类社会及其家庭-亲子关系。[1]

1911年12月25日，28岁的卡夫卡写下一篇极为重要的日记，对犹太民族文学做了若干重大思考，以马丁·布伯式的思路，谈及犹太民族文学的各项意义，其中一项就是：“赋予父亲们与儿子们之间的对立以崇高意义，并使关于这一点的讨论成为可能。”

卡夫卡在这里谈到两代人的对立，用了复数“父亲们”和“儿子们”，这说明他当时已将父子冲突视为普遍问题，而并非仅仅局限于他与父亲之间的个别现象。值得指出的是，卡夫卡在这里涉及了两个层次：第一是人类的普遍规定性，第二是犹太民族的特殊规定性。第二个层次中包含了第一个层次，它更具体，按前述卡夫卡第46条箴言的逻辑，它是“犹太人的-存在”。近10年后，卡夫卡再次谈及第二个层次的问题：

> 精神分析强调恋父情结，许多人从中看到丰富的内容，但我所见不同。事情所关，并非无辜的父亲，而是父亲的犹太属性。[2]

什么是“父亲的犹太属性”？在《致父亲的信》中，卡夫卡有着明确无误的表达。他这样探讨父子之间的悲剧冲突：

1　包括种种狭义或广义的关系异化，如同性恋等。精神分析可谓“应运而生”。

2　译自1921年6月致马克斯·勃罗德。

整个这件事并非孤立的现象，过渡时期的这一代犹太人大部分与此类似，他们从相对虔诚的农村移居到城市。这是很自然的结果，却给我俩原本就冲突不断的关系又增添了一重痛苦的分歧。在这一点上，您应当像我一样相信您的无辜，并且通过您的性格和时代状况来解释这种无辜，而不是仅仅找客观借口，比如说您有太多别的事要做，别的心要操，无暇顾及这种事。[1]

卡夫卡的意思再清楚不过了：就“犹太人的-存在”而言，父亲恰好在一个“上帝已死”的时代代表着生活，代表着犹太人的生活，而犹太人的生活就是如此这般不幸和悲惨。这不是谁的错，也不是父亲的错。父亲生为犹太人并不是父亲自己的错，父亲错在他未能清醒地意识到：他在这个不幸的世界上充当了“生活的代表”！卡夫卡的意思是说，如果父亲清醒地意识到这一点，他就会是另外一个样子的父亲，他们父子之间的悲剧就不会上演，他的一生也就不会如此不幸！

这是卡夫卡的心理事实，是“他的-存在”。此乃卡夫卡的自明性，并无对与不对的区别。但是，另外有一个问题却必须搞清楚：在生存论的意义上，父亲所代表的生活究竟是什么？

诗人说得好：“生活是一张网。”不仅如此，生活还是一张动荡不息、广袤无垠、深邃无比的网，因为它是一张广义的伦理-人际关系之网。生活之网不仅具有空间上的广袤，而且具有时间上的深邃，它是一张“过去-现在-未来”三位一体的网，一张由历史长入现实的网，包含了人与人之间的一切关系。首先是家庭内部关系：父子关系、母子关系、父-母-子三边关系、夫妻关系、兄弟姐妹关系，包括所有父母兄弟姐妹关系在内的家庭内部总体关系等。在此之外，它又包含着家庭外部关系：亲戚关系、朋友关系、社区关系、工作关系、个人与社会

---

1 《卡夫卡小说全集》，第342~344页。

关系等。而家庭内部关系与家庭外部关系之间又存在着关系，所有这些关系进而随着社会历史的演变而发生嬗变，在代代相袭之间又存在着关系的关系……这是一张几乎无法描述的关系之网，每个人不过是这张网上的一个网结，他的本质就是他所从属的一切关系的总和——这就是吾人之生活，用卡夫卡箴言第46条的话说，这就是吾人之“他的-存在”。

卡夫卡深知生活的本性，对于生活这张网，“没有拥有，只有存在”。这是人在神学意义上的“原罪”。为此，他写下一系列精辟论断，其中最具代表性的是第70、71这两条合二为一的箴言：

众生如一，不可摧毁。这个如一，既属每一个体，同时又属全体共有。因此，人际存在着独一的、无可分离的联系。

父亲是谁？他是“生活的代表”！父亲代表着生存之网，代表着这张网上如此这般的“人际”的生活。父亲代表着母亲，代表着家庭。“我要逃避你，那我也得逃避家庭，甚至还得逃避母亲。”[1]反过来说：“家庭正是生活的代表。”[2]父亲作为“生活的代表”，就这样依次代表着与之相关联的一切，由此而及整个生存之网的世界。

需要强调的是，卡夫卡不仅看到父亲是生活的代表，还看到父亲所代表的生活之性质。在卡夫卡看来，父亲代表着如此这般的生活，在这样的生活中，每个人生存形式虽然不同，但分享着一个“全体共有之物”，那就是：恐惧。更准确地说，是“欲望/恐惧综合体”——卡夫卡把它表达为“恐惧-渴望”。[3]

---

1 《卡夫卡小说全集》，第342~344页。

2 1922年1月30日日记。

3 参见1920年8月8日至9日自布拉格致密伦娜。

第七章　欲望/恐惧：卡夫卡的生存之网

或许，这无可表述之事并非只是恐惧，也是僭越一切的欲望，这欲望能激励恐惧。

——弗兰茨·卡夫卡

第一节　“我的本质就是恐惧”

就在写下《致父亲的信》半年以后，卡夫卡向当时的恋人密伦娜全方面展示了他的恐惧，那既是两人恋情的复调，也是双方精神较量与思想争吵的结果。

当时，他们之所以能走到一起，其诱因之一，乃两人的肺。

卡夫卡这边早已是肺结核了，没什么可说的。出人意料的，是密伦娜的肺，本来很强大，足以为之自豪，终因巨大的焦虑（恐惧）而出了问题。她不仅呼吸困难，且偶有咯血，以至医生不得不提出严厉的警告。

在这样的背景下，两人开始鸿雁往返。也正因为这样的背景，恐怕很难不牵一发而动全身。

最终，两人关系演变成情人暗战，无形之间，刀光剑影，话题总离不开“恐惧”。密伦娜暗示卡夫卡内心有“恐惧”，她明知卡夫卡是犹太人，仍然话中有话质问他“是否犹太人”。卡夫卡当下反击，暗示密伦娜其实跟他一样恐惧：“我们是那么的怯懦……几乎每一封信都对上一封信或下一封信感到惊恐。……这种怯懦只有……在恐惧中才会消逝。”密伦娜回应称，卡夫卡应对恐惧的根源进行自我检讨，卡夫卡一不做二不休，干脆乘机大谈其恐惧，字里行间，触目惊心：

我的信也许有一封丢失了。犹太人的恐惧性！却不是担心信安全到达！

这些以呼喊开头的信……结尾总是给我以一种莫名的惊恐……恐惧阵阵加剧。……恐惧之蛇一条条在你的头上抖动着，而盘在我头上的一定是更加凶险的恐惧之蛇。

……[我]是犹太人啊，知道什么是恐惧……

此外我的本质就是恐惧。

你对我的关系如何我仍茫无所知，它全然处于恐惧的笼罩之下。

你说你将出于恐惧而写信，这也使我有点恐惧。

……这里一个人也没有，只有恐惧，它和我死死地缠在一起，一夜又一夜地滚来滚去。

……完全承认恐惧的存在是合理的，比恐惧本身所需要的承认还要多，我这么做不是由于任何压力，而是欣喜若狂地将全部身心向它倾注。

但从这一切之中恐惧在汲取着力量……

其实，我就是恐惧组成的。它也许是我身上最好的东西。

……是我在布拉格也有的那种恐惧，不是独特的格蒙德的恐惧。

……对捉摸不定的东西的一种完全捉摸不定的恐惧。

我们不得不谈到，不得不一再重复着“恐惧”，它折磨着我的每一根裸露的神经……

这使恐惧的冷汗渗满我的额头……

……蔓延到一切方面的恐惧，对最大事物和对最小事物的恐惧，由于说出一句话而令人痉挛的恐惧。当然，这种恐惧也许不仅仅是恐惧，而且也是对某种东西的渴望，这东西比一切引起恐惧的因素还要可怕。

诚然，人们对于自身的谜也是无法拆解的。没有别的，唯有“恐惧”。[1]

第二节 生之恐惧

“我的本质就是恐惧”，“我就是恐惧组成的”——这是卡夫卡决绝的自我立场，常人难以理喻，更难企及。

然而，真正让人受不了的是，他坚持认为，恐惧绝非他一个人的事情，而属于“同体大恐”的事实。

卡夫卡明确指出，恐惧为普世的人共有和传播，借用他的箴言第70条和71条，恐惧“既属每一个体，同时又属全体共有”。包括他自己，也包括密伦娜，任何人都无法幸免。

最初，卡夫卡痛陈关于恐惧的“犹太哀歌”。按他稍后的诠释，这是普世的“犹太哀歌”，不限于他终身不离的故乡布拉格，也不限于他与密伦娜约会的格蒙德。[2]进而，他含蓄指出，恐惧不只是犹太人卡夫卡的恐惧，也是基督徒密伦娜的恐惧：

我觉得我们有一个共同的特点，密伦娜，我们是那么的怯懦，每封信几乎都面目全非，几乎每一封信都是对上一封信或下一封回信感到惊恐。很容易看出，这不是出自你的天性，甚至可能不是出自我

1 以上依次见《致密伦娜情书》，见《卡夫卡全集》，第10卷。

2 参见1920年8月8至9日自布拉格致密伦娜。

的天性，但几乎化成了我们的天性。[1]

随着恋情、斗争和争吵的发展，恐惧问题的表述也一步步升级。卡夫卡开始论证，恐惧不仅限于犹太人卡夫卡与基督徒密伦娜，相反，恐惧是普世的恐惧，而且是一切信仰的终极诱因：

这种恐惧确系十分严肃的事情……它让我感受到持续不断的压力，让我认识到，我必须承认——这是非常艰难的承认——密伦娜也是人。……说到底，这种恐惧并非我一个人的恐惧（虽然它也是——太可怕了——我一个人的恐惧），毋宁说，有史以来，一切信仰内部都包含着这种恐惧。[2]

事实上，这一论断源自犹太神学，其起点在《希伯来圣经》开篇的伊甸园。亚当夏娃“偷吃智慧果”，导致“如神”(be like God, *ESV*)的眼光（意识），却首先发现自身有朽与必死（自我意识），遂产生原发性的死之恐惧。对于此一“致死之疾”，他们用无花果树叶编织成腰裙加以文饰，其结果，反而使其成为“深藏的蛀虫”，在自身内部作祟。所造成的痛苦，就像恐怖电影的情节，必然以欲望的形式反向作用，形成“欲望/恐惧综合体”，并向外投注，推诿于他者。问题在于，他者与我们，同为受造，彼此联系，同体大在；伤害他者，就是伤害我们自己；推诿于他者，就是推诿于人类整体。恰如犹太使徒保罗所说：“罪始于偷吃智慧果之亚当，终至于普世同体大罪、大死。”而“同体大罪”的生存之网，必然导致继发性的普世恐惧（焦虑）[3]。

与原发性的死之恐惧不同，继发性的普世恐惧是一种生之恐惧

1　1920年6月3日自意大利美兰致密伦娜。引自《致密伦娜情书》，见《卡夫卡全集》，第10卷，第243页；着重号为引者所加。

2　译自1920年7月15日自布拉格致密伦娜。

3　焦虑是恐惧的日常形式。

(焦虑)。卡夫卡就此论述说:

认识之灵光闪现,其最初的标志,即死亡意愿。此生无法承受,来生不可企及。当事人不再因想死而羞耻……[1]

“生之恐惧”是人类独有的异象。人类之外,宇宙万物有生死而不知生死,既无死之恐惧,也无生之恐惧。相反,人类因“偷吃智慧果”,遂既知生也知死。更为吊诡的是,人类不仅恐惧死,竟然也恐惧生。生之恐惧令人虽生犹死,甚而生不如死,直至自暴自弃,表达为“死之冲动”。[2]而且,其表达必然遭遇死之恐惧的夹击。这样一个负向循环的过程,最终形成“生/死恐惧综合体”。

“生/死恐惧综合体”等价于“欲望/恐惧综合体”,其实正是“原罪”的一个位格。它有助于进一步概括人类悲剧的机制:吾人所凭借者,乃一张“同体大罪-大恐”的生存之网,其上,吾人求生不得,求死不能;死也恐惧,生也恐惧;既文饰死之恐惧,又掩盖生之恐惧;活又活不好,死又不想死;总体虽生犹死,常常生不如死……其实,如此机制,仍可简洁归纳为普世的生之恐惧。或者说,广义的生之恐惧肆虐于普世,奴役着人性,异化着生存。

所有这一切,犹太人卡夫卡以其天才的反讽修辞,向基督徒密伦娜做出鞭辟入里的惊人表述——人类“同体大罪”,罪责因推诿而扩散,其性质之严重,其影响之深重,几至难以言述:

至少对我个人而言,世上最荒唐的事情之一,莫过于妄图说清楚罪责的问题。……例如,你的确有罪责,然而,这也是你丈夫的罪责,

1　译自箴言第13条。

2　此处的“死之冲动”是一个继发性概念。弗洛伊德体系也有“死之冲动”或“死本能”却是一个原发性概念。显然,弗洛伊德误读了继发性“死之冲动”,而错误地代之原发性“死之冲动”。这是弗洛伊德路线(包括拉康)的致命伤。

按此推理，你丈夫的罪责又是你的罪责，接下来，你的罪责又可归结为你丈夫的罪责……在人与人的共同生活中，事情必然如此，其结果，罪责因推诿而层层递归，无限延伸，直至暴露出那阴郁的原罪的源头。[1]

“我们都有罪责，又都没有。”[2]

面对热恋的情人，冒着情感破裂的危险，在争吵中，生性“懦怯”的卡夫卡鼓足勇气，偏执地说出所见之真理，因而倍感轻松。“密伦娜也是人……并非我一个人的恐惧……写完这些，我头脑冷静下来了。”[3]又经过半年你死我活的灵肉冲撞，一段火热的悲情黯然告终。三年之后，卡夫卡找到生命的最后伴侣多拉·迪芒，其间致信密伦娜，想要做一次回顾与总结，竟然再次绕回恐惧的话题：

我不敢再说下去了，已经说得太多了，空中的幽灵们贪婪地把它们吞进了那贪得无厌的咽喉。而你自己在信中说得更少。你的整个状况是好呢，还是堪可对付？我无法拆解这个谜。诚然，人们对于自身的谜也是无法拆解的。没有别的，唯有“恐惧”。[4]

在卡夫卡这儿，恐惧成为哲学化的本体，现象化的实体，不以吾人意志为转移。它不隶属于吾人，相反，吾人隶属于它。它凌驾于吾人之上，如巫术、咒语或魔法，控制吾人，支配吾人，决定吾人命运。尤其在一个“上帝已死”的时代，它是生活世界的本性。在这个世界上没有什么人不恐惧，犹太人尤其恐惧！正如卡夫卡那段催人泪下

---

1 译自1920年9月2日自布拉格致密伦娜。

2 译自1920年9月14日自布拉格致密伦娜。

3 译自1920年9月15日自布拉格致密伦娜。

4 约1923年年底自柏林致密伦娜。引自《卡夫卡全集》，第10卷，第437页；着重号为引者所加。事实上，这是卡夫卡致密伦娜的最后正式信件。

的“犹太哀歌”:“你是犹太人啊,知道什么叫恐惧。”没有谁比犹太人更能体会生之恐惧,犹太人中,卡夫卡体会尤深,因为,他被恩赐有先知的禀赋,格外敏感,纤毫入微。1924年6月6日,卡夫卡溘然长逝的第三天,曾经的恋人密伦娜为他写下讣告,其中论及他的“生之恐惧”。密伦娜借用卡夫卡的表述指出,这份恐惧如此沉重,卡夫卡的心智无法承受,只好转交自己的肺来担当。[1]

第三节 欲望/恐惧综合体

这是一种魔法般的转换。

事实上,“恐惧化身”卡夫卡,也是恐惧大师,一如饥饿的卡夫卡也是饥饿艺术家。

作为恐惧大师,卡夫卡不仅深知恐惧,也深知恐惧的转换。

换句话说,他深知与恐惧不二的欲望。

而这个欲望,象征于卡夫卡致密伦娜信中所谓的“幽灵”。

致密伦娜情书,尤其后期,反复论及“幽灵”。

卡夫卡语出惊人,他说,写信这件事,其本质,乃是一种同幽灵打交道的行为。写信意味着:“在贪婪地等待着的幽灵面前剥光自己。写下的吻不会到达它们的目的地,而是在中途就被幽灵们吮吸得一干二净。”他承认,书信往来之间,他向密伦娜说的话,究其实质,“当然只是说给幽灵们听的”,它们“贪婪地包围着我的桌子”。

然而,卡夫卡没忘强调幽灵的“普世”性质。他指出,跟原罪与恐惧一样,幽灵也不是卡夫卡或犹太人的专利。相反,幽灵属于所有人,当然也属于密伦娜。无论她写信或收信,身边一样包围着贪婪的幽灵,因为写信是同双方的幽灵打交道,“不仅是同接信人的幽灵,而

---

1 参见*Milena Jesenská's Obituary for Franz Kafka*. 载Franz Kafka, *Letters to Milena*.

且也是同自己的幽灵”。[1]

当然，所谓“幽灵”，不过是卡夫卡的隐喻。他的用语明确无误，其实是在描述“欲望”。

事实上，卡夫卡是表述“欲望”问题的高手，一如他对罪愆、审判、恐惧等问题的表述，令人刻骨铭心。经典的例子如前述箴言第4条、第82条等。

在卡夫卡看来，罪恶(evil)之性质，有如恶魔，具有绝对的自主性：“一旦自身接纳了恶魔，它就不再要求人们相信它了。”[2]这是因为，“你自身接纳恶魔时所怀的隐念不是你的念头，而是恶魔的念头”。[3]换句话说，罪恶可以凌驾于人，控制并支配人，决定人的命运。就此而言，罪恶等价于恐惧和欲望，更准确地说，等价于卡夫卡所表述的“恐惧-渴望”，[4]即我们所谓的“欲望/恐惧综合体”。

“欲望/恐惧综合体”可视为一个表达式，其中，“欲望”是表象，掩盖(文饰)着其下实质性的“恐惧”。对于这样一种“欲望”，卡夫卡已然做出绝妙的描述：

单独住一套房子……是幸福的一个前提……一切都很安静……没有杂居的住房所特有的那种嘈杂，那种淫乱，那种意志薄弱的、早就控制不住自己身体、思想和愿望的乱伦行为。在那儿，在所有角落里，在各种家具之间发生着天理难容的关系，有碍观瞻的、偶尔发生的事情，私生的子女纷纷出现，这种事情不断发生，不像你那供星期日利用的安静、空寂的郊外，而像是在一个无穷无尽的星期六晚上，在那纵情狂欢、人山人海、令人喘不过气来的郊外。[5]

---

1 1922年3月末自布拉格致密伦娜。引自《卡夫卡全集》，第10卷，第429~430页。

2 箴言第28条，引自《卡夫卡全集》，第5卷，第5页。

3 箴言第29条，引自同上。

4 1920年8月8至9日自布拉格致密伦娜。引自《卡夫卡全集》，第10卷，第365~366页。

5 1920年7月8日自布拉格致密伦娜。引自《卡夫卡全集》，第10卷，第288页。

这样的景况，似曾相识，让人想起当今消费社会的大众狂欢，与其说热闹，不如说有点毛骨悚然。“上帝已死”，人们被欲望所凌驾、控制和支配，竟至如此悲惨。为什么生存之网欲望沸腾、红尘万丈——用卡夫卡的说法——令人如此“渴望”？答案很简单，是因为“恐惧-渴望”，或者说，因为“恐惧”，人们才“渴望”！所有的人都恐惧脱离生存之网，因为这意味着死亡，并必将激发相应的死之恐惧。死之恐惧进而激发疯狂的生之欲望。芸芸众生，无论其“握力”大小，都拼命折腾这张生存之网——如卡夫卡所说——“纵情狂欢、人山人海、令人喘不过气来”。然而，

这是夸张和谎言。一切都是夸张，唯一的真实是欲望，它无法再夸张。然而，甚至欲望的真实也不尽然，而不过是此外一切虚晃之事的表面现象。

这听起来有点疯狂和扭曲，但事实的确如此。[1]

的确如此。连真实的欲望，本身也是谎言。包括欲望在内，“一切虚晃之事”，都是对“恐惧”的文饰，即所谓“掩饰惊恐”。

只是，芸芸众生所文饰者，不仅是原发性的死之恐惧，更是继发性的生之恐惧。或者说，欲望之下，不仅掩盖着作为其诱因的死之恐惧，还隐含着作为其后果的生之恐惧。

相应地，“喘不过气来”是一个双关的复调。一方面，因为死之恐惧，生活如此“沸腾”和“热闹”，芸芸众生纵享欲乐之际，快感得喘不过气来。然而，另一方面，即其不二的方面，人际的欲望消费（包括被消费——如犹太人）必然导致人际的“累”或“烦”——即所谓“生之恐惧”或“生/死恐惧综合体”——人性不堪重负，黑色情绪亟待两类表

1 译自1920年9月14日自布拉格致密伦娜。

达：一类是明争暗斗、破坏冲突、战争暴恐等，体现于“脑满肥肠的资本家”[1]、弱肉强食者、社会达尔文主义者、反犹排犹者、纳粹、黑社会、罪犯、暴恐分子……其共有特征是“争先”。另一类是焦虑压抑、犹豫踟蹰、忧郁沮丧以至自暴自弃等，体现于自残自杀者、边缘人格、忧郁诗人、卡夫卡式的犹太人……其共有特征是“恐后”[2]，其中，“卡夫卡式的犹太人”这一类型，即见于卡夫卡自己及其笔下，尤其是他一唱三叹的“犹太哀歌”。

在致密伦娜情书中，卡夫卡续写着他的“犹太哀歌”：

> 我的身体平静了许多年，此后又会被这种欲望掀动，指向某种特殊事体，不足一提却令人恶心，散发某种淡淡的硫黄味，有点像地狱——即便最好的情况，我也会闻到这种气味：有点令人反感、难为情，有点肮脏。这种欲望所散发的，是永恒的犹太人的味道——他们卷进了莫名其妙的命运，在一个莫名其妙的肮脏人间，莫名其妙地四处流浪。[3]

犹太人的生之恐惧，借卡夫卡的“犹太哀歌”，表述得催人泪下。其中那可怜的“欲望”，散发着“淡淡的硫黄味”，熬炼着卡夫卡式的“地狱里的温柔”。

然而，正如卡夫卡向密伦娜反复强调的，无论原罪、罪愆、恐惧还是欲望，或者说，无论“欲望/恐惧综合体”“生/死恐惧综合体”还是“生之恐惧”，都不是犹太人的专利。“密伦娜也是人”，而密伦娜，不过是普世的代表或象征。犹太人卡夫卡不过代言着密伦娜，相应地，犹太

1　“these capitalists of airspace”，见1920年5月30日自意大利美兰致密伦娜。也可参见*Psalm* 73: 4，*ESV*。“Their bodies are fat and sleek.”

2　当然，“争先”与“恐后”这两种类型，也有重合的可能，典型例子诸如“失足”式的犯罪人员、自杀式暴恐分子、杀妻并自杀的顾城等，如果把希特勒视为心理病人，也属此列。

3　译自1920年8月8至9日自布拉格致密伦娜。

人不过代言着普世。事实上，如本书核心内容所示，这属于犹太人卡夫卡，也是犹太民族的大命运，大使命。

普世而言，“欲望”是一种文饰，其下掩盖着恐惧。然而，“犹太哀歌”却直面了“犹太人的-恐惧”，此举生死攸关，出于恩典，意味着救赎。眼下，卡夫卡关于“恐惧-渴望”的研究另有其意义。如前所述，在“欲望/恐惧综合体”这个分式中，欲望类似泡沫浮于表面，在吸引眼球的同时文饰恐惧。然而，卡夫卡指出，欲望的功能不止于此，事实上，它同时还在加剧“欲望/恐惧综合体”内部的恶性循环。卡夫卡论述这一复杂而微妙的机制，身不由己用了先知般的语式：

我骨子里存在着某种无可表述、无可阐释之事，而且，也只有在我骨子里，才有可能经历其存在。我一直在坚持，努力表述这无可表述之事，阐释这无可阐释之事。本质上，它也许就是这样一种恐惧——我们曾频繁加以讨论，但是，业已蔓延一切——对最大事物的恐惧，以及对最小事物的恐惧，而且，因单单一句话而令人痉挛的恐惧。

另一方面，或许，这无可表述之事并非只是恐惧，也是僭越一切的欲望，这欲望能激励恐惧。[1]

当欲望作为恐惧的文饰，当然可怕。事实上，如此文饰即所谓“掩饰惊恐”，乃罪恶的根本诱因。

卡夫卡此处所论，把问题进一步引向纵深，揭示了其中的机制。

换句话说，相比文饰恐惧的欲望，他研究了激励恐惧的欲望。这是欲望的“高级”位格，这一位格将激励、强化恐惧。事实上，恐惧无法文饰，相反，被掩盖起来的恐惧总要作祟，而且因掩盖（压抑）而遭反射强化，加剧其作祟的程度——指向自身（内射）则加剧自暴自弃的恶性循环，指向外部（外射）则加剧普世的生之恐惧。无论向内向

1　译自1920年11月自布拉格致密伦娜。

外，终将局部的人际变成地狱，再沿生活之网传播、发散，最终汇聚成人类整体的“生活世界”——对于卡夫卡，就其根本含义而言，父亲赫尔曼·卡夫卡，未婚妻菲莉斯，恋人密伦娜，无不代表着这样一种“生活世界”。

第四节 “同体大罪”与生存之网

其实，所谓“生活世界”，正是一张“同体大罪”的生存之网。

卡夫卡就此问题的深刻思辨，始终贯穿于他与密伦娜的争论。

诚如卡夫卡所说，罪责几乎无法追究，因为“罪责因推诿而层层递归，无限延伸，直至暴露出那阴郁的原罪的源头”。卡夫卡就此反讽说：“我们都有罪责，又都没有。”[1]

然而，争论之所以如此纠结，是因为生活本来就痛不欲言。1920年，剪不断，理还乱，卡夫卡与密伦娜既同病相怜，又明枪暗箭。关切有多深，伤害与伤痛就有多深，令有限的生命无法承受。所以，无论争论怎样微妙复杂，清晰的结论总会浮出水面。

只是，始料未及者，竟是密伦娜做出了最后的结论。1920年年底，卡夫卡与密伦娜结束恋爱关系，导致期间潜伏的创伤浮出水面。大概出于异常的心理压力，密伦娜于1921年1月致信勃罗德，竟然论及“同体大罪”，很想知道自己是否也有罪：

> 我是有罪的还是无罪的？看在上帝的份上，我请求您，别来信给我安慰，别对我说，谁也没有过错，别给我写心理分析。……我快要发疯了。我做出了努力，去正确地行动，去生活，去思想，去感觉，根据良知，但不知什么地方存在着罪孽。我想听的是这个。当然我不

1 译自1920年9月14日自布拉格致密伦娜。

知道您是否能理解我。我想知道……我是否对此负有罪过，或者这是否是他自己的本质的延续。明白我说的是什么吗？我必须知道这一点。您是唯一也许知道点什么的人。我请求您给我答复，请您用赤裸裸的，简单明了的，当然也是残酷的事实真相回答我。[1]

往下一封信，对于自己提出的疑问，她从反面给出了肯定的答案：

我倒是相信，我们大家、整个世界和全体人类都有病，而他是唯一健康的、观点正确的、感觉正确的人，是唯一纯洁的人。[2]

密伦娜所论，可谓之"同体大病"，即"同体大罪"的一个位格。

至于卡夫卡的结论，借由他的第83条箴言，早已达成近乎完美的天才表述：

我们之所以有罪，并非因为吃了智慧树之果，而是因为尚未吃生命树之果。如此背景本身已然有罪……[3]

"吃了智慧树之果"意味着：恐惧已然产生。"未吃生命树之果"则暗示了我们的欲望。"欲望/恐惧综合体"由此形成，并推诿敷衍成为"同体大罪"的生存之网，此即人性的客观处境。

换句话说，"同体大罪"是一个客观事实，不以个体意志为转移，无关乎主观感受是否有罪。

1　转引自勃罗德，《卡夫卡传》，第236页；着重号为原有。

2　转引自勃罗德，《卡夫卡传》，第239页。

3　译自箴言第83条："有罪的是我们所处的境况，与罪过无关。"卡夫卡指出了人处境的尴尬：吃生命果意味着死与恐惧，但是，如果不吃生命果，不也意味着死亡和恐惧吗？他当然也特指犹太人的处境。

借助漫长曲折的讨论，我们终于回到上一章结尾的思路：

父亲是“生活的代表”，他所代表的，其实是一张“同体大罪”的生存之网，也可转喻为“欲望/恐惧”的生存之网。

父亲代表着其上的关系和生存法则，并精确传递着这些法则。如果父亲是一位犹太父亲，其意义将更为典型。

借此，一切相关人事，最终卷入进来。“诚为斯世，以最可笑的方式，你给自己套上了挽具。”[1]母亲、家庭、兄弟姐妹、婚姻、配偶、恋人、朋友、社会关系、法庭、医院、工作等，无可例外。在第五部八开笔记本中，卡夫卡表达了如下简捷而冷峻的结论：

如果说，我父亲以前在野蛮而空虚的威胁中习惯于这么说：“我把你像一条鱼一样撕成碎片。”（实际上他一根手指都没动我。）那么现在这个威胁在与他毫不相干的情况下实现了。世界（F.是它的代表）和我的自我在难分难解的争执中撕碎我的躯体。[2]

最初，婚姻综合征只是父亲压抑的后果，反映了卡夫卡的生存处境。然而，随着生活的进展，它逐渐内化为卡夫卡的心理实体，呈现为致命的伤口，深及骨髓，无可救药。现在我们看到，关于此点，卡夫卡已然自知。一俟离开父亲，走近婚恋，他就会发现婚恋的本质——亦然“生活的代表”——集中体现着广义的伦理-人际关系。跟父亲一样，恋人本身就是生活的代表，她将代表世界把他撕成碎片。八开笔记本中一条箴言如是说：

女人，或者说得更尖锐些，婚姻是你应该与之争执不休的生活的

1　译自箴言第44条。

2　《卡夫卡全集》，第5卷，第84~85页。“F.”是卡夫卡当时的未婚妻菲莉斯。还在与菲莉斯初恋时，一个新年除夕之夜，卡夫卡在一封情书中就这样写道：“你在哪里？我从什么样的人群中把你拉出来？”在深情的背后，心理学看到了绝望。

代理人。[1]

越往后，卡夫卡越清楚：不仅恋人，所有切身之人事，无一不代表着生活：

设想某人这样说：“我对生活有什么牵挂呢？只是由于我的家庭的缘故，我才不想死。”然而，这个家庭正是生活的代表……[2]

按这样的逻辑，甚至他终生居留的故乡布拉格，最终也不过是生活的代表。他一生都想挣脱布拉格，这“带爪子的小母亲”，但最终无法如愿。布拉格代表生活牢牢抓住他，正如大学时代他向友人波拉克的哀叹：

布拉格不放我们走，我们俩。这老丑婆有爪子，我们只能屈服。[3]

弥留之际，卡夫卡还将进一步明白：自己也是生活的一员代表，如此而已。真理如此深刻，也如此惨淡。也许他早已明白，只是未有直接表达。然而他会说：“一切障碍在摧毁我！”他笔下的人物会说：“在每一幢住宅的楼顶上都有法庭的办事机构。”他终生都在研究“罪愆”，反思“审判”，并就此达到生存论的一条根本结论。关于这一结论，不同的人给出不同的表述：“实利主义人格牢狱”（克尔恺郭尔），“善的骗局”（尼采），“常态神经症”或“生活之更大的不幸”（弗洛伊德），“牵挂结构”（海德格尔），“他人即地狱”（萨特），“他们”（R.D.莱恩），“他者的话语”（拉康），“超级成瘾系统”（后现代批判理论），“六道轮回”（佛教），“原罪”（基督教），等等，不一而足。

---

1 《卡夫卡全集》，第5卷，第73页。

2 译自1922年1月30日日记。

3 译自1902年12月20日致Oskar Pollak，见*Letters to Friends, Family and Editors*。

至于卡夫卡，他亦然给出深刻而丰富的表述。不过，作为作家，他借“写作”而切入的一个表述尤其尖锐，其中，他把“同体大罪”的存在表述为“杀人犯的行列”：

写作就是跳出杀人犯的行列，这是写作中存在着值得注意的、神秘的、危险的，也许像是得救的安慰。写作是对事件行为的观察。这样一种写作所凭借的，是一种较高级别的观察，较高而不是较尖锐，而且级别越高，就越是远离“杀人犯的行列”。[1]

同时代的中国作家鲁迅说，翻开历史，满篇都是“吃人”二字，以至是否存在“没有吃过人的孩子”竟成问题。在卡夫卡，这是人类生存之网的普遍特征。其上未曾觉悟的人，暗中为“欲望/恐惧”所奴役，身不由己，下意识担当“生活的代表”，盲目成为“他人的人质”[2]，终至害人害己，虽生犹死。

卡夫卡最终免于这样的不幸。就其终极意义而言，他终于跳出“杀人犯的行列”，但并非借助写作，乃是凭借恩典——犹太民族永恒的盼望，或者更确切地说，凭借恩典所成就的写作——“肉身成言”进而“言成肉身”的写作。

这样一种写作，其实是祷告。虽然置身生存之网，承受密伦娜所谓“同体大病”的现实，但仍就此抵达“信仰的母体”。

1　译自1922年1月27日日记。

2　“人类本质首先并不是冲动，而是人质，他人的人质。”《上帝·死亡和时间》，第19页。

第二部　文学与使命

我头脑中存在着庞大的世界。然而，如何解放我自己，同时也解放它，又不至于被撕成碎片？我看得一清二楚：宁愿上千次被撕成碎片，也不能将它阻拦或埋葬在我体内，这是我此生此世的目的。

——弗兰茨·卡夫卡

第八章　成长的烦恼

出生前的踟蹰。我处于生命的底层——除非存在灵魂的轮回转世。我的生命是出生前的踟蹰。

——弗兰茨·卡夫卡

第一节　人生的绝望

抵达“信仰的母体”，并非仅仅因为“恋母”，也出于“仇父”，更严格地说，意味着自己要成为父亲。

底层角上的第一间房子为卡夫卡的出生地

然而，眼下，在生活之网上，卡夫卡还需继续他悲哀的成长。

几乎从一开始，卡夫卡就一直吟唱绝望的“犹太哀歌”，转换着不同的调子：

我们两人，奥特拉和我，多么愤怒地反对一切人际关系啊！[1]

1　译自1914年6月19日日记。

我将铁石心肠，与所有人断绝来往。我将与所有人为敌，不向任何人开口。[1]

我的一生就是在抗拒结束生命的欲望中度过的。[2]

如果找不到一条独特的逃路，他就只能面临两难：或者杀人，或者跳出“杀人犯的行列”而自杀。在认知水平上，这是一个“活着还是死去”的问题，或者说，是一个“或此或彼”的问题。检阅卡夫卡的日记和书信，“自杀”一词或相关意象频率之高，令人震惊：

13岁时的卡夫卡

1909年4月：“有人自杀未遂，落得终生残疾。一个人只一瞬间就完了，又必须立即开始，在这种学习中掌握这可悲世界的中心。”

1911年12月25日：“对准窗户冲过去，在窗棂和玻璃的破碎中冲出窗外，在耗尽全部力量之后软绵绵地落到窗下的墙边。”

1912年3月8日：“前天因为工厂之事受指责。然后整整一个小时都躺在沙发上想怎样跳窗。”

1912年3月18日：“我时刻准备赴死。”

1912年10月：“摆在我面前的只有两种可能性：像平时上床之后从窗口跳出去，或在未来两周每天到工厂和妹夫的办公室去。”

1912年10月：“我在窗边伫立许久，贴着玻璃，很多次我有那么一阵冲动，用我的纵身一跳来叫桥上的关税征收员们吓一跳。”

---

1 译自1913年8月15日日记。

2 《卡夫卡全集》，第5卷，第198页。

1913年5月4日:“不停地想象着一把宽阔的熏肉切刀,它极迅速地以机械的均匀从一边切入我体内,切着很薄的片,它们在迅速的切削动作中几乎呈卷状一片片飞出去。”

1913年7月21日:“[想象]脖子套上绞索,被某人毫不在乎地从底楼窗口往上拉,血肉模糊,穿过所有的天花板、家具、墙壁和顶楼,冲破屋瓦时,我身体的残余部分也散落了,只剩下空空的绳套。”

1913年8月13日:“昨天傍晚在望楼上,在星空下。”

1913年8月15日:“一夜痛苦直至早晨,眼前只有跳窗一条路。”

1913年10月15日:“绝望。今天下午处于半睡眠状态:最后疼痛真的要炸裂我的脑袋。在太阳穴,我在想象中真的看到一处枪伤,而洞口边缘往里翻,就像被猛烈撕开的罐头盒。”

1914年2月14日:“我自己在半睡眠的状态中已经设想过一次这样的场景……走向阳台,被从各方面赶来的人抓住,我挣脱了,这个时候一只一只的手不得不停止了动作,我就会越过阳台的栏杆。”

1916年7月6日:“[想象]从高高的窗户跳下去,但掉在了被雨水湿透而变软的土地上,撞击在这地面上还不致死去。闭着眼睛没完地打滚,显露在众目睽睽之下。”

1917年9月:“我只能完全信任地献身于死亡。”

1917年11月中旬:“我想:你一事无成,就想自杀吗?你怎么敢起这样的念头呢?你可以自杀。但在某种程度上说你不必自杀,等等。……我面临的情况是,悲剧的生活,悲惨地死去。”[1]

可以这样说,父亲所代表的生之恐惧极度压抑着卡夫卡,诱发其“婚姻综合征”。卡夫卡知其究竟:“你要求得到证明,马上就有父亲的诅咒为证;我与父亲搏斗的希望是一幅绚丽的夜景。”[2]其实他完全明白,父亲跟所有人一样,也是生活的受害者,作为犹太人更是深受

1 1917年11月中旬致勃罗德,引自《卡夫卡全集》,第7卷,第246页。

2 1917年9月中旬致勃罗德,引自《卡夫卡全集》,第7卷,第208页。

其害。本质上，父亲跟他一样，“也是一个失败的儿子”。在此意义上，父亲亦然自己的兄长，只是没有勇气挑起因袭的重担，肩住黑暗的闸门，相反，竟然“可怜地、充满嫉妒地尽力使他的弟弟在决战中动摇”。[1]事实上，卡夫卡的“犹太哀歌”也为父亲而唱：“你是犹太人啊，知道什么叫恐惧。”因为恐惧，父亲疏离了犹太信仰，成为“生活的代表”，不幸亲手“阉割”了卡夫卡，让他年纪轻轻就走到人生尽头。对此，一位诗人深为感慨：

对人之痛苦及普遍异化……是卡夫卡而不是莎士比亚做出了更为强烈和更为全面的揭露……莎士比亚眼里的世界正是帕斯卡眼里的世界，与卡夫卡的世界大致相同，是一间牢房。在这牢房里每天都在死人。莎士比亚迫使我们看到生活中残酷的非理性的力量……他并不比卡夫卡做得差……然而，在莎士比亚的牢房中，那些牢友……一个一个有血有肉，栩栩如生，完整无缺，到死方休。与此不同，在卡夫卡的牢房中，在死刑判决被执行之前很久，甚至在邪恶的法律程序被确定下来之前很久，某种可怕的结果就已强加在了被告身上。我们都知道那是什么：他被剥夺了作为人的一切，只剩下抽象的人性，就像他自己的骨架，像一具骷髅，那是绝不可能作为人的。他没有父母，没有家，没有妻子，没有孩子，没有承诺，甚至没有嗜好；而很可能伴随着这些人生内容的权利、美、爱、智慧、勇气、忠诚、名誉、骄傲等等，都与他无关。因此我们可以说，卡夫卡关于恶的认识是完整的……[2]

1　1921年1月15日致勃罗德，引自《卡夫卡全集》，第7卷，第368页。

2　转引自《分裂的自我》，第29~30页。

第二节 文学的希望

然而,世世代代,犹太人坚信,上帝的熬炼不为惩罚,而为管教;不为弃绝,而为救赎。当人走到尽头,而且仅当走到尽头,存在的奥秘会向他显现。从心理学上说,绝境会诱发革命性的能量转换。就此,卡夫卡秉有先知般的自我认识:“我头脑中存在着庞大的世界。然而,如何解放我自己,同时也解放这个庞大的世界,而不至于被撕成碎片?我看得一清二楚:宁愿上千次被撕成碎片,也不能将它阻拦或埋葬在我体内,这是我此生此世的目的。”[1]唯其极度的压抑,唯其生之欲望的“阉割”,一个人才有可能退到生存之网的边缘,认清生活的本性,理解父亲作为“生活代表”的本质。其时,这时候,“父亲”变成一个象征,反过来隐喻着象征的胜利。这正是卡夫卡《论譬喻》的意思:

许多人抱怨说,智者的话只是一些譬喻[即象征],但在日常生活中却用不上,而我们唯独只有这样日常生活……

关于这一点,有人曾经说过:“你们干嘛要抗拒呢?只要你们照着譬喻去做,你们自己也就会变成譬喻,这样就能摆脱日常的操劳。”

另一个人则说:“我敢打赌,这也就是一个譬喻。”

头一个人说:“你赢了。”

第二个人说:“但是很遗憾,只是在譬喻方面[赢了]。”

头一个人说:“不,在实际上你赢;在譬喻方面,你却输了。”[2]

卡夫卡看得很清楚:“世界比例失调,好在看来只是数量上失调。”[3]虽说“好在”,但不过是反讽。卡夫卡不存任何幻想,因为他深知,生死攸关的人际关系中,包含着“数量上”的隐情:假借数量上的优势,

1 译自1913年6月21日日记。

2 《卡夫卡全集》,第1卷,第518页。

3 译自卡夫卡箴言第41条。

不正常竟堂而皇之享受“正常”，而正常反而不幸“被反常”。人本的历史，本质上就是“数量”的暴政。所谓“生活代表”，不过就是数量上的“大多数”，而“被代表”的少数人，则饱受压抑、“阉割”或“审判”。这就是历史的“暴民心理学”，正如卡夫卡借一句箴言所说：“人类的发展——死亡力量的增长。”[1]置身如此历史，作为绝对少数的“最瘦的人”，他无法，也不想争取什么胜利——除了象征的胜利，这是他唯一可能的胜利，更重要的是，这是他内心真正的希望。这一属灵希望，正是他自己所谓“抗拒结束生命的欲望”，他唯一的，“消极的”，“生之欲望”：

我从生活的需求方面压根儿什么都没有带来，就我所知，和我与生俱来的仅仅是人类的普遍弱点。我用这种弱点(从这一点上说，那是一股巨大的力量)将我的时代的消极的东西狠狠地吸收了进来；这个时代与我可贴近呢，我从未与之斗争过，从某种程度上说，我倒有资格代表它。对于这个时代的那微不足道的积极的东西，以及对于那成为另一极端，反而变成积极的消极事物，我一份遗产也没有。[2]

卡夫卡是一个巨大的“黑洞”。他没有做“积极的斗争”，然而，他仍在斗争，以“黑洞”特有的方式斗争：向“父亲”所代表的“积极的生活”做“消极的”斗争：

我在斗争……战争史上把这种人称为天生的战士。可……我并不渴望胜利，并不是作为斗争的斗争给我带来快意，它只是作为唯一可以做的事情给我带来快意。作为这么一种东西它的快意比我实际上能够享受到的多，比我能够奉献的多，也许我将不是在战斗中，而

1　《卡夫卡全集》，第5卷，第76页。

2　1917年11月10日至1919年6月27日八开本笔记，《卡夫卡集》，叶廷芳，黎奇译，上海远东出版社，2003年，第550页。

在这种快意之中沉沦。[1]

卡夫卡的一生是殉道于文学的一生，是“肉身成言”的一生。他的生命是文学的“活祭”，文学的象征。

我对文学没有兴趣，我就是文学组成的，除此之外我什么都不是，也不可能是什么。[2]

卡夫卡将在“他的-文学存在”中“成为父亲”。我们将随着他一道进入文学。我们将跟他一道遭遇什么样的罪愆、苦难和希望？不要忘了，眼下的我们，跟随卡夫卡，正站在1919年年底的人生分水岭，也是文学和思想的里程碑。在属世的大地上，前后放眼望去，处处风云惨淡，没有几缕明亮的阳光。三次失败的婚事，一道肺结核的“伤口”，一段“恐惧-渴望”异教恋情……竟成青春时光的主旋律，黯然和污秽了他早慧的生命。就肺结核的病情而言，遥远的地平线更是凶多吉少。毕竟，象征是象征，现实是现实。在现实的生存之网上，卡夫卡永远是输家，这是因为，象征也有象征的命运，象征必须以现实为背景，恰如他自己一句箴言所说：“恶是善的星空。”[3]即便文学象征的自由天地，其自由也仅仅在象征意义上成立。“除非逃进这个世界，否则怎么会如此兴高采烈？”这句箴言也适用于“他的-文学象征”的世界。至关重要的一点是，他自己的身体就属于现实，这身体结着爱欲(eros)之果，而爱欲是什么？如果指向现实，它意味着性爱与爱情，那是“剪不断，理还乱”，那是“血肉模糊”！尤其对于一个青春生命，无论其怎样“消极”，都是如此！更何况，在生存之网上，存在着无法赎回也无可逃避的“原罪”——在生存之网上，无论积极还是

1 《卡夫卡全集》，第5卷，第198~199页。

2 译自1913年8月14日致菲莉斯。

3 《卡夫卡全集》，第5卷，第48页。

消极，只要你还在生存，那么，“罪愆总是公然来临，其形式正好为我们的感官所领会。它其实是沿着自己的根系在运行，所以根本不用担心把它拔出来”[1]。另一方面，爱欲如果不指向现实，那么它又是什么？对于“我就是文学”的卡夫卡，这一点尤其令人困惑。因为，在属世的意义上，可以肯定地说，爱欲就是文学创造力的源泉！

在生存之网上，无论是否自觉，文学必然会，如卡夫卡所说，“狠狠地吸收”消极事物，包括自身的人格弱点和心理弱点。这正是爱欲-文学的本性！或许可以说，爱欲是文学的原罪。事实上，在犹太信仰看来，爱欲的确就是原罪。关于爱欲，我们尤其要记住：卡夫卡问题即犹太人问题。恰如汉娜·阿伦特的前述警告：“不理解犹太人问题，就无法理解卡夫卡。”无论就象征还是现实，卡夫卡的身体是犹太人的身体，隐喻千回百转的苦难，更提醒深不可测的原罪。别忘了马丁·布伯的基本表述，关于犹太民族，“其生存的不可思议的、令人敬畏的和创造性的矛盾就在于她的两重性”。犹太民族汇集了虚假与真实、丑与美、淫荡与贞洁、欺骗与直面、狂热与胆怯。其矛盾如此尖锐，其统一又如此吊诡。绝非偶然，这正是卡夫卡生命的本色，恰如维利·哈斯——卡夫卡生前友人暨《致密伦娜情书》编者的表述：“卡夫卡的生命是由自我折磨、自我谴责、恐惧、甜蜜和怨毒、牺牲和逃避组成的巨大的旋涡。”[2]俯视其间，足以令人晕眩。卡夫卡自己怎么说呢？翻过1919年年底的分水岭，几乎紧接着《致父亲的信》，他致信当时的恋人密伦娜：

关于污秽，我唯一的财产（也是所有人唯一的财产？我不知道），为什么我不继续加以暴露呢？出于谦虚而不加以继续暴露？哦，这倒是唯一正当的理由。[3]

---

1 译自卡夫卡箴言第101条。

2 参见《卡夫卡全集》，第10卷，第442~443页。

3 译自1920年11月自布拉格致密伦娜。

卡夫卡认为，世界与人的本性，不仅包含罪愆与恐惧，也包含污秽和肮脏，而疾病则是世界的隐喻，与性、爱杂糅难分。所以，与密伦娜往来之际，卡夫卡一面大谈恐惧与罪愆，一面详论污秽与肮脏：

我……只是躺在某处一个肮脏的沟壑中……

我一直过着自己肮脏的生活，这是我自己的事情。然而，不巧让你也卷入进来，事情的性质就完全不同了，甚至不仅仅是对你的冒犯。……更可怕的是，你让我更加认识到自己的肮脏……这让我额头直冒恐惧的冷汗……

有些人能够共同度过晚上或早晨，而有些人则不能。后者的命运我倒觉得不错。他们肯定或者可能干了些不好的事情……这污秽的一幕主要来自他们的陌生的存在。这是人间的污秽，是一个从来没有住过的，现在突然被打开门窗的住房里的污秽。

对你来说我是怎样一种不洁的祸害……[1]

与密伦娜的恋情，最终不了了之。其后不久，1921年秋，卡夫卡论及自身的犹太二重性，所用语句，跟马丁·布伯的表述何其相似：

在我身上也一样，都有这种卑鄙的、肮脏的、温和的、耀眼的思想。[2]

与马丁·布伯一样，卡夫卡深谙犹太二重性之意义，所以不怕谈论污秽和肮脏。约1922年春夏，青年朋友雅诺施遭遇青春情爱难题，卡夫卡劝勉之："爱情总是在污秽的伴随中出现。"不仅如此，他借此指出：往往尚未成熟之际，当事人已然身陷污秽，最终成为生活的牺牲

1 引文译自或引自卡夫卡自布拉格致密伦娜，其日期或出处为：1920年8月8日至9日；1920年9月14日，见《卡夫卡全集》，第10卷，第398-399页；1920年9月20日；1920年8月12日，见《卡夫卡全集》，第10卷，第377~378页。

2 1921年秋致大妹艾莉，见《卡夫卡全集》，第7卷，第424页。

品。因而,“一个男子的痛苦表情常常只是凝固了的儿童的迷惘”。[1]如此劝勉,亦然出于自身的回顾。一路走来,他经历了童年与青春的沦陷。[2]很大程度上,正因为如此,他对“父母的婚床”才那么反感。带着“出生前的踟蹰”,他自己的婚恋更是纠结与纷争,围绕“污秽”与“肮脏”燃放地狱般的“硫黄味”。然而眼下,作为已然成熟的“一个男子”,他目光虽然痛苦,却明澈如先知,看到了“同体大罪”的终极真相。这儿隐藏着人类苦难的谜底。只是,由于“欲望/恐惧”的卷入,人类无法真正自我释然,除非学会在“最高力量”面前自我放弃:

> 难啊……通向爱的路总是穿越泥污和贫穷。而蔑视的道路又很容易导致目的的丧失。因此,人们只能顺从地接受各种各样的路。也许只有这样,人们才会到达目的地。[3]

目的地是什么?是文学?

是卡夫卡的“他的-文学”?

无论什么文学,哪怕自觉担当“替罪羊”,难道可能承受“同体大罪”的分量?

或者,任何“他的-文学”,必然因其亲在的真诚,或早或晚面对那个永恒的问题:“我们是谁?从哪里来?到哪里去?”

由此,任何“他的-文学”必然内含着别的什么——例如信仰。

果真如此,对于卡夫卡,那不是犹太信仰还能是什么?

然而,犹太信仰能让人读懂“父亲”吗?它能释然那柔肠寸断的“情结”吗?

它如何化苦难为祝福,变历史为恩典,带领“儿子”穿越灵肉的污秽与贫瘠,像一位真正成熟的父亲,抵达丰盛的“象征”,迎接终极的救赎?

1　《卡夫卡口述》,第178页。

2　可参见林和生,《“地狱”里的温柔:卡夫卡》,四川人民出版社,1997年,第六章第5节。

3　《卡夫卡口述》,第180页。

第九章　学生时代及文学的准备

我对文学没有兴趣，我就是文学组成的，除此之外我什么都不是，也不可能是什么。

——弗兰茨·卡夫卡

第一节 “书中言语何其多”

那是许多年前的事了。一次，我坐在劳伦茨山[山头]……心里非常悲伤，我要检查一下，自己对人生还有什么希望和要求。我最大的希望，或者说，对我最有吸引力的希望，是得到对人生的一种看法。当然，我还要用笔把这个看法写出来，让别人相信我的这个看法……我对人生的看法是：虽然，人的一生大起大落，有着明显的变化，但是，它又是子虚乌有，是梦幻，是游云……所谓的希望其实是，他给子虚乌有以一点点活泼的表面现象。虽然，他本人还没有故意进到这子虚乌有之中去，不过，他已经感到，子虚乌有是他的本质要素。这是一种告别方式，当他还年轻时，他就是用这种方式告别了这个世界的虚假现象。这个虚假的世界并

18岁的卡夫卡中学毕业

没有直接欺骗他，而是通过他周围的权威人士的话欺骗了他，这样他才有了这个所谓的“希望”。[1]

一位家境富裕的青春少年，置身自然，竟如此悲伤而绝望，以至顿悟人生，决志走向“子虚乌有”的文学。这就是卡夫卡的本色。

“许多年前”是哪一年，无法确切明了。然而，早在1902年，19岁的卡夫卡已然“资深”文学青年。他与犹太同学奥斯卡·波拉克的通信可资见证。两人中学时代结下友谊，大学时代一度通信往来。卡夫卡在信中说，他们离不开文学的谈论，否则，“我们会突然发现，我们都穿着化装舞会的服装，戴着面具，做着笨拙的手势（尤其是我，真的），于是我们会忽然变得忧伤、疲惫”。一年半以后，卡夫卡寄给波拉克一堆文字，那几乎是他迄今所写下的一切：“我希望你读一读这些字纸，无足轻重也罢，令人厌恶也罢……我摘下一块肉……从我的心中摘取一块肉，用一些写满字的纸张干干净净地包好交给你。”

不要以为这是文学青年的矫情，这是卡夫卡“肉身成言”的青春见证。生命的悲伤结出了果实，也决定了文学创作的态度。年纪轻轻的卡夫卡已然确立了超常的文学标准，并因此产生了焦虑：

我一口气读完了赫贝尔的日记……这些天我根本无力拿笔，因为看着这么一种生活天衣无缝地不断向上高耸，高得用望远镜几乎都看不见顶，良心就平静不下来。可是良心上如果有了一个很大的伤口，倒是有益的，这样它对每挨一口咬都会更加敏感。我认为，只应该去读那些咬人的书和刺人的书。如果我们读一本书，它不能在我们脑门上猛击一掌，使我们惊醒，那我们为什么要读它呢？……我们需要的书是那种对我们产生的效果犹如遭到一种不幸，这种不幸要能使我们非常痛苦，就像一个我们爱他胜过爱自己的人的死亡一

1 卡夫卡，《他》，转引自瓦根巴赫，《卡夫卡传》，第43~44页。

样，就像我们被驱赶到了大森林里，远离所有的人一样，就像一种自杀一样，一本书必须是一把能劈开我们心中冰封的大海的斧子。[1]

卡夫卡焦虑于任务的重大。他的文学意识源于人类一流的思想文学艺术大师。1889年，6岁的卡夫卡已经就读于布拉格德语人民小学，在这儿奠定了坚实的德语基础。1893年，10岁的卡夫卡以优异成绩升入国立德语九年制高级中学。这所学校是当时文科的标杆，卡夫卡就此投身德语文学的海洋。九年之间，他博览群书。头三年，教师特别强调童话文学，他因而深入接触了北欧童话和中国民间故事，多年以后，他自己的文学创作将大受其益，成就黑色的"另类童话"(如《变形记》等)。系统的学习还包括《希尔德布兰特之歌》(古高地德语英雄诗的孤本)，《尼伯龙根之歌》(中古高地德语名篇)，奥地利诗人和剧作家格里尔帕策等人及其作家群，歌德、海涅、席勒、莱辛、施莱格尔、蒂克、诺瓦利斯等德国浪漫派作家，临近毕业时，他还对霍夫曼斯塔尔和尼采等人产生了强烈的兴趣。

这所学校的犹太学生比例较大，反犹排犹的冲击较小。部分由于这一原因，犹太同学胡戈·伯格曼得以充分发展其传统文化取向：他热爱犹太文化，传承了犹太信仰的虔诚与智慧，就此出类拔萃。日后，在犹太复兴的时代大潮中，他将承担重要的文化使命。早在1910年，他即专程赴巴勒斯坦考察那儿的犹太复兴形势。1920年5月，他举家迁居巴勒斯坦。在那儿，他被任命为耶路撒冷大学哲学教授，负责筹建耶路撒冷希伯来大学图书馆，并领导这座具有历史意义的图书馆直至1935年。其时，卡夫卡辞世已然十年有一。还在卡夫卡弥留之际的1922年，伯格曼即热情鼓励，为他安排希伯来语教师，邀请他在身体允许的任何时候访问巴勒斯坦。这些宝贵的支持伴随卡夫卡走完最后的人生。

1　1904年1月27日致波拉克，见《卡夫卡全集》，第7卷，第25页。

眼下，在布拉格这所德语中学，伯格曼信仰上的虔诚最初并不为卡夫卡理解，相反遭到嘲笑。然而，事实上，嘲笑泄露了内心的反向作用——这当然与父亲从小施教的“犹太信仰”有关。果然，1902年年底，伯格曼致信卡夫卡，以一如既往的虔诚告白自己的信仰，感动了卡夫卡。往后，伯格曼加入“巴尔-科赫巴”犹太人协会，并引导卡夫卡参加该协会的各项活动。1909年1月20日，该协会联名《自卫》杂志社，邀请布伯来布拉格演讲“犹太教的意义”。1910年4月3日和12月8日，先后再做两场演讲“犹太教和人类”及“犹太教的革新”。三次演讲，卡夫卡多半在场。正是借由伯格曼，卡夫卡对赫茨尔和布伯等人的思想有了深入了解。只是，在赫茨尔式的犹太复国主义与布伯式的犹太文化复兴之间，伯格曼大概走了一条中庸路线。因此，卡夫卡所受的影响也比较复杂和微妙。综而言之，在复杂的时代人生背景下，深邃的犹太文化，与成长中的卡夫卡发生微妙的互动。[1]毕竟，单单一部《希伯来圣经》，已然一座无所不包的图书馆：文学、历史、人类学、哲学、神学、律法等等。客观而言，犹太文化与世界文学，犹如希伯来与希腊，两者之间，充满巨大的张力，充斥卡夫卡的文学生命。最终，卡夫卡将以毕生努力，走出“一个人的旷野漂流”之路，更确切地说，一条“反向”漂流之路。

1901年，卡夫卡顺利通过中学毕业考试，进而注册布拉格卡尔斯德语大学深造，这一来又是六年。

大学六年，天地更为广阔。星汉灿烂涌进他的视野：斯宾诺莎、克莱斯特、福楼拜、陀思妥耶夫斯基、斯特林堡、梅特林克、汉姆生、狄更斯、托尔斯泰、托马斯·曼、布伦坦诺、帕斯卡、达尔文、弗洛伊德以及中国古代文化和古典文学（如老庄、李杜、苏东坡、杨万里、袁枚）等等。卡夫卡格外着迷于中国古代文化，30年后，他论道庄周，竟然见

1　关于卡夫卡学生时代所面临的“犹太人问题”，可参见勃罗德，《卡夫卡传》，第105页以下；阿尔特，《卡夫卡传》第二、六章等处相关内容；也请参见本书第一、二章。

今天的布拉格旧城广场。芳塔夫人曾经在最右侧的"独角兽"大楼举办沙龙。1902年左右,还是大学生的卡夫卡常常光顾那里。

地孤绝,而且一往情深,胜似异国乡愁,令忘年交雅诺施惊讶不已。[1]这其中的奥秘,可能关乎中、犹文化之心有灵犀,惺惺相惜。犹太民族乱世流离,深切渴望高山流水之情。据称,两千五百年前,即俞伯牙、钟子期"高山流水觅知音"的前后,犹太民族借先知以赛亚之口,表达深情厚谊,张开双臂欢迎"那些从秦国来的",[2]其时大约春秋战国之交,秦国已然诸侯大国,开始雄视天下,后来果然一统中国,其国名流传海外,即成以后的China("秦")。[3]在"希伯来-希腊"的欧洲,希伯来(犹太)民族被希腊文化边缘化,因流离而找不到知音。所以,他们的目光乐于投向春秋和唐诗的大地。此系他话。

据勃罗德报道,大学时代,卡夫卡格外关注自传或传记体文学,包括书信、日记、纪实性报告文学等。他熟悉作者的程度,远远超过熟悉其作品。[4]就此而言,他的阅读范围甚广,如歌德的《日记》《旅行日记》《诗与真》《伊菲革尼亚》以及《歌德谈话录》,又如格里尔帕策和司汤达等人的《日记》,拜伦的《日记与书信选》,马尔摩斯·奥勒利乌斯的《冥想录》,福楼拜、叔本华和陀思妥耶夫斯基等人的传记,等等。生活的不幸赋予他一种直觉,一种关注。人性深处光影迷朦,再借文化艺术

1 参见*Conversations with Kafka*。

2 《以赛亚书》,49章12节,译自*ESV*。

3 [英]崔瑞德等,《剑桥中国秦汉史》,杨品泉等译,中国社会科学出版社,1992年,第33页。

4 日后卡夫卡自己的文学作品,其氛围与场景,常常如真似幻,真假莫辨,没有丝毫"文学腔",可能与此处所论相关。

折射出来。人群、光荣和鲜花的一旁,卡夫卡更关注大师们的"他的-存在"。在思想艺术的震撼之外,他邂逅大师们的孤独、不幸、迷惘,相遇生存之网的谜底。与其说他在阅读,不如说他在寻找,在发现,等待着心灵的撞击。

第二节 从歌德到克莱斯特的"伤口"

大学时代,随着阅读的扩展,思考的深入,几位大师的文化人格逐渐脱颖而出,格外影响着卡夫卡的文学生命。

首先,歌德一直令他至为景仰。1912年完成文学突破之前,他长期醉心于"不朽的"歌德艺术,常常整周沉浸其中,甚至一度打算撰写专文详论之。阅读歌德令他莫名激动,以至无法写作。勃罗德描述说:"听卡夫卡出神地谈歌德,给人以一种非常特别的感觉;这就仿佛是一个孩子在谈他的一位祖先,这位祖先生活在比今日更幸福、更纯洁的年代,与神性有着直接的接触。"卡夫卡视歌德为"至圣"之"人神",象征着文学的不朽。另一方面,歌德对人性的洞察又给他深沉的冲击。"不做铁砧,就做铁锤。""立志成大事者,必须善于限制自己。"歌德这些智慧呼应他深藏的"父亲情结",触动他内心的不幸和渴望,激响他挣扎着的生命之弦。20多年后,他踟蹰于生死之际,纠结于情爱与污秽之间,自知不久于人世,情不自禁与青年朋友雅诺施论及相关话题:"一切都在斗争,都在搏斗。只有每天都必定能征服爱情与生活的人才会得到它们。"接着他异常虔敬地感慨道:"关系我们人的事情,歌德几乎都说到了。"

对"人神"歌德的崇拜,不仅事关"父亲情结",也源自悲剧人格的共鸣。

奥地利大诗人格里尔帕策,与卡夫卡诸多相似,属于中欧-奥地利典型的"神经症"知识分子,携带着家族性的抑郁症因子。他的母亲和一位弟弟先后自杀，他自己则对人性深感绝望，终生自我怀疑，自我压抑。无论生活或创作，他始终秉持心理学与伦理学眼光，无情审视，尖锐而深刻。

陀思妥耶夫斯基，典型的神经质天才，以可怕的激情，深究人类的罪愆、苦难和希望。从这位同类，卡夫卡读出了自己“不幸的存在”(being unhappy)。[1]在信仰问题上，陀思妥耶夫斯基有类克尔恺郭尔，凭借使徒般的虔诚，追随绝对彼岸的“最高存在”，对于卡夫卡，亦然潜在的“精神邻居”。

福楼拜是“肉身成言”的典型，文学创作就是他的全部生命，他不懈追求艺术形式的尽善尽美，最大理想就是创作一部天书：“与一切无关……与外部世界只有最小联系……只是由自身风格的内在力量而得到统一！”亦然卡夫卡的先驱。

综合而言，影响卡夫卡至深者，当数克莱斯特。绝非偶然，卡夫卡曾如下论及两人的精神血缘：

如果不考虑影响和地位的因素，那么我真正的血亲是格里尔帕策、陀思妥耶夫斯基、克莱斯特和福楼拜。四人当中唯一结婚的是陀思妥耶夫斯基，然而(无论结婚与否他们都没找到正确的出路)，或许，只有当克莱斯特出于内外两方面的必然性而在万斯湖畔开枪自杀时，他才成为唯一找到正确出路的人。[2]

德国天才诗人克莱斯特，号称“19世纪文学第一人”，跟后来的卡夫卡一样，因气质使然，年纪轻轻就深陷焦虑，绝望于人性。24岁那年，他遭遇精神危机，接下来十年内，他深陷恐惧，害怕沦为“命运的奴隶”。极度渴望掌握命运，反遭命运残酷捉弄，始终不为同时代人

---

1 1913年12月14日日记。

2 译自1913年9月2日致菲莉斯。

所容，遂使灵魂与肉身双重流浪，终至崩溃，开枪自杀，年仅34岁。

克莱斯特的创作常常突发于心理或病理的诱因，事先没有任何迹象，直接涌现于无意识深处。命运袭扰，防不胜防。人类心理深不可测，生存冲动盲目而凶险，伦理-人际关系之网如此复杂而又如此脆弱，经验之可怜，其不稳定、不确定、不可靠，无异于皇帝的新衣……因此，在克莱斯特的作品中，不安、焦虑及其次生灾难都不可一世。古典浪漫主义就此遭受阴森的怀疑。正因为如此，歌德把克莱斯特斥为"病态的心灵"，"本来天生丽质，却罹患不治之症"，读者正要表示诚恳的同情，却不由自主深感"恐怖和恶心"。显然，后来的卡夫卡与之何其相似。勃罗德曾就二人做过如下的对比：

> 卡夫卡的作品与克莱斯特的著作有一些实质上的，完全不可仅仅以回味相似来解释的特征，尤其在散文风格上，已经为人们反复提及。可是关于他们基本立场的心灵上的接近，据我所知还不曾有人指出过。这两个人的基本立场的确是惟妙惟肖，甚至他们的肖像也相似，至少他们的童稚和纯洁是相似的。在卡夫卡的作品中居于中心地位的竟然也[跟克莱斯特一样]是对家庭的责任！[1]

两人都成长于严厉的家庭环境，承受着家庭巨大的期冀。然而，因童年期创伤，两人都缺乏现实的能力和兴趣。两人的伦理-人际关系都极为紧张。对于婚恋，两人都极度憧憬，经历旷日持久的订婚状态，最终不了了之。婚恋的冲动强烈，但天才的自保本能更强烈。两人都忠诚于艺术本质，拒绝迎合时代标准，并一时不为世人理解。两人都深陷神经症的执迷，对象再琐细，也会形成"黑洞效应"，对于基本道德和哲学问题更是如此。两人都珍视男子气，追求个性与决断的统一，不无讽刺的是，两人都表现得复杂、多变、分裂、病态。两人

1　勃罗德，《卡夫卡传》，第33页。

都为焦虑与绝望所困，摇摆于偏执的努力与彻底的放弃。两人都具有潜在的自杀倾向——克莱斯特34岁死于自杀，卡夫卡则34岁发作“自杀性”的肺结核，最终死于克尔恺郭尔所谓的“致死的疾病”。

在卡夫卡的最后岁月，青年朋友雅诺施曾谈及阿波利奈尔，当时红极一时的超现实主义先锋诗人。就此，卡夫卡含蓄表示了断然的否定。他说，真正的艺术绝非技巧的造作，而是痛苦的分娩。他举证的案例，正是克莱斯特的作品：

这是真正的创作。语言非常清楚。您在这里找不到矫饰的语言，看不到装腔作势。克莱斯特不是骗子，不是逗趣者。他的一生是在人和命运之间……[梦幻]似的紧张关系的压力下度过的。他用明确无误的、大家普遍理解的语言照亮并记述了这种紧张关系。他要让他的……[梦幻]变成大家都能达到的经验财富。他为此而努力，却不要言语游戏，不做评论，不施用诱惑。在克莱斯特身上，谦虚、理解和耐心变成任何一次分娩的成功所需要的力量。因此，我反复阅读克莱斯特的作品。艺术不是瞬即消逝的惊愕，而是长期起作用的典范。[1]

克莱斯特的思想和创作包含一个重大意象：伤口。他把生存视为敞开的伤口，暴露在日常生活中，不断遭受刺激、污染或破坏，永远难以愈合。绝非偶然，“伤口”也是卡夫卡人生和艺术的重大象征和隐喻：

可是良心上如果有了一个很大的伤口，倒是有益的，这样它对每挨一口咬都会更加敏感。

---

1 《卡夫卡口述》，第162~163页。

但是,我像一个遍体鳞伤的人,只要不碰不磕,我就能在百般痛苦中苟延残喘下去……

这场风波对我说:"……你的头像正在溃烂的伤口……"

我蒙受着如此巨大的疼痛,这是因为伤口已经有好久了,积重难返啊!我有这种疼痛,并不是因为伤口很深,也不是因为伤口在溃烂。

当然这里还存在着创伤,其象征只是肺部创伤。

如果真如你所断言,肺部的伤口(肺结核)只是一个象征,伤口的象征,F.[菲莉斯]是它的炎症,辩护是它的深处,那么医生的建议(光线、空气、太阳、安静)也就是象征了。正视这个象征吧。

血并非咯自我的肺,而是咯自……一道致命暗伤。

《乡村医生》属于卡夫卡自己认可的少数文字。在这部作品中,"伤口"的隐喻令人不寒而栗:"此时我发现:这孩子确实有病。在他身体右侧靠近胯骨的地方,有个手掌那么大的溃烂伤口。玫瑰红色……蛆虫……从伤口深处蠕动着爬向亮处。可怜的孩子,你是无药可救的了。我已经找出了你致命的伤口,你身上这朵鲜花正在使你毁灭。"接下来发生的事情更为恐怖、神秘,属于卡夫卡最震撼的文字之一,出于卡夫卡对人类和自己的一个诊断,一个克莱斯特式的诊断:

"你要救我吗?"这孩子抽噎着轻轻地说,他因为被伤口中蠕动着的生命而弄得头晕眼花……于是这家人和村子里的长者一同来了,他们脱掉我的衣服……把我放在朝墙的一面,靠近孩子的伤口。……“你知道,”我听到有人在我耳边说,“我对你很少信任……你不但没有帮助我,还缩小我死亡时睡床的面积。我恨不得把你的眼睛挖出来。”“你说得对,”我说,“这的确是一种耻辱。但我是个医生。那我怎么办呢……”“你以为这几句道歉的话就会使我满足吗?哎,我也只能这样,我对一切都很满足。我带着一个美丽的伤口来到世界上,这是我的全部陪嫁。”“年轻的朋友,”我说,“你的错误在于,你对全面的情况不了解。我曾经去过远远近近的许多病房,可以告诉你,你的伤口还不算严重,只是被斧子砍了两下,有了这么一个很深的口子……”[1]

卡夫卡与克莱斯特,两者的生命都是不可救药的伤口,恰如卡夫卡自己所说:“未来已经在我身上。改变只是隐蔽伤口的外露而已。”[2]

第三节　布伦坦诺:自明的“现象世界”

有人把卡夫卡的眼睛也视为其存在的“伤口”。诚然,不幸的生存与独特的眼光之间,一定存在内在的联系。不过,就其更为根本的意义,卡夫卡的眼光珍藏着特殊内涵,无法尽然以“伤口”加以概括。无论就生存还是文学,他的眼光独具特质:细节上纤毫入微、理性、“客观”、控制;与此同时,情节上却饱含主观因素,充斥梦境般的游移和漂离;最终,整体上蕴含珍贵的自明性,令读者产生强烈的“异化”感,形成卡夫卡思想艺术的独特魅力。这样一种眼光,与布伦坦诺的思想关系密切。

布伦坦诺,人类思想大师,里程碑式的德国哲学家和心理学家,广义的基督教神学家,其不朽贡献涵盖诸多重大领域:形而上学、本

1　参见《卡夫卡小说选》。

2　《卡夫卡口述》,第177页。

体论、心理学、伦理学、美学、逻辑学、历史哲学、哲学神学等等。[1]

1864年，布伦坦诺出任罗马天主教神父，1866年被欧洲名校维尔茨堡大学聘为无薪讲师，六年后升任教授。

作为基督徒，布伦坦诺与克尔恺郭尔一样，坚守信仰，却无法与教会达成共识。1870年，他质疑教会无误论，与之发生激烈冲突，并于1873年辞去神职。

因其信仰之虔诚，精神之纯粹，布伦坦诺被欧洲一代知识精英奉为楷模。他的学生包括赫赫有名的弗洛伊德、E.胡塞尔和T.马萨里克，也包括斯通普夫（Carl Stumpf）、特瓦多夫斯基（Kazimierz Twardowski）、安东·马尔蒂（Anton Marty）等优秀哲学家，还包括本书主人公卡夫卡。现象学大师胡塞尔投身哲学，即出于布伦坦诺人格、精神及学术魅力的感召。他后来写下《回忆弗兰茨·布伦坦诺》一文，历数老师的旷代风采：圣徒般虔诚、赤子般坦率、天才而纯真。该文唯一的“细微”保留，在某种意义上，其实仍然折射了老师坚如磐石的信仰立场：他属于一个古典、纯粹而崇高的世界。

1874年，布伦坦诺出版《经验立场的心理学》（*Psychology from an Empirical Standpoint*），奠定了其思想体系的基石，也是现代世界主流思想的基石。为了让他的神-哲学体系坚不可摧，布伦坦诺考问人性，提出了意向理论：在“生活世界”中，当事人自以为拥有“客观”的眼光，能观察到“客观”的世界；然而，事实正好相反，所谓“客观”的眼光，其实是一种无意识的眼光，就像一块海绵，事先悄悄渗满了各种主观的意向因素：如价值、观念、思想、情感、欲望等，所以，当事人眼中根本不可能存在所谓“客观”的世界。

借用神学的用语，意向即罪，而无意识则是罪的大本营。由此界定了思想的任务——罪的分析，或者说，罪的描述或呈现。就此，事

1　本处相关内容综合参见[德]施太格缪勒，《当代哲学主流》，王炳文等译，商务印书馆，1986年；《回忆布伦坦诺》《不列颠百科全书》等相关词条。

实上，布伦坦诺其实已然开启了一个伟大的综合，完成了精神分析-哲学神学-生存论的汇流。从根本上说，这一汇流着眼于无意识的描述或呈现，着手于意识与无意识的对话。借用精神分析的简洁用语，对话即描述，即呈现，呈现即解决。然而，既然描述和呈现乃罪的描述和呈现，其过程和结果相当于认罪，从而也相当于救赎，因为"认罪即得救"。

如此描述、呈现，也可理解为"现象学"的"还原"。当事人所谓的"客观"世界被"还原"成"他的-存在"。一旦自觉于自身存在，直面亲身处境，当事人即"到场"进入"现象世界"，这是一个"澄明"和"自明"的世界。相形之下，过去所耽迷的"生活世界"虚幻不真，不过是伤害生命的"罪恶倒影"。借此，自我解放的救赎得以成为可能。

某种意义上，布伦坦诺也是"中欧-奥地利"处境的特殊产物。对于这儿弱势而痛苦的知识分子，尤其犹太德语知识分子，他的思想饱含生机。在原生态的"生活世界"中，弱势的生存者被排挤到边缘，因而特别敏感于"生活世界"的本性。借由"现象学"的"还原"，现实的"生活世界"被翻转为精神的"现象世界"或"象征世界"。当事人的意向之罪得以赎偿，抵达"自明"的澄明，获致内心的平安。虽不免"同体大罪"，但亦然吊诡，跳出"杀人犯的行列"。

所以，尽管布伦坦诺思想抽象而"悖谬"，远离"生活世界"，却为中欧-奥地利德语知识分子所尊崇，尤其为这儿的犹太德语知识分子所热爱。布伦坦诺的学生安东·马尔蒂任教于布拉格，正是卡尔斯大学哲学院教授兼院长，所以，布伦坦诺也来布拉格授课。一段时间，布拉格各大学都有布伦坦诺的讲座，一度人满为患。当时，连胡戈·伯格曼的博士论文也选题布伦坦诺哲学，其影响力由此可见一斑。布伦坦诺也为卡夫卡所在的卡尔斯大学授课。1903年至1905年间，卡夫卡有幸选修了他的课程。与此同时，布拉格的犹太精英沙龙——"卢浮宫沙龙"和"芳塔夫人沙龙"，纷纷热议布伦坦诺哲学。据当事人回忆，围绕布伦坦诺哲学，圈内人经常展开烦琐的抽象辩论，常常无休无止，直至深夜。布伦坦诺大师当然不在场，但他强有力的影响笼罩着现场。卡夫卡不擅抽象思维，却定期或不定期地参与此类活动，按布伦坦诺思想的哲学-道德诉求，"像检查鼹鼠一样检查自己"，发现来自"生活世界"的尘屑和污垢。[1]

1904年，还在定期参加"布伦坦诺沙龙"期间，卡夫卡已然着手创作《一场斗争的描述》，至1907年完成第一稿。[2]这部作品貌似晦涩，然而，在"现象学"的眼光下，却具有高度的自明性。其中关于"祷告者"的内容，本书第二章已有分析。在那儿，布伦坦诺被卡夫卡运用于神学范畴。然而，相关内容中还有一场精彩的对话，在这场对话中，卡夫卡从布伦坦诺处得到了精神分析的装备：

祷告者向"我"声称，他之所以那样祷告，"目的是让别人看我"。这意味着，教堂里有人关注他，无非是他自己的"心像"向外投射，成为"物像"，即常人所谓"欲望"变成了，造就了"现实"，类似于"相（像）由心生"。精神分析正式诞生之前，这一无意识的深层心理机制很难为人察知，然而，作为弗洛伊德的渊源，布伦坦诺的现象学已然洞悉个中奥秘。所以，"我"当下揭露说，祷告者已然背叛了"现象世界"的真实大海，逃进"生活世界"的假象，就此罹患一种"陆地上的晕船病"，而且像"麻风病"一样会传染。其结果，祷告者这样的人，借投射扭曲真实的事物，所以"无法正常享受事物的真名"，于是陷入疯狂的焦虑，企图代之以丧失生命的虚名。然而，这些虚名却无法抵达真实的事物，所以也无法缓解祷告者的焦虑。祷告者当然意识不到，这一悲剧出于他自己内心的欲望/恐惧，或者说，他投射自己所欲望之物，

1　参见阿尔特，《卡夫卡传》，第94页以下；尼古拉斯·默里，《卡夫卡》，第48页以下。值得一提的是，卡夫卡众多中学和大学犹太同学都参与"卢浮宫沙龙"，而"芳塔夫人沙龙"的参与者则包括爱因斯坦、奥托·克伦佩勒、里尔克这样的人物。

2　载《卡夫卡小说全集》，第3卷。也可参见*Description of A Struggle*，载*The Complete Stories* by Franz Kafka。

同时借以文饰自己所恐惧之物：

你之所以把田野上的白杨叫作“巴别塔”，是因为你不想[不敢]知道它是一棵白杨。你这样一叫，它又开始在天光下摇曳，因为它本来并无名称。可是，它这样一摇，你又把人家叫作“醉醺醺的诺亚”了。[1]

显然，《一场斗争的描述》正是布伦坦诺哲学的一次实践，一次“现象学还原”——事实上，正是布伦坦诺，把自己的“描述心理学”另称为“现象心理学”。

另一个例子是《变形记》。在这篇名著中，梦境般的氛围恰当地平衡了纤细入微的心理穿透力，从而逼真再现了“生活世界”的真相。加缪注意到这一点，他认为《变形记》是“一部明察秋毫的伦理学的惊人画卷”。其实，这正是布伦坦诺明察秋毫的心理学，是“现象世界”的自明性。瓦尔特·本雅明也注意到这一点，尚未得到第一手资料，他便做出精彩的评论：“卡夫卡不知疲倦地分析、回想一个人的仪态，他总是十分惊奇地回想那些事情；从一个人的仪态中，他找到了自己思想的依据，那些依据是前世遗传下来的，他还从中得到了无穷无尽的思考对象。”可见卡夫卡的自明性给他留下的印象之深。据勃罗德回忆，卡夫卡曾经跟他谈到“真实、简单的事情”。卡夫卡只喜欢真实、简单的事情，某种“大自然的悄声细语”——恰如田野上那棵摇曳于天光的白杨——他认为其中充满了魅力，并时常为此赞叹不已。相反，他不屑于一切人为的、杜撰的事情，无论其手法多高明，外表多漂亮。据勃罗德生动的回忆：

卡夫卡引述了他所喜爱的霍夫曼斯塔尔的一句话作为反证：“房子走廊里潮湿的石头的气味。”然后他沉默良久，什么也不加补充，仿佛

1 译自 *Description of A Struggle*。

让这神秘的、不显眼的气氛自己说话似的。——这事给我留下了深刻的印象,我至今依然记得是在哪条街、哪座房子前说这番话的。[1]

这样一种自明性的眼光,可谓之"纯诗"的眼光。这样一种"艺术之眼",决定了卡夫卡之所见。事情绝非只是风格的问题,宁可说,由此决定了卡夫卡艺术的血肉之躯。内在生命与"纯诗"风格高度统一,保证了"他的-象征的胜利",成就了隐喻和象征大师卡夫卡。例如,在著名的《城堡》中,即可读到这样一种描写,浸透了不朽的自明性:

城堡还像往常那样静静地屹立着,它的轮廓已经开始消失了;K还从未见到那儿有一丝生命的迹象,也许从那么远的地方根本就不可能看出什么东西来,可是眼睛总希望看到点什么,它受不了这种寂静。每当K凝视城堡的时候,有时他觉得仿佛在观察一个人,此人静静地坐着,眼睛愣愣地出神,但并不是因为陷入沉思而对一切不闻不问,而是自由自在,无忧无虑,仿佛他是独自一人,并没有人在观察他。可是他肯定知道,有人在观察他,但他依然安静如故,纹丝不动。果然,观察者的目光无法一直盯着他,随后就移开了,不知这是安静的原因还是安静的结果。今天,在刚刚降临的夜色中,他的这种印象更加强了,他看得越久,就越看不出,周围的一切就更深地沉入暮色之中。[2]

如前所述,"现象学"的眼光包含了精神分析的眼光。卡夫卡借《一场斗争的描述》分析"祷告者",正是一个经典的案例。所以,精神分析提供了新的角度,见证布伦坦诺对卡夫卡的影响。1900年,弗洛

---

1 参见勃罗德,《卡夫卡传》,第40~41页;瓦根巴赫,《卡夫卡传》,第41页以下。

2 [奥]卡夫卡,《城堡·变形记》,韩耀成,李文俊译,浙江文艺出版社,1995年,第93页。同样意味深长的是被卡夫卡自己删掉的这样一段描写:"假如人们眼力好,可以不停地,在一定意义上可以是眼睛一眨也不眨地注视着那些事物,那么人们就可以看见许多许多。但是一旦人们放松注意,合上了眼睛,眼前立刻变成漆黑一团。"同上,第345页。

伊德出版《释梦》,成为精神分析正式诞生的标志。弗洛伊德就此声名远播,尤其对文学艺术产生巨大影响。其时正值卡夫卡的大学时代,检阅他当时的日记和书信,不难发现针对精神分析的犀利反讽,反向暴露了他对精神分析的热情。《释梦》有一句经典名言:"梦是通向无意识的黄金大道。"绝非偶然,卡夫卡日记详记了他自己的大量梦境,侧面证明了他对精神分析的关注。他的作品更是借助了"梦境式的写作方式",形成独特的艺术魅力,堪称"卡夫卡黑洞",其幽暗深处,意识无法理喻,灵魂却身不由己。对于这种情况,荣格的一段话正好作为经典的概括:"梦是精神最深处、最幽密处一扇隐蔽的小门,它通往绵延的黑夜,这黑夜是原始的精神之夜,存在于任何自我意识产生之前,而且,无论自我意识发展到什么程度,这黑夜始终作为精神之夜而存在……所有的意识都支离破碎。然而,在梦中,我们扮作那个更具普遍性、真实性、永恒性的原始人,这个人生活在原始的精神之夜。在这样的黑夜,整体依然存在,存在于那个原始人内部,与自然密不可分,与自我了无关系。梦就这样从那些浑然一体的幽深暗夜升起,无比幼稚,无比荒诞,无比邪恶。"[1]只是,卡夫卡作品——如《变形记》或《乡村医生》的梦境,不仅"幼稚""荒诞""邪恶",而且澄明,折射布伦坦诺的精神世界,远胜精神分析。就此而言,卡夫卡堪称布伦坦诺的又一位伟大的犹太学生,足以与胡塞尔与弗洛伊德比肩。当然,卡夫卡的梦境,不仅澄明,而且深邃,其无穷的魅力关联着伟大的犹太渊源。

1 C.G.Jung, *Memories, Dreams, Reflections*, Collins Fount Paperbacks, 1980, pp.413.

第四节 生活、文学和日记

23岁获博士学位时的卡夫卡(1906年)

1906年,卡夫卡通过博士论文答辩,结束了大学生涯。此后他一边找工作,一边写作,完成日后的名篇《乡间的婚礼筹备》,并在勃罗德的敦促和强烈要求下发表了少量作品。经过几年的谋职尝试,1910年5月1日,27岁的卡夫卡借助一位舅舅的人际关系,越过当时的排犹偏见与障碍,成为布拉格工人事故保险公司的正式职员。犹太人就职于此类公共事业机构,当时仅有20%的机遇。

几乎与此同时,卡夫卡开始日记写作。这种日期上的重叠并非巧合,它反映了卡夫卡清醒的"文学生活"策略,一切都为了"他的-文学生活"。他要献身文学,为此必须首先安顿好日常生活。

卡夫卡日记是卡夫卡创作中的重要成分。日记伊始,文学气息即扑面而来。具体内容涉及文学、工作、体育锻炼等等,但始终以文学为中心,包含文学描写、文学活动、生活与文学等相关思考,其中文学活动又包括个人阅读、相互朗读、讨论交流、投稿出版等事务。事实上,这些日记就是文学,完全没有非文学的内容!卡夫卡说,他就是文学,卡夫卡日记正是见证之一。

日记也是卡夫卡作品的预演,不少作品甚至直接来自日记。一般认为,《致菲莉斯情书》和《致密伦娜情书》也是卡夫卡文学的重要组成,然而,不少重要的情书内容都预写在日记中,再抄录成信,或反过来把信摘录到日记中。如1913年8月28日致菲莉斯父亲的一封重要信件,见于此前一周的日记。又如1916年10月19日致菲莉斯的重要信件,见于此前一天的日记。这一特征也反映了卡夫卡作为犹太人的精打细算,如他自己所说,他是一个"吝啬、优柔寡断、斤斤

1913年，卡夫卡在维也纳普拉特游乐场的留影。卡夫卡当时去维也纳参加事故预防会议。从左到右依次是：卡大卜，作家阿尔伯特·埃伦施泰因，奥托·匹克和犹太复国主义者丽兹·卡兹奈尔逊。

计较、未雨绸缪”的人。[1]生活中的一切，都被他据此“点石成金”，吸收为文学营养或材料。这一过程的主要现场之一，即卡夫卡日记。

卡夫卡十分清楚日记的意义。1921年年底，他自知不久于人世，遂将日记，郑重交托密伦娜。[2]稍后他致信密伦娜，专门提问：“你在这些日记中找到了反对我的最终证据了吗？”[3]

这一提问透露出一个重大的信息：日记之于卡夫卡，被视为生命的另一种呈现，它过滤了身体与爱欲所致的各种不稳定性、不确定性，留下高度内投的精神影像，精确展示了卡夫卡生命的内在逻辑。卡夫卡生命的内在逻辑，其位相与“生活世界”的法则相反。如果以世界为参照，日记所呈现的内心世界就会显得荒诞。但是，如果以卡夫卡日记为参照，生活世界就会显得荒诞。以此为前提，卡夫卡日记就会澄明起来，表现出高度的内在和谐与统一，凸显其生命的严密轨迹和深远意义。

至为重要的是，在日记中，卡夫卡反复深入思考自身文学创作的方向。1912年9月15日，卡夫卡找到了“独特的自传作家的预感”，一周后的9月22日，他完成《判决》，实现了文学的突破。需要强调指出的是，由本书核心内容可见，这一突破并非仅仅是文学的突破，毋宁说，这一突破出于卡夫卡生命的根本使命，这一使命——由本书可见

1　1916年8月27日日记。

2　卡夫卡可能毁掉了若干日记以及与日记相近的其他文字，如留给勃罗德的八开本笔记和别的笔记等。见卡夫卡1919年日记结尾处的编者注，以及《卡夫卡小说选》第500页以下勃罗德的有关说明。

3　转引自1922年1月19日日记。

——进而关联着整体的犹太大命运、大使命，其意义之重大，远远超乎通常定义的文学本身。就此，更确切地说，卡夫卡文学不过是卡夫卡使命——犹太大使命的道成肉身。所以，1912年9月15日确立的“预感”，以及9月22日实际的突破，堪称卡夫卡生命的核心标志，足以帮助我们领悟“犹太人卡夫卡”整个的生命旋律。

而这一切，卡夫卡日记都有详细交代，与全部卡夫卡文学互文。

可以这样说，离开卡夫卡日记，无法从根本上理解卡夫卡文学的意义。

回到当下。

从1910年5月到1911年9月底，卡夫卡日记的内容相对的特殊，因为其中主要传达出关于文学的焦虑。固然，卡夫卡终生都在为文学而焦虑，但从来没有像这段时期表现得压倒一切：

5个月了，令我自己满意的文字一点儿也没写出来，这是无法补偿的事情。

不知多少天又无声无息地过去了；今天已是5月28日。难道我甚至没有决心每天拿起这支笔？我真的认为我没有这个决心。我划船、骑马、游泳、晒日光浴，因而我的小腿还可以，大腿也不错，腹部经得起检验，但胸部却有些糟糕，而且头部……

睡觉，醒来，睡觉，醒来，可怜的生活。

我不会再丢下日记。我必须坚持，这是我唯一的归属。

现在是晚上11点半。如果我不能从公司的工作中解放出来，我就完了……这从下面的事情就能看出来：今天，我未能遵守我给自己规定的新作息时间……而且居然并不觉得这是很大的不幸……

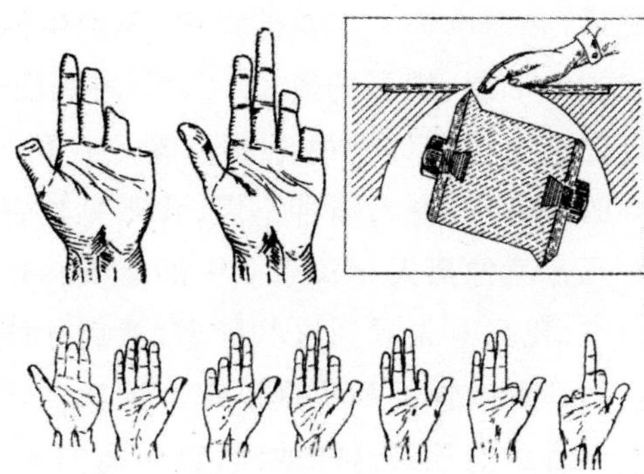

卡夫卡论文《杠旋转刨床中的事故预防装置》中的插图(1910年)

今天什么也没写,我怎样原谅自己?无法原谅。

今天我甚至不敢谴责自己。向这个虚度的日子大喊一声,得到的不过是讨厌的回音。

今天我更仔细地检查了我的书桌,在它上面什么好东西也写不出来。桌上堆满了东西,杂乱无序……

可怜,可怜,不过心情还不坏。现在是午夜,由于我睡了一个好觉,所以才有可能原谅自己白天什么也没写。燃烧的白炽灯,安静的屋子,屋外的黑暗,醒来后持续的清醒状态,这一切给我写作的机会,哪怕写下最糟糕的文字。赶紧抓住这个机会。这才是我。

我的力量连再写一个句子也不够。是呵,如果仅仅是词的问题就好办了,如果有足够的能力写下一个词就好了,那我就能怀着安详的心情离开,因为我终于且自己组成了这个词。

从这些日记看得出来,卡夫卡的焦虑并非空洞的焦虑,而是深入了文字的质地。后人知道他是个惜字如金的人。据勃罗德报道,平时在朋友圈中,卡夫卡总是十分低调、含蓄,多数时候都在倾听,一旦说话，必语出惊人。在他口中，无论生活还是文学，都点石成金，化为绝妙的形象、精彩的悖论。更不用说他千锤百炼的具体作品。[1]一则日记透露了些许他的千锤百炼："我写下的词，彼此几乎都在发生刺耳的摩擦声，令人痛苦不堪，我听见辅音彼此摩擦，发出沉闷的噪音，而元音就像黑人化妆乐队中的黑人在伴唱。每个词周围都布满我的疑虑，我只有先看到这些疑虑，然后才能看到那个词，但结果，我完全看不到那个词！我杜撰了那个词！当然，这还不算最糟糕的事情，但愿今后我能杜撰这样的词，它们能把死尸的气味吹向别处，而不是我和读者的脸上！"[2]在两天后的一封信中他又写道："我的整个身子都在警告我注意每一个字，每一个字在让我写下之前，都要向四面八方张望一番；句子在我面前裂成碎片，我看到了它们的内部，但必须马上停笔。"[3]文学首先是语词。这是他的情结。日记的现场因而一片狼藉，"他的-文学生活"由此可见一斑。

稍加留心会发现，卡夫卡日记及作品多半写于午夜前后。这就有理由为他的健康担忧。刚才讨论的日记及其所论写作即是一例。事实上，半年后的一天早晨，卡夫卡起床时一下子晕倒了。"原因很简单，我工作过度了，不是办公室里的工作，是我自己的其他工作。"其实，卡夫卡办公室的工作并不繁重，下班时间不会超过午后两点半，这在当时的布拉格并不常见，卡夫卡之所以选择这家公司，根本上也是因为看中了这一点。然而对于一位立志以文学为生命的人，即便这样宽松的工作也会令他深感焦虑，而且随着时间的推移越来越剧烈，这充分说明他在文学上所消耗的生命和精力。

1　勃罗德在他的《卡夫卡传》中举出的例子给人深刻印象。他日记中记录的第一句卡夫卡的言论是："话像一根棍子似的从他嘴里吐出来。"某天卡夫卡赴勃罗德家，不小心吵醒勃罗德午睡的父亲，他极为歉然地举着胳膊，轻轻踮脚穿过房间，用极其温柔的语气说："请您把我看作一个梦。"当几位朋友谈论文学一整夜，天亮各自回家时，听到苏醒的城市最早的声息（如送奶车声等），他会倾听着说："大城市的蟋蟀！"

2　译自1910年12月15日日记。

3　1910年12月15、17日致勃罗德，见《卡夫卡全集》，第7卷，第100页。

终其一生，卡夫卡不断往文学中转移生命，“肉身成言”。然而眼下，直到1911年10月，其“肉身成言”主要局限于上述“纯文学”的方式。某个意义上，他是在操练自己，等待突破的机遇。生命能量的转换需要对象，完美的转换需要理想的对象。无论如何，“纯文学”无法容纳卡夫卡复杂而丰富的精神生命。这大概也是他焦虑的原因之一。即便他的“老师”福楼拜，虽毕生幻想“纯文学”，结果也只是一个精神指标。更何况卡夫卡，承受着巨大的压抑，蓄积着惊人的能量，等待爆发。

1911年9月底，卡夫卡的生命状态进入了一个可怕的时期，他夜复一夜严重失眠、多梦、焦虑，“严格地说，我是睡在我自己旁边”。白天则对人充满敌意，甚至“企盼一个小小的机会来[向妹妹]发泄愤怒”。对于这种近乎心理分裂的状态，卡夫卡高度警惕，在日记中做了深入分析，最终归因于文学写作。他渴望写作上的突破，然而，眼下“大杂烩”式的阅读和写作，并未让他看到希望。一时间，“纯文学”山重水复，其“悬而未决”的状态，他能坚持多久？坚持下去，有无崩溃的危险？[1]除非从更高、更大的存在中汲取力量，然而，更高、更大的存在，那是什么？如何抵达？

第五节　生活策略：以文学为中心

事实上，卡夫卡所遭遇的问题既属于文学，也属于生活。这场心理危机的根源，潜在于他的人际关系模式。

卡夫卡属于文学。人际关系对于他，不过“绳索”或“窗口”，用以保持与世界的联系。对此，卡夫卡与波拉克的友谊可资说明，而他自己也颇有自知之明：

1　参见1911年10月2至5日日记。

假如相互写信，就像有根绳子连接着；一旦停止写信，绳子就断了。哪怕只是一根细线，我也要迅速地、应急地把它连接起来。

这幅图画是昨天晚上抓住我的心灵的。人只有调动浑身的力量，友爱地互相帮助，才能在面临地狱般的深渊时，使自己保持在勉强的高度，尽管那深渊是他们所愿意去的地方。他们互相间都有绳索连接着，如果哪个人身上绳子松了，他就会悬吊在空中，比别人要低一段，那就够糟了；如果哪个人身上的绳索全断了，他跌落下去，那就可怕极了。所以必须与其他人捆在一起。[1]

请注意加着重号的文字，所谓的“深渊”就是卡夫卡的文学。卡夫卡完全清楚，他属于文学，然而为了文学，他不得不抓住一根友谊的绳索，“使自己保持在勉强的高度”。这样的友谊，正常人恐难承受，波拉克正是如此。与后来的勃罗德不同，波拉克并不钟情文学，于是终止了与卡夫卡的友谊。为此卡夫卡曾借一篇作品悲叹说：“如果一个孤苦伶仃的人还想到处找朋友……而且还想理所当然地找到一只可爱的手，想从中得到慰藉和帮助的话，那么，这个人就会失去通向胡同的窗口，他的好景不会长。”[2]1907年，卡夫卡一厢情愿爱上海德维希·魏勒，在情书中竟然写下这样的句子：“你该看见了，我是一个可笑的人；如果你有点喜欢我，那无非是怜悯，属于我的份下的是畏惧。”[3]其结局当然不难想象。据现有资料，1910年前后的卡夫卡也会偶尔进妓院，明显意在寻找情爱关系的替代品，即所谓“绳索”或“窗口”。他甚至把妓院想象成情感家园：“我路过妓院就像路过所爱者的家门。”[4]1908年，卡夫卡致勃罗德，就此提供了绝妙的说明：

1　1903年12月21日致波拉克，见《卡夫卡全集》，第7卷；着重号为引者所加。这段话还告诉我们，为什么卡夫卡会无休无止，尤其给恋人写信；此外，患肺结核后，他与菲莉斯挥泪诀别，写给亲人朋友的书信剧增，而日记锐减。

2　转引自瓦根巴赫，《卡夫卡传》，第33页。

3　1907年8月29日致海德维希·魏勒，见《卡夫卡全集》，第7卷，第41页。

4　Franz Kafka, *The Diaries*, Schocken Books, 1976, pp.11.

我回到布拉格已经四天了，我是这样的孤单。任何人都受不了我，我也受不了任何人，但第二点只是第一点的结果，只有你的书使我感到舒服……我读着这本书时，就紧紧抓住它不放，尽管它本身也根本没有帮助不幸者之意。就这样我无可奈何地要去找一个只是友善地抚摸我的人，所以昨天我同一个妓女在旅馆里。她太老了，已经产生忧郁之情，她只是感到遗憾（虽然她并不为此惊讶），因为人们对妓女不像对一种情爱关系那样亲切。我没有安慰她，因为她也没安慰我。[1]

第一点和第二点究竟谁是原因？谁是结果？这个问题很难说清楚。不管怎样，对于人际关系，卡夫卡已然形成强烈的焦虑和恐惧：

我身上从来都存在这种对人的恐惧，令我恐惧的实际上并不是人，而是他们对我虚弱本性的入侵。因为，哪怕最亲密的朋友把一只脚踏进我的屋子，都会让我充满恐惧。也就是说，我对人的恐惧并不仅仅是一种外部象征。[2]

凡此等等，暗合他关于"生活世界"的生存论思想。根据卡夫卡的哲学，在文学和人群之间没有调和的余地。他凭据文学周旋生活，搪塞伦理-人际关系的责任，甚至不惮荒疏婚事、家庭、友谊等等。生活在别处。唯有远方——例如远方的度假疗养地——存在适合他的恋情。某次假期，卡夫卡致信勃罗德，反驳说他不合群的批评：

别说任何[我]反对合群的话！我就是为了寻找人群而来到这里的，并为我至少没有在这一点上自欺欺人而感到满意。我在布拉格

1 1908年9月致勃罗德，见《卡夫卡全集》，第7卷，第64~65页。

2 译自1913年6月26日致菲莉斯。

是怎样生活的！这样向往人群的要求我是有的，但它变成了恐惧；如果这种要求得到满足，只有在度假期间才会给我以舒适感……[1]

卡夫卡所说的“人群”也包括自己父母的家庭。生活对于他的确不在布拉格，不在身边。而大地上“远方的艳情”本质上也不属于身边，它至多只能算作偶尔闪现的提示，告知卡夫卡一个冷峻的事实：真正的远方只能是文学的象征世界，真正的远方之爱只能是文学之爱，那是近乎“绝对彼岸”的存在，它只存在于内心。

而他的情况却是这样的：他根本什么也不寻求，不过是感到厌倦的人，让自己的目光在民众和天空之间上下地移动，他走到自己窗子的栏杆旁边，但他什么也不想做，只是把头微微向后仰，所以下面的马匹得以把他拉下去，拉进马匹身后的车子和喧哗之中，从而也把他拉进人世间的和睦之中。[2]

至少从后来的情况看，就内心的意义而言，卡夫卡的友谊圈子就是文学圈子。终生知己勃罗德其实只是文学知己，两人都心照不宣。勃罗德曾坦诚指出：“他想要脱离一切，最终也包括放弃与我的交往。”事实上，这一倾向始终贯穿两人的关系。早在1911年卡夫卡就写道：

今晨，我对写作的感觉是如此清新，然而此刻，下午要向马克斯[勃罗德]朗诵的念头却完全妨碍了我。这也表明我对友谊是多么不适应……即便是具备深厚基础的友谊，每一次重新会面都必然引起不安……[3]

1 1912年7月22日自容波恩致勃罗德，见《卡夫卡全集》，第7卷，第123页。

2 卡夫卡，《临街的窗户》，载《卡夫卡全集》，第1卷。

3 译自1911年12月31日日记。

后来，在与恋人菲莉斯相互了解、磨合的过程中，卡夫卡又谈及他与勃罗德的关系：

> 我确信我已完全丧失社交能力。除某些例外——可怕的例外情况，我几乎无法与任何人进行连续的、活跃的交谈。例如，我与马克斯[勃罗德]彼此相知多年，经常单独相处，有时几天，有时外出旅游则持续几周，然而我记不起我们曾有过令我完全投入的、连贯的长时间交谈。如果有的话，我不会记不起来。[1]

友谊和文学相冲突。于是，卡夫卡尽量以文学为前提界定友谊。后来，勃罗德向卡夫卡引荐两位好友鲍姆（盲人作家）、韦尔奇（哲学家），形成一个文人圈子。初见盲人鲍姆，卡夫卡表现出高度的分寸感，以至令鲍姆异常惊讶，这固然出于人格的深度，也涉及对友谊的态度。恰如鲍姆的评论："他的严格而冷淡的与人的距离在人性的深度上胜过了通常的善意。"[2]勃罗德还评价说，卡夫卡是这样一个人，几乎不知激情为何物。[3]之所以如此，既涉及人格因素，也涉及以文学为中心的"文学生活"策略，或者说，"他的-文学生活"策略。

奥斯卡·鲍姆（盲人作家）、哲学家费利克斯·韦尔奇，加上勃罗德，三人是卡夫卡最好的朋友。

早在大学时代，勃罗德就是文学活动的积极分子和中坚力量，后来又是颇为知名的作家。他极度关心犹太复国主义事业和犹太文学事业，并引为

1 译自1913年6月10至16日致菲莉斯。

2 转引自勃罗德，《卡夫卡传》，第102页。

3 参见勃罗德，《卡夫卡传》，第69页："激情对他来说几乎完全陌生。"

自己的社会事业，为之热情投入。卡夫卡的定位与勃罗德不同，他更彻底，完全以文学为生命，绝不引为社会事业。

卡夫卡的"文学生活"策略不仅贯彻于友谊，也体现于生活的其他方面：

> 不难看出，我身上一切力量都在向写作集中。写作对我的存在是最具创造力的方向，当这一点在我身上一旦变清楚，一切就向写作的方向涌去，致使我失去享受其他快乐的能力，如性、吃、喝、哲学思考，尤其是音乐，这些方面我都萎缩了。这很有必要，因为我全部的力量集中起来也只有那么一点点，甚至满足不了我写作上一半的需要。[1]

然而，无可奈何的"萎缩"只是问题的一方面，另一方面，很大程度上，这也是一种策略性的收缩，虽然其中不无无意识的因素。这是卡夫卡"文学生活"策略的一个秘密。我们曾经说过，卡夫卡神经症的一个特征是"放大"。这一特征也体现于"文学生活"策略的贯彻，表现为半意识、半无意识的"放大"，从各方面夸大家庭和工作中的"恐惧"，从而让自己有理由"萎缩"，退回文学的据点。例如，他会向未婚妻这样论证说："但我的力量不够，再小的阻力对我而言也太大了。"或者："对于我来说，这个题目太大了。我只能向你讲述全部事情的千分之一，而我所能向你讲清楚的又只是这剩下的千分之一中的千分之一。"或者："对于我来说，他们[父母]比事实上糟糕一百倍，而我对事实如何并不关心；他们的愚蠢是一百倍，他们的荒唐是一百倍，他们的粗野是一百倍。另一方面，他们的长处却比事实上要小成千上万倍。"[2]

无论"萎缩"还是"收缩"，从心理学或人类学的角度来看，卡夫卡所运用的是一种巫术、一种魔法，实质上就是他自己的焦虑。借用R.

---

1 译自1912年1月3日日记。

2 译自1916年10月19日致菲莉斯。

D.莱恩的话，卡夫卡利用自己的焦虑“巧妙地”对世界做了时空变换，对于他来说，“自我的孤独状态实际上是自我的一种努力：在自主性和完整性面临威胁时维护自身的存在”。[1]

卡夫卡的存在就是文学的存在。他借焦虑为巫术，以维护自身“他的-存在”。然而，我们将看到，他早晚会为此付出代价。魔法师借魔法唤出魔鬼，却无法继续控制魔鬼，因而酿成灾难。这正是卡夫卡命运的一种写照。往后，卡夫卡会不断遭遇这一问题，而眼下的1911年9月，他初入社会，问题即露端倪。这年他才28岁，年纪轻轻，竟然深陷神经症。世界和自我相分裂，自我和自我相分裂，要把他撕碎。他生平第一次面临严峻的局面。

然而，就在此时，卡夫卡生活中出现了一件事情，至少从日记来看，它不仅让卡夫卡走出了一场心理危机，而且在他的生命中唤醒了一种意义，因而，也令其“文学生活”有了一个中心。这件事情具有里程碑性质，其重要性怎样强调也不会过分。

1911年10月5日，卡夫卡在日记中写道：

昨夜，萨伏伊咖啡馆。犹太依地语剧团。

1 莱恩，《分裂的自我》，第82页。

第十章　犹太乡愁与肉身的牵挂

我想写出我全部的焦虑，把它写进纸的深处，正像它出自我内心深处一样……今天，洛维谈起他的不满……我把他的处境解释为怀乡病……

——弗兰茨·卡夫卡

第一节　东欧犹太依地语剧团

依地语是德语、希伯来语、斯拉夫语等不同语言的混合体。1948年以色列复国之前，它是犹太人传统的国际通用语言，也是中欧和东欧犹太人的主要口语。就其混合形态而言，依地语只能算作一种年轻的语言，然而可追溯到犹太民族古老深厚的历史渊薮。依地语戏剧起源于拿破仑时代之后的欧洲19世纪中叶，短时期内即成就不凡，形成辉煌的表演风格，具有深刻的感染力。这一现象背后，是犹太复兴运动的宏大背景。

1911年秋，从乌克兰的莱姆贝格，一个东欧犹太依地语剧团巡回至布拉格，一直演出至翌年2月，总共长达四个月。在此期间，卡夫卡的"文学生活"发生了重大的转变。

1911年10月4日，在布拉格萨伏伊咖啡馆，卡夫卡首次观赏该剧团演出。两天过后，即10月6日，他写下这样一段日记：

想见识大型的依地语戏剧班子，因为班底小和排练不充分会使演出遭受损失。还想了解依地语文学，显然，一场延绵不断的民族斗争传统为这一文学打上了烙印，这场斗争决定了每一部作品。这样一种传统与别的文学无关，哪怕最受压迫的民族，其文学也不具备这样一种传统。或许，别的民族在战争期间通过好斗的民族文学取胜，或许，别的民族文学艺术作品站的地位较高，距离较远，从观众的热情中也赢得了某种民族性，例如《被出卖的新娘》，然而现在看来只有第一类作品才会最终取胜，而且事实上始终会是如此。[1]

依地语戏剧演员吉茨夏克·洛维。1911年，他随剧团从波兰巡回演出到达布拉格。在卡夫卡重新发现犹太文化遗产的过程中，洛维起了至关重要的作用。

日记提及《被出卖的新娘》，绝非偶然。这是音乐大师斯美塔那的歌剧代表作。斯美塔那是卡夫卡的同胞，同为“布拉格之子”。不仅如此，他还是19世纪著名的捷克爱国主义音乐家，第一位波希米亚民族主义大作曲家，其大部分作品均以民族和爱国为主题。1866年，斯美塔那写成《被出卖的新娘》，虽逢奥地利-普鲁士战乱，仍一鸣惊人，广受拥戴，为乐迷们所珍爱，直至今日仍在他们的首选曲目之列。

卡夫卡不喜欢音乐，当然包括歌剧。他知道自己缺乏音乐细胞：“我缺乏音乐天赋，无法连贯地享受音乐。一首音乐只对我产生间断的效果，几乎不能说是音乐上的效果。”[2]

绝非偶然，这段自白正好作为上述日记的脚注：原来，他对依地

1 译自1911年10月6日日记。

2 译自1911年12月13日日记。

语戏剧的热爱，对斯美塔那含沙射影的攻击，并非针对音乐作品本身，而是另有原因。

只是，这个原因非同小可。事实上，那是卡夫卡的“犹太情结”。

1911年10月14日，即首次观赏剧团演出之后十天，卡夫卡日记中出现了一个人的姓氏“洛维”，与他母系的姓氏相同，此人正是剧团带领人及主力演员吉茨夏克·洛维。他于1887年生于俄罗斯一个犹太富商家庭，一度挥霍钱财，生活浪荡，后来投身犹太复兴的时代大潮，并深受犹太教哈西德主义影响。

吉茨夏克·洛维（摄影时间不详）

就从这天起，卡夫卡与洛维产生了友谊，并迅速发展，以至“常常思念”，某天的日记甚至承认自己“喜欢上了洛维”。眼下，为了洛维，他破天荒竟敢顶撞父亲！洛维这边，同样情真意挚。1912年2月，剧团结束巡演告别布拉格，洛维则只身前往匈牙利布达佩斯，在那儿，可能既因外部逼迫，也因自身异化，他陷入人生低谷。绝望时刻，他所能想到的还是卡夫卡：“您想想，我陷得多么深，甚至断了与您的这一联系……我……多么盼望您的信啊！我早就脱开了一切，没有朋友，没有父母，没有家庭……一切人中之最可爱的卡夫卡博士也失去了……这一失去是我没有想到过的……您是唯一对我那么好的人……是唯一说话说到我心坎里去的人，唯一把我理解为还算不错的人。”卡夫卡则回信说：“我觉得，当我们那时在布拉格的夜色中漫步时，我们俩心中燃着多得多的希望之火。那时我想，您一定会取得突破的，而且是一举成功。此外，我必须告诉您，我对您前景的希望并未熄灭。”[1]

---

1 勃罗德，《卡夫卡传》，第109~110页。又，1942年，洛维在特雷布林卡集中营去世。参见尼古拉斯·默里，《卡夫卡》，第78~79页。

终其一生，这样的友谊对卡夫卡几乎绝无仅有。事实上，这份罕见的友谊背后，是绵亘数千年的犹太深情。四个月巡演期间，洛维带卡夫卡走进依地语戏剧与传统文学，同时了解犹太教——尤其哈西德派的精神实质与传统习俗，包括参加割礼仪式等等。卡夫卡在日记中详细记载了相关内容，例如音乐敬拜对于哈西德犹太人的意义："哈西德派聚会，大家愉快地讨论《塔木德》[犹太教经典]。一旦冷场，或有人不积极，大家就开口唱和……"[1]实际也是如此，不仅是洛维，整个剧团，大家都"唱和"。卡夫卡，以至他的日记中全是洛维和剧团，要不就是洛维讲述的犹太传统或逸事，或者由此激发的家世回忆。大篇大篇的文字源源涌来，充满明亮心态，洋溢着善意、男子气、热情、正义感、民族精神、抱负与雄心，把习惯性的负面情绪一扫而空，几乎不可思议。对此，卡夫卡10月22日的日记提供了如下解释：

多好的演员，却几乎一无所有，他们甚至得不到应有的感谢和声誉。我们对他们的同情，的确[不是出于肤浅的感情]，只是同情众多高尚奋斗者的悲哀命运，最终是同情我们自己。因而，这一同情也就表现得如此强烈，甚至有些过度，因为它表面上是对陌生人的爱慕，但实质上是在怜惜我们自己。[2]

卡夫卡的感情内秀而深切，以至他担心卷入太深，导致身不由己。后来的事实表明，他的担心并非多余。就在当天，卡夫卡兄妹二人陪洛维散步，整整三个小时。途中洛维谈及剧团人际关系方面的问题，包括演员们的分歧。第二天卡夫卡有感而发，在日记中委婉流露："他的爱虽然坚定，但尚有自省的空间。他迄今描写演员们的文字，与真实的他们有距离。"卡夫卡自觉有些矛盾，含蓄地归结为自己

1 译自1911年11月29日日记。

2 译自1911年10月22日日记。

的文字表述不稳定："这种不稳定使我无法鲜明而正确地再现演员们的本色。"这样一种情感流露，明显包含某种"亲情的愧疚"，一般只会发生在至爱亲朋之间。看来，他的确有点卷入过深。绝非偶然，再过一天，日记对象一转，落到母亲身上，罕见地表达了对母亲的深情，对家庭温暖的迷恋，并带出一个重大主题，深入探讨了"母亲"的含义：

母亲整日操劳，毫不顾惜自己，她的心情视境况时而高兴，时而不快。母亲嗓音清脆，平时说话很响，但要是你心情不好，或是一段时间没听她说话，就会很舒服。……当她从外边亮着灯的房间走进我躺着休息的昏暗屋子，或者在黄昏，当白昼单调地渐渐化入夜色，母亲从商店赶回家，用一道道关切的吩咐让迟暮的一天在家中又从头开始，而且把我这躺在床上的非法病人赶起来帮她做点小事儿。……然而昨天我发现，我不能始终有能力回报给母亲她应得的爱，因为德语使我无法做到这一点。在犹太语中，母亲不像德语这样叫"母亲"(Mutter)，叫她"母亲"(Mutter)让她变得有点儿可笑(并非对她自己而言，因为我们家讲德语)，我们把一种德语的叫法加给一位犹太女性，然而却忘了情感深处巨大而沉重的冲突。对于犹太人，"母亲"(Mutter)是一个有点古怪的德语称呼，它无意识地包含着基督教的光辉，同时也无意识地包含着基督教的冷漠，被叫作"母亲"(Mutter)的犹太女性因而变得不仅可笑，而且陌生。叫妈妈(Mama)或许好一些，但是除非我们没有想象它背后"母亲"(Mutter)的含义。同样，对于犹太语中父亲的含义而言，德语的叫法"父亲"(Vater)也相去甚远，我相信，这仅仅是因为，早年犹太居住区的回忆仍然维系着犹太家庭。[1]

如此纤毫入微而又如此明澈，卡夫卡的魅力令人叹为观止。然

1 译自1911年10月24日日记。

而，这篇日记真正引人注意的，是那种彻骨的温柔，这在卡夫卡的文字中堪称绝无仅有。它深藏于卡夫卡的身心，之所以流露于此时，正是幽邃的犹太乡愁使然。

跟所有人一样，卡夫卡也有他的怀乡病。他的家乡，按《希伯来圣经》的说法，是在迦南，那是一块“流着奶和蜜”的土地，是上帝应许给犹太人的恩典之家。后来，因历史的不幸——犹太人忏悔为悖逆上帝之故——他们痛失这处家园，开始“永世的流浪”。在前后数千年的乱离中，迦南作为恩典的象征，支撑着他们承受非人的苦难。悲哀的流浪似乎没有尽头，反而熬炼了永恒的乡愁。一代又一代，回家的渴望始终在他们内心深处回响。

卡夫卡渴望回家。这一精神(psyche)现象植根于民族的无意识，无论早晚，总要变成心灵的事实，及至信仰的体现。

眼下，自1911年这个金色的秋天，因文学的困境和心理的危机，他反而收获了一个看似偶然的机遇。洛维，这位与母亲同姓的犹太同胞及其依地语剧团，唤醒温柔的乡愁，激起“回家”的渴望。乡愁遥远而温柔，令卡夫卡沉痛检讨自身的失落，乃至整个民族——包括父亲赫尔曼·卡夫卡的“异化”，并叩问“母亲”的象征含义。就此而言，德语的“母亲”(Mutter)尤其令人难堪，象征着犹太人的失落和异化。是啊，德语的世界中没有犹太人的家。同样，新教伦理的资本主义亦非犹太人的家。犹太人的家在迦南。那儿才是犹太人的温柔之乡，即便其乡愁，如此刻卡夫卡所经历，也是那么温柔彻骨，令他身不由己。

不错，10月6日日记的主题仍是文学，然而，犹太之根的关怀已在觉醒。文学固然给卡夫卡家园感。然而，对于卡夫卡，文学的家园感根植于更深邃的土壤，那就是犹太的乡愁。眼下，因着乡愁的苏醒，民族命运与文学使命相际遇，相交汇。

是犹太的血脉流淌着荣耀的抱负，还是文学的雄心渴望着深邃的源泉？此处，细究这样一个“发生学”问题似乎并非必要。我们目睹的，是这样一个事实：因着犹太血缘的神秘与幽邃，卡夫卡身上爆发了温柔的乡愁。一反常态，他听任自己受惑于美丽的温柔，罕见地把自己交托于“积极的事物”，甘心为它“着魔”，被它“诅咒”。他的生命因此绽放，景象奇异。他的雄心开始盘旋。视野的地平线上，伟人的半身像依稀呈现：歌德令他“激动不已”；拿破仑让他感到“骄傲入侵内心，脖子上血脉贲张”；而克莱斯特呢？11月21日恰逢这位天才逝世一百周年，那天，天才的家人在天才的墓前献上了一个花环：“献给家族最优秀的成员！”卡夫卡在日记中专门记载了此事。他“如饥似渴地、幸福地”阅读《犹太史》和《依地语文学史》这样一类书籍。用勃罗德的话说，“卡夫卡怀着激动和愉快的心情闯入了东方犹太民族力量的新世界”。日记的篇幅在急剧增长，[1]而日记的内容中出现了一个引人注目的亮点。卡夫卡开始反复探讨一个可能：那就是犹太民族的文学。它不再是某种“纯文学”，而首先是民族的乡愁。它仍要表现生存的不安与恐惧，但不再局限于自身自体，而是表达民族的“怀乡病”。或者说，“他的-文学存在”卷入了“他的-民族存在”，并因而激起乡愁特有的“忧伤”：

下午我就有过一种巨大的渴望，现在它又来了，我想写出我全部的焦虑，把它写进纸的深处，正像它出自我内心深处一样，或者写成这个样子：我可以因此而将我曾写过的东西全部汲收到我身上来。这种渴望不是艺术的渴望。今天，洛维谈起他的不满，谈起他对剧团所作所为的漠不关心，我把他的处境解释为怀乡病，然而，在某种意义上，虽然我做这样的解释，但并非为他而做，而是留给我自己，并作为我自己一时的忧伤来享受。[2]

1 相处不到5个月，日记篇幅已近全部日记（1910年至1923年）的三分之一。

2 译自1911年12月8日日记；着重号为引者所加。

两周以后，卡夫卡写下母亲的家史，一篇动人的犹太传奇："我的希伯来名字叫阿姆舍尔，跟母亲的外祖父一个姓，他在母亲的记忆里是一位异常虔诚而博学的人，留着长长的白胡子，他过世的那年，母亲才6岁。母亲记得，她当时怎样死死抓住外祖父的脚趾，请求原谅她可能对外祖父犯下的过错。母亲还记得外祖父布满屋子四面墙壁的藏书……"这段犹太传奇前面，又是一段关于人神歌德的讨论，只是，这次讨论的调子不再"纯文学"，或者说，现在，"纯文学"竟然有了"无限的从属性"：

歌德也许通过其作品的力量阻碍了德语文学的发展。虽然，散文的风格会不时朝着离他而去的方向发展，然而，它最终又会带着强化了的渴望回到他那里，甚至会沿用他那些已经过时的短语，就像眼下的情况，但是，眼下这样一种沿用不再与他有任何特殊的联系。眼下，散文风格回到歌德，是为了彻底享受它无限的从属性。[1]

从属当然是对犹太乡愁的从属。就在同一篇日记中，卡夫卡憧憬一种伟大的犹太文学，对其可能性进行了雄心勃勃的探讨，堪称一份"犹太文学纲领"：

我通过洛维了解了华沙的当代犹太文学，并部分通过我自己的洞察了解了捷克当代文学，我发现一个事实：我们甚至可以通过这样一种文学来发挥文学的诸多好处，它的发展前景因为缺乏杰出人物而实际上还不是十分开阔，然而它的发展前景会开阔起来。只要有这样一种文学，那么，文学的诸多意义就可以通过它而得以实现：如激励人心；如统一民族意识（它总是倾向于解体，常常无法在公众生活领域中实现）；如展现民族骄傲……如引导广阔公众生活领域的精

1 译自1911年12月25日日记。

神化；如同化不满元素（它们立即被转化运用于该领域，除非我们停滞不前，它们不会再造成危害）；如促成人民持久的团结（各种杂志通过繁忙的运行缔造这种团结，而人民珍视自己的团结）；如促使民族把注意力集中于自身并一定通过思考而接受外来文化；如鼓励对文学人物的尊重；如不断唤起年轻一代去追求更高的目标，并因而为历史所铭记……

一个小民族的记忆并不小于一个大民族的记忆，它因而能够更彻底地消化生存的营养。的确，在这样一种文学中，文学史家的地位很低，然而文学本来就应该是人民而非文学史所关注的事情，人民至少会以可靠的方式保存这种文学，虽然这种方式不是那么纯粹。因为，一个小民族的民族意识对个体提出的是这样一种要求：每个人都必须随时准备熟悉落到他身上的那部分文学，承担它，捍卫它，即便不熟悉，不承担，也要捍卫它……[1]

卡夫卡希望“文学的乡愁”在“民族的乡愁”中实现，而“民族的乡愁”则通过“文学的乡愁”表达。洋洋洒洒的论述之后，他专门列出一个“小民族文学特征一览表”。他把小民族的文学特征概括为三点：第一是生动，体现为冲突、流派和杂志三个方面；第二是较少限制，表现为不教条、小题目和象征的自然性；第三是群众性，表现为与政治的关联、文学史和对文学的忠诚，这种忠诚可以形成自己的法则。卡夫卡认为，他所提供的一揽子方案相当于一个精神的家园，因为：“这样的纲领可以为一个人的存在提供一种有意义的、幸福的生活，如果一个人感受到了这种生活，就很难转而追求别的生活。”现在，“他的-文学生活”已然升级，成为“他的-犹太文学生活”。

新年第三天，他写下一篇颇有代表性的日记，可视为新年的总结与展望，其中以罕见的自我肯定，审视了自己的文学情结，确认已找

1　译自1911年12月25日日记。

到了文学的目的，可以安身立命了：

当然，并非是我自己有意识地找到了写作的目的，而是它自己找到了自己，现在只有办公室的工作还在干扰它，当然，这对它来说是根本的干扰。我再也不会抱怨各种各样的事情了，诸如我无法与恋人相处，诸如我对爱情的理解几乎就像对音乐的理解一样少，只能满足于最肤浅的结果，诸如除夕夜宵我只就着防风草拌菠菜喝了一杯西尔里斯酒，诸如周末不能参加马克斯关于自己哲学工作的报告会等等，因为我会得到显而易见的报偿。就我所见，我的发展已经完成，没有什么令我不满意的地方了。剩下的事情只是从这一团情结中把办公室的工作扔开，以便开始我真正的生活。在这种生活中，我的脸终于得以随着我的文学的进展按规律自然老去。[1]

再过三天，他写下另一篇重要日记，公然提出了“自己的犹太教”：

昨日观看费曼(Feimann)的戏《总督》，其结果，我对犹太性(Jewishness)的敏感完全无法调动起来。他们表演得太单调，太不像话，没头没脑突然暴发一阵哀号，还自以为得意。想当初，几场戏下来，竟有可能让我得以认为，我终于遇见一种犹太教，其中包含着我自己的犹太教的根源；两者取向相同，因而，它可以启蒙我自己的粗拙的犹太教，使之获得充分的发展。然而，后来我越听他们的戏，他们的犹太教就离我越远。不过，只要这些演员还在，就仍然存在着希望。[2]

1　译自1912年1月3日日记。

2　译自1912年1月6日日记；着重号为引者所加。

看来，两个月下来，卡夫卡的确经历了启蒙。他的犹太情结迅速萌动，发展，竟然超越了老师，眼下盼望着继续成长，等待决定性的突破。

如后可见，决定性的突破不久就会到来。1912年8月13日，卡夫卡在勃罗德家邂逅柏林犹太女性菲莉斯；8月20日，他认定对方为命运安排的婚姻对象。9月15日，他灵光闪现，确立了一个预感，自我定义为“特殊的自传作家”——换句话，他要如《希伯来圣经·箴言》所说，做“温良的舌”，借文学为犹太立言。9月20日，卡夫卡首致信菲莉斯。9月22日，《判决》诞生。这一连串行动整合了“他的-犹太文学生活”，并正式拉开了序幕。

往后的事实表明，他的预感终将完全实现。“我自己的犹太教”一路深情绽放，肉身成言并言成肉身，其深度与广度，远非他最初的憧憬所能及。

只是，未来一切的出人意料，不可能单单是喜人的收获、成长，与此同时，也是肉身的撕裂、“伤口”的绽放。其深也，如临渊之踟蹰；其广也，如旷野之徘徊，就此形成一场持续终身的“突破”，最终悲欣交集。

因为他是卡夫卡。与生俱来，他一路珍藏着犹太深情，也与罪同行；虽蒙受呼召，但也携带着“肮脏”与“污秽”，承载着“恐惧”与“渴望”。

第二节　肉身的牵挂：地狱里的温柔？

1912年2月，犹太依地语剧团完成了在布拉格的巡演，即将离去。有关方面定于2月18日在布拉格犹太大厅举行告别晚会，晚会内容包括洛维的依地语朗诵和卡夫卡的演讲。卡夫卡高度激动和亢奋，提前10天准备演讲，甚至为此中断了文学写作，准备过程中，竟不时被一阵一阵无法控制的发抖所打断。

卡夫卡的激动和亢奋并非完全没有道理，因为演讲的主题是依地语，他要借此抒发他的犹太乡愁。

晚会开幕，卡夫卡首先激动地发表了精心准备的演讲。他论证说，依地语虽然看起来年轻，却饱含着犹太民族数千年流浪的辛酸。一方面，艰难困苦炼成了依地语，赋予它非凡的境界与力量，得以兼容不同的语言。另一方面，这些不同语言并不对依地语形成威胁，因为它植根于古老的犹太血脉。例如，依地语与德语联系甚密，却无法直译成德语。卡夫卡希望大家用心倾听接下来洛维的朗诵，因为，对于至今流浪的犹太人，依地语生死攸关，足以战胜恐惧：

> 一旦你们懂得了俚语[依地语]——俚语是一切，是言词，是犹太音调，是[洛维]这个东部犹太演员自身的本质——那么你们就将再也认不出你们先前的不安来。那时你们就将感受到俚语真实的统一性，这感受将是那么强烈，以至你们将产生恐惧，但不再是对俚语，而是对自己。如果没有俚语将赋予你们的自信，它会顶住这种恐惧，并且比它[恐惧]更强大，那么你们靠自己将会受不了这种恐惧。[1]

卡夫卡演讲成功了，洛维的依地语朗诵也成功了。

然而，2月下旬，洛维和他的剧团走了。卡夫卡坠入低谷，要到1913年年底，才逐渐复苏。

一开始，卡夫卡试图保持四个月来的明亮心态，但很快迷失于习惯性的悲哀与无奈。从2月下旬到8月中旬，整整半年时间，他只写下45篇日记，且内容稀疏，寥寥30页，仅为剧团巡演期间的五分之一！

现实本身就很无奈。早在去年年底，即与剧团“蜜月”期间，父亲已然颇为不满。其时，卡夫卡疏于管理家中的木棉厂。他有投资在其中，参与分红，却未能投入相应的时间和精力。尤其因为洛维和剧团，让他无暇他顾。为了“保护自己全心全意投入文学”，他未能直面

1　参见《卡夫卡全集》，第5卷，第268~271页。据勃罗德报道，卡夫卡草拟了一封信，致波希米亚所有犹太复兴组织，请求为剧团提供支持。参见勃罗德，《卡夫卡传》，第108页。

Prager Asbestwerke
Hermann & Co., Prag
offerieren Wiederverkäufern bei promptester
Bedienung in erstklassigen Fabrikaten
Asbest- und Asbest-Kautschukwaren
jeder Art. Technische Fettpräparate.
Stopfbüchsenpackungen. Hochdruck-
platten. Isoliermaterialien.

"布拉格石棉工厂"的图记

现实。父亲经常旁敲侧击，要么就忆苦思甜，要么就提醒他人际关系的问题。最后，父亲忍无可忍，干脆提出激烈的批评："都三十而立的人了，文学梦没完没了，自己神经兮兮，对别人也不负责，那怎么行？"

父亲的批评似乎未能奏效。几天后，母亲出场了。母亲委婉启发，谈及成家立业、生儿育女。卡夫卡则"生平第一次发现母亲关于我的想法是如何天真而不切实际"！他认为，母亲完全不了解自己的文学抱负。又过了几天，周末，父亲代表家庭再次找他谈话，依然无效，反而进一步刺激了他。家庭问题被他上升到民族路线斗争的高度，父子冲突也被概括为人类文明的宿命，声称要"赋予父亲们与儿子们之间的对立以崇高意义，并使关于这一点的讨论成为可能"。

最终，卡夫卡一如既往，沉迷于"他的–犹太文学生活"，因为他认为没有让步的余地：

> 我对工厂的事一窍不通。今天早晨受命巡视工厂，我在那里呆头呆脑，像一条夹着尾巴的狗。我拒不接受深入工厂经营细节中去的可能性。如果我被迫陷身于没完没了的思虑和烦琐的关心，我能达到什么目的呢？……我只适合做一些务虚之事……否则，如果剥夺我下午仅有的几个小时，为工厂进行毫无意义的努力，势将必然彻底摧毁我的生存。即使没有这件事，我的生存面业已在不断缩小了。[1]

1 参见1911年12月28日日记。

父亲这边，作为“生活的代表”，竭力要让他明白生活的艰难和责任。现在，洛维和剧团走了，儿子理应把放飞的心收回来。观望和等待了半个月，父亲再次提出批评。而卡夫卡在日记中的反应则是想要“跳窗”。他决心殊死捍卫自己的文学生活。对于木棉厂事务，他一如既往“务虚”之，把全部精力用于写作。然而，洛维和剧团已去，他需要寻找新的平衡点。民族的乡愁一时退回内心深处，“纯文学”的惨淡经营又有点回潮。

1912年3月8日：“今天洗澡时，我相信我又感觉到了旧有的力量，它们似乎未经触动而度过了长长的间歇期。”

3月11日：“今天烧了许多令人作呕的旧稿。”

3月16日：“周末。又有勇气了。我再次抓住了自己，就像抓住一只下落的球。明天，今天，我将开始一件大型的工作，不勉强自己，量力而行自然形成。只要我还抓得住，就不会放弃。宁可失眠，也胜于眼下这样过日子。”

3月17日：“歌德，痛苦中的慰藉。”

5月6日：“第一次明显感觉到写作完全失败。接受考验的感觉。”

5月9日：“我是如何面对一切不安紧紧抓住我的小说[《美国》]啊！就像纪念碑上的雕像紧紧抓住底座望着远方。”

6月6日：“刚刚读了福楼拜的信：‘我的小说是我攀附的海边绝壁，我对世上发生的事一无所知。’——与我5月9日的日记相似。”

6月6日：“没有重量，没有骨头，没有躯体，沿街走了两个小时，一边想下午的写作中我克服了什么问题。”

8月7日：“长时间的劳累。最后致信马克斯[勃罗德]说我无法完成剩下的几个片段，不想强迫自己做这件事情，因而放弃出版这本书。”

8月8日：“完成《骗子》，多少有些满意。用尽了正常大脑的最后一点力量。已是午夜,我怎样才能入睡?"

8月11日:"什么也没写,什么也没写!出版这本小书耗费我多少时间!"

8月20日:"如果罗沃尔特将稿子退回,我又会将这一切束之高阁,就像事情没发生过一样,但这样一来,我只好又跟原来一样不幸了。"

……

半年时间悄悄流逝。然而,从上述日记,可以发现一个值得注意的迹象:围绕是否发表作品,卡夫卡相当哈姆雷特:发表?不发表?这是一个问题!这当然因为他的优柔寡断,但暗中隐藏着更具体、更微妙的含义,关系到肉身的牵挂。

生存永远是一个硬道理。事实上,正是在这段时期,卡夫卡一度想当记者或自由作家,以解决具体的生存。一度,他与布拉格几位记者如皮克、哈斯过往甚密。再往后,他会具体考虑赴柏林当记者或自由作家,甚至考虑移居巴勒斯坦。凡此等等,意在摆脱布拉格——"这带爪子的小母亲",她象征着卡夫卡的生存和依赖。必须解决肉身的牵挂,才可能真正实现"他的-犹太文学生活"。尤其眼下,父母家中的日子越来越没法过。在卡夫卡这半年为数甚微的日记中,除了文学,就是文学的"敌人"。

1912年3月8日:"前天因为工厂之事受[父亲]指责。然后整整一个小时都躺在沙发上想怎样跳窗。"

3月18日:"我不乏聪明,只要你愿意,我随时准备赴死,这倒不是因为我在乎交给我做的事,而是因为我完全没做这些事情,而且根本不打算做。"

4月3日:"一天的时间就这样过去了。上午办公室,下午工厂。现在是傍晚,家里到处都在大声说话……我没有任何时间可以用来做自己的事情。"

9月8日："下午。母亲和一群女人跟街邻上几个孩子大声玩闹，并要把我赶出房间……"

甚至对母亲都有些过不去了。他并非冷血，但生活令他尴尬。一方面，年近30的人了，还寄居父母家中，又不愿承担责任。如果父母加以迁就，反而无法理喻。父母不至于采取什么强硬措施，但不可能视而不见。母亲虽然十分仁爱宽怀，偶尔也不免情绪流露，令他耿耿于怀。另一方面，男人早晚必须独立谋生。做自由作家前程未卜，做记者时机也不成熟。进退维谷之间，他回避着一个无法回避的问题。之所以回避，并非试图逃离，而是因为过于重大。事实上，这个问题是他的情结，也是他的症结，即他的"婚姻综合征"。

还在与犹太依地语剧团"热恋"期间，卡夫卡就以大妹艾莉的婚姻做过设想。在卡夫卡看来，艾莉的婚姻充满弊端，艾莉竟感到幸福，让卡夫卡无法理喻。理想的婚姻是什么姑且不论，但他决不要艾莉那样的婚姻。[1]眼下，恰逢二妹瓦莉订婚，卡夫卡专门为之写下这样一首诗："从熬干生命的地狱/我们升华，伴随新生的力量/冥冥诸神在等待/直至孩子们重坠深渊。"[2]卡夫卡在冷酷地质疑婚姻的本质：从"熬干生命"的婚姻，真能升起"地狱里的温柔"吗？

卡夫卡深怀"父亲情结"或"世界情结"，其表现正是"婚姻综合征"。他与父亲所代表的世界展开决战，其核心正是婚姻问题。这是双方关系的枢纽，力量的要害。如果不用生命反复掂量，"婚姻综合征"就可能绽放为致命"伤口"。

正是在婚姻问题上，卡夫卡一直有意无意"悬而未决"。一方面要"绝对掌握"一己的生活，另一方面又试图放弃人际关系。解决如此吊诡的问题，似乎非婚姻莫属，然而更为吊诡的是：婚姻本身，正是人际关系的集中体现。婚恋对象与"父亲"一样，正是"生活的代表"，

1 参见1911年11月11日日记。

2 译自1912年9月15日日记。

反而把当事人引回人际关系的“生活世界”。

然而，当局者迷。人的心理绝不甘心进退维谷。爱欲永远要表达自己。任务已经明确，眼下他迫切需要生存的独立，只等恰当的人选出现。

1912年8月14日，卡夫卡的日记中出现了一个特殊的名字：

> 一无所获的一天。躺着睡觉……老是想着F.B.——写下这个名字让我是如何为难啊。

他应该感到为难。他没有理由不感到为难。因为无法“绝对掌握”自己的文学，他不得不考虑婚姻，然而，他能否“绝对掌握”婚姻？这位F.B.愿意跟他过“文学生活”吗？如果不可能，又会出现什么样的局面？导致什么样的冲突？展开什么样的搏斗？

不管怎样，几天后，仍然是在日记中，以其无法复制的精准笔法，卡夫卡对这位F.B.做了一番入骨三分的描述。这位F.B.是他肉身的牵挂，就像民族是他文学的牵挂。然而，按他自己的说法，这个人将代表世界撕开他存在的伤口，并最终把他撕成碎片。

第十一章　犹太自传:菲莉斯与“恋诗歌手”

最亲爱的菲莉斯:……多年来我只哭过一次,那是两三个月之前,我硬是在扶手椅中哭得全身颤抖,短暂的间歇过后再次哭得全身颤抖;当时我担心我失控的悲泣会惊醒隔壁房间的父母;那是在夜里,起因是我的小说[《判决》]写到了一个特殊的情节。

——弗兰茨·卡夫卡

第一节　“恋诗歌手”的生命本色

F. B.小姐。8月13日我到勃罗德家时,她正坐在桌子旁边。我并未在意她是谁,却当即把她的在场视为理所当然。骨骼宽大的脸,脸上是一副毫无表情的神态。光着脖子。披一件外衣。穿着看起来像是个善于持家的人,虽然跟着就知道绝非如此。(我如此认真地审视她,这使我与她疏远了一点。的确,我眼下是怎么了?对一切好东西全都有些疏远,什么都不相信……)鼻子几乎不完整,棕色的头发多少有些直,有些硬。结实的脸颊和下颌。我欠身坐下时仔细看了她最初的一眼,坐定后我已有了一个不可动摇的判断。[1]

1　译自1912年8月20日日记。

全部卡夫卡日记，如此描述，斩钉截铁，仅此一例。

F.B.小姐，全名菲莉斯·鲍威尔，一半犹太血统的德国人，1887年生于德国上西里西亚的诺斯塔市，12岁时随父亲举家迁往柏林，时任柏林卡尔·林德施特罗姆录音机股份有限公司销售科科长，继承了父亲的商务事业。

这位时年25岁的姑娘，在五位兄弟姐妹中排行老四，其他四位依次为姐姐伊丽莎白(1883年生)、哥哥费迪南德(1884年生)、姐姐艾尔娜(1885年生)和妹妹托妮(1892年生)。1904年至1910年，菲莉斯父母因故分居，菲莉斯弃学谋职，跟兄姐一道，协助母亲支撑家庭。父母于1910年复和，其时，23岁的菲莉斯已是一位成熟、稳重的职业女性。也许由于生活的磨炼，菲莉斯为人务实、平易、干练。在生活中，她属于那种积极而单纯的人格类型。用卡夫卡后来的话说，她是个“快乐、健康、自信的女孩子”，勃罗德的评价则是“审慎、能干、宽怀大度”，正好是对卡夫卡评价的补充。菲莉斯喜欢漂亮衣服，但又没有一般女子身上那种“脂粉气”；爱好旅行和音乐，喜欢享受生活，乐于家庭奉献。对于文学，她具有那个时代一般中产阶级的品位。

卡夫卡和他的女友菲莉斯·鲍威尔(1917年7月于第二次订婚后)

跟赫尔曼·卡夫卡家族一样，菲莉斯家族在体质上和心理上都秉有坚强的素质。后来，卡夫卡赴柏林首次见到菲莉斯的家人，在他们面前，身高一米八二的他居然觉得自己很卑下，自认为“一定给他们留下了十分丑陋的印象”。在他眼里，“菲莉斯是不可摧毁的。她是普鲁士-犹太人的混合种，这是一种强大的、必胜的混合体”。在两人的一张合影中，菲莉斯虽然小卡夫卡4岁，却显得独立、沉稳，一眼看去像位母亲，卡夫卡傍在她身边，倒像母亲的儿子。[1]

菲莉斯气质独特，从她身上，卡夫卡隐隐看到这样一种可能的婚姻：既能保证写作所需的孤独环境，又能维持与世界的适当联系。他把菲莉斯当作了理想的“绳索”或“窗口”。后来，卡夫卡曾一唱三叹提出这样的问题：“我究竟是打算让你干什么呢？究竟是何物使我紧追你不舍呢？我为何不肯放弃，不理解一些示意呢？”[2]这样一种婚恋动机，多半意味着大走极端的婚恋悲喜剧。经过呕心沥血的掂量、踌躇、盘算，终于，年近三十的卡夫卡粉墨登场，开始自编自导自演。只是，无论编、导、演，很大程度上，他又显得那么身不由己。

9月20日，即两人见面之后一个多月，卡夫卡首致菲莉斯，提醒她说，那天晚上勃罗德家中聚会，某人曾声称要赴巴勒斯坦旅行，此人就是他——卡夫卡。他暗示说，他当时之所以如此果敢，是因为她当场表态要陪他同行。

很快，菲莉斯回信了。卡夫卡立即复信，“几分钟之后就写了四大张信纸”。大概出于女性特有的心理特点，也可能因为卡夫卡表现得太急切，或许另有原因，菲莉斯那边沉默了一段。卡夫卡等待半月之后，迫不及待去信询问。终于，菲莉斯寄出第二封信，给卡夫卡一个巨大的刺激，当下于办公室复信：“尊贵的小姐：即便三位经理此刻都在我桌旁看我写字，我也必须立即给您回信，因为我望眼欲穿企望您的信已达三个星期之久，现在它出现在我眼前犹如从天而降……”

犹如一般恋人最初的往来，卡夫卡和菲莉斯必然也“曾经沧海”，经历难以言喻的波折和磨合。尤其是，卡夫卡如此神经质，菲莉斯必定一时难以适应。事实上，到后来，勃罗德和卡夫卡的母亲都曾致信菲莉斯，为卡夫卡的种种问题辩解。然而，不管怎样，卡夫卡的信逐

1　有趣的是，本书所引用的瓦根巴赫的《卡夫卡传》，其中译本就犯了这样的错误，把菲莉斯当成了卡夫卡的母亲。

2　《卡夫卡全集》，第9卷，第375页。

渐发生了一些微妙而本质的变化：对菲莉斯的称谓变成“最亲爱的”，自己的署名也越来越简单，到最后竟消失不见。厚厚的信件加码发往柏林，一天两封是常事，不少时候一天三封，外加明信片、加急件、电报等，有时甚至一天五六封。与此同时，自1912年9月20日第一封信，到1913年2月11日，将近四个月时间，他仅写下一篇日记！到1914年，两人缘起缘落峰回路转终于订婚，其时，卡夫卡发信已近400封，有人因此称他为“20世纪上半叶无名的恋诗歌手”。

这样一种超新星式的爆发，竟然发生于“不知激情为何物”的卡夫卡，多半事出有因。卡夫卡一生多次与女性发生碰撞，然而，被他归纳为必然者，只有三次，第一次即与菲莉斯。文学是卡夫卡的生命，并非谁都可以进入他的文学存在。他不会完全没有犹豫、摇摆、冲突、后悔、失控、轻浮乃至背叛，然而，对于性命相托的文学大计，他本质上不可能掉以轻心。之所以是菲莉斯，乃因为她见容于卡夫卡的文学生活。她那“毫无表情的神态”和“善于持家”的样子，给他的文学生活留有几乎无限的想象空间。以他精打细算的犹太人天性、惨淡经营的审慎，他不会不在这个问题上锱铢必较。事实上，尚在情感的白热化之前，他已然专门就此致信菲莉斯，其内容堪称经典：

我的生活在根本上无论现在或过去，历来都是由写作的尝试所构成，而多半是失败的尝试。倘若我不写，我便等于是瘫在了地上，只有被清扫掉的份。我的力量小得可怜，假如我没有明显地察觉到这一点，它自己也会显露出来。所以我在各方面萎缩，到处都得有所舍弃，旨在保持勉强够用的力量来服务于看来是我主要目标的事业……有一次我给自己具体地开列了一份清单，列出我为写作牺牲了些什么，以及为写作的缘故我被夺走了什么，换言之，只有这么解释，写作所遭受的损失才是可以忍受的。

确实如此，像我这么瘦，而我是我认识的人中最瘦的(这是能表明一些问题的，因为我已经常出入疗养院)，同样，我身上的一切都是用于写作的，丝毫没有多余的东西。

现在对您的思念丰富了我的生活，醒着时几乎没有一刻钟我不曾想过您。

在许多个一刻钟内，我别的什么也不干。但即便这件事也与我的写作有所关联，只有写作的波浪左右着我，当然，在暗淡的写作时间内，我从来没有勇气向你求助。……尽管我以前一直以为，正是在写作的时候，我根本不会想到您；但最近我却惊讶地发现，您同我的写作竟然有着亲如手足的关系。在我写下的一小段文章中，除了别的内容以外，显示出与您和您的来信有如下关系：……这些段落是我特别喜爱的，我把您放在里边，而您却没有感觉到，您也不必反抗……

我的生活方式仅仅是为写作设置的，如果它发生变化，无非是为了尽可能更适合于写作而已。因为时间是短暂的，力量是弱小的，办公室是灾祸，住处是那么喧闹……[1]

显然，这封信的本质是绝对的真诚，它以卡夫卡内心世界特有的明澈，惊人地表明了两人关系的基本模式。卡夫卡迫不及待，采用“丑话说在前头”的方式，向菲莉斯“温柔”摊牌，宣布了自己以文学为中心的人生态度，绝无歧义。不仅如此，卡夫卡还暗示菲莉斯，在这个问题上没有调和的余地。他不会意识不到这样一封信可能产生的破坏性。事实上，正是这封信再加上别的对话内容，让菲莉斯感到“陌生和疏远”。她是一位普通女性，而且身处婚恋的热身阶段，正在进入状态。卡夫卡的逻辑超乎常理，令她困惑。最终，她致信勃罗德询问究竟，勃罗德自然要为卡夫卡辩解，而且明显是发自衷心：

1　1912年11月1日致菲莉斯，引自《卡夫卡集》，第362~364页。

我只是恳求您，在一些事情上宽恕弗兰茨和他常常是病态的过分敏感。他也是一个人，想得到非得到不可的东西，万物之中的极限。他从不甘心妥协。比如，如果他感觉不能全神贯注地写作，他就可以一连数月只字不写（而将只写了一半的好作品停下来）……正如对文学一样，他在这方面也是全身心投入。由此常常产生一种假象，好像他喜怒无常，神经过敏，如此等等。我十分了解他的性格，实际上他从来没有这样过，而在选择实用物品时，他甚至很聪明，很灵活。只是在理想的东西方面，他很严肃认真……[1]

勃罗德一语中的。此时的菲莉斯正是卡夫卡心中“理想的东西”，是他“坐定后已有的不可动摇的判断”，而绝非什么可这可那的“实用的物品”。正因为如此，卡夫卡才一上来摊出底牌。事实上，他心中有数，知道自己的直觉不会错，菲莉斯最终会理解和接纳自己。12年后，卡夫卡临终，病床前，有人谈及这位往日的恋人，问卡夫卡是否爱她，当时卡夫卡的肺结核已经转移到喉头，他无法说话，但在便条上写下这样的评语：

在她肯理解我的程度上是爱的，她在任何事情上都是那样。[2]

就此而言，卡夫卡的“严肃认真”与其说针对菲莉斯，不如说针对他自己。更何况，眼下正是亟须“严肃认真”的关键时段。

事实证明，1912年9月是卡夫卡文学人生最重要的里程碑。在这个金秋9月，他已然吹响冲锋号，不仅首战辉煌，而且急待投入重大的后续战役。卡夫卡知道，就其文学人生而言，这一切生死攸关。然而不幸的是，无论事出客观还是主观，也无论情系事实还是心理，

---

1 转引自《卡夫卡全集》，第9卷，第61页；着重号为原有。

2 转引自《卡夫卡》，第292页。

父母家庭对他形成的压力越来越大，例如10月上旬，家中爆发了激烈的纷争，显然是家庭压力的一个证据，而且说明家庭内部矛盾积蓄已久，并且长期存在。本来，这也是普遍存在的客观事实，任何家庭都无法例外。综而言之，为了心爱的文学，卡夫卡需要突围。菲莉斯横空出世，他并未辜负，竟一反日常的消极，迅速抓住这个宿命般的机遇。只是，作为犹太人和法学博士，他多半不会仅仅相信"一见钟情"的直觉。相反，他一定要看到可持续发展的事实。这事实包括文学与人生两个主次方面，两方面又相互支撑。关键在于，眼下，文学作为主要方面，已然取得决定性的胜利，这一胜利包含着人生方面的呼应。由此说明，人生方面虽属矛盾的次要方面，但其重要性依然不可轻视。对于犹太人卡夫卡，在犹太传统文化的意义上，大写的犹太人生在呼召他，所以他才惨淡经营了眼下这样一种文学-人生。目前的问题可以尝试这样来表达：文学方面已然突破，有待人生方面的完美配合。

那么，就上述文学方面，卡夫卡取得了怎样一种突破呢？

事情的来龙去脉要追溯到9月15日，那天，卡夫卡产生了一个重大的预感：

> 独特的自传作家的预感。[1]

9月20日，他发出致菲莉斯的第一封信。

两天后，9月22日，赎罪日（Atonement），最重要的犹太圣日。按传统，犹太人须彻底斋戒，停止一切工作，聚焦于会堂，祷告上帝赦免一年来所犯的罪愆。到最后，仪式化的"替罪羊"为这一天画上圆满的句号，象征罪人得以与上帝复和——这正是"Atonement"一词另有之义，所以，赎罪日也是和解日。五年后卡夫卡的一条日记充分诠释

---

1 1912年9月15日日记。见《卡夫卡全集》，第6卷，第235页。

了这一双关含义，其时，他因罹患肺结核，竟“反向作用”而成“绝望一跃”，拒绝了菲莉斯共度患难的表态，与之挥泪诀别。那个不堪言说的日子正是9月20日！当晚，卡夫卡在日记中记述了他与菲莉斯诀别的对话轮廓，透露出强烈的负疚与留恋，但不欲姑息：

话虽这么说，我还是愿意把自己交托于死亡。一种信仰的残余。回归一位父亲。伟大的赎罪之日与复和之日(Atonement)。[1]

神秘就在于，五年之后，他的赎罪与复和，在复调的意义上，指向“一位父亲”，他不是赫尔曼·卡夫卡，但胜似赫尔曼·卡夫卡，他也包含着赫尔曼·卡夫卡？

然而，以那时为坐标，眼下这个五年前，他意会的赎罪却不包含复和。甚至，他是要借助一场“判决”，向“判决者”宣告精神的觉醒与独立。当然，更向世界宣告一次诞生——宁可说，一次分娩——痛苦、脏污而伟大。

不管怎样，就在这个赎罪日深夜，卡夫卡在父母家中那间屋子的灯光彻夜未灭。

从晚上10点到凌晨6点，他一直埋首写字台，只是偶尔直一直酸痛的腰背。在凌晨的秋寒中，脚冻得发僵，几乎无法从写字台下抽出来，然而他无暇顾及。

他的第一位“孩子”——他首部里程碑式的小说——正在诞生。

故事竟然就在眼前展开，宛如无边的大海。他在一片汪洋中前进，沉浸于极度的紧张和快感。

一切居然都可以表达。一切构想，甚至最陌生的灵感，宛如都被前方一片大火所迎接，等候它们在大火中涅槃。

夜里两点，他最后看了一次表，决然继续运思和奋笔……

1　译自1917年9月28日日记。

窗前,黑暗的夜空渐渐变蓝。一辆车驶过楼下的街道。稍远处的桥上,正走着两个男人,听得见他们说话的声音。

此时的家中,保姆已经起床,正悄悄穿过前厅前往厨房开始杂役。

她路过了卡夫卡的房门。但是,她当然不会知道,房间里,卡夫卡正在写下这部小说的最后一个句子,伴随着一阵"强烈的射精"的感觉。[1]

这部作品就是后人眼中的传世名著《判决》。卡夫卡的文学生命就此取得历史性的突破。

回首来路,这是一次漂亮的"三点一线"式战役:8月13日关于菲莉斯的判断,9月15日关于自己作为自传性作家的预感,以及9月20日的第一封情书。

沿此线索,9月22日深夜的创造力爆发接踵而来。

特别值得注意的是,《判决》开篇赫然写着一句题献"献给菲莉斯·B小姐的一个故事"。

这句题献至少可以做两个解读:第一,首肯自己与菲莉斯的关系;第二,呼唤这一关系的跟进与完善——这部作品以这个题献,在其他含义之外,说明这份关系对于卡夫卡是何等重要,也表明他对这份关系的跟进与完善有着何等的期待。

然而另一方面,无论如何,《判决》已经诞生,拥有了自己独立的意义。就此而言,上述题献中另一个重大含义不期呈现——"献给菲莉斯·B小姐的一个故事"。然而要知道,菲莉斯·鲍威尔小姐是一位犹太女性,在象征大师卡夫卡的文学世界,她应该是犹太人的一个隐喻。

果真如此,《判决》也献给了犹太人卡夫卡自己,进而——难道不会吗?也献给了普世的犹太人。

---

1 勃罗德,《卡夫卡传》,第125页。

那么，从《判决》这座首要的里程碑，我们不难读出其最根本的复调含义。

进而恍然大悟于全部卡夫卡作品的基本象征。

第二节 《判决》与“犹太自传”：卡夫卡文学的基本象征

小说《判决》从一个明媚的春日上午开始。年轻的商人格奥尔格·本德曼正给一位朋友写信。这位朋友似乎不太适应国内环境，几年前“逃到俄国”闯生活去了，在彼得堡经营一家店铺，结果也没混出来，人越来越孤独，越来越憔悴，回国探望也越来越少，“并且准备独身一辈子了”。格奥尔格自己也不清楚为何特别牵挂这位朋友，不时去信。眼下这封信尤为特殊，正式告知朋友自己订婚的终身大事，并特别强调，除此而外，他们的友谊不会有任何变化。[1]

发信之前，格奥尔格来到父亲阴暗的房间，父亲年迈而有病，他觉得有责任先告知父亲，自己给朋友写了这样一封信，事关婚姻大事，也算是对父亲的尊重。

格奥尔格怎么也想不到，父亲对此敏感之极，绕着弯子追问为何写信到俄国，话中有话地反问：“难道你在彼得堡真有这样一个朋友？”继而竟声称：“你没有朋友在彼得堡！”

穷于应付之际，格奥尔格满怀爱心扶父亲上床休息，盖好被子，不料父亲一语双关又冒出一句：“你把我掩盖（蒙蔽）得很好吧！”

接下来，父亲终于爆发，原来，针对儿子，

《判决》初版封面

1 “刻画格奥尔格那位朋友之际，我头脑中始终想着施托伊尔（Steuer）。”见1913年2月12日日记。施托伊尔系卡夫卡中学同学，成绩不好，与卡夫卡交谊一般，中学毕业后赴国外，大概经商失败后返回布拉格。参见阿尔特，《卡夫卡传》，第74~75页。

他自己内心掩盖着巨大的敌意、愤怒和否定。

据父亲称，他与这位朋友一直私下通信，早已成为知己。借此，朋友知晓格奥尔格的一切。父亲这番话让格奥尔格不知所措，愕然之际，父亲继续发表内心的看法："你打定主意之前，犹豫的时间可真不短啊！先得等你母亲死了，不让她经历你的大喜日子；你的朋友在俄国快要完了，早在三年前他就已经十分潦倒；至于我呢，也到了你现在眼见的这副样子。你不是有眼无珠，我是怎么个状况你是看得见的嘛！"

可怜格奥尔格满怀爱心，却遭此下场。他几乎崩溃，唯一可能的正面表达，仅仅以一声身不由己的抗议作为回应："这样说来您一直在暗中监视我！"父亲则大声判决他投河自杀。儿子条件反射一般，应声冲出家门，跑到河边抓住桥栏，如饥饿至极的人抓住面包："亲爱的父母亲，我可一直是爱着你们的。"说完，趁着桥上蓦然间车来人往，他松手落入水中，告别了这个荒诞的世界。

的确，整篇小说气氛荒诞，难以理喻。然而，其扣人心弦，自诞生起即为读者公认。按勃罗德记述，《判决》写成不久，他与卡夫卡就达成共识，准备发表于勃罗德主编的《阿卡迪亚》。校样稿很快印制出来。校阅、修订期间，卡夫卡决定朗读《判决》，以期发现有待改进之处。1913年2月11日，卡夫卡偕小妹奥特拉做客犹太朋友韦尔奇（哲学家）家中，朗读了《判决》。朗读中途，哲学家朋友的父亲老韦尔奇因故缺席了一会儿，回来后继续聆听。《判决》篇幅不长，按理说，他这一走，必然大大影响对《判决》的理解。然而，诵读完毕，老韦尔奇当即感慨不已，特别赞赏小说的形象刻画，情不自禁伸手空中："睁眼就能看见这位父亲，他就在这儿！"[1]奥特拉则干脆认为，哥哥写的就是自己家里的事情。奥特拉这一直觉得到卡夫卡自己的印证，他在日记中深思熟虑地总结说："这部小说从我身上诞生出来，就像一次真

1 参见1913年2月12日日记。

正的分娩,覆盖着污秽和黏液,唯独我拥有能触及那躯体的手以及实现这欲望的力量。”[1]他还承认,在格奥尔格和他之间,格奥尔格的未婚妻和菲莉斯之间,存在着暗合。

凡此等等,均印证了卡夫卡1912年9月15日的重大预感:《判决》是一篇“自传性”小说。

然而,如果仅仅狭义理解“自传性”,那就太低估作者的良苦用心了。卡夫卡指出,奥特拉竟然把小说误读为家中之事,他对此“感到震惊”,并当即做了辛辣的批评。[2]这意味着,《判决》的主题绝非通常所谓的“俄狄浦斯情结”,而且,如下可见,即便以普世生存论(存在主义)的眼光加以审视,也属于严重的误读。

正确的解读来自卡夫卡自己。1913年2月11日,即朗读《判决》当天,卡夫卡在日记中写道:“理解这部小说的关键,乃在那位远在俄国的朋友。”

最初,格奥尔格下意识地认为,在这位朋友身上,存在着他与父亲“所共有的东西”,并借此“相信父亲就在自己身上,因而得以静静地沉浸于那些转瞬即逝的、略带些悲哀意味的思绪”。

这意味着,格奥尔格以为,父亲以一种“原生态”的方式,与他相互认同于古老的犹太身份。在这种身份中,融和着民族两千多年的乱离,血肉模糊,所以才那么“略带些悲哀”。

然而,格奥尔格误读了父亲。穿越岁月的乱离,尤其抵达近代之后,随着欧洲文明的转型,犹太民族增添了一重忧患:在传统的外部逼迫之下,自身内部的异化日益加剧。全球化资本主义-消费主义的大潮方兴未艾,父亲既被逼迫,也被诱惑,最终异化其中,成为与传统犹太身份“异己的存在”。

悲剧在于,父亲异化的“成功”,利用了犹太血缘的“共性纽带”,

1 译自1913年2月11日日记。

2 参见1913年2月12日日记。

即民族艰辛的养育与守护。然而，异化的结果，在全球化资本主义-消费主义的背景下，却是犹太传承的危机：格奥尔格“就这样失去了一切，只剩下对父亲的意识”。对此痛失之过程，《判决》选择了俄国革命作为历史背景，因朋友亡命俄国期间曾邂逅血腥事件——其实正是基辅的“贝利斯血祭案”，该案是以代表基督教纪元以来犹太人的生存大悲剧。更重要的是，该案发生于1911年，并持续至1913年，刚好重合于卡夫卡同期的生命大事件：因东欧犹太依地语剧团的乡愁大爆发，与犹太人菲莉斯的相识，《判决》的写作等。大而言之的隐喻则是19世纪的反犹形势，这一形势自卡夫卡呱呱坠地（1883年），愈演愈烈。

显然，父亲之所以被异化，乃在于他不敢直面惨淡的人生与淋漓的鲜血。面对外部的逼迫，他最终被内心的欲望诱惑，异化于全球化资本主义-消费主义大潮，有类于当年海涅改宗基督教，父亲最终获取了“欧洲文化的入场券”，借此“成为共性纽带的中心”，转而否定儿子，发起攻击。儿子则就此顿悟于犹太的现代命运，并为此付出更为悲哀的代价——被父亲判决去死！

儿子之死，预警着犹太之死，也预警着人类共同的未来。卡夫卡当然无由具体指陈后来纳粹的崛起。然而，这只犹太的“卡夫卡鸟”，有如祖上先知何西阿、阿摩司、以赛亚、哈巴谷、耶利米、以西结……秉有恩赐，深知世界与人的本性。毋宁说，他正是流泪的先知耶利米。《判决》深藏不露，却仿佛一首现代的《耶利米哀歌》，承载着犹太的自传。

这是《判决》的基本象征意义。

技术上考量，无论是否是作者的主观意愿，《判决》还包含众多其他复调，例如：

考问“人性法庭”，研究广义伦理-人际关系中的权利难题；

反省现代社会“异化”问题；

探索“俄狄浦斯情结”，研究“父子冲突”；

向菲莉斯的题献之作，并就自身存在（命运、处境、观念、前景）向菲莉斯做一个交代；

甚至可以包括勃罗德的一个理解：“至于《判决》中那个[赴]俄国朋友的形象，也有着[东欧犹太依地语剧团]洛维的某些特征，这是十分明显的。”[1]

……

然而，所有复调，都兼容于犹太自传这一主旋律。由此形成《判决》一书的两大特征：复调性和统一性。

至少对于卡夫卡，《判决》近乎真实的生命，含义复杂而微妙，无法概括成简单的含义。

它的形式如此凝练、澄明，内容却如此血肉模糊，仿佛犹太生命的一次再分娩。正因为如此，卡夫卡才在讨论这部作品时用了令人发瘆的形容，把它的诞生说成是一次真实的分娩，覆盖着污秽和黏液：“**只有以这种方式**，只有在这样一种联系中，在这样一种肉体和灵魂的彻底敞开状态，写作对于我才有可能。”[2]

应该说，《判决》的确是卡夫卡精神生命的痛苦分娩。就卡夫卡创作的具体历程而言，它还是第一次分娩，就此而言，它更是一个象征。

《判决》象征着卡夫卡文学的突破，他的文学风格孕育多年，一朝成形。

往后我们会看到，卡夫卡所有的作品都具有与《判决》类似的复调性质，如《审判》《乡村医生》《猎人格拉胡斯》《地洞》《城堡》《饥饿艺术家》《女歌手约瑟芬或耗子民族》等篇，总体上复调又迭现。卡夫卡文学首先是他当前生存的再现，包括以上概括的各种复调，女主角一

1　勃罗德，《卡夫卡传》，第109页。

2　译自1912年9月23日日记；黑体为原有。

般都与他当时的婚恋相关。

然而，必须再次强调，犹太自传乃全部卡夫卡文学的主旋律。借用卡夫卡第46条箴言，卡夫卡文学是“他的-生存”，或者说，是“犹太人的-生存”。

凭借“卡夫卡式”的“隐语写作”，他自己肉身成言，也为犹太民族立言，并作为勒维纳斯意义上的“人质”，代言着整个人类的命运。

《判决》提供我们理解卡夫卡“文学生命”的钥匙。[1]

第三节 《变形记》：异化噩梦的真相

然而，不幸的是，《判决》也隐喻着卡夫卡自身的生命。

某种锱铢必较的犹太天性，有意无意之间，精确安排着卡夫卡的生命。这一生命的所有组成，不约而同，象征着生命漫长进化的结果，具有丰富的“多功能性”，亦即所谓的“复调性”。他身高1.82米，体重仅60公斤，绝无多余的奢侈之物，全然为维系生命所必需。就此而言，《判决》既是一次悲哀的总结，也是一个不幸的暗示。

《判决》的突破显然让卡夫卡大受鼓舞。两天后，他着手重写年初完成的长篇小说《美国》(另译《失踪者》)。

30岁，写《失踪者》时的年龄。

可是，与此同时，人生责任无法推诿。眼下是10月上旬，年关在即。父母支撑着整个家庭，对于他们，生存问题压倒一切。于是，家中再度爆发关于工厂事务的纠纷，这一次，连奥特拉也站在父母一边反对卡夫卡。

1 虽如此，本书以下分析会按笔者需要展开，不一定涉及全部的复调含义。

无奈之际，卡夫卡致信勃罗德详述痛苦。他说，眼下他正在创作的关键时期，不然恐怕早就自杀了。结果，他被迫活在“因此而得意的父母面前”，内心隐匿于“我的小说的内核之中，并生活在其中”。

这显然是一封求救信。勃罗德当下致信卡夫卡的母亲，告知情况的紧急，母亲随即复信称：“我刚收到您的来信，您从我颤抖的字迹上看得出来，我和您一样激动。为了使我所有的孩子都幸福，我愿将我的心血奉献给他们，而在此我却束手无策了。然而我仍将竭尽全力使我的儿子幸福。”父亲因多年操劳，已然罹患心血管系统疾病，不能激动。母亲只好向父亲撒谎，让他相信卡夫卡每天前往工厂参与管理，而实情是暗地里找人代替了卡夫卡的角色。

这一切都发生于卡夫卡首致菲莉斯之后，无论如何，这加速了卡夫卡走向菲莉斯的步子。

1912年10月13日，卡夫卡发出第三封信，急于知道为何前信不复。菲莉斯终于复信，卡夫卡当下热度陡增，加之母亲和勃罗德分别致信菲莉斯，也促进了两人的关系。勃罗德的两封信多半产生了效果，尤其后一封，对理解卡夫卡的当下处境颇有参考意义：

> 弗兰茨的母亲很爱他，但她一点儿也不了解她儿子和他的需要。文学是“浪费时间！”我的天！……没有理解，爱再多也没用……弗兰茨经过多年的尝试，终于找到了适合于自己的食物——素食。……他父母[却]用空洞的爱来逼他吃肉，让他旧病复发……[他]在无聊的办公室工作和搞文艺创作。但他父亲……他父母不愿意看到，对像弗兰茨这样不同寻常的人需要创造不同寻常的条件，不使他的智慧枯竭。最近我不得不就此给卡夫卡夫人写了长达八页的信。他父母要弗兰茨每天下午去工厂。为此，弗兰茨决心自杀并已给我写了告别信。在这关键时刻，我通过全面干预成功地从“爱子心切”的父母手中救出了弗兰茨。

父母既然这样爱他，为什么不给他三万盾，就像给女儿的嫁妆一样，最好让他辞职，去海边任何一个地方写书，写上帝让他写的书？弗兰茨只要一天达不到这一点，就一天感觉不到完美的幸福。……

目前正在出版卡夫卡一本出色的书。也许他从此吉星高照，可以开始他的文学创作生活。他也在写一部大部头小说，已写到第七章，我希望他取得成功。[1]

《变形记》封面

布拉格—柏林，柏林—布拉格……除中途卡夫卡赴柏林晤面一次，双方鸿雁往返保持联系。总的说来，两地书信日渐频繁。双方在磨合。由于菲莉斯的信未能保留下来，加之这一时期卡夫卡日记全然一片空白，后人只能从卡夫卡致菲莉斯的书信推测大概的情况：卡夫卡一面写信，一面写作，其间穿插着母亲和勃罗德的几次重要调停。《美国》第二稿坚持了一段时间，不久便中止，动手写《变形记》。

1912年11月3日："亲爱的菲莉斯小姐，今天这个美好却十分短暂的星期天您是如何度过的？如果一个人想另一个人，就会打扰他的话，那您在半夜三更一定会被惊醒……就此搁笔吧！拖拉的邮局，您的信或许已经在布拉格放了一天了，就是不给我……现在已过午夜时分，真的，我只把校对搞完了，没有睡觉，也没有为我自己写东西。现在开始写是太晚了，何况我还没有合过眼。"

11月6日："人们当着我的面在撕碎着您呢！您不要和太多的人交往，这也没必要，好吗？"

11月11日："最亲爱的菲莉斯小姐：这么说我并没有失去您。我原以为多半失去您了。您那封信吓坏了我，您在那封信中谈到我的

1　转引自《卡夫卡全集》，第9卷，第79~80页；着重号为原有。

一封信，您说它让您感到陌生和疏远……我不知道该给您写什么，上周末的两封信人为地让事情走向结束，我确实以为一切都完了……我现在处于这样的心境，无论您是否愿意，都要拜倒在您脚下，把自己全部交给您……我打算从现在起只给您写短信……这部分是因为我要把全部精力用于写小说[《美国》]，它最终也属于您。更重要的是，它能告诉您我内心对您的感情，比最长的生命中所有最长的信还要清楚……”

1912年，卡夫卡把这张照片寄给未婚妻菲莉斯，并说：“实际上我的脸并不是扭曲的，只有在闪光灯下才显得这样。”

11月14日：“最亲爱的，最亲爱的！既然世界上这么多的美意，人就不必害怕，也不必焦虑。你的信到达了……”

11月15日：“亲爱的鲍威尔小姐：我刚从区政府办公室回来，路相当长，要穿过莫尔道河，在远处的河对岸。我慢慢走着去又走着回来。我认定今天不会有您的信了……由于各种原因我近两天心情有些黯然和沉重……再见，请继续保持友好。”

11月17日：“但今天无论如何应该有信了……我觉得，昨天夜里写的小说(《变形记》)愈来愈差，我的灵感已经到了最低点……”

11月20至21日夜：“亲爱的，我最亲爱的，已是夜里一点半了。我上午的信伤害您了吗？我怎么知道您与亲戚和熟人有应酬！您折磨我，我又用指责来报复您。亲爱的，请您宽恕！送我一枝玫瑰表示您已宽恕我……生活是多么困难和艰苦。怎么能仅用由文字组成的信来留住一个人呢？要留人需要用手抓。我手里抓着您的手。我生活中需要您的手。您的手我仅三次有幸握住，一次是我进房间的时候，第二次是您向我保证去巴勒斯坦旅行，第三次是我这个傻瓜送您上电梯。”

11月23日:“亲爱的,我的上帝,我是多么爱您啊！现在已夜深人静。我放下了我的小故事……这个小故事开始悄悄地生长成一个长篇故事了……我想给您念。这太好了。一边念,一边不得不拉着您的手,因为故事情节有些可怕。故事叫《变形记》,可能让您吓一跳……”

11月24日:“亲爱的,这是一个多么恶心的故事。我现在再一次放下它来,以便再在对您的思念中振作起来。这个故事已写好一半了。总的来说,我对它不是不满意,但它太恶心了。您看,这两种想法共存一颗心。您不必太伤心,因为谁知道,我写得越多,就越解放自己,可能对您就越纯洁,越高尚。当然,我内心肯定还有许多东西要说,几个夜晚都不算长。”

12月1日:“亲爱的菲莉斯:在结束与我小故事的斗争后……我无论如何要向您说声晚安……亲爱的,我很吃惊自己是多么依恋您。这是我的罪过……但又摆脱不了。如果我在您身边,恐怕会永远不让您孤独——但我又会要求一个人待着——我们俩将会很痛苦,但这是幸福,是用痛苦也买不回来的幸福。”

12月5至6日:“哭吧,亲爱的,哭吧,现在是哭的时候！我的小故事的主人公不久前刚刚死去。如果您需要安慰,那告诉您,他是在平静之中,在与众人和解之后死去的。故事本身并没有完全结束,但我现在对故事已没有兴趣,所以把结尾放到明天再写。”

12月6至7日:“亲爱的,听着,我的小故事已经完成……”

正如卡夫卡所说,《变形记》是一个可怕的、恶心的故事,讲的是年轻的产品推销员格里高尔一天早晨醒来,噩梦般发现自己变成了一只巨大的甲虫,存在的焦虑、异化、悖谬、荒诞和分裂突现。一方面是人与人之间血肉模糊的联系。另一方面是巨大的生存压力:父母和妹妹寄予他无限期盼;市场经济不相信眼泪,眼下这份工作来之不易，公司经理也抱以厚望；凡此等等。极度的心理压力和生理疲劳，导致了格里高尔的变形，并由此展开一幅伦理学和人学的逼真画卷。

就从这天早晨，格里高尔被生活撕碎。上班时间早过了，从不迟到的他竟始终不见走出卧室。不仅亲人感到奇怪，就连公司经理也亲自登门催促。大甲虫格里高尔拼命克服了种种不便，打开卧室房门，经理吓得"哦"了一声一溜烟不见踪影，母亲当场晕厥，父亲呢？"他父亲紧握拳头，一副恶狠狠的样子，仿佛要把格里高尔打回房间里去，接着他又犹豫不定地向起居室扫了一眼，然后把双手遮住眼睛，哭泣起来，连他那宽阔的胸膛都在起伏不定。"接下来只能是一个噩梦般的慢性死亡过程。不用说，格里高尔越来越成为全家无法承受的心理负担和实际负担。未出嫁的妹妹一开始还能给他一点温情和关怀，但三个月之后，连妹妹也对他完全失去信心：

"他一定得走，"格里高尔的妹妹喊道，"这是唯一的办法，父亲。你们一定要抛开这个念头，认为这就是格里高尔。我们好久以来都这样相信，这就是我们一切不幸的根源。这怎么会是格里高尔呢？如果这是格里高尔，他早就会明白人是不能跟这样的动物在一起生活的，他就会自动地走开。"[1]

生活的铁血法则就是此般无情。现在是妹妹出场，替父亲充当"生活的代表"，讲出关于异化的真理：要想作为人，就必须认同"生活世界"，跟大家一样活着。无论自觉与否，只要一个人脱离了人群及其法则，就失去了生存的资格。然而，尤其在全球化资本主义-消费主义时代，"生活世界"的法则如此乖谬，无法兼容自然、纯真、美好，人性就此异化，沉沦于欲望/恐惧的旋涡，无法自拔。

---

1 《卡夫卡小说选》，第80页。下同。

然而——真是辛辣的讽刺——“异化”一词也可反其道而用之。冒犯法则的个体,从人群中“被异化”出去了,正如此时此刻的大甲虫格里高尔。妹妹代表生活把他锁进他自己的卧室。“现在又该怎么办呢?”一片昏暗中他自言自语,却蓦然发现挪不动身体。原来,父亲那天扔烂苹果砸他,结果嵌在背上,周围已经发炎,还蒙上了柔软的灰尘,早就不痛了,但终于无法动弹了。

他怀着温柔与爱意想着自己的一家人。他消灭自己的决心比妹妹还强烈呢,只要这件事真能办得到。他陷在这样空虚而静谧的沉思中,一直到钟楼上打响了半夜三点。从窗外的世界透进来的第一道光线又一次地唤醒了他的知觉。接着他的头无力地颓然垂下,他的鼻孔也呼出了最后一丝摇曳不定的气息。

谁被异化,谁没被异化,当然很重要,但更重要的是,格里高尔死了。被折腾坏了的亲人们选了一个阳光明媚的春日乘电车出游,舒服地靠在座椅上谈起了未来。大家突然发现生活原来如此美好。妹妹心情也越来越快活,以至父母突然发现,几个月来,她虽然历经艰辛而脸色苍白,但已然出落成丰满美丽的少女了。

他们变得沉默起来,而且不自觉地交换了个互相会意的眼神。他们心里打定主意,快该给她找个好夫婿了。仿佛要证实他们新的梦想和美好的打算似的,在旅途终结的时候,他们的女儿第一个跳起来,舒展了几下她那充满青春活力的身体。

《变形记》里的妹妹做好了准备就要通过婚姻全面进入“生活世界”,通过以婚姻为代表的伦理-人际关系的网络实现自己的存在,而现实生活中的卡夫卡呢?

第十二章　婚恋"法庭"与《审判》

我该做的事只能由我一个人来做。对末世该清楚。西方犹太人对此搞不清楚，所以没有结婚的权利。这里不存在婚姻，除非对末世不感兴趣的人，比如商人。

——弗兰茨·卡夫卡

第一节　婚恋中的哈姆雷特

还在写作《变形记》之际，某天，卡夫卡一下子收到菲莉斯两封信。"两封信！两封信！哪个星期能让我收到两封信！"兴奋之余，他向菲莉斯谈起自己"开夜车"的事，并专门引证了中国清代诗人袁枚的《寒夜》："寒夜读书忘却眠，锦衾香尽炉无烟。美人含怒夺灯去，问郎知是几更天？"[1]接下来的情书，他三番五次谈及此诗意境，讨论自己理想的生活方式，几近中国文人胡适的憧憬：

我经常想，对我来说，最好的生活方式即带着我的书写工具和台灯住在一个大大的、被隔离的地窖的最里间。有人给我送饭，饭只需放在距我房间很远的地窖最外层的门边。我身着睡衣，穿过一道道

1　1912年11月24日致菲莉斯，引自《卡夫卡全集》，第9卷。

地窖拱顶去取饭的过程就是我唯一的散步。然后，我回到桌边，慢慢地边想边吃，之后又立即开始写作。那时我将会写出些什么来！[1]

然而，照此憧憬，菲莉斯怎么办？她是东方文化的“美人”，还是西方文化的未婚妻？后来，菲莉斯果然兴师问罪，与卡夫卡发生严重冲突。菲莉斯认为这个问题必须首先澄清，卡夫卡则竭力辩解，认为菲莉斯言重了。

菲莉斯言重了吗？她是正统西方文化培育的结果。尤其是，作为犹太人，她更需要严肃的婚姻。就其主流的犹太-基督教传统[2]，西方文化强调婚姻的神圣性。“夫妻二人本为一体。”上帝造人，人理应努力遵循上帝之道。菲莉斯在乎者，并非《寒夜》本身，而是卡夫卡内心极端的文学情结，它与正统西方文化相去甚远。卡夫卡的表述貌似满怀深情，无限依恋，充满诱惑。然而，凭借女性的直觉，菲莉斯不会就此轻率地交出自己，除非对方做出调整。双方你来我往，1913年上半年就此度过，除了连篇累牍的情书，卡夫卡几乎什么也没写出来，日记也几乎完全停止。不久，他有些沉不住气了。恰逢父亲过度劳累，母亲陪他赴弗兰岑温泉疗养，妹妹奥特拉亦生病卧床，卡夫卡被迫全力以赴，暂时照管商号与工厂业务。“生活世界”形势严峻，他终于提笔向菲莉斯求婚，这封信从6月10日写到16日，就其“恋诗歌手”的功力，可谓旷日持久，足见内心斗争之激烈。

菲莉斯没有给出肯定的答复。说来也是，卡夫卡的求婚信居然请她慎重考虑：这位向她求婚的男子，“多病、孤弱、内向、伤感、呆板、无望，唯一可资肯定之处或许是：他爱你”。卡夫卡希望菲莉斯做好心理准备，因为他已然“完全丧失人际交往能力”。接下来的信再三强调此点，声明自己连至爱亲朋也无法忍受，害怕人群，恐惧性生活，

1　1913年1月14至15日致菲莉斯，引自《卡夫卡全集》，第9卷。

2　应该认为，犹太-基督教背景已然综合了希腊背景。

近乎不食人间烟火：

[母亲]只从这儿听说我想结婚。其他的她一概不知，因为从我这儿是一个字也弄不出来的。我跟谁都不能说，与我父母尤其不能。我虽由他们所生，但他们的样子却仿佛引起我的恐惧。昨天在昏暗中，我们大家，父母、妹妹们和我偶然被迫在一条肮脏的乡间小路步行了一个小时。母亲虽然费了好大劲儿，还是显得很笨拙，把靴子，肯定还有袜子和裙子都弄脏了。但她自己却想象着没有料想的那么脏。回到家后……她要我看她的靴子，说它们其实根本不那么脏。但我根本无法朝下看，只是由于反感，或许不是对于肮脏[相反是对母亲]的反感。相反，昨天整个下午，我对父亲产生了些许好感，或者说对他赞赏，他能够忍受这一切，即母亲、我以及妹妹在乡下的家庭。那里的别墅杂乱无章，棉花在盘子边，床上所有的东西都恶心地搅在一起。一张床上躺着二妹，因为她嗓子有点发炎。她丈夫坐在她身边，半开玩笑半认真地称她为“我的金子”“我的一切”。小男子在房间中央，当别人跟他玩耍的时候，他忍不住就在地上大便，两个女仆挤过来收拾，母亲忙来忙去。面包上的鹅肝酱不停地顺着手指往下滴。我在做解释，是么？我无法忍受这种场面，从事实中而不是从自身去寻找原因，于是陷入完全错误之中。整个场面令人讨厌的程度比我在这儿和以前描写的少一千倍，但我对这一切的反感却比所能描述的强烈一千倍。不是因为他们是亲人，而只因为他们是人，使我无法与他们在同一房间中待下去……我无法与他人在一起生活，我绝对憎恨我的所有亲属，并非他们可能是坏人，并非因为我认为他们包藏祸心(并非像你所说彻底消除“可怕的羞怯”[就行])，而单单只是为了他们是人，生活得太近。我恰恰无法容忍与人们共同生活。的确，我甚至无力把这视为不幸。在毫不相干的情况下，所有的人会令我兴奋不已。但[即便如此]这种快感还没有大到使我不想在

一个荒原、一个森林、一个岛屿，在身体条件具备的情况下，无法形容的更快乐地生活……[1]

既真诚，也可怕，的确如此。无论如何，如果菲莉斯接受求婚，就相当于自甘沦落，成为对方的救命稻草，即卡夫卡自谓之“绳索”或“窗口”，供他借此与世界藕断丝连，害人害己。卡夫卡这方面呢？可以设想，如果有可能脱离“绳索”或“窗口”而生存，他一定会断然逃离一切。只是，以他的冰雪聪明，他知道事情不可能是这个样子。

菲莉斯在等待和观望。“生活世界”运行如常。书信往返之际，卡夫卡开始了新一轮焦虑，并写下那篇著名的日记：“我头脑中存在着庞大的世界。然而，如何解放我自己，同时也解放它，又不至于被撕成碎片？我看得一清二楚：宁愿上千次被撕成碎片，也不能将它阻拦或埋葬在我体内，这是我此生此世的目的。”[2]这句名言是一幅双面镜，绝妙反映内心的挣扎：结婚还是不结？文学还是婚姻？这是一个问题！他骨子里的“婚姻综合征”第一次大爆发。一封封火热的情书寄出去，与此同时，一篇篇怨毒的日记写下来，呈现一个现代的哈姆雷特：真实、悖谬、自我啃啮、悬而未决。

7月1日：“宁愿要一种不计后果、不顾一切的孤独，自己面对自己。”

7月2日：“我也许永远不会与一个和我在同一个城市里生活了一年之久的姑娘结婚。”

7月3日：“通过结婚拓宽和提高生存能力。这是说教箴言，但我几乎早就知道它的意义。”

7月21日：

“别绝望……当一切似乎就要完结，新的力量便会应运而来……

---

1 1913年7月10日致菲莉斯，引自《卡夫卡全集》，第9卷。

2 译自1913年6月21日日记。

如果它们不来,那么一切就此完结,一了百了……

“总结了所有支持和反对我结婚的论点:

“1.无力独自承受生活,这并不意味着没有生活的能力……但我无力独自承受……与F.[菲莉斯]的结合会给我的生存更多的力量,使之坚持下去。

“2.一切事情简直令我踌躇不已……

“3.我必须在很大程度上单独生活,我所取得的一切成绩都是单独生活的结果。

“4.我讨厌与文学无关的一切事情……

“5.对结合的恐惧,对失落于对方的恐惧。以后,我再不能单独生活了。

“6.在妹妹们面前的我……无所畏惧,坦率直爽,强大有力,让人惊讶,富于感情——此外只有在我写作时才是这样。要是通过我妻子能在任何人面前都表现为这样一个人,那该多好!然而,那是否要以放弃写作为代价?那可不行,那可不行!

“7.如果单独生活,有朝一日我真有可能摆脱我的职业[而专事写作]。要是结了婚,那绝无可能。”[1]

7月23日:“和菲莉斯在罗斯托克。谈及女人们的性欲爆炸。她们自然的非纯洁性。”

8月13日:“也许一切都完了,我昨天的信也许是最后一封了。这肯定会是最好的结果……一年来我们哭泣,我们折磨自己,已经够了。”

8月13日:“发生了相反的事情。收到了三封信。最后一封信我无法抵御。我尽我的能力爱着她,然而,在恐惧和自责中,爱被窒息了,被埋葬了……对于两情相依的幸福,性交是一种惩罚。要让我有可能承受婚姻,那只能尽可能过禁欲生活,比单身汉还要禁欲。可是她呢?”

---

1 译自1913年7月21日日记。

8月15日："在床上痛苦辗转直到凌晨。看到了唯一的出路，那就是跳出窗外……"

如此心态，如此心情，他与关心他婚事的母亲发生了口角。他埋怨说，舅舅也关心他的婚事，但全然不理解他的内心，与陌生人无异。伤心的母亲反唇相讥："是啊，谁也不理解你，我想我也是陌生人吧，你父亲也是。我们都不想为你好。"卡夫卡亦然反唇相讥："不错，的确如此，都是陌生人，只有血缘关系，不说明任何问题。"内心深处，他并非不知道母亲的好，可他无法消解六亲不认的黑色情结："我将心如古井，与所有的人隔绝。与所有的人为敌，不同任何人讲话。"

然而，就在8月15日同一天，他的日记却表达了对于结婚的信念：

通过这一点和通过一些其他的自我观察，我被引往到这样的看法中去了，在我变得越来越明显的坚定性和深信不疑之中存在着不少可能性，那就是不管一切而能在婚姻中生存，而且这婚姻甚至会导向一种对我的情绪大有裨益的发展。不管怎么说，这是一种信念，从某种程度上说，我已经在窗棂上抓住了这个信念。[1]

"窗棂"暗示着自杀的边缘，"窗棂上的信念"意味着绝处逢生。因着这样的大逆转，同一天，卡夫卡致信菲莉斯父亲，正式表态向菲莉斯求婚。8月18日，一次长时间散步之际，卡夫卡告知勃罗德求婚之事，并透露了内心真实的想法。勃罗德当天的日记透露了相关信息：

弗兰茨谈他的婚姻。他求婚了。[他认为是]他的不幸。不成功便成仁。他的依据是完全通过感觉提出的，不加剖析，也不存在剖析的可能性和需求……他谈到拉德柯维奇，那里的婚后妇女性欲爆炸，

1 引自《卡夫卡全集》，第9卷。

在孩子们面前,也在怀着胎儿时,笼罩着一切。——他建议彻底与世界隔绝。[1]

第二节 克尔恺郭尔和"婚约杀手"

不管如何被动,决心是下了。求婚信发出去,只等柏林回信了。然而,才等到第六天,柏林回信未到,他先期邂逅了一位"精神邻居"。此人内心与他一样孤独,生活中的孤独更甚,以至自称"绝对单数性质"之人。此人被埋没大半个世纪,在卡夫卡的时代正为人重新发现,他就是克尔恺郭尔。

克尔恺郭尔是"生存论-精神分析-宗教神学"三位一体之大师,极度虔诚的基督徒,孤独的信仰骑士。此外,他还是一位可怕的婚姻杀手。

卡夫卡参与了世人对克尔恺郭尔的发现,但个中隐含着他的私人逻辑。至少,在"结婚还是不结"的问题上,克尔恺郭尔曾经跟他一样纠结。

1913年8月21日,法学博士卡夫卡得到了克尔恺郭尔的《审判者之书》[2],并立即在日记中写下了这样的文字:

如我所料,除开一些本质差异,他的情况与我十分相似,至少,他和我站在世界的同一边。他像朋友一样支持我,为我作证。我草拟了给她[菲莉斯]父亲的信,若有信心,明日即发。[3]

---

1 勃罗德,《卡夫卡传》,第144页。

2 *Buch des Richters*(即 *The Book of the Judge*, 载 *Søren Kierkegaard's Journals & Papers*, ed. & tr. by Howard V. Hong, Indiana University Press, 1976.)这是克尔恺郭尔的编年日记体文集,时间跨度自1834年7月8日至1855年8月,深刻审查了他那个时代的基督教状况,包括与他自身信仰状况的关联与冲突。

3 译自1913年8月21日日记。

克尔恺郭尔认为,存在着三种生存状态:美学状态、伦理状态、(宗教)信仰状态。婚姻正是伦理状态的典型表现。婚姻乃伦理-人际关系的焦点,集中反映了"生活世界"的根本法则。据此,克尔恺郭尔视世俗婚姻为自由之敌,阻碍当事人在信仰方向上的发展。他论证说,婚姻所代表的"生活世界"是一个巨大的磁场,令当事人身不由己,陷身伦理-人际关系,无法自拔。正因为如此,世上充满形形色色的实利主义者,表面上四平八稳、循规蹈矩,骨子里庸俗琐碎、空虚盲目,暗地里投机钻营、无恶不作。这是人格的谎言,也是人格的牢狱。人性桎梏其中,饱受压抑、扭曲、异化,无法张扬个体性和主体性。当事人想象力贫乏,激情遭阉割,更谈不上信仰的救赎。借此"同体大罪",人类一步步走向暗夜,坠入"非在"的深渊。

克尔恺郭尔如是说,也如是生存。他把精神的纯粹和灵魂的真诚看得至高无上。他呼唤"真正的人":粉碎人格的谎言,冲决人格的牢狱,弃绝日常生活的巧言令色,摆脱伦理-人际关系的羁绊,就像莎士比亚笔下的李尔王,剥弃"借来的文化衣着",赤身裸体挺立于生活的风暴,向无限的可能性敞开自己。

卡夫卡恰逢其时,邂逅了克尔恺郭尔的相关思想。据勃罗德报道,他当即产生强烈的共鸣。上述日记两天后,他与卡夫卡聚会莫尔道河,其间论及"集体感""人群"等重大问题:

下午同卡夫卡一起游泳、划船。关于集体感的谈话,卡夫卡说,他没有这类感觉,因为他的力量只够用于自己。船上的辩论。我在这一点上的转变。他给我看基克加德[克尔恺郭尔],看贝多芬的书信。[1]

1　勃罗德,《卡夫卡传》,第108页。

后面将看到，随着岁月和生活的展开，卡夫卡将进一步卷入克尔恺郭尔。某些方面，他自认为可能——甚至的确可能——走得更远。眼下，就婚姻问题而言，他与克尔恺郭尔互为知音。对于"伦理状态"的人生，尤其是婚姻，包括象征性的订婚仪式，两人都心存恐惧，剧烈冲突，尽力反抗。两人都试图冲决或逃离，虽然存在着方向与决心的不同。克尔恺郭尔义无反顾，凭借"绝望的一跃"投入"信仰状态"。相比之下，卡夫卡格外优柔寡断，犹豫不决，摇摆不定。作为犹太人，民族基因包含着进入"伦理状态"的指令。然而，他深受文艺复兴以降的世俗人文主义濡染，试图在"美学(文学)状态"中寻求救赎。作为犹太人，民族基因深谙真正意义的救赎，那正是克尔恺郭尔所谓的"信仰状态"，而且，犹太民族的"信仰状态"，其实完美兼容着"伦理状态"及其集中体现的婚姻。然而，"美学(文学)状态"的救赎遮盖了犹太民族的本性，干扰了"信仰状态"的救赎。只是，总体而言，深邃的犹太根性虽饱受压抑，却不可能泯灭，某一天终会复苏。其时，卡夫卡会自觉走向"信仰状态"，成为克尔恺郭尔真正的"精神邻居"。

回到8月21日那篇日记。如日记所述，借着克尔恺郭尔的精神支持，卡夫卡顺势草拟了致菲莉斯父亲的第二封信，说明自己对文学情有独钟，希望收回上一封信提出的求婚。然而，信未寄出，菲莉斯父亲的回信先已到达，同意他向菲莉斯的求婚。无奈之下，卡夫卡将该信转寄菲莉斯，请她转交她父亲。菲莉斯建议卡夫卡改变一下信中的若干表述，卡夫卡表示无法改变，并为此援引了格里尔帕策、陀思妥耶夫斯基、克莱斯特、福楼拜等人的相关事迹。

这样的局面剪不断，理还乱。9月，他因公赴维也纳出差，工作结束后，取道意大利里瓦旅游观光。他对里瓦情有独钟，此次照例住进一所疗养院。大概出于健康原因，卡夫卡喜欢在出差或旅游途中选择疗养院居留。8年前，在奥地利的楚克曼特尔疗养院，他邂逅了一次甜蜜的浪漫，以至第二年很可能故地旧情重温。种种迹象显示，无论从哪个角度，对方应该是一位懂得享受而又谋事老练的成熟女性。[1]此次在里瓦，他大概遭遇了一场柏拉图式恋情。对方是一位18岁的基督徒少女，生于瑞士，侨居意大利。大致可以认为，对于卡夫卡，这次恋情甚于第一次艳遇，以至他日后写成小说《猎人格拉胡斯》暗中纪念。在常规的伦理-人际关系之外，这两次浪漫爱情，成为卡夫卡人生的重要内容。他后来告诉勃罗德："我基本上同女性没有过深厚的感情，只有两次例外。"尤其第二次，他在日记中做了特别的描述："所发生的一切都在抵制我把它们写下来的想法。如果我知道这是她的要求在起作用(她不许我提到她，而我忠诚地，几乎毫不费力地恪守着她的要求)，我便会感到满足，但事情并非如此，而是由于我的无能。"[2]卡夫卡感到这场爱情太美好，即便少女允许，他也无法描述，只能感叹：

太迟了。悲伤的甜美和爱情的甜美。在船上她对我微笑。那是生命之美的极致。几乎只剩下一死之愿，而又尚未放弃，只有这才是爱情。[3]

这场"远方的恋情"，既可视为随机事件，也泄露了深刻的必然，包括内心对婚姻的极度冲突。事实上，讲述那场恋情之前，他已然焦虑自己的婚事，坦言"对一次蜜月旅行的想象令我惊恐万状"。这段时期，出于大致相同的心理，他甚至"有意穿过有妓女往来的街道"，他在日记中写道："从她们身边走过令我感到诱惑，与一位妓女同行，

1　参见1915年1月24日日记；1916年7月6日日记；勃罗德，《卡夫卡传》，第115页；阿尔特，《卡夫卡传》，第111、114页；并参下文。

2　译自1913年10月20日日记。

3　译自1913年10月22日日记。

这种可能性虽然遥远,但毕竟存在。这是下流?然而,我不知道比这更好的事情了,这对我基本上是纯洁的事情,几乎不会让我后悔。我只想要硕壮丰满的、年纪较大的女子,穿着不要时髦,然而加以各种装饰,并因而表现出某种华丽。一位女子大概看出了我的心思……除了我,没有人会从她身上发现诱人的地方。我们相互间匆匆看了几眼。天不早了……那条小街对面,她开始守候。我向她回望了两次,她也接过了我的目光,可我随之还是很快离她而去了。”

格蕾特·布洛赫(菲莉斯女友)

自9月中旬的里瓦恋情,直到10月底,卡夫卡足足有六周未给菲莉斯写信。菲莉斯委托新识女友格蕾特从中斡旋。这位女友因业务需要,不时往来于柏林和布拉格。结果,卡夫卡优柔寡断、悬而未决的钟摆又摆了回来。他恢复了与菲莉斯的通信,并放弃了对那位基督徒少女的保密承诺,向菲莉斯报告了他在那儿的恋情,努力进行了自我分析:

我认为,在这里应该颇为真诚地与您说些我从未告诉过任何人的事情。在疗养时,我曾爱过一个姑娘,一个孩子,大约十八岁,瑞士人,但生活在意大利的热那亚附近。她的气质对我来说十分陌生,很不成熟,却引人注目。尽管我在病中,但那段恋情却很珍贵,也很深沉。当时,我正感到空虚无望。即使一位微不足道的姑娘也可以征服我的心……[后来]我和她都清楚,我们俩并不般配。在短短的十天时间里,我们必须结束这一切,甚至连一封信、一行字都没有留下。然而我们还是都感受到了对方的重要。我不得不想尽办法,以免她在分别时当着众人号啕大哭。我自己的情形也差不多。随着我的离去，一切都告结束。尽管这件事看上去很荒唐，却也使我更加看清了自己对您的感情。那个意大利女孩也知道您，而且明白我所努力追求的实际上并非别人，只是能与您结合。后来我到了布拉格，与您失去联系，并且也日益失去了勇气。[1]

“去年夏天我同菲莉斯决裂了，那是因为我过多地考虑了自己的文学创作……我那时一直认为，结婚会损害我的文学创作。”卡夫卡在日记中如此检讨生活的失落。现在他决定重新向菲莉斯求婚，甚至在日记中探讨求婚不成便跳楼自杀的可能：“我就将信放到桌上，走向阳台……F.[菲莉斯]是我例外为之表明心迹的女子，没有她我无法生活，我只有跳下去。”与此同时，卡夫卡数次赴柏林会晤菲莉斯。他告诉菲莉斯，如果她不接受他的求婚，他就留在柏林当记者或自由作家。

经过又一轮复杂的磨合，1914年4月13日，两人在柏林非正式再次订婚。卡夫卡父母喜出望外，母亲当即致信菲莉斯，在信中已然以母女关系相待。接下来就是紧锣密鼓的一系列相关事宜。5月1日，菲莉斯来布拉格，跟卡夫卡一道找房子。5月26日，卡夫卡的母亲偕妹妹奥特拉赴柏林，晤见菲莉斯及其家人。5月30日，卡夫卡父亲搁下百忙业务，亲自陪同卡夫卡前往柏林，参加第二天的正式订婚仪式。

表面上看来，一切都在往正常发展。然而，此间为数不多的几条卡夫卡日记，依然弥漫着不祥的气息。卡夫卡的刻薄与“怨毒”一如既往。

5月6日：“看来双亲已经为F. [菲莉斯]和我找到了一所美好的住宅，我毫无收益地将整整一个下午东游西荡掉了。他们是不是在一种由他们悉心照料的幸福生活之后还会将我放进坟墓？”

5月27日：“母亲与妹妹在柏林。晚上我将与父亲独自待在一

1　1913年11月29日致菲莉斯，引自《卡夫卡全集》，第9卷，第468~469页。

起。我相信,他害怕上楼来。我应该和他玩牌吗?(我觉得这"K"[也是卡夫卡的"卡"]难看,他们几乎令我作呕,我却要写写他们,他们很能反映我的性格特征呢。)当我触摸F. [菲莉斯]的时候,父亲会怎样表示呢?"

5月29日:"早晨去柏林。那是一个我所感觉到的神经质的,或者是真正的、可靠的混合体?"

6月6日:"从柏林回,束缚得像一个罪犯……所有的人都尽力地将我引向生活,可是这并没有达到容忍我这样的人的目的。至少F. [菲莉斯]是所有人当中的一个,当然完全有正当的权利,何况她遭受了极大的痛苦。对别人来说只是现象,对她来说却是威胁。"

6月19日:"奥特拉和我,我们多么愤怒地反对人与人之间的关系啊。双亲的坟墓里也埋葬着儿子。"

与此同时,卡夫卡与菲莉斯的通信再次落入冰期。奇怪的是,他与格蕾特的通信依旧热烈。自1911年11月相识以来,他与格蕾特迅速建立了信任。双方所涉甚深。格蕾特履行了朋友的义务,为卡夫卡与菲莉斯恢复关系做了贡献。然而,义务之余,她不时情不自禁,擅自披露菲莉斯的健康和家庭隐私。卡夫卡这边,则不断发出暧昧的信号,暗示自己罹患婚姻恐惧症,而格蕾特的貂皮大衣则让他受了刺激云云,甚至要格蕾特"别打电话——盯着眼睛看"! 直到1914年7月3日,卡夫卡31岁生日,格蕾特致信卡夫卡直言相告:她的本意是希望他和菲莉斯幸福,但他却让她感到"担当不起的责任"。

事实上,几天前,格蕾特业已向菲莉斯出示了卡夫卡来信的相关内容。

一场大震荡即将来临,而卡夫卡毫无察觉。他正在计划又一次独自休假出游。此间,菲莉斯来信,请他途经柏林时稍驻面谈。这一下,敏感的卡夫卡似乎嗅到了什么气息,遂于7月10日前夜动身,自陈内心深深的焦虑。7月11日深夜,卡夫卡乘火车抵达柏林。翌日上午11点，在他下榻的阿斯卡尼饭店，菲莉斯如约前来，但带来了格蕾特、姐姐艾尔娜和一位作家朋友，手提袋里还装着卡夫卡致格蕾特的相关信件！于是，这场会晤自然被卡夫卡体验成"法庭"[1]。一应"诉讼"之后，菲莉斯宣布了最终的"判决"：建议出于双方各自利益而解除婚约。

遭此不可逆转的变故，卡夫卡多半甚感不堪面对。然而，就在第二天，他邂逅作家恩斯特·魏恩，后者了解情况后，力劝他果断放弃。卡夫卡当即随魏恩赴丹麦东部海滨浴场玛丽利斯特，在那儿度假两周。其间，他给父母写了一封长信，检讨人生，总结教训，交代下一步的打算，并且，近乎空前绝后——除开5年后那封《致父亲的信》——讲了不少"真心话"：

因为我知道，如果像以往这样继续生活下去，整个这件事会妨碍你们的幸福和我的幸福(实际上我们的幸福是一致的)，所以我对柏林[菲莉斯]的了断使自己深陷于歉疚之中。你们知道，我大概从来没有给你们带来过真正巨大的痛苦，但这次解除婚约很可能就是……我更没有给你们带来过真正持久的快乐，因为，请相信我，我基本从未能够给自己创造过持久的快乐。为什么会是这样，父亲您最容易悟出个中缘由，因为您正是我自小模仿的偶像，尽管您不赞成这一点。您有时对我讲述，您当初的境遇是多么的糟糕。您不认为这是一种培养自尊心和满足感的良好教育吗？您不认为我过去的境遇太优越吗？何况您自己也说过这样的话。迄今为止，我是在缺乏自主性、格外舒适的环境中成长起来的。您不认为这个环境对我的个性磨炼不够吗？……我比自己的外表更加年轻。缺乏自主性的唯一好处在于常葆青春。但是，只有当结束依赖的时候，才会获得新生。

1 参见卡夫卡1914年7月23日日记。

然而,我在办公室里永远得不到新生……

我的计划设想是:我有五千法郎,这笔钱足够我在德国的柏林或慕尼黑生活两年,即使没有任何金钱收入也无妨。这两年时间可以用于文学创作,使我干出一番事业……我的文学创作,则可以使我在两年之后用自己的收入生活……你们会反对我的想法,认为我错误地估计了自己的能力……我已经31岁,这样的年纪已不可能做此错估……还有一点可供商榷:我现在已经写过一点东西,尽管为数很少,而这点东西已经受到相当程度的认可……

就我的立场而言,对此似已看得很透彻。我现在迫切希望知道你们的想法。……[1]

第三节 创作新高潮和神秘的《审判》

上面这封致父母的信,有一句话特别值得注意:"您正是我自小模仿的偶像。"此刻,无论此话多大程度出于真心,都反映了相当的实情。卡夫卡身上的确秉有父亲赫尔曼的顽强生命力,只不过,他不像父亲那样把这生命力投向外部世界,而是转向内心,转向"他的-文学存在"。从这方面说,这份巨大的能量的确是他从父亲身上继承的财富。而柏林"审判"再一次启动了这份能量,加速了他走向自由作家的进程。

卡夫卡打下如意算盘。然而,命运神秘,永远出人意料。1914年7月28日,距上面那封致父母的信大约三天,第一次世界大战就在祖国奥地利点燃。他赴柏林当自由作家的计划遂成泡影。布拉格——这"带爪子的小母亲"——始终是胜者,把他抓住不放。军队征走了两位妹夫,他自己因身体虚弱得以幸免。大妹艾莉带着两个孩子回

1 1914年7月致父母,引自《卡夫卡全集》,第8卷,第20~22页。

了娘家。父母照顾商店、工厂都忙不过来。自小，他一直抱怨父母的家庭无法忍受，却一直离不开。眼下，因为一战，他终于生平第一次离开父母之家，至少暂时名副其实，过起了单身汉日子。他东搬西迁，试图租到一间不为噪声所苦的房子，以保证静心写作。战争导致人手短缺，因而，眼下他必须每天下午赴自家的木棉厂协助管理。虽然战争乃非常时期，他的日记还是暴露了习惯性的焦虑："我在我身上发现的无非是狭隘、优柔寡断，对好战者的嫉妒、仇恨，我以不可抑制的热情愿这些人得到所有坏的报应。"

不过，他现在不用无休无止写信、收信、写信了。要知道，多半由于这些情书，一年半之久，他几乎什么都没写成。人们拿起武器走向战场流血牺牲，与此同时，卡夫卡也拿起了自己特殊的武器，走向另一种性质完全不同的战争。"描写我梦幻般的内心世界——这个念头高于一切，其余均属次要。……唯有描写梦幻般的内心世界才能使我满意。"卡夫卡进入了写作状态："事实业已证明，我适合过这种独身生活，单调、规律、空虚、令人神经错乱。可以重新开始自我对话，再也不用盯着天空发呆。只有这样，才会迎来转机。"

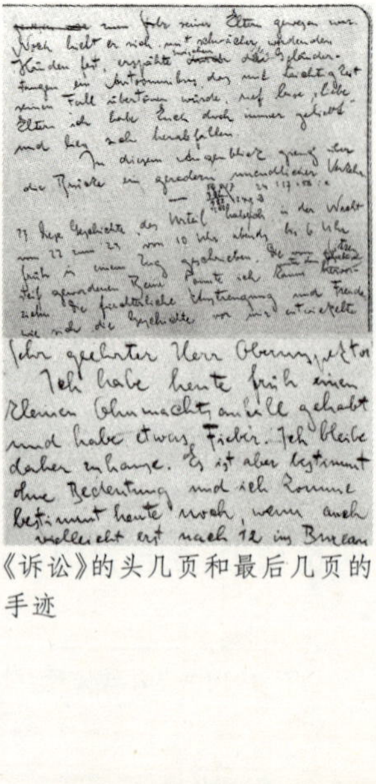

战争是超级规模的"人群事件"，本质上属于超级规模的"伦理-人际关系"。就此而言，卡夫卡不会有什么兴趣和好感。然而，战争和"审判"一样，为他提供了丰富的契机，思考和联想人类及个体的命运："我的脑子与战争纠缠不清，我的思想折磨我，千方百计，无情吞噬我。过去菲莉斯让我苦恼，现在是战争。"在孤独中，他渴望自我解救。顶着各种烦恼，忍着失眠、头痛等神经症，卡

《诉讼》的头几页和最后几页的手迹

夫卡开始没日没夜地写作，进入了继《美国》《判决》和《变形记》之后的第二次创作高峰期。

一战正式爆发第二天，7月29日，卡夫卡日记中出现了一个虚拟的名字——约瑟夫·K，他就是后来《审判》（又译《诉讼》）的主角。到10月初，这部书最初几章业已完成。与此同时，8月里，卡夫卡在日记中写下高度写实主义的小说片断《回忆卡尔达铁路》。小说背景是俄国偏远内陆，大概是远东，一条铁路因资金匮乏而被迫停工。主人公出于“各种与此无关的原因”，自我忘却于荒僻而恶劣的自然环境，孤独而津津有味，与寒冷、老鼠和疾病打交道，不时被迫面对粗鄙的人际关系。然而，主人公越是显得若无其事，读者就越有噩梦般的感受。10月初，他写出《美国》末章的片断，他曾经担心永远无法完成这部长篇小说，现在终于有了一个结果。

11月底，卡夫卡完成代表作之一《在流放地》。这部短篇小说采用技术性的精细笔法，“冷静”刻画了一架司法刑具及其运作。这是一架死刑机器，在目标上追求“公正”，在技术上集“刑”与“讯”为一体。“刑讯”过程中，机器上的耙子刺入受刑者背部，以复杂的技术方式运行，一边书写其罪行，一边执行死刑，整个过程可延续12小时。据称，通常到第六个小时，连最弱智的受刑者也会茅塞顿开，“撅起了嘴仿佛是在谛听”，最终明了自己的罪行，与此同时，耙子“已经几乎把他刺穿了”。显然，这是一架精神分裂的谋杀机器，科学而悖谬，冷静而疯狂。掌管机器的军官狂热拥戴这部机器。面对局外人的一系列质疑，他口称“时候到了”，亲自躺进了机器，试图以身说法来消除质疑。然而关键时刻，机器解体，未按程序在其背部精确刺出“要公正”的字样，而是误杀了军官。死后的军官，“面容一如生前，也没有什么所谓罪恶得到赦免的痕迹。别人从机器中所得到的，军官可没有得到。他的嘴唇紧闭，眼睛大睁，神情与生前一模一样，他的脸色是镇定而自信的”。可是，卡夫卡特别指出——“一根大铁钉的尖端穿进了他的前额”。[1]

跟卡夫卡的其他作品一样，《在流放地》也是典型的复调艺术。它是对战争的批判，不仅针对当时的一战，也指向所有战争，更检讨法律、社会、文明和人性本身——它们是局部疯狂的荒谬背景。

1916年的卡夫卡，此时正值写作《诉讼》期间。

看来，任何事情总有两面，就像眼下的战争之于卡夫卡，确属不幸，但也暴露人性，触发灵感。随着战火的蔓延，卡夫卡的文学创作也一路挺进。1915年初，他基本写完《审判》，成为第二次创作高潮的一座里程碑。

银行高级职员约瑟夫·K的30岁生日到了。不幸，就在生日早晨，他突然以“莫名之罪”被捕。一个神秘法庭实施了“不由分说”的逮捕，把他置于“悬而未决”的悖论境地。例如，某天突然有电话通知他参加初审，却不告知时间、地点；或者，初审之后，再审的通知始终等不来。终于等来了，却因K迟到一会儿，法庭就声称不再负有审讯的义务。K无法忍受这种“莫名之罪”和“悬而未决”。更准确地说，他无法承受这种“不由分说的悬而未决”或“悬而未决的不由分说”。他起而反抗法庭的非理性权威，要澄清问题，并为此动用了一些人际关系，包括几位女人。最终，在贫民区一幢楼房顶层，他找到了法庭，只是，它并非那个神秘法庭本身，只是其所辖的一个初级法庭。神秘法庭始终神秘。

在那个初级法庭里，K发表了尖锐的长篇演说，剑指审判的合法性，其立场恰如与法庭对抗：“只有在我承认它是一次审讯的情况下，它才称得上是审讯。”结尾处他慷慨陈词：“在这个法庭的一切活动背

1 《卡夫卡小说选》，第139页。

后……存在着一个庞大的机构。这个机构不仅雇用了受贿的看守、愚蠢的监督和最大的优点就是稀里糊涂的预审法官，而且还拥有一批高级的和最高级的法官，这些人还有无数不可缺少的工作人员，包括听差、文书、警察和其他许多助手，也许甚至还有刽子手……为什么要有这个庞大的机构呢？它的存在不外乎把无辜的人逮捕起来，对他们进行莫名其妙的审讯，大多数情况下……毫无结果。正因为整个都是这样毫无意义，那又怎么能够避免官员中的贪污受贿、营私舞弊的现象呢……”

不难想象，面对荒诞的神秘法庭，如此演说纯粹浪费表情。K豁然猛醒，断然离去。然而，可笑又可悲的是，初审之后，再审的通知久等未至，K竟然主动前往查看。此一荒诞举止非同小可，提出一个普遍意义的哲学考问：法庭的荒诞会传染被告？或者，被告自身，其实与法庭一样，亦然荒诞？更有可能，无论法庭还是被告，都罹患“强迫/焦虑”症，受控于众生如一的“欲望/恐惧综合体”？回到小说的情节，这一次，主动前往法庭的K赫然发现，法庭作为依据的法律著作竟是些色情小说。审判庭外面的长廊，众多被告坐等开庭，其队列一眼望不到头，令人窒息。后来，一位知情艺术家告诉他，几乎每一幢楼房的顶层，都有法庭的办事机构，被告早晚必遭判决，难有幸免。艺术家透露的情况，恰好印证了K上次的庭审演说：所谓神秘法庭，其实是一个无形的超级运作机构。引申开来，如此机构，无非代表着“生活世界”，象征着人性与社会的“同体大罪”。当然，就眼下的一战而言，上述法庭的诉讼，也隐喻政治利益的角逐，影射战争的内在机理。

在荒诞的斗争过程中，K一度因业务需要前往一座总教堂，不意邂逅一位年轻神父，自称法庭监狱方面的神父，而且事先安排了这次见面。神父告诉K，他的案子情况不妙，因为他被认为有罪。K就此回应：“不对！一个人怎么会有罪？大家都是人，所有人不都一样吗！"[1]此一回应语义微妙，暗示众生如一"同体大罪"，不存在单独一个人的犯罪。神父则针锋相对，同样语义微妙："这话不错，可罪人都这样说。"神父声明自己对K并无陈见，只想提醒K，他的案子大概会旷日持久，在初级法庭上纠缠不清，而判决将以悬而不决的方式逐渐进行。神父认为他应该看到自己的问题：他过多利用外界尤其女人的帮助，它们并非真正的帮助。K自我辩解，并提醒神父是否意识到法庭本身有问题。神父突然从教堂的讲坛上厉声嚷叫："你的目光难道不能放远一点吗？"

这是愤怒的喊声，同时又像是一个人看到别人摔倒，吓得魂不附体时脱口而出的尖叫。[2]

一阵沉默之后，神父应K的愿望，而且也许还怀着歉意，走下讲坛。交谈中，他向K讲述了著名的故事"在法的门前"。神父大概想通过这个故事告诉K，那个神秘无形的法庭并不会向他提什么要求。

如果你来了，法院就接待你；如果你要走，法院就允许你离去。[3]

神父是谁？这句神秘的隐语是什么意思？要知道，此语几乎包含着无限的阐释空间。法庭是罪愆的对立面，而罪愆又取决于当事人是否愿意面对法庭。如果像刚才所说，法庭就是"生活世界"的象征，那么，"罪"就意味着当事人与"生活世界"的疏离或"异化"。沿此逻辑，神父的话就成为一种解放的暗示：当事人是否有罪，完全取决于他怎样面对"生活世界"。例如，当事人可以自觉选择成为克尔恺

1　It's a mistake. How can a person be guilty anyway? We're all human, every single one of us. 参见Franz Kafka, *The Trial*, trans. by Mike Mitchel, Oxford, 2009, pp.152。

2　[奥]卡夫卡，《审判》，钱满素译，湖南人民出版社，1982年，第13页。

3　《卡夫卡小说选》，第494页。

郭尔所谓的“资产阶级实利主义者”，并以此自满，那么，他身上任何背离“生活世界”的言行都是罪。[1]然而，当事人也可以像克尔恺郭尔那样，自觉选择反叛之路，其时，法庭的纠缠不复存在，相反，法庭本身反倒成为质疑、否定、审判的对象。

谁审判谁？这是一个问题。无罪的人审判有罪的人？——有无相反的可能？忠贞者审判不忠者或失贞者？——有无相反的可能？父亲审判儿子？——有无相反的可能?“生活世界”审判“现象世界”？——有无相反的可能?“异化”的人审判“变形”的人？——有无相反的可能？大众社会审判它的叛逆者？——有无相反的可能？多数人审判少数人？——有无相反的可能？基督教徒审判犹太教徒？——有无相反的可能？人群审判个人？——有无相反的可能？结婚的人审判单身汉？——有无相反的可能？幸福的家庭审判不幸的家庭？——有无相反的可能?“正常人格”审判“反常人格”？——有无相反的可能？精神病院审判精神病人？——有无相反的可能？……

的确，谁审判谁的问题，从人生到作品，一直纠缠着卡夫卡，成为他的情结，让他成为“权力问题专家”，眼下则借由神秘的神父暗示出来，令人蓦然震惊。

还是那个问题：神父是谁？是朋友或敌人？智者或先知？是精神的父亲，抑或“现象世界”的代表？他象征着基督教的上帝？甚至，有没有可能，他也暗示着犹太人的上帝？

神父也可能是另一个卡夫卡，所以如此清楚卡夫卡的人生策略，并洞悉其可能的问题。神父忠告K，他利用外界和女人的帮助太多了。神父说，判决不会断然下达，相反，将是一场旷日持久的悬而未决——这是卡夫卡的专利。甚至，神父那声脱口而出的尖叫，其神经质，其关切，除了卡夫卡，谁还能喊得出来？

---

1 在精神分析看来则属精神分裂。或如一句箴言所指：“若是你看到了他的罪，那罪便是你的了。”见《From the Death I Come——林赫然箴言录》。

勃罗德坚持强调卡夫卡作品的宗教含义。据此，神父也可引向“原罪”概念。在“原罪”问题上，一如在“权力”问题上，卡夫卡亦然“专家”。法与罪对称。“不由分说”之罪，完全可理解为与生俱来的原罪。这就推导出律法与原罪的对称。或许存在着最高的悖论：面对神秘无形的法庭，当事人尽可选择反抗，但原罪永远无法赎偿。正因为如此，当事人“虽死而羞耻心犹存”。据此，K的不幸可视为原罪的结果。不过，值得强调的是，在《审判》中，那位神秘神父应着K的愿望，也许心怀歉意，走下了教堂的讲坛。

然而，诚如勃罗德所说，卡夫卡文学是“犹太文学”，其宗教含义主要特指犹太教。[1]犹太生存处境关联着犹太的上帝。以此为背景，《审判》中“不由分说”的“莫名之罪”，可视为“犹太之罪”的象征。整个《审判》，既可视为“犹太之罪”的陈述，也可视为“犹太之罪”的体认：一场独有的、卡夫卡式的“认罪”。

卡夫卡艺术深邃而精确，同时，又包含近乎无限的复杂性。就此形成世所罕见的复调艺术，敞开着阐释的空间。神父的神秘暗示，如果愿意，也能听出难知其详的森然，提醒法庭的“霸道”，唤起生命的警觉。犹太人深谙此点，对于他们，世界血肉模糊，生死叵测，令他们格外珍惜拜神所赐的此生。《判决》和《变形记》已然展示过类似的逻辑。谁审判谁，谁异化谁没异化，云云，这样一类问题固然重要，但并非重要之最。真正震撼人心的是：格奥尔格和格里高尔死了！真正不胜悲哀的是：眼下，悬而不决的《审判》终于走到了尽头——判决的来临不由分说。你要来，你要走，都随你的便，那是你自己的事情，然而，法庭自有压倒一切的权威和规则。

“K31岁生日的前夕，”31岁的卡夫卡写道，“两个男人来到他的住所”，他们就像秘密特工，趁着夜色，带K穿越城市，抵达远郊荒凉的采石场。银色的月光下，又长又薄、两面开刃的屠刀寒光闪烁。K

1 参见勃罗德作“《城堡》第一版后记”，载《城堡·变形记》，第338页以下。

躺在一块断裂的石头上等待死刑。最后一刻，生命的意义灵光乍现，前所未有，在月光下，比屠刀更加夺人心魄，美丽而沉重，令人全然不堪回首：一切的一切，已然明白得太迟！

他的目光落在采石场边上的那幢房子的最高一层上。好像有灯光在闪动，一扇窗子突然打开了，有一个人模模糊糊地出现在那么远，那么高的地方，猛然探出身来，双臂远远伸出窗外。那是谁？是个朋友？是个好人？是个同情者？是个乐意助人者？是单独一个人呢，还是所有的人全在？还会有人来帮忙吗？是不是以前被遗忘了的论点又有人提了出来？当然，这样的论点肯定有。逻辑虽然是不可动摇的，可是它无法抗拒一个希望继续活下去的人。他从来没有看到过的法官究竟在哪里？他从来没有进去过的高级法院又究竟在哪里？他张开手指，举起双手。

但是，其中一个人的双手已经扼住K的咽喉，另外一个便把屠刀深深地戳进K的心脏……他们脸颊贴着脸颊，在观看着这最后的一幕。"像一条狗似的！"K说，好像他人虽然死了，而这种耻辱却依然存在于人间。[1]

面对卡夫卡艺术，我们深为感动，常常叹为观止。可以肯定的是，《审判》中也有父亲的影子，当然还有菲莉斯的影子。3年后，卡夫卡回忆说，全书最后一句话，对应着自己在父亲面前"无限的内疚"。[2]因而，他一定在悲悼自己的一生，自呱呱坠地便惨遭剥夺。内疚就是罪，它与法庭与权力有关，也与神父和忏悔有关。卡夫卡一定还想到了1914年7月12日的柏林，阿斯卡尼饭店。那场审判和判决带给他无尽的耻辱。或许，他还想到了自己对菲莉斯及其家庭所造成的伤害，那也意味着另一种"无限的内疚"。

---

1 《卡夫卡小说选》，第499页。

2 《卡夫卡小说选》，第535页。

第三部　人的尽头

所有这些所谓的疾病，看上去悲哀，其实事关信仰，乃危难之际的心灵抵达了母亲般的土地……

——弗兰茨·卡夫卡

第十三章　第二次订婚和《乡村医生》的“伤口”

世界(F.[菲莉斯]是它的代表)和我的自我在难分难解的争执中撕碎我的躯体。

——弗兰茨·卡夫卡

第一节　决断与撕裂

事实上,《审判》写作之际,卡夫卡的确感到了对菲莉斯的内疚。

1914年10月15日,格蕾特致信卡夫卡,告知存在着与菲莉斯重修旧好的可能。眼下,卡夫卡不清楚是否还爱菲莉斯,“但无论如何,无限的诱惑再度出现”。他再次陷入对菲莉斯的想象。这也难怪:“陷身办公室,面对每况愈下的工作,我总是六神无主,不知所措。我最坚强的支撑,乃是以奇特的方式思念菲莉斯。”

10月底,卡夫卡致信菲莉斯,展开无情的自我分析,亦指明重修旧好的悖谬处境。这番话深情大义,鞭辟入里,自我挞伐,低黯沉痛,催人泪下。面对菲莉斯,这番话堪称自我审查的经典;对于自身,也是入木三分的“盖棺定论”。三年后,卡夫卡患肺结核,与菲莉斯挥泪诀别,所说的话与眼下相去无几。眼下他写道:

我总在不断尝试着向你解释我的处境，你其实也理解了。但不能在活生生的现实中去面对它。无论过去还是现在，我心中一直有两个人，在相互斗争。一个几乎与你希望的一样，他所缺少的，用心满足你愿望的东西，可以通过以后的发展去弥补，你在阿斯卡尼旅店的责难没有一条是涉及他的。而另外一个则一心只想着写作，写作是他唯一关心的事。为了写作，他可以去做最无耻的事。假如他最好的朋友去世了，他最先想到的竟是他的写作会因此受到阻碍，即使这只是一瞬间的想法，也可被称为是很无耻的行为。而作为弥补这种无耻行为的，则是他为了写作也能够忍受痛苦。这两个人在斗争，前者依赖于后者，因为内部的原因，他永远没有能力打垮对方，而实际上，他会为对方的高兴而高兴，一旦对方露出失败的迹象，他就会跪倒在他对手面前，除了他不想再看到任何东西。就是这样，菲莉斯。他们是在斗争，你也可以同时拥有他们俩，只是你无法改变他们，除非将他们毁坏。[1]

卡夫卡坦诚指出，菲莉斯跟他一样，也摆脱不了“存在的恐惧”。差别在于，他选择面对，而菲莉斯试图逃避，试图追求“绝对的安全感”，与芸芸众生无异。他进而委婉忠告：“世上没有绝对的安全感。‘存在的恐惧’无法逃避，只有面对。”

不管怎样，卡夫卡决定重新靠近菲莉斯。此间，12月5日，菲莉斯的姐姐艾尔娜来信告之，她们的父亲突发心脏病去世，她们的家境一下子艰难起来。这加深了卡夫卡的内疚：“是我让F.[菲莉斯]不幸。她们眼下需要抵抗悲剧，而我削弱了她们亟须的力量。我对她们父亲的死起了负面作用，是我离间了F.和E.[艾尔娜]，最后也造成了E.的不幸。”

1　1914年10月底或11月初致菲莉斯，引自《卡夫卡全集》，第9卷。

1915年1月23至24日，解除婚约半年之后，卡夫卡与菲莉斯重新会面了。卡夫卡立即发现，如果仅仅按照这次会面的样子，两人之间会有很长的路要走。"我们都发现对方没有什么改变；而且，我们都暗中认定对方不可动摇，无法改变，也毫无怜悯之心。我要过一种理想的生活，它专为写作而设计，对此我不会让步。这一无声的要求她不予理会。她热心通常的事情：舒适的住房、业务经营、丰盛的饭菜、有暖气的房间，晚上11点就上床睡觉……"但是，卡夫卡"既不敢对她说，也不敢在关键的时刻对自己说"。菲莉斯尚能感慨："我们一起待在这里多棒呵！"卡夫卡却置若罔闻。相反，他认为菲莉斯让他无法自由呼吸，没有片刻的好时光。他以两位恋情女子来比较菲莉斯，得出这样的结论："爱一个女人应该感觉到甜蜜——如我在楚克曼特尔和里瓦；但是，除了在信中，我对F.从未有这样的感觉，有的只是无限的钦佩、恭顺、同情、绝望和自卑。"[1]自这次会面起，卡夫卡看菲莉斯的眼光发生本质的改变。他不再仰视菲莉斯，抑或因自卑和恐惧而走向反叛。相反，他倾向于理性地审视，重新考量一切。

在这样的基础上，两人关系逐渐有所恢复。但与此同时，卡夫卡陷入了情绪和写作的低谷。一段时间，他的神经衰弱再度严重发作，令他饱受噪声、病痛、失眠和抑郁症之苦，只能借助阅读斯特林堡来缓解。

1月29日："再次尝试写作，收效甚微。"

1月30日："始终无能为力。中断写作10天之久，几乎难以为继。再次面临巨大的挑战。必须专心致志潜到水下，迅速下沉，应该快过导致下沉的事情。"

2月7日："彻底的停顿，无限的痛苦。"

2月22日："完全无能为力，彻底无能为力。"

3月23日："连写一行字的力气也没有。……手里拿着斯特林堡

---

1 译自1915年1月24日日记。

的《在海边》。"

5月3日:"彻底冷漠与迟钝……空虚,空虚……致F.[菲莉斯]信,错,无法寄出。过去或未来,有什么能让我为之坚持下去?当下阴森可怕,我并非坐在桌前,而是围着它转。空虚,空虚。荒芜,无聊,不,不是无聊,只是荒芜,无意义,衰弱。"

5月4日:"情况好转,因为我读了斯特林堡的《破裂》。我并非为读而读,而是为了躺在他怀里。他将我如同孩子般托在左臂,我坐在那儿,宛如凭靠着一尊雕像。有10次我险些滑下去,但第11次我努力坐稳了。我有了安全感,视野也广阔起来。"

5月5日:"什么也做不了,头昏昏沉沉,微微发痛。下午在草坪上读斯特林堡,他给我营养。"

5月27日,卡夫卡此前的日记本告罄,他最后补上这样一句:"最终记载了如此众多的不幸,一并走向毁灭,如此了无意义,了无必要,毁灭。"

下一篇日记要到9月13日父亲生日前夕才开始:"新日记,没有往常的必要感……精神涣散,记忆衰退,头脑迟钝。"

转折要到下一年才姗姗来迟。1916年7月3日,卡夫卡33岁生日之际,他与菲莉斯在温泉小城马林巴特见面了,在一家旅店共度了十个昼夜。

第一天晚上,"门挨着门,两个人都有钥匙"。第三天,卡夫卡哀叹道:"共同生活的艰难。为陌生、同情、肉欲、胆怯、空虚所迫;或许,只有深处的一道细流才值得被叫作爱,在瞬间的瞬间闪现一下,无法细究。"第五天:"不幸的夜。没有与F.[菲莉斯]一道生活。无法忍受与任何人一道生活。不惋惜此事,惋惜的是:我本来只能过单身生活。然而,既然放弃,并最终达成理解,那么,这一惋惜又是多么荒谬。"[1]

1 译自1916年7月6日日记。

然而,十天的同居生活尚未结束,7月10日,两人共同致信菲莉斯的母亲,告知他们准备重续前缘。又过了三天,菲莉斯先行离去,卡夫卡随即从旅店致信勃罗德:

我同她一起进入了某种我从未见过的人际关系状态,这种状态可与我们关系最佳时期中两个写信者之间那种状态相提并论。除了两次例外……我实际上从未同一个女人产生过亲密无间的感情。但现在我看见的是一个女人的亲切目光,再也无法封闭自己了……(过去)我根本不了解她……现在不同了。情况良好。我们的协定简单道来就是,战争结束后马上结婚,在柏林近郊搞两三个房间,每人都在经济上自管自。F.[菲莉斯]将像从前一样继续工作,至于我,现在还没法说。如果想要把这种关系表达得更形象化一些,大体如此:两个房间……在一间里,F.很早起床,离家,晚上疲乏地倒在床上;在另一间里放着一张长沙发,我躺在上面,靠牛奶和蜂蜜度日。在这里躺着个不道德的男人,伸展四肢(就像那著名的箴言所说的)。尽管如此——这么一来就有了安宁、明确性,因而有了生活的可能性……[1]

十天的同居生活,赋予卡夫卡一直缺乏的某种男人气,让他终于有了决断的能力。在8月27日的日记中,他完成了一个重大思考,决心一改过去的恶习,包括"偏好、吝啬、优柔寡断、斤斤计较、未雨绸缪等等",不再无条件仿效克尔恺郭尔、福楼拜、格里尔帕策、斯特林堡等人,因为自己不具备他们一往无前的意志。现在,卡夫卡视他们为——姑且这样说吧——"革命先烈",以一己之牺牲,祝福后人,并赢得感谢。另一方面,与菲莉斯藕断丝连业已4年,不能再像过去一味珍惜自己,两人关系更需呵护。"人无法预知未来。哪方面事情会变好,无法预知。"不要随便攀比前贤,那是"彻头彻尾的儿童行为"。不

1 《卡夫卡全集》,第7卷,第176页。

能再做儿童，而要“成为士兵”。

卡夫卡的自信心和创造力均逐渐恢复。到这年9月，《观察》《判决》《司炉》(即《美国》第一章)、《变形记》等佳作均已公开刊行，其中，《判决》和《变形记》被主流的库尔特·沃尔夫出版社看好，另出了单行本。加之，他的《司炉》展示了人物刻画和情节控制的功力，为表彰这一贡献，上年，著名的冯塔纳文学奖被获奖者转赠卡夫卡。凡此等等，提升了卡夫卡的勇气。10月18日，他以“士兵”的决断语气致信菲莉斯，向她挑明结婚的前提：对外斩断婚姻周围的伦理-人际关系，对内摒弃物种繁殖的任务，完全以他的文学写作为中心。这封信几乎一字不漏摘录到日记中，可见卡夫卡对它重视的程度：

我总是依赖他人生活，因而在每方面，我对独立、自主、自由有着无限的渴望；我……不愿让疯狂的家庭生活干扰我的视线……任何一种不是我自己缔结的关系……都毫无意义，它妨碍我走路，我仇视它，或近乎仇视它。路正长，能力又那么薄弱，因而这仇视大有其理由。固然，我是父精母血的产物，并因而被缔结在与他们和几位妹妹的血缘关系中……这也成为我仇视的目标。看着家里那张双人床，床上铺好的被单和仔细摆好的睡衣，我会恶心得作呕，五脏六腑都要呕出来；就好像我的出生始终没有完成；就好像通过那发霉的生活，我一次又一次被出生在那发霉的房间；就好像我不得不回到那儿……我的双脚努力想要迈向自由，可什么东西仍然攀牢它们，紧紧攀牢它们，就好像那原始的黏液攀牢它们一样。……我要他们为他们自己的行为承担后果。其结果，对于我来说，他们比事实上糟糕一百倍，而我对事实如何并不关心；他们的愚蠢是一百倍，他们的荒唐是一百倍，他们的粗野是一百倍。另一方面，他们的长处却比实际上要小成千上万倍。也就是说，他们欺骗了我，然而除非发疯，我又不能反叛自然的法则。于是又只有仇视，除了仇视几乎再没别的什么。

但你属于我,我已经使你属于我。我内心世界一直为你进行着激烈而绝望的斗争——从一开始,而且不断重复,也许直到永远。我不相信任何童话中为了任何女人曾有过更甚于此的斗争。因而你属于我。因而,我与你亲戚的关系,跟我与我亲戚的关系,并没有什么两样……请设想你现在已经在布拉格,坐在我父母的桌旁,那么,我与父母斗争的那块战场自然会增大面积。他们会认为,我与家庭的联系总的说来是增强了(而它没有,它绝不),他们还会让我感觉到这一点;他们会认为我已经加入了他们的战斗行列,其中一个岗位就是旁边那间卧室(而我并未加入);他们会认为他们在你身上找到了反对我的同盟力量(他们什么也找不到)……我站在这里,面对我的家庭永远挥舞着的刀子,既是伤害也是在保护他们。让我在这件事情上代表你行动,而不用你在你家庭面前代表我。最亲爱的,这样的牺牲对你是否太大了? ……如果你不这样做,我就只好被迫从你那儿夺取。然而,如果你这样做了,你就为我做了许多。

我会一两天有意不给你去信,好让你不受我干扰做出考虑和回答。我对你如此信赖,只需要你说一个字就足矣。[1]

仔细体会这封信,不难感受诸多悬念。首先是它的语气,其决断和“霸道”前所未有,对父母的非议也怨毒之极,隐隐散发不祥气息。迟疑不决、惴惴不安、优柔寡断的卡夫卡,眼下走向了自己的反面,就像一名统帅,挥手做出战略性的决断。然而我们说过,卡夫卡的军队只有一名士兵,那就是他自己。而且,这注定是他永远的宿命。眼下,他铤而走险,决断实施自己理想的生活模式。不错,后来的事实表明,菲莉斯当时也“认了”。毕竟,两人往来“拍拖”前后已达4年之久,总得有个结果。卡夫卡整体上固然不容于常理,但菲莉斯也并非平庸之辈。特别是,卡夫卡秉有出众的精神性、纯粹性和柏拉图之

1 译自1916年10月19日致菲莉斯。

爱，对于“审慎、能干、宽怀大度”的菲莉斯，未必不是一种魅力。本来，女性内心不乏精神取向，在当前人类“雄性文明”阶段更是如此。精神事物带给女性超越命运的慰藉，哪怕“雄性文明”的游戏规则最终主宰一切。菲莉斯较之一般女性更为宽宏，而卡夫卡的“技术性处理”也为和平共处创造了条件。

至少在表面上，两人的事情就这样搞定。卡夫卡暂时胜出。

不过，仅仅一时而已。不要忘了，生活永远出人意料，而且，偶然中总是“渗透”了必然。

说来也是，女人可能如此这般属于男人？人性和历史恐怕无法予以证明。资本主义时代更无可能。即便有，也不过一时的假象，其下一定“文饰”着可怕的真相：那一定是破坏性的撕裂，即克莱斯特式的“伤口”。卡夫卡迷恋这样的伤口，但也深谙其悲剧性质，并早已做出预见。如前所述，1916年生日之际与菲莉斯重续前缘，他曾致信勃罗德告知订婚事宜，其间已然承认：订婚之举，不过顺应形势，寻求安定；所以既不招惹，也不反抗。然而，

> 我想永远呵护的事情，大多已然撕裂（我说的不是局部，而是整体）；从这道裂缝将冒出——我明白——巨大的不幸，远远超出一次人生所能承受的程度……[1]

卡夫卡最喜欢的散步道路，1916年—1917年在这一带工作。

拉罗什福科早已指明：想要独自完善是一种巨大的疯狂。蒙田、维特根斯坦等人也就此做过专门的表述。也许正因为如此，卡夫卡才拼命要拉上菲莉斯。遗憾的是，就其本质而言，卡夫卡只能是一个独自完善的

1　译自1916年7月12至14日致勃罗德。

人。与别的类似人格相比,他或许要清醒一些,深刻一些,唯其如此,意味着更大的疯狂,更可能撕裂。他的无意识深谙此点,正因为如此,他才一直拼命反抗。卡夫卡的悲剧在于,他最终无法反抗人性的基本法则,更无法反抗命运的神秘安排。"生活世界"是一架巨大无比的风车,而他,跟堂吉诃德一样,作为"最瘦的"挑战者,其肉身注定要失败,只留下纯粹的精神。

第二节 "乡村医生"的自传性悲剧

1916年11月10日,慕尼黑高尔兹书店邀请卡夫卡和勃罗德前往朗读作品。在那儿,卡夫卡朗读了自己的《在流放地》。菲莉斯自柏林方向赶来,现场听卡夫卡朗读。在慕尼黑,两人外出时还发生了冲突,互相指责对方自私。最终,卡夫卡"满怀勇气从慕尼黑归来"。因为他预感到新一轮创作高潮。恰逢小妹奥特拉谈恋爱,交上一位非犹太裔男友,为避免家庭反对和干扰,奥特拉悄悄在"炼金小巷"租下一间小屋,偶尔与男友在此会面。她向卡夫卡无私提供了这间小屋。就在这儿,自1916年11月到1917年4月、5月之交,卡夫卡把生命能量全部聚焦于创作,甚至为此完全中断了日记的写作。至于菲莉斯那边,既然事情已搞定,也不用分心了。自1916年年底到第二年9月确诊罹染肺结核,整整8个多月,他没给菲莉斯写一封信!

炼金小巷的小房子(左侧第一座)。1916年,卡夫卡曾在这里居住,写作了短篇小说集《乡村医生》中的大部分作品。这里如今是一家出售卡夫卡明信片的商店。

然而,在文学上,卡夫卡收获了一个丰硕的冬春,创作了大量短篇作品:《桥》《猎人格拉胡斯》《骑桶者》《豺狗和阿拉伯人》《新律师》《乡村医生》《在胡同里》《在马戏团顶层楼座》《视察矿区》《邻村》《弑亲者》《邻人》《中国长城建造时》《一页陈旧的手稿》《敲了庄园的大门》《十一位儿子》《杂种》《为某科学院写的报告》《有家眷者的心事》以及一个剧本《守墓人》的片断。它们在形式上都属小型作品，但内容相当晦涩，甚至十分怪诞。事实上，它们浸透了深刻的哲理思考。纯粹就艺术形式而言，它们确立了卡夫卡作为“短篇和小型题材专家”的地位。总体而言，它们折射出卡夫卡复杂而精致的生命。

《猎人格拉胡斯》的主人公，猎狼功勋卓著，世称“黑林山中伟大的猎手”。许多年前，他追赶一头羚羊，阴差阳错，跌落悬崖，不幸身亡。哪知他当即“幸福地扔下”生前骄傲，“迅速穿起死者的尸衣，心情就跟新娘子穿上结婚礼服一样”。不料，去阴间的船开错了方向，他再次阴差阳错漂流于世，虽生犹死，既死且生，不知是否因为某种“莫名之罪”，永远东奔西走，不得安宁。“我现在在这儿，除此之外一无所知，一无所能。我的小船没有舵，只能随着吹向死亡最底层的风行驶。”

《豺狗和阿拉伯人》以及《往事一页》大概受启于对战争的思考。透过战争的表象，更有可能深刻领悟历史与人性。《为某科学院写的报告》以进化论为背景，研究和反讽文明与人性。《中国长城建造时》透露了卡夫卡的中国情结，对于遥远的东方古国，他连猜带蒙，凭天才直觉触及了一些复杂内容，值得另议。其中一篇千字寓言《皇帝的圣旨》尤为引人注目：

皇帝在弥留之际下了一道圣旨。然而，负责传达圣旨的使者却走不出重重复重重的满朝文武、内宫外殿、庭院台阶，“几千年也走不完”。即便假设他冲出了最后一层宫门（虽然那是不可能的事情）：“面临的首先是帝都，这世界的中心，其中的垃圾已堆积如山，况且他携带着的是一个死人的谕旨。——而你却在暮色中凭窗企盼，为它望眼欲穿。”

一如《审判》中《在法的门前》部分,《皇帝的圣旨》也被卡夫卡单独抽出发表,继而亲自编入短篇小说集《乡村医生》,跻身卡夫卡最优秀的自选作品如《乡村医生》《一页陈旧的手稿》《豺狗与阿拉伯人》《为某科学院写的报告》等。

《乡村医生》这个集子由卡夫卡于生前亲自编定,成功出版,连同另外为数极少的作品,由卡夫卡遗嘱加以认可。集子中的核心小说《乡村医生》,是卡夫卡艺术的一个精湛呈现。主角原型来自卡夫卡最喜爱的"乡村医生"舅舅西格弗里德。整篇小说笼罩着神秘、斑斓、恐怖的梦幻氛围。上述两点,可概括为自传性质和梦幻性质,正是卡夫卡艺术的理想所在。小说的精神主题是克莱斯特式的"伤口"。这一象征的含义,本书第九章第二节已有论及。在那位孩子的胯骨处,克莱斯特式的"伤口"如玫瑰花嫣然绽放,从伤口深处,朝着油灯的光亮,爬出蠕动的蛆虫。人们唱起一首来意不善的歌:"脱掉他的衣服,他就能治愈我们,如果他医治不好,就把他处死!他仅仅是个医生,他仅仅是个医生。"上了年纪的乡村医生被脱掉衣服,抬到孩子身边,与垂死的孩子对话,内容骇人听闻。医生要孩子相信,他那深及胯骨的巨大伤口并不可怕,相反值得庆幸,因为它如此溃烂,如此鲜艳。他——犹太医生——话锋一转,关联到一段《圣经·新约》:"现在斧子已经放在树根上,凡不结好果子的树,就砍下来,丢在火里。"[1]犹太医生说:"许多人自愿奉献半个身子,却几乎无闻林中斧声,更谈不上接近斧子!"孩子将信将疑:"这是真的吗,或者是你趁我发烧的时候来哄骗我?"医生回答:"确实是这样,你安心地带着一个公家医生以荣誉担保的话去吧。"

于是他相信了,他静静地安息了。可是现在我得考虑如何来救我自己了……在这最不幸时代的严寒里,我这个上了年纪的老人赤

1 《马太福音》,第3章第15节。

裸着身体，坐着尘世间的车子，驾着非人间的马，到处流浪……我那些手脚灵活的病人都不肯助我一臂之力。受骗了！受骗了！只要有一次听信深夜急诊的骗人的铃声——这就永远无法挽回。[1]

犹太人卡夫卡对话基督教信仰，充满“甜蜜的怨毒”。就其人类学、历史学、宗教学、神学内涵，基督教源于犹太教，犹太教乃基督教兄长。就此而言，卡夫卡的机锋更显意味深长。不独《乡村医生》中的“斧子”，《判决》中那位基督教牧师，在骚动的人群中挺立阳台，举手向人群呼唤，而手心刻着血淋淋的十字……某种意义上，这正是其精粹短篇《杀兄》的主题，个中深藏痛楚。两千年犹太乱离史，提供了震撼人心的注解。如本书导言所示，历史更是见证了犹太先知卡夫卡：20年后，纳粹以基督教的名义试图灭绝犹太民族，卡夫卡的600万骨肉同胞“都化作烟雾升天”！[2]

更深邃的神学含义与信仰疑难另当别论。综而言之，“伤口”的绽放也是《乡村医生》的绽放。卡夫卡艺术借此惊鸿一瞥，其结局极具非理性的荒诞，纠缠多重复调的旋律，几乎无法详辨，只能意会，不可言传。这更是卡夫卡自身，创生于毁灭的黑洞，爆炸于纯粹的消极，绽放于无可救药的伤口……

在文学的荒原上，卡夫卡狂风暴雪信马流浪。在那儿，他试图剥弃虚饰的文化衣着，一如莎士比亚的李尔王。至少，借助文学的“乡村医生”，卡夫卡代悔“生活世界”，他在此受骗上当，误入人间烟火，走进婚姻伦理，从生命至深处，撕开致命的伤口。他幻想用“他的-文

---

1 参见《卡夫卡小说选》，第186页。

2 就其主观而言，希特勒的确以虔诚的基督徒自居。出于同样的心理机制，纳粹德国战败后，又有基督徒全力帮助纳粹罪犯潜逃。顺便指出，如此“民族宗教比较学”，乃卡夫卡艺术内涵的复调之一。事实上，《杀兄》投稿的杂志，正是马丁·布伯主编的《犹太人》。同理可举《一页陈旧的手稿》《豺狗与阿拉伯人》等。《十一个儿子》《猎人格拉胡斯》等篇，则属于民族和信仰立场的某种内省。

学存在”包裹致命的伤口。1917年3月，卡夫卡租下一套住房。自1916年生辰与菲莉斯十日同居，他一直努力寻租理想的住房。7月，菲莉斯来布拉格，两人正式宣布重新订婚。据勃罗德回忆，订婚仪式上，卡夫卡一副“悲怜”模样。随后，这对未婚夫妇在布拉格拜亲访友。继而同往匈牙利看望菲莉斯之妹。这趟旅行似乎并不太愉快。两人分别后，卡夫卡返程路经维也纳，顺便拜访诗人福克斯。20年后福克斯回忆说，其时卡夫卡“十分平静地”告之，他“刚刚跟他的未婚妻吵翻了”。

最早发现卡夫卡的出版家库尔特·沃尔夫

7月27日，关于《乡村医生》集子的出版事宜，卡夫卡致信他的出版商库尔特·沃尔夫，谈及自己未来的打算，并请求帮助：

战后可能发生很大的变化。我将辞去我的职业(事实上，这件事情是使我坚持下去的最强烈的希望)，我将成家并离开布拉格，或许前往柏林。即便在那时，正如我现在倾向于认为，我将仍然无法完全依靠写作维持生活。而我(或者我内心深处那位公务人员，他跟我的要求相同)全然被未来可能发生的事情占据了思想，感到害怕。我真诚地希望，亲爱的沃尔夫先生，届时你将不会完全抛弃我，当然，如果届时我在某种程度上值得你帮助的话。眼下和将来有这么多无法确定的事情，此时此刻，你一句有关的话将对我意味着很多很多。[1]

看来，卡夫卡决心已定。他要辞去工作，建立家庭，当自由作家。沃尔夫先生当即回信，表示完全理解，并承诺一俟战争结束，他

1 译自1917年7月27日致库尔特·沃尔夫。

将为卡夫卡提供“稳定可靠的物质支持”。

然而，这一友好而慷慨的承诺也许来得太晚。包括《乡村医生》在内，诸多迹象表明，卡夫卡的生命业已撕裂，“伤口”的暴露和绽放，几天之后就将初见端倪。

第十四章　肺结核及其象征

未来已经在我身上。改变只是隐蔽的伤口的外露而已。

——弗兰茨·卡夫卡

1917年8月初，卡夫卡游泳时吐了几口鲜血。8月13日凌晨，在为婚事租赁的那套公寓里，尚在梦中，大咯血开始了。第二晚又吐了一点血。接下来就是愈益严重的咳嗽、发热、虚汗等症状。9月4日，卡夫卡被医学权威确诊为肺结核。

第一节　菲莉斯与肺结核

卡夫卡时代，肺结核号称“白死病”，与恐怖的“黑死病”相对应。这不仅因为高度的传染性，更因为特效药尚未问世。患者不会必死无疑，却生死未卜，“悬而未决”，类似于青霉素发明之前的梅毒患者。“白死病”这一别称，充分流露了人们的恐惧。

一战助长了肺结核的漫延与猖獗。据战后数年的统计，仅布拉格一地，肺结核死亡人数达总死亡人数的三成，健康带菌者更是不计其数。致病渠道和因素包括呼吸、食物、健康、情绪、遗传等。有研究者认为，卡夫卡长期素食，为此大量饮用鲜奶，很可能就此感染。此外，与他长期高度焦虑，超负荷写作，体育锻炼过度大概也不无关系。

得知罹染肺结核，卡夫卡的第一反应是退休。他当天即向公司提出申请，未获批准，仅同意休假数月。他立即着手前往屈劳休养，那是波希米亚北部的一座小村庄，小妹奥特拉在那里代姐夫经营一座小农庄。第二天，9月5日，卡夫卡致信勃罗德，请他暂时保密肺结核及休假之事，并用表面上镇定的语气，首次论及肺结核的必然性：

此外，你在那里说，我很轻浮。[事实恰好]相反，我太精打细算，《圣经》已预言了这些人的命运。但是我不诉苦，今天比以前更不大诉苦。我也预言了自己的命运。你记得《乡村医生》中的流血伤口吗？今天F.[菲莉斯]的信到了，语气平静、友好，没有任何补充，完全像我在许多梦中所见到她的那样。现在难以给她写信了。[1]

疾病一下子上升为文学的象征和隐喻，那正是克莱斯特式的“伤口”。接着就提到菲莉斯，指称她是“伤口”的根本原因。接着他在日记中做了确切的说明：

肺部的感染只是象征，它的炎症叫作F.[菲莉斯]……[2]

再往后，在蓝色的八开笔记本中，他写下这条著名的论断：

如果我在不远的将来死去或完全失去生活能力（这个可能性是很大的，因为我最近两个夜晚已连续咳出大量的血来），那我就可以说，是我撕碎了自己。……世界（F.[菲莉斯]是它的代表）和我的自我在难分难解的争执中撕碎我的躯体。[3]

---

1 《卡夫卡全集》，第7卷，第202页。

2 译自1917年9月15日日记。

3 卡夫卡第五本八开本笔记，见《卡夫卡全集》，第5卷，第84~85页。

也就是说，确诊第二天，卡夫卡已对整个事情盖棺定论。预言之事终于发生。他长期执着于“精打细算”的生活方式[1]，事实上一直在走钢丝。大概如其箴言第1条所说，在高处走一条“真正的道路”，以免为生活的套索或网罗所绊。如此生活方式，出问题倒在情理之中。以其极度的敏感与神经质，他不可能完全不自知。

肺结核“悬置”了卡夫卡。他极度恐惧“悬而未决”，转而试图对自身生活加以“绝对的把握”。现在，肺结核把他悬置于他最恐惧的事物。与此同时，一口一口的鲜血却如此确切无疑。换一个人，有可能因此振作起来。然而，就像卡夫卡极度恐病、疑病，一旦遭遇“白死病”，难免自我放弃。他不时会做自我诊断与评析，深刻而睿智，却常常交织着抱怨。据勃罗德报道，卡夫卡称没想到会得这个病，他“本来以为上帝对他会好些”，语气貌似幽默。搬运工用小车代他取行李，他也会幽默一下：“他们来搬我的棺材来了。”体重因疗养而增加，他又会说：“这就给今后尸体的搬运增加了难度。”在疗养院，有人称赞他的帽子，说是让他看上去像飞行员，他当下机智回应“像横卧员”。天才而幽默的抱怨，本是卡夫卡擅长的技艺，此时此刻，却难免泄露内心的脆弱、冲突和痛苦。

卡夫卡和奥特拉在波希米亚北部的屈劳的合影。1917年至1918年，他们在那里共同生活，期间卡夫卡写出了著名的《箴言录》。

To be or not to be? 放弃还是坚持？面对“悬而未决”的肺结核，卡夫卡无法决断地“向死而生”，而是陷入“悬而未决”的“悬而未决”。卡夫卡的不幸就在于，他被生活所催眠，为“悬而未决”所着迷，陷入一种无意识的消极状态。但是，他绝非——如某

1　参见1917年9月5日致勃罗德。

些研究者的论断——不想治愈自己。这年，卡夫卡37岁，他的生命将在一种"悬而未决"的"向死而生"中展开，7年之间，形成离奇悲壮、哀婉伤痛的风景。

9月9日，卡夫卡致信菲莉斯，告之实情，并表明自己的困惑："让我吃惊的不是疾病、咯血等等。长年失眠、头痛，早已埋下隐患。不过，我得了肺结核，此事着实让我吃惊。"9月12日，他在奥特拉陪同下前往屈劳，在妹妹的精心护理下，他度过了自称生平最幸福的8个月，所谓"美好的小小的婚姻"。9月15日，他在日记中警告自己：

只要有完全的可能性，你就还有重新开始的机会。别放弃这种可能性。如果你继续坚持在自己内部深处翻掘，那么你将无法避免由此泛起的污秽之物。但是，别在其中打滚。你认为肺部的感染只是象征，它的炎症叫作F. [菲莉斯]，它的深度是自我辩解的深度。如果真是这样，那么医学上的忠告（光线、空气、太阳、休息）也是象征。抓住这个象征。[1]

请留意卡夫卡对"伤口"深度的理解，他的意思是说，别再像过去那样偏执，别执着于自我辩解，因为辩解越深，"伤口"就越深。看来，他已充分认识到问题的严重性，并渴望获救。

然而，9月18日日记，他又写下含义不明的短语："撕碎一切（Tear everything up）。"与此同时他致信勃罗德，表明他对疾病的最终态度，后来的事实表明，这一态度持续到他生命的终点：

不过，仍然存在着创伤，就此而言，肺部的伤口仅仅是其象征……

不管怎样，今天我对肺结核的态度，就像小孩子对母亲的裙角，

1 译自1917年9月15日日记。

紧紧抓住不放。……我并未追求得病，所以一直寻思得病的原因。有时我觉得，大脑和肺背开我达成了一致。大脑首先指出："这样下去不行啊！"5年之后肺宣告说："已做好准备协助大脑。"[1]

所谓"5年"，就是他与菲莉斯婚事纠葛的5年，卡夫卡显然是在暗示，他就要与前来探望的菲莉斯摊牌了。"婚床在我面前缓缓展开。但它最终不会展开。"卡夫卡决心把自己交给疾病这位"母亲"，而不是菲莉斯。他再次运用了"精打细算"的逻辑，把赌注押在这位"母亲"身上：如果那是一位必然性的"母亲"，那么他的任何努力都毫无意义；然而，如果那是一位偶然性的"母亲"，他也就存在着获救的希望。当然，这种姿态也与他坚持多年的"自然疗法"（亦称"顺势疗法"）有关。总之，无论偶然还是必然，都轮不到菲莉斯，用他自己的说法，正是菲莉斯，令他一往情深而又痛苦莫名，代表世界撕碎了他。

实事求是，5年的藕断丝连，他不可能不心痛菲莉斯。然而，以他的完美主义，他一定无法接受一场受妻子保护的婚姻，在其中，自己无法"绝对掌握"，无法成为真正的"父亲"，最终也无法面对菲莉斯。

卡夫卡明白自己的人生到了关键时刻，在菲莉斯的问题上，绝不能再像过去那样优柔寡断，迟疑不决。能否得救，尽在一念之间。他要牢牢抓住疾病这位"母亲"，断然放弃菲莉斯。

大约两三年之后，卡夫卡进一步深刻阐述了"疾病之母"，其时，关于肺结核之偶然或必然，他的认识更为确切。疾病上升到了信仰的高度。

9月20日，由奥特拉陪同，菲莉斯不辞30小时长途前来屈劳，最终伤心而归：

我本该阻止她来这儿。在我看来，本质上因我之过，她横遭极度

1 译自1917年7月中旬自屈劳致勃罗德。

的不幸。我无法战胜自己,既可怜,又冷酷,不过担心自己的生活路子被干扰……她只在个别细节上有错,错在要求她所谓的——或应有的——权利,就整个事情,她无辜遭判极刑。罪责在我,执行了这一错误的酷刑,而我自己最终也无法免于不幸的结局——马车载着她和奥特拉绕过池塘,我抄近路再一次接近她——随着她的离去与一阵头痛(我自作自受的结果),这日子结束了。[1]

第二节 抱负与伤逝

就在当天夜里,卡夫卡梦见父亲。梦中的父亲"带着高雅而苦涩的微笑"受挫于人群。梦中的他,顿生惺惺相惜之情。是啊,5年的深情伤痛,一旦弃绝,就会失落于可怕的虚空,就不得不渴望伸手抓住最根本的生命联系。除了父亲,还能是谁?一生的不幸,曾经都推诿父亲,然而,父亲究竟有什么错?他不过代表生活要求我们,这恰好是他作为父亲的爱心使然。如果他错了,那是因为生活错了。当我们因生活之错而失落,父亲会痛,如果我们因此指责父亲,难道不是让他痛上加痛?梦泄露无意识的秘密,哪怕意识总要抗拒。不管怎样,卡夫卡在内心体会和掂量着"父亲"的含义。曾几何时,因为"父亲情结",他走向菲莉斯,当菲莉斯代表世界撕开他生命的"伤口"时,他不得不回到出发之地,以另一种伤痛的眼光,着迷于跟菲莉斯、世界、死亡以及"一位父亲"之间的关系:

与F.[菲莉斯]对话的轮廓:
我:"那么,这就是我的结局。"
F.:"这是**我**的结局。"

---

1 译自1917年9月21日日记。

我:“这是我带给你的结局。”

F.:“的确如此。”

紧接下来,他话锋一转:

话虽这么说,我还是愿意把自己交托于死亡。一种信仰的残余。回归一位父亲。伟大的赎罪之日与复和之日(Atonement)。[1]

所谓“死亡”,其实隐喻与菲莉斯诀别。“一种信仰的残余”当然是犹太信仰的“残余”——宁可说,是重生之希望的火种。

然而,“一位父亲”是哪位父亲?

就是那位父亲?或者,又不仅仅是那位父亲?甚至十脆就不是?

他是赫尔曼·卡夫卡?或不仅仅是?或干脆不是?

卡夫卡再次设下神秘的迷局,而我们宁可说,那是他犹太根性的沉思与复苏,那是犹太血缘在召唤。

后来,生命弥留之际,他会留下自己的答案。眼下,无论悬而未决还是向死而生,他知道自己来日无多。大局上,他习惯以生命为赌注,于是想到了彻底交托和放弃——所谓“绝望的一跃”——这是信仰的前提。人的尽头就是信仰的开端,是绝对的彼岸。对于一位走到人性尽头的人,这个王国的存在至高无上,当然也在文学的存在之上:

假如还能写出《乡村医生》这样的作品(几乎不可能了),我仍能得到一时的满足。然而,仅当我能升华世界,使之纯粹、真实、不可改

1 译自1917年9月28日日记。赎罪日(Atonement)是犹太民族一年中最重要的圣日。犹太新年之后第十天,犹太人彻底斋戒,停止所有工作,聚集于会堂,向上帝祷告忏悔,祈求赦免一年来所犯之罪。《希伯来圣经》时代,犹太民族在赎罪日举行圣殿祭仪,杀死一头公山羊祭祀上帝,与此同时,将另一头山羊放逐旷野,让它带走众人所犯一切罪孽。“替罪羊”一义由此而来。此举亦有“复和”之意。因而,赎罪之日也是与上帝复和之日。

变，我才能得到幸福。[1]

“精打细算”的卡夫卡清楚自己，正如后面将看到，弥留之际，他将最终确认自己内心的事实：他来自犹太先祖的迦南应许之地，出乎彼岸的恩典，客居此岸只为旷野漂流。恰如先祖的《希伯来圣经》之辞：“我在此世为客旅，唯赖你引我前行。”[2]从“肉身成言”重返“言成肉身”，才是恩典的方向。眼下，在人的尽头，蒙恩反而成为可能。事实上，“一个人的犹太复兴”，早已成为他文学祷告之“异象”。

又过了一个半月，卡夫卡向菲莉斯承认，他读一部作品时被击中了心头隐痛：

到某处，读不下去了，只好停下来，坐进沙发哭起来。好几年没哭过了。[3]

这部作品是德国犹太作家A.茨威格的悲喜剧《匈牙利宗教谋杀案》。卡夫卡出生前一年，匈牙利埃斯纳发生了一起排犹和屠犹事件，起因仅仅是一些流言蜚语。《匈牙利宗教谋杀案》即以此为题，揭露该事件真相。卡夫卡之所以阅读这部作品，本来仅为文学研究，却不由自主悲从中来。他的隐痛不是别的，正是内心深处的“犹太情结”。

就此，卡夫卡进入了他的第三轮创作高潮。1916年至1917年冬春之交，是卡夫卡的丰产季节。借由写作，他收获了内心深处酝酿多年的果实，它们源自神秘幽远的犹太根系。回想东欧犹太依地语剧团，联系未来卡夫卡生命的独特景象，不难发现他内心深藏的伟大抱负。从现象上说，犹太根系密布于卡夫卡的创作，促生血肉模糊的生

1　译自1917年9月25日日记。

2　译自《诗篇》，第119章第19节。

3　译自1916年10月28日致菲莉斯。

命。另外存在有力的旁证：1917年初夏，卡夫卡正式开始学习希伯来语，这一努力持续了7年，从未中断，直至他生命的终结。

换句话说，对于卡夫卡，"文学的存在"一直在归向"信仰的存在"。一切的一切，原本启发于犹太的血缘，其间峰回路转，无非成长的必然。只是，一场"白死病"加速了这一进程，由此引发了一场可歌可泣的自救。

从眼下起，他要把自己交托给疾病的"母亲"，而不是菲莉斯——她无法担当眼下的局势。以他独有的"反向作用"，这位"母亲"换喻着"危难的抵达"。尤其当此世界大战血肉横飞，抓住"母亲"的裙角，正是他"一个人"的"同体大罪"。

不患有罪而患不认罪。认罪就得救，唯认罪得救。舍此不存在所谓文学的祷告，遑论代言犹太和人类。

换句话说，从眼下开始，全部有限——因肺结核更有限的精力，必须高度聚焦于文学的斗争，更不用说超越文学的斗争。当年，年纪轻轻的他已然自许："我头脑中存在着庞大的世界。然而，如何解放我自己，同时也解放它，而不至于被撕成碎片？我看得一清二楚：宁愿上千次被撕成碎片，也不能将它阻拦或埋葬在我体内，这是我此生此世的目的。"[1]眼下，危难之际，唯有全神贯注于内心的祷告。全部的生命，需要悉数投入"对罪愆、苦难、希望和真正的道路的观察"。固然，他尚未走到人生的尽头，此岸自有此岸的任务，包括此岸的具体写作过程，甚至包括此岸的"恐惧-渴望"。此岸毕竟是出发之地，而思想的地平线阴霾重重，渴望着澄明。无论如何，他要用明澈的眼光洞穿日常现象，穷尽可能的道路，让自己站在绝对的深渊之前，迫使自己做出最后的选择。这才是生死攸关之事：

我尚未写下那件决定性的事情，我仍在分心，然而，等待着我的

1　译自1913年6月21日日记。

是一件巨大的工作。[1]

看来,随着“白死病”猝然袭来,卡夫卡复杂的生命格局即将发生本质的变化。只是在此之前,有些事情需要了结。

9月30日,卡夫卡致信菲莉斯,以常人难以企及的勇气,向未婚妻坦言自己内心的真情,他的话明澈、冷峻、尖利、决断,并潜藏着深深的悲哀,足以催人泪下:

如你所知,在我内部有两个彼此斗争的对手。好的那个属于你,对于这一点,过去几天我比任何时候都更为确信。五年来,不管是通过话语还是沉默,或者通过两者的结合,你始终得以了解这场斗争的历程,大多数时候,这让你遭受痛苦……

……两个对手在我内部斗争,或者说,他们之间的斗争构成了我……他们一个好,一个坏。他们不时调换角色,使本已混乱的斗争更加混乱。然而,尽管受到一些挫折,直到最近仍然存在着可能,使我想象会发生最不可能的事情……我,在这些年间变得可怜和倒霉的我,会最终获得拥有你的权利。

现在事情突然显示出:失血太多了。想要赢得你的好的一方(现在看来对我们是好的一方)失血过多,反过来帮助了他的敌人……在内心深处,我并不相信这病是肺结核,至少,在基本上说来它不是肺结核,而宁可说是我总崩溃的迹象。我原以为斗争会持续得长一些,可它不能了。血并非咯自我的肺,而是咯自斗争的一方所导致的一道致命暗伤。……

请别问我为何要筑起一道防线。别这样让我出丑。哪怕问一个字,我就会重新拜倒在你脚下……我的所谓肺结核……是一件武器,与早先使用过的无数其他武器(从“生理上的无能”到我的“工作”到

---

1 译自1917年11月10日日记。

我的“吝啬”)相比,它似乎更方便,更根本。

现在,我要告诉你一个秘密,这秘密此刻连我自己也不相信(虽然那远方的黑暗可能会让我相信,那黑暗正降落在我身上,伴随着我想要工作和思想的每一个愿望降落在我身上),但它会变成现实:我好不了啦。原因很简单,那不是肺结核……而是一种武器,只要我还活着,它就会继续表现为一种压倒一切的必然性。但它和我都将死去。[1]

第一次世界大战还在肆虐,战场上血肉横飞。在这样的背景下,圣诞节快到了。卡夫卡中途暂离屈劳返回布拉格,菲莉斯也从柏林赶来。两人在一起度过了几个“十分不幸”的日子,菲莉斯明确表示要与卡夫卡共同担当,卡夫卡同样明确表示不接受这一牺牲,因为他不想再增加对她的罪责。他申明不再考虑结婚之事。催人泪下的悲剧已然尾声。圣诞之夜,受勃罗德及其夫人之邀,卡夫卡偕菲莉斯同往做客,气氛十分紧张。按勃罗德日记所载:“两人都不愉快,一言不发。”第二天,“卡夫卡一早七点半就来了,要我陪他一上午……但他并不需要我当顾问,他的决心下得令人敬佩的坚定”。卡夫卡向勃罗德谈起托尔斯泰的《复活》,他说,一个人只能经历解脱,而无法把解脱写下来。这天下午,大家为放松心情外出郊游,卡夫卡却当着菲莉斯及众友人,讲出一番沉郁的话语:

我该做的事只能由我一个人来做。对末世该清楚。西方犹太人对此搞不清楚,所以没有结婚的权利。这里不存在婚姻,除非对末世不感兴趣的人,比如商人。[2]

---

1 译自1917年9月30日日记。

2 1917年12月26日谈话,引自勃罗德,《卡夫卡传》,第168页。

复活，末世，犹太，婚姻，等等，对于卡夫卡——借用勃罗德的评价——均属"神圣范畴"。就此而言，生死关头竟挥泪诀别，常人无法理解，对于卡夫卡，却是应有之义。不过此乃他话。以他自己的逻辑：卡夫卡也是人。正因为如此，他才需要"神圣范畴"。而且，更重要的是，即便他认同"神圣范畴"，依然是人，与所有人一样，有朽，必死，恐惧，渴望，作死，造死，并因而不洁，污秽，肮脏……

唯一的区别在于自我审视的眼光，或者说，在于是否有一颗祷告者的心。更确切地说，在于一颗心是否在虔诚地祷告——向创造这颗心并决定相关一切的源头——向创世的源头。

自然，"虔诚""敬畏"或"犹太"，对于卡夫卡，始于"亚伯拉罕之约"，是先祖的遗产，无法见于言词，更难以诉诸大众——包括被异化了的"西方犹太人"，或同化于全球化资本主义-消费主义的"商人"，包括一战中的军火商人。

大众消费时代没有敬畏和虔诚，所以没有"末世"，当然也就没有"复活"。正因为如此，本来美好的世界，才会被污染至痛不欲生。更可怕的是内心的污染，因为正是内心的污染导致了世界的污染。那么多人饮鸩止渴，被疯狂的欲望所催情："我死后管他洪水滔天。"他们自以为得意，殊不知正是恐惧的奴隶。针对他们，马丁·路德大声告白世界："即使世界明天就要毁灭，我仍然要在今天种下一棵小苹果树。"

独自祷告的卡夫卡当然不是领导宗教改革的马丁·路德，毋宁说，他可能相对接近苏格拉底："我去死，你们去活。"最终，他只是他自己："我该做的事只能由我一个人来做。"宁可说，他真正认同的，恐怕只有"精神邻居"克尔恺郭尔，深渊面前，他要完成"绝望的一跃"，成就他"一个人的犹太复兴"。

只是，挥泪诀别的卡夫卡绝非铁石心肠。他的人生属于独自祷告，所以，最关切的话，恐怕只有另类地表达，或顾左右而言他。其中绝无一句虚妄，相反句句真情，而且深藏着无可承受亦无可言说之痛。

1917年12月27日一早，圣诞节之后两天，卡夫卡赴布拉格火车站送走了菲莉斯。之后，他径直前往勃罗德办公室。“他脸色煞白，神情变得十分严酷、冷峻。突然，他失声痛哭起来，这是我所经历过的最可怖的景象……在那张沙发上，卡夫卡伤心地啜泣着，呜呜咽咽地说：‘非要有这样的事不成吗？这实在是太可怕了！’泪水沿着他的脸往下淌，我还从来没有见过卡夫卡这样张惶失措。”[1]第二天，卡夫卡致信小妹奥特拉：“昨天下午我哭了，把我成年以后所有的哭泣加在一起，也没有昨天下午这么多。”[2]

不管怎样，长达5年的峰回路转，一场悲喜浮沉的不幸婚恋，眼下终于彻底了结。

15个月之后，在柏林，菲莉斯与一位犹太富商完婚。

勃罗德将此消息委婉告知卡夫卡。“他激动了，心里充满对这新的婚姻结合的最真诚的祝愿，这也化成了他自己极大的喜悦。”

菲莉斯婚后生育一子一女。1931年，她举家迁往瑞士；1936年，因纳粹崛起，再次举家移民美国。1955年，因卡夫卡已广为世人所知，她向卡夫卡文献的出版商提供了卡夫卡写来的全部情书。

1960年10月15日，卡夫卡殒命36年之后，73岁的菲莉斯在美国溘然长逝。

第三节　向死而生：“精神邻居”克尔恺郭尔

随着菲莉斯的离去，1918年开始了。新年伊始，卡夫卡着手为内心的“重大工作”寻找基础。新年第一天，他第三次向公司提请退休，

1　参见勃罗德，《卡夫卡传》，第169~188页。

2　译自1917年12月28日致奥特拉。

只获准延长假期至该年4月底。他当即返回屈劳，完全中止了要命的日记，深入研读克尔恺郭尔和马丁·布伯，为下一步的思想表述做准备。他发现两位大师的书“不可思议”，其中的思想精细之极，令人绝望，“连最健康的肺也会喘不过气来”。“克尔恺郭尔是一颗明星，虽然他所照耀的空间与我相去太远。”一如既往，他话中有话，不经意间自负流露：“这样的谈论需要煞费苦心，比如我，只因目前的处境，我才得以如此谈论。这样的书，至少要确实略胜哪怕那么一点点，才能写，才能读。”他大概想说，机会恰当的话，他能写出更好的文字，更绝望的思想，更不可思议的书。当然，眼下还不是时候：“眼下，我对它们心怀嫉妒。”[1]

春天来了。卡夫卡通过大量阅读发现，克尔恺郭尔和自己原属“精神邻居”。无论就气质、生理、婚恋、思想或作品（尤其作品的“自传性质”），两人均颇为相似。然而，两人的表达方式却大相径庭。克尔恺郭尔更像“精神上的父亲或导师”，倾向于正面表述。例如，其曾以绝对的自信声称，只要他愿意报一个价，就会“让整个欧洲的基督徒化为乌有”。因为在他看来，这些人徒有基督徒的称号，其思想言行却相去甚远。卡夫卡不习惯这样的表述，所以他发现，克尔恺郭尔“从邻居变成了遥远的明星”，令他钦佩之余，并未充分认同：

以《恐惧和颤栗》为例……其思想的正面性质表述得真有点大而无当，恐怕只有遭遇——例如——某位地道的普通舵工，才可能有所节制。我的意思是：正面表述走得太远，就会别扭起来。他看不到地上的普通人……却在天上把亚伯拉罕表述得大而无当。[2]

卡夫卡暗指克尔恺郭尔的基督教立场。接下来，他以一贯的幽

1　译自1918年1月中下旬致奥斯卡·波姆。

2　译自1918年3月中旬致勃罗德。

默式刻薄写道：

克尔恺郭尔无须言说，仅其立场即构成反驳。在他看来，一个人与上帝的关系，从根本上说，排除任何外部判断。照此逻辑，甚或耶稣都无权判断某位追随者走了多远。某种程度上，对于克尔恺郭尔而言，这一问题事关末日审判，也就是说，答案只能见于末日之后——如果那时还需要答案的话。[1]

亚伯拉罕乃犹太先祖，被尊为“信心之父”；克尔恺郭尔以“信仰骑士”著称；卡夫卡则属“世俗犹太人”。卡夫卡反讽克尔恺郭尔，指称后者未能正确表述亚伯拉罕。他举出“普通人”作为抗辩，而“普通人”其实就是“世俗人”，近乎卡夫卡自己。他进而暗示亚伯拉罕跟克尔恺郭尔一道，违背了日常理性。三个人，牵涉三种信仰取向——犹太教、基督教与世俗人本主义(secular humanism)——三者关系复杂而微妙。

按道理，卡夫卡应与自己的先祖亚伯拉罕走得更近，并借此更加深入理解克尔恺郭尔。后面两位，各自代表犹太教和基督教，不约而同，一致抵达信仰的绝对真理：真正的信仰是纯粹的恩典。对于吾人，信仰意味着超越对立范畴的深渊：创造与受造、神爱与爱欲、恩典与历史、神本与人本、恩典与罪愆、神爱与律法、启示与理性、信仰与人生、超越与日常、神圣与世俗、彼岸与此岸、无限与有限……对于吾人，万古以来有爱有罪，其范畴相互对立，非此即彼，理性无法整合，自由意志也不容混淆，然而，神爱之恩典却可以成全。最终，万古以来只有爱，爱成全律法，化腐朽为神奇，变历史为恩典。事实上，这一

1　译自1918年3月末致勃罗德。

切已然见证于创世的瞬间。[1]恩典自我运动，自我成就，这是恩典的奥秘。对于这一奥秘，二人均“活出来”一种“道成肉身”的悖论：亚伯拉罕借由献祭独子以撒；克尔恺郭尔则通过体认两则思想，“把理性的眼睛挖出来”，因为信仰是“绝望的一跃”——舍此无法超越上述对立范畴的深渊！

然而，恩典真正的奥秘在于，无论亚伯拉罕还是克尔恺郭尔，“绝望的一跃”并非原因，而是结果。换句话说，就连“绝望的一跃”，也是恩典。这意味着，恩典的真正奥秘只能是恩典自己——是恩典的自我运动与自我成就，而且就此而言，恩典无法抗拒。借临终日记，克尔恺郭尔完美表述了这一奥秘：

生活在凡俗的目的就是要使我们进到最高层次的厌世……上帝以他的爱而使他达到这点的人……已经经受住了生活的考验，已经变得成熟而进入永恒之境。

我曾犯有违逆上帝的罪行。这一冒渎之举在一定意义上不是我本人的，但它是与生俱来的，使我在上帝眼中有罪。与这冒渎相应的惩罚是：被剥夺了一切生活的情欲，而被引至最高层次的厌世。人总想模仿上帝的工作，即使不是从无中创造人类，至少也要传宗接代。“你必须为此付出代价，因为你在今世的目的是——以我的仁慈(我只向那些得救的人显示我的仁慈)——把你引向最高层次的厌世。”

大多数人如今已丧失灵性，远离圣恩，这种惩罚已经不适用于他们了。他们已丧失了今世的生活，所以执着于今世的生活；他们原本就是虚无，所以成了虚无；他们虚度了此生。

那些持有一些灵性，没有被圣恩所忽视的人被引入一种境界，在这种境界里，他们体验到那最高层次的厌世。但是他们不能使自己

1　参见《希伯来圣经·创世记》，第1~3章、第50章第20节。就律法最深刻的含义，“创世”可视为律法的源起，更意味着“爱成全律法”。可参《马太福音》，第5章第17~19节、第22章第37~40节；《罗马书》，第8章、第13章第8~10节。

和那种境界协调起来,因此反叛上帝,等等。

只有那些被引入[最高]厌世的境界的人才能够在上帝圣恩的帮助下,坚信上帝依着爱行事,所以在他们的心灵里,甚至在他们心灵的最幽深处,对于上帝是真爱,不存有丝毫的怀疑:唯有这些人才是成熟到可以进入永恒之境的人。

……一旦听到那被他引入厌世之境的人赞美他,上帝便自语道:“啊,就是这副嗓音!”他说“就是”,仿佛是一个发现,而实际上他早有准备,因为他自己早已出现在那人面前,并且亲近他,帮助他。上帝能帮助他的,是仅在自由的范围里能够实现的一切,只有自由意志才能实现这一切。但是妙就妙在能用言谢上帝的方式表达自己……以至听不到任何东西,任何关于那一切出乎他自己所为的东西,只是满怀感激之情,把一切归于上帝,祈祷上帝,一如既往:一切皆上帝所为,所以那人不信自己,只信上帝。[1]

基督徒克尔恺郭尔如此,犹太人亚伯拉罕亦然。但是,犹太人卡夫卡却不然。恰如克尔恺郭尔的一针见血,他算是“持有一些灵性”,亦然蒙恩得以“体验到那最高层次的厌世”,然而自身无法与此“协调”,“因而反叛上帝”。与其说他“迷路于克尔恺郭尔”,[2]不如说他迷路于“理性的梦魇”。在反叛中,他只能相信自己,相应地,也无法不留恋今世。他挖苦克尔恺郭尔与“有限事物”缺乏联系,却反而泄露了自身的文饰。不错,与卡夫卡一样,克尔恺郭尔也恐惧婚姻。订婚雷琪娜之后,也跟卡夫卡一样惶惶不安,犹豫摇摆,同样以解除婚约告终。此举加剧了克尔恺郭尔的孤独与痛苦,其程度,恐怕远甚于卡夫卡。然而,凭借信仰的恩典,他得以“绝望一跃”,弃绝红尘,上升至“最高层次的厌世”,“活出来”恩典的奇迹。如此“精神邻居”,卡夫卡

1　1855年9月25日生平最后日记,载《克尔凯戈尔日记选》。

2　1918年3月中旬致勃罗德。

多少有点不堪面对。他与菲莉斯挥泪诀别，情节感天动地。其后多次表示今生不问婚事。但事实表明，他一再背叛自我承诺，就像他为之抗辩的“普通人”，再三陷入婚恋纠葛，用他自己的话说，“在人世间的肮脏和污秽中打滚”。

不过，既然历史既是历史更是恩典，那么，卡夫卡最终也没错。后面将进一步看到，无论他有意无意如何“打滚”“逆反”“捣蛋”，这样做出于主动还是被动，最终，上帝决定一切，恩典无法抗拒。以理性为依据，他看到了问题。以生命为凭借，他亦然创造之受造。对于他，创造早有特殊的预备。虽然回头方知，不妨有所预感，哪怕一慨三叹：“难啊……通向爱的路总是穿越泥污和贫穷。而蔑视的道路又很容易导致目的的丧失。因此，人们只能顺从地接受各种各样的路。也许只有这样，人们才会到达目的地。”[1]

无论如何，最终，从浩繁的星空，卡夫卡本能地选择了克尔恺郭尔。甚至他的反讽，也体现了内心深处的“反向作用”，暗示他深知其意义和价值，以至如此在乎。他的无意识不会欺骗他。无论当下形势属于“悬而未决”抑或“向死而生”，他亟须特殊的精神支持，非克尔恺郭尔这样的“精神邻居”无法提供。克尔恺郭尔一生孤独无人能及；他承受家庭“症状”之“重复”，远胜于卡夫卡；生理条件更可怜。面对克尔恺郭尔，他的确无话可说。尤其是，克尔恺郭尔凭借恩典，化焦虑为“焦虑学校”，得以“接受畏惧可能性的教育”，砥砺出来“一个人的信仰”——或者说“一个人的迦南”——独自面对上帝。这一信仰化腐朽为神奇，在焦虑之死的阵痛中永葆青春。克尔恺郭尔为人类留下“肉身成言”的宝贵遗产，包括卡夫卡眼下研读的《恐惧和颤栗》《致死之病》《非此即彼》《人生诸阶段》《再现》（又译《重复》）以及《瞬间》等作品。对于卡夫卡，克尔恺郭尔既是“精神邻居”，也是对立

1　[捷]古斯塔夫·雅努施，《卡夫卡对我说》，赵登荣译，时代文艺出版社，1991年，第206页。

面和对话者，在绝境中转移和吸引了他的注意力，刺激他思想的活力，其主要结果之一就是著名的八开本笔记，其中珍藏着思想的矿藏，丰富而深邃。只是，终而言之，克尔恺郭尔作为"绝对个体"，无法取代"不一不异"的另一位"绝对个体"卡夫卡。

第四节　第三次订婚：尤丽叶·沃莉泽克

1918年4月30日，公司批准的假期结束了。卡夫卡重返布拉格——这位"带爪子的小母亲"。公务之余，他抓紧时间操练思想，锤炼箴言，其成果即8部著名的八开本笔记。除开1919年11月写完的《致父亲的信》，这是他眼下唯一的工作。四个月的屈劳休假令他元气大增。上午上班，下午学希伯来文，或赴郊外果园，参加"劳动生活"。偶尔约勃罗德散步、游泳，不再频繁晤面。有规律的生活让他感觉充实。当然，他另有肺结核作为"母亲"，对此，他不去住院疗养，而是紧紧拉住"母亲"的裙角。

一战行将结束。然而，10月中旬，"西班牙流感"爆发，横扫欧洲，再次打倒卡夫卡，并诱发可怕的双侧肺炎，令他生命垂危。好不容易康复过来，拖着虚弱的身子回公司上班，发现物是人非。原来，战争结束了，原来的奥地利（即奥匈帝国）解体为奥地利、匈牙利、捷克斯洛伐克等国家。公司性质也相应改变。

和平时期又开始了，但似乎与卡夫卡无缘。"在和平中你寸步难行，在战争中你流尽鲜血。"无论战争还是和平，对他有什么区别？上班不到一个星期，感冒复发，高烧盗汗，呼吸困难，不一而足。"母亲整日哭泣，我尽力安慰。"父亲一直被蒙在鼓里，现在眼见儿子双病缠身，竟一反平日的严厉，蹑手蹑脚走进房间，站在门口，伸长脖子探望床上的卡夫卡，神情关切，举手致意。以至卡夫卡"止不住幸福地哭起来"，日后忆及，"不禁又潸然泪下"。

尤丽叶·沃莉泽克(1891年—1944年),1919年卡夫卡曾同其订婚,最终因为密伦娜的出现而同她解除了婚约。

眼下,奥特拉正在农校学习农艺,打算学成之后前往巴勒斯坦寻找新生活。这也是卡夫卡支持的结果。家中无多余人手,母亲亲自送他前往布拉格以东的小城什累申,在那儿休假疗养。他在那儿一住就是4个月,并在一家膳宿公寓结识了尤丽叶·沃莉泽克。28岁的她,同样来自布拉格,父亲是犹太鞋匠兼犹太教堂杂役,未婚夫在一战期间不幸丧生。卡夫卡向勃罗德描述说,她大概属于某种"悬而未决"的类型:"既平凡又奇特;既不是犹太人,也不是非犹太人;既不是德国人,也不是非德国人。喜欢看电影、听轻歌剧和看喜剧,喜欢涂脂抹粉戴面纱……总的说来很无知,乐而少悲……此外,她勇敢、诚实、忘我——这么多特征集于一身,身体上无疑不是没有美感,可是如此微不足道,就像一只对着我的灯光飞来的蚊子。"她长于犹太依地语,单是这一点十分吸引卡夫卡。两人交往期间,卡夫卡专门向勃罗德借阅《犹太复国主义之第三阶段》,并请推荐类似书目,试图"改造"这位混血的犹太姑娘。

照卡夫卡的说法,两人之所以聚到一起,是因为不幸的驱赶。膳宿公寓冷冷清清,两个人似乎都有些歇斯底里。

每次相会,就要不停地笑上好几天。在吃饭的时候,在散步的时候,当我们面对面地坐在一起的时候,我们都要笑一通。总的说来,我们的笑声是不舒畅的,因为我们没有充足的理由这样纵情欢笑,这莫名其妙的笑声是折磨人的,令人羞惭的;这笑声使我们更加疏远……我像一个遍体鳞伤的人……我和尤丽叶刚认识时,我一到夜里就辗转反侧,彻夜不眠……

由于“遍体鳞伤”，卡夫卡最初高度约束自己，尽量与尤丽叶保持距离，减少见面的机会。寒冬渐临，膳宿公寓的客人先后离去，最后只剩他们两人。来往自然多了一些，但还是保持了适当的距离。

卡夫卡双亲后来也经常光顾的疗养公园

然而春天到了。1919年3月，两人先后返回布拉格。一回布拉格，卡夫卡无法再约束自己。他发现自己充满了想念。当即致信对方，然后两人就“像被谁驱赶着似的飞到一块儿去了”。陶醉在爱情中的卡夫卡甚至恢复了日记的写作，留下短短几条日记，虽然一如既往充满寒意，但围绕尤丽叶起了冲突。果然，他不久就萌发了结婚的念头；于是，诀别菲莉斯仅一年半之久，相识尤丽叶仅半年，也在生日之际，卡夫卡再次订婚了。

36岁的卡夫卡很快为结婚做了诸多准备。然而，据他称，他告知父母此事，父亲却断然反对，而且出语刻薄：“多半她穿了一件什么迷人的衬衫，布拉格的犹太女人就会来这一套，你当然就一见钟情，立刻决心要和她结婚，而且越快越好，一个星期以内就要结婚，甚至明天，最好是今天。我不明白你，你是个成年人了，你是在都市里，可你却什么能耐也没有，只会随便找个女人马上同她结婚。难道除此以外就没有别的办法了？你要是害怕，我亲自陪你去好了。”母亲则“借故离开了房间”。

旁人无法追查当时实情。然而，卡夫卡感觉很受伤，仿佛不幸的童年再现，并决心置父母意见于不顾。他和尤丽叶一起努力找到了一套房子，发表了结婚预告。不巧，婚事之前两天，那套房子竟然先行租出去了。于是，虽婚约尚存，第三次婚事自然流产，令人哭笑不得。事实说明父母当初的反对自有其道理。卡夫卡却恼羞成怒,“旧恨新仇”一起涌上心头,加之《乡村医生》和《在流放地》两部集子出版,父亲却不以为然,令他无法释怀。其结果,他断断续续,最后写成那封著名的《致父亲的信》。

半年多之后,卡夫卡与尤丽叶正式退婚。他满怀歉疚致信尤丽叶的妹妹,解释绝非有意伤害她的姐姐。他说,这次婚事虽然源于爱情,但根本的基础还是理智。正是理智告诉他,他没有结婚的条件和权利。“你的情况是:紧张过度,完完全全地为文学所吸引了,肺功能已经虚弱不堪,整天在办公室搞那些抄抄写写的事,累得喘不过气来。你还要在这种情况下结婚?而且,你还大言不惭地承认,自己必须结婚。你心怀这个目的,却还有胆量,要求自己心安理得地进入梦乡。第二天,你的头像正在溃烂的伤口,痛得要命,但你还惝恍迷离地到处乱跑。难道,你还想凭着白天的这种精神状态,连累一个完全依赖你、献身于你、对你忠心耿耿的姑娘,让她伤心?”

然而接下来,他又开始伤害尤丽叶。其时,他最终离开什累申返回布拉格,带着一封《致父亲的信》。11月24日,他致信尤丽叶父母,再次提出婚事问题:

不管它[传言]的内容是什么,又是如何得到证实和传播的,都好像是在诽谤我,使我显得可鄙、可笑。但是无论怎样解释,在这方面它是真实的,我给最纯洁最善良的J.[尤丽叶]带来这么多痛苦,与此相比,任何仅仅来自社会的处罚都是微不足道的。

……请让我们在一起吧,越过我所有的弱点,我们感觉彼此休戚相关。抱着一些希望,我打算2月份去慕尼黑,大约待3个月。J.[尤丽叶]也一直想离开布拉格,或许她也能去慕尼黑。我们将见识另一片天地,有些东西或许自身会发生些变化,或者将改变某些弱点、某些恐惧,至少是改变它们的形式和它们的方向。[1]

带着一纸“悬而未决”的婚约,卡夫卡走进1920年。这一年,他的生命将发生天翻地覆的巨变,当然不会因为尤丽叶,而是因为另一位非犹太的布拉格女子。她比卡夫卡年轻12岁,个性热烈,敢作敢为。她的名字叫密伦娜·耶申斯卡。

1 1919年11月24日致尤丽叶父母,引自《卡夫卡全集》,第7卷,第322~323页。

第十五章 密伦娜:“恐惧”与“肮脏”的恋情

难啊……通向爱的路总是穿越泥污和贫穷。而蔑视的道路又很容易导致目的的丧失。因此,人们只能顺从地接受各种各样的路。也许只有这样,人们才会到达目的地。

——弗兰茨·卡夫卡

第一节 勇敢者的游戏

密伦娜何许人?借用卡夫卡的象征,她拥有“可资自豪的肺”,与卡夫卡恰成对比,[1]虽然后来证明此事并不属实。维利·哈斯——卡夫卡和密伦娜共同的朋友——这样描述说:

有时,她像16、17世纪的一个贵族成员,精神饱满,神采飞扬……在需要她做出决断时,她充满了激情,敢作敢为,冷酷,聪颖;在需要激情时,她会不假思索,采取一切手段献出激情——她在青春时代总是这样的。作为朋友,她有着取之不竭、用之不尽的友情,有着无穷无尽的帮助人的办法,人们往往为之瞠目,真不知道她是怎样找到那些办法的;她对朋友也有没完没了的要求……作为情人,她也

---

1 卡夫卡早年参加工作时进行体检即显示肺部有浊音,只是尚未影响健康。

是如此。那时，她挥霍无度，她挥霍的范围简直难以令人置信，她自己的生活、钱财和情感都包括在内。在她看来，她自己的情感和别人的情感是一种必要的资本，这些必要的资本是供她自由支配的。[1]

密伦娜据称拥有贵族血统，出身于布拉格一个古老的捷克爱国家族，该家族曾勇敢反抗奥地利统治者。早在17世纪，一位祖先即因此被处极刑，家族姓氏因此镌刻于一面巨大的青铜纪念牌，成为公共爱国遗产。然而，密伦娜的个人生活却相当不幸。父亲是布拉格著名的医学教授，在家中却独断专行。13岁那年她失去母亲，从此独自一人——像卡夫卡一样——面对父亲的“暴政”。后来，密伦娜离经叛道爱上犹太人艾恩斯坦·波拉克，父亲激烈阻止，甚至将她送交护理所强行监管。密伦娜从那儿逃出来，与波拉克逃离布拉格，私奔到维也纳成婚，其性格特征就此可见一斑。时代精神为密伦娜提供了理想的舞台。她首批毕业于一所著名的人文女子学校，一战后捷克共和国诞生，她自然跻身共和国第一代自由女性。当时，布拉格人都激动不已，热烈谈论怎样投奔自由，如何“出走”或“私奔”。据她晚年的一位友人描述，“对她来说，爱情是唯一真正伟大的生活……她从不害臊，从不腼腆。她从来认为，强烈地感受到别人对自己的爱慕，这绝不是一件令人羞愧的事情。她认为，爱情是一件清白无辜、理所当然的事情。”在憧憬爱情的同时，密伦娜也热衷革命。她积极参加共产主义运动，活跃于反法西斯的斗争，凭借杰出的文笔参加战斗。她拥有众多朋友，其中包括伏契克这样的人物，后者是著名的捷克共产

密伦娜

1　转引自瓦根巴赫，《卡夫卡传》，第131页。

主义者，留下大名鼎鼎的《绞刑架下的报告》。

密伦娜的丈夫波拉克，也是当时小有名气的作家。身为犹太人，他竟遭时代精神完全同化，成功叛逆种族的命运。从个性上讲，他是那种所谓“永远的大学生”，才华横溢而又风流成性，身边始终围绕着一大群女性崇拜者，接二连三发生婚外情。由此形成心理学上的奇观：犹太人波拉克让密伦娜备受打击，又无法摆脱丈夫的魅力，也没有勇气放弃婚姻。其时，一战行将结束，维也纳遍城充斥咖啡店式的文学沙龙，其间轻浮与才学混杂，密伦娜遂成座上客。本质上她并不适应，因而十分痛苦，有一阵子，甚至借可卡因麻醉自己。苦闷和压抑损坏了她为之自豪的肺，不仅呼吸困难，还偶有咯血，以至医生不得不提出警告。恰逢其时，她遭遇了卡夫卡。

还在1919年10月底，卡夫卡收到一封来信，对方提醒说她是密伦娜，他们曾经见过面。卡夫卡想起来，他的确见过密伦娜和她的丈夫波拉克，但不甚清晰。密伦娜在来信中希望能得到允许，由她把卡夫卡的一些作品由德文译成捷克文。卡夫卡复了信，但不知何故未获回音。

1920年1月1日，卡夫卡被公司提升为“书记官”。4月初，公司批准他赴意大利美兰(Meran)疗养三个月。一到美丽的美兰，卡夫卡即致信维也纳的密伦娜，委婉希望对方来美兰一晤，不久又再去一信，并终于收到对方回信，此后两人通信渐渐频繁起来。密伦娜告之自己“呼吸困难”，卡夫卡则听出弦外有音：“我多想把美兰赐给您啊！……假如您到这儿来，在这双重含义上事情总会有所缓

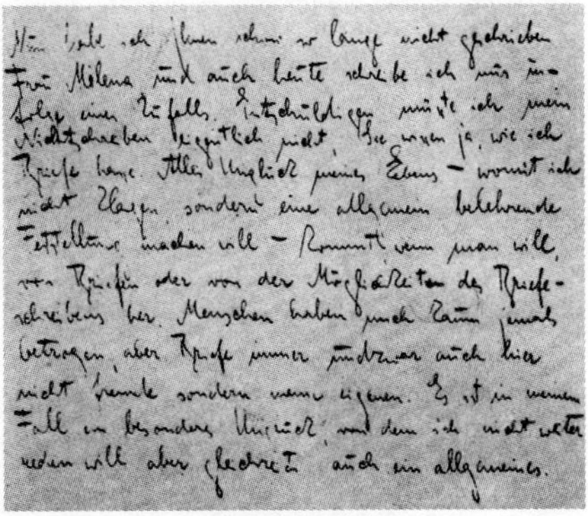

致密伦娜手迹

解的。"作为过来人，卡夫卡不时就密伦娜的肺部病情发表意见。同病相怜既是实情，也是微妙的隐喻。无论两人是否自觉，内心都暗藏疾病的隐忧和死亡的恐惧，生之渴望因此更加强烈。两人内心都想寻觅患难知己，也不忘表现英雄救美的仗义。经由这样的你来我往，到5月初，卡夫卡认为已赢得密伦娜的芳心：

失眠频频向我袭来，特别是最近这段时间。失眠可能有种种原因，其中之一也许是同维也纳[密伦娜]的通信。她是一团我从未见过的生机勃勃的烈焰，尽管如此，却只为他而燃烧。燃烧时极其温柔、勇敢、聪颖，她牺牲一切，或者若她愿意，通过牺牲赢得了一切。而激起这团火的又是怎样一个男人呢？[1]

卡夫卡正确地估计了自己，因为他知道自己是一个什么样的男人。然而，他也错误地估计密伦娜，因为她不会"牺牲一切"。而维也纳那边，密伦娜也正确估计了自己，但错误地估计了卡夫卡，因为她不知道卡夫卡是一个什么样的男人。

果然，没过多久，密伦娜就发难了。她明明知道卡夫卡是犹太人，却还是要问卡夫卡是否是犹太人。大概就从这儿开始，卡夫卡逐渐清醒起来。5月30日，卡夫卡从美兰回复密伦娜，开篇即反问："您对人性了解多少？"接下来慢慢引入正题：

那么现在来处理"犹太人"问题。您问我是否为犹太人，也许不过一句玩笑，也许只是想了解，我是否属于那种惶恐不安的犹太人。[2]

敏感、敏锐如卡夫卡，他意识到密伦娜提出了委婉的指责。从密

1 1920年5月初卡夫卡自意大利美兰致勃罗德，《卡夫卡全集》，第7卷，第348页。

2 译自1920年5月30日自意大利美兰致密伦娜。

伦娜这边,以她的性格,也可以说,她慢慢了解到卡夫卡性格的"绝对单数性质",或许是他的优柔寡断,可能是他的谨小慎微,概而言之是缺乏勇气,用哲学的话说是恐惧。不过,双方毕竟身处热恋的激情中,因而,密伦娜的质疑可能十分隐晦,卡夫卡的回应也相当隐忍。情不自禁,他写下他著名的"犹太哀歌"。

6月3日,卡夫卡继续抒写他的哀歌:

也请想想看,密伦娜,我怎么才来到您身边?我用了38年的人生(因为我是犹太人,这段路其实要漫长得多)!看起来,是在人生转折处,我出乎预料遇见您。过去没指望过能遇见您。如果说相遇恨晚,那么,密伦娜,我哭不出来,即便内心也哭不出来……[1]

然而,就在这封信中,卡夫卡已然将两人的对话升级,提出"同体大恐"的问题:悲哀的恐惧并非犹太人卡夫卡私有,也为基督徒密伦娜共有。往后,卡夫卡进一步提出"同体大罪"乃"同体大恐"的终极诱因。情书往返,血肉模糊,其间,他最终完成了里程碑式的论证:犹太人,包括犹太人卡夫卡,不过是人类"同体大罪-大恐"的人质或"替罪羊"。

回到眼下,疗养假期就要结束了,37岁的生日也快到了。一个提议不知被谁提上了日程:趁卡夫卡返布拉格之际,在维也纳共度7月3日的生日。对此提议,卡夫卡致信密伦娜表示了"恐惧":

我不想(密伦娜,我词不达意!)我不想(并非口吃)去维也纳,因为我无法承受精神压力。我精神上有病,肺病无非是精神病泛滥成灾。[2]

---

1 译自1920年6月3日自意大利美兰致密伦娜。

2 译自1920年5月31日自意大利美兰致密伦娜。

当然，5月31日这封信表示的"阻抗"，可能与头天信中的"犹太人"问题有关。不过，热恋总有热恋的温度，而且，热恋说明双方并不真正了解。最终，卡夫卡终于成行维也纳——客观上讲，为达成真正的了解。

6月27日，卡夫卡动身离开美兰返回布拉格，中途自6月30日至7月4日在维也纳逗留了四天。

经过四天的"亲密接触"，密伦娜终于认识到事情的实质，她在后来致勃罗德的信中写道：

他跑了一整天，上山，下山，他在阳光下行走，没有咳嗽过一次，他的胃口好得吓人，睡得像个风笛，他就是健康的，他的病在这几天中对我们来说就像是一场小小的感冒，假如我当时同他一起去布拉格，那么我对他来说将仍然像当时一样。但……我没有能力离开我的丈夫，也许我的女性味太浓了，以致我没有力量投身于那种生活，我知道这意味着一生度过最严厉恪守的苦行生活。然而在我心中却燃烧着一个无法抑制的欲望，一个对另一种生活的疯狂的欲望，渴望我正在过和必将过的生活，渴望有一个孩子的生活，渴望一种接近地面的生活。这种欲望在我心里战胜了其他一切，战胜了爱情……我知道，他不曾抗拒生活，而仅仅是抗拒这儿生活的这种方式。假如我能够同他一起生活，那么他会同我一起幸福地生活的。但这些我今天才明白，所有这些。当时我是个凡俗的女人，就像世界上所有的女人一样，一个渺小的、有性冲动的小女人。他的恐惧由此产生。[1]

换句话说，卡夫卡要婚姻，而密伦娜给不出他所要的婚姻。然而，事情还有更深的机理：一方面，密伦娜内心留恋丈夫；另一方面，卡夫卡并不能给出密伦娜想要的婚姻。正如菲莉斯深知，卡夫卡只

1 密伦娜1921年1至2月信，转引自勃罗德，《卡夫卡传》，第238~239页；着重号为原有。

能过他柏拉图式的“贞洁的婚姻生活”。但是,这样的生活无法满足密伦娜,她要一种有性生活、有生育的婚姻——事实上,如后所见,她最后争取到的,正是这样一场婚姻——虽然又迅速失去,哪怕偶然地,见证了一次“卡夫卡式”(Kafkaesque)!

第二节 较量与见证

7月5日,卡夫卡休假结束返回布拉格,当日即约见未婚妻尤丽叶,经过痛苦的冲突,卡夫卡解除了生平第三个婚约。[1]此前此后,他与密伦娜频繁通信,进行漫长的对话与争吵。7月13日,医生告之,相比美兰休假之前,他的病情反而加重了。两天后,奥特拉结婚。卡夫卡再次叩问密伦娜,是否愿意冲破名存实亡的婚姻,离开维也纳来布拉格。密伦娜一方面担心他因偏执举止而进一步损害健康,另一方面直陈己见,批评他深怀恐惧。卡夫卡乘势公开袒露恐惧作为反击。密伦娜转而承认卡夫卡恐惧的合理性,愿一道进行分析和讨论。卡夫卡干脆申明:“我就是恐惧组成的。或许,它是我身上最好的成分……除此之外,还有什么值得你爱?”对于四天的维也纳之行,他解读为浪漫爱情,声称是他此生唯一的幸福与自豪。正因为如此,他渴望与她结合。但是,他没忘挑明:他害怕那道入夜的鸿沟,恐惧“床上的半小时”——他专门指出——密伦娜不也轻蔑谓之“男人的事情”?密伦娜指称他存在“恐惧-渴望”,即对渴望充满恐惧。卡夫卡尖锐反驳,说自己没有渴望,只有恐惧;人性本肮脏,甚至陀思妥耶夫斯基也无法幸免;但他对肮脏没有渴望,只有恐惧;而且,他恐惧一切,而不单单是与她做爱。为支持自己的反驳,他专门引证了他生平第一次性爱,还有美兰假期与密伦娜的两次偷情。

1 尤丽叶后来可能进了精神病院并死在那里。参见《卡夫卡》,第20章。

一方面柔情蜜意，一方面明枪暗箭，两人思想情感的较量不断升级，最后达到世界观的高度。如本书第七章所见，卡夫卡的结论是：这个世界上无人不恐惧，密伦娜也是人，所以密伦娜也跟他一样恐惧，只是表现形式有所不同而已，必要的时候，人们完全可能通过欲望来表达恐惧。

如此你来我往，其结果不难想象。8月初，密伦娜郑重声明无法离开丈夫，因为她太爱丈夫，而丈夫也太需要她。与此同时她向勃罗德发出一封重要的长信。

大概在7月里，经卡夫卡介绍，勃罗德曾就某事宜咨询过密伦娜。7月21日，密伦娜回复勃罗德，顺便希望了解卡夫卡的更多情况。勃罗德回信谈及卡夫卡的病情。7月29日，密伦娜再致勃罗德，惊讶于卡夫卡的病情，并述及卡夫卡与自己恋情的程度，另外暗示"我的婚姻以及我对丈夫的爱情十分复杂"。勃罗德复信密伦娜，大概委婉表达了对事情的关心。接下来便是密伦娜8月初那封重要的长信，信中她正言若反，细数卡夫卡的"畏惧"，并表示无法理解卡夫卡的"畏惧"。她不同意勃罗德的看法：卡夫卡"畏惧爱情而不畏惧生活"。为此她列举了生活中的卡夫卡为一两个克朗而踟蹰再三：

……刚走开几步，他就变得闷闷不乐。而这同一个人不言而喻会毫不犹豫地，激动地，非常愉快地给我两万克朗。[1]

"可是，"密伦娜假定说，"假如我请求他给我两万零一克朗，我们就必须找个地方换钱，如果不知道在哪里可以把[一个]两克朗换成两个[一克朗]，那么他就会认真考虑，他应该怎么处理不该给我的那个克朗。"她继续细数卡夫卡的"狭隘"与"恐惧"：

1 密伦娜致勃罗德，1920年8月初，见勃罗德，《卡夫卡传》，第231~234页，下同。

他对钱的狭隘几乎同对女人的狭隘一样。他对机关的恐惧同样如此。有一次我给他打电报、打电话、写信，恳求他看在上帝的份上到这里来一天。当时对我来说非常必要。我拼命诅咒他。他几夜睡不着，折磨自己，写了一些充满自我践踏的信来，但人没有来。为什么呢？他不能请求休假。他不能向经理——那个他从内心深处（真实地！）钦佩的经理，因为他打字速度快——他不能向他说，他要到我这儿来。找别的借口——又是一封震惊的来信——怎么说呢？撒谎？对经理编个谎言？不可能。假如您问他，为什么他曾经爱他第一个未婚妻，他回答："她是那么会做生意。"说这话时，他的脸因为敬重而放光。

如我们所知，卡夫卡的确"狭隘""恐惧"，然而，他真像密伦娜的描述，竟然如此"狭隘""恐惧"？

或许，卡夫卡只是下意识抗拒与密伦娜的关系——非他所愿的"这儿生活的这种方式"——而这个短语正是由密伦娜自己加上了着重号。

甚至，深患"婚姻综合征"的卡夫卡，虽然向密伦娜诉诸婚姻，但骨子里同时也恐惧婚姻，一如既往？果真如此，那么，所谓的"狭隘""恐惧"，无非是卡夫卡深层无意识的"狡计"，一如他三年前与菲莉斯诀别前的忏悔："我的所谓肺结核……是一件武器，与早先使用过的无数其他武器（从'生理上的无能'到我的'工作'到我的'吝啬'）相比，它似乎更方便，更根本。"为什么需要这样的武器？个中理由也一如既往：一旦涉及婚姻，无论菲莉斯还是密伦娜，无不化身为"生活的代表"，就像生身父亲赫尔曼·卡夫卡，代表着世界，要将他撕碎。所以，末了，他——"两脚交替落地"——犹豫、踟蹰、分裂、痛苦……而终致"狭隘""恐惧"。

这一切，密伦娜也许并不完全明了，但不可能毫无领会。事实上，接下来，她话锋一转，论及另一位——也是同一位——卡夫卡：

噢，不，整个世界对他来说是……“会做生意”的[世界]。……打字打得快的人、有四个情妇的人对他来说是不可理解的……

……我们不知何时已在撒谎中找到了避难所，避到了目不见物、精神激昂之中……但他从来没有逃到某种避难所之中……他绝对没有撒谎的能力，就如他没有灌醉自己的能力一样。他没有一丝一毫庇护，没有栖身之处。他就像一个赤裸裸的人处于穿着衣服的人们中间。……而他的苦行主义毫无英雄气概——因而更显得伟大和崇高。任何“英雄主义”都是谎言和懦弱。这不是一个由于其苦行主义作为达到某种目的之手段的人；这是一个由于其可怕的洞察力、纯洁性和无妥协之能力而被迫采取苦行主义的人。……

他的书是令人惊讶的。他自己则更令人惊讶得多。

正是在这封信中，密伦娜向勃罗德——也向世人——沉痛惊呼：“弗兰茨不谙生活！弗兰茨无力生活！弗兰茨好不了啦！弗兰茨要死了——千真万确！”

然而不知何故，约两周后，8月中旬，两人竟在捷克-奥地利边境小城格蒙德共度周末，沉湎情爱，让“格蒙德”一度成为两人的标志用语。只能这样理解：密伦娜一方，恐怕更多是真实的游戏，或许暗含“英雄救美”的惺惺相惜；卡夫卡则偏执一如既往，既孩子气又十分老成执着。两人似乎都想来点自我证明——当然，其中也不乏情爱(eros)的自我见证，这是情爱的本性。“我很自豪，全世界都可以从我被雨水浇透了的衣服上看出，我是从格蒙德来的。”[1]——如此豪言壮语，来自8月19日卡夫卡致密伦娜。很快，情爱开始为自己埋单。密

1　约1920年8月19日自布拉格致密伦娜，引自《卡夫卡全集》，第10卷，第383页。

伦娜大概内心失衡，首先发难，并称“我不需要你就此答复”云云。[1]这个问题——大概连同相关内容——令卡夫卡敏感，并加以“甜蜜而怨毒”的反击。8月26日，卡夫卡回复密伦娜：“我的确肮脏，密伦娜，肮脏之极。这就是为什么我要大声疾呼纯洁。”前一句大概正言若反，捍卫自己的纯洁；后一句大概提醒密伦娜，别忘了“格蒙德之爱”的细节。接下来，他顺势写出那句千古名言：“相比地狱最深处的人，无人能唱得更纯洁。凡我们以为天使的歌唱，其实是他们在歌唱。”两人你来我往，一反二复，自8月底9月初，开始纠缠“肮脏”“污秽”“原罪”和“恐惧”。卡夫卡坚持认为，这些现象源自曾经纯洁的伊甸园，是人类共同的遗产，绝非他个人的专利。“密伦娜也是人！”——言下之意，任何人，包括密伦娜，无法逃避“同体大罪”的命运，因而也无法不“同体大惧”“同体大脏”。争吵显然愈演愈烈。9月15日，卡夫卡收读密伦娜来信后首次提议中止通信。9月20日，卡夫卡继续“甜蜜而怨毒”地反讽：“我一直过着自己肮脏的生活，这是我自己的事情。然而，不巧让你也卷入进来，事情的性质就完全不同了，甚至不仅仅是对你的冒犯。……更可怕的是，你让我更加认识到自己的肮脏……这让我额头直冒恐惧的冷汗；至于你的过错，根本无从说起。”如此“格蒙德之爱”，当然令他深感“对占有的疲倦”。年底他赴马特里亚利疗养，从那儿致信密伦娜，再次强烈呼吁停止通信：

> 不要写信来，阻止我们再会面。只有这个请求静静地充实着我的内心，只有它能使我以某种方式活下去，其他一切只能继续摧毁。[2]

1　转译自1920年8月26日自布拉格致密伦娜。包括以下书信，均译自1920年8至9月卡夫卡致密伦娜。两人往来线索之所以无法详考，主要是因为密伦娜信件的缺失——她曾委托勃罗德代为烧毁她写给卡夫卡的信，不知结果如何。参见勃罗德，《卡夫卡传》，第244页。顺便指出，这样一种不对称的书信留存，也见于卡夫卡与菲莉斯之间。推而广之，此处疑难，普遍存在于类似案例。例如，文森特·凡·高与弟弟提奥的通信往来，凡·高的信件保存完整，提奥的信件却基本缺失。

2　转引自勃罗德，《卡夫卡传》，第236页。

第三节 “她去的地方还会有黑暗吗?”

自此,两人通信大体上结束,但并未断绝往来。密伦娜希望不时与卡夫卡会面,卡夫卡坚持强调:“反对婚姻的替代物。”对于犹太人卡夫卡,无论就其文学象征或信仰实质,婚姻承载着“亚伯拉罕之约”。就此而言,婚姻乃不可承受之重,令他无暇顾及什么“生死中不可承受之轻”云云。他身材修长、体型姣好、相貌出众,却绝无拈花惹草之心,也完全没有任何色情趣向。恰如一位生前好友的回忆:“关于姑娘们他顶多只是泛泛谈及……布拉格一位年轻漂亮的姑娘告诉我,她给卡夫卡写过许多信,她爱上了他。卡夫卡给她写了详细的回信,提醒她当心自己。”[1]事情的确反讽,有如卡夫卡不朽的文学,自称“肮脏”“污秽”的他,满怀其“婚姻综合征”,情愿在地狱至深处天使般独唱。虽然“渴望”,终归“恐惧”,无意“神魂颠倒”,不屑“高贵的反叛”,罔顾“浪漫的友情”等。他“不知激情为何物”,空有“地狱的温柔”。正如1920年9月14日他致信密伦娜所述:

情况大致如此:我,林中之兽,那时很少待在林中,只是躺在某处一个肮脏的沟壑中(肮脏自然只是由于我目前的处境),看见你在外面,你是我见过的生物中最美丽的,我忘记了一切,甚至完全遗忘了自己,站了起来,走近些,我的心在这新鲜的,可仍然是属于家乡的自由空气中颤抖着,但还是走近了,一直走到你的身边。你是那么和善,我在你身边蹲了下去——好像你允许我这么做似的,把脸贴在你的手上。我是多么幸福!多么自豪!多么自由!多么强大!如同在家里一样,我总是这么说:“如同在家里一样。”——可是从根本上说我却只是一头野兽,只有森林才是我的归宿,而能够待在野外只是由于你的慈悲。我从你的眼睛里寻找我的命运,而自己却并不知道(因

1 鲁道夫·福克斯,《回忆弗兰茨·卡夫卡》,见勃罗德,《卡夫卡传》,第269页以下。

为我已经忘掉了一切)。但这持续不了多久。尽管你用最仁慈的手抚摸着我,你总会发现我身上的某些奇怪迹象,表明我来自森林,表明森林是我的老家,我真正的家乡。我们不得不谈到,不得不一再重复着"恐惧",它折磨着我的每一根裸露的神经(也折磨着你,但不是故意的),它在我面前不断增长着。对你来说我是怎样一种不洁的祸害,怎样一种到处干扰你的障碍啊!……我想起了我是谁,在你的眼睛里我看到错觉已经消逝,我怀着噩梦般的惊恐(在某个不该来的地方凑热闹,就像是在自己[父母]家里一样)。我真的怀着这种惊恐,我必须回到黑暗中去。我受不了目光,我绝望了,真像一只迷途的野兽,奔跑起来,尽快地跑呀,脑子里只有一个想法:要是我能带走她该多好!还有一个对立的想法:她去的地方还会有黑暗吗?[1]

"生活世界",人性本悲哀。置身如此悲哀的现实,关切越深,伤痛越深。所以,常人——包括"小女人"密伦娜——恐难面对,遂有意无意需要这样那样的"替代",尤其是"婚姻的替代"。但卡夫卡不需要,若是需要——简言之——三年前他就不会与菲莉斯挥泪诀别,一如眼下与密伦娜痛断情缘。

大约一年之后,即1921年秋,密伦娜数度赴布拉格看望卡夫卡,就在这个秋天,卡夫卡把生平全部日记交密伦娜保管,包括《美国》和《致父亲的信》手稿。其中日记和《致父亲的信》这两部分,在当时看来,极具私密性。就此而言,他信任密伦娜堪比信任勃罗德,甚至有过之而无不及。与此同时,两人尚能保持零星通信。

1922年3、4月之交,已近弥留之际的卡夫卡致密伦娜一封重要的长信,[2]信中进一步深化了他关于"恐惧-欲望"的辩证法。他论证说,甚至写信的欲望也出于恐惧:恐惧孤独,恐惧失去人与人的联系,

---

1 1920年9月14日自布拉格致密伦娜,引自《致密伦娜情书》,见《卡夫卡全集》,第10卷,第398~399页。

2 参见1922年4月6日日记。

恐惧从生存之网上“跌落”进死亡的虚空。他论证说，这种恐惧其实无法通过写信来克服，相反，写信反而会诱发和强化这种恐惧。卡夫卡说，这一切都出于他自己血肉模糊的经验：

我已经很久没有给您写信了，密伦娜夫人。今天我也只是因为一件偶然的事才提笔的。我不想为不写信道歉。您也知道，我对信是多么痛恨。我一生的一切不幸（我在此并不想抱怨，只是想总结出一条普遍的教训来）都来自信件或者来自写信的可能性，假如可以这么说的话。人们几乎没有欺骗过我，但是信总是在欺骗，并且不是别人的，而正是我自己的信。发生在我身上这是一种特殊的不幸，对此我不想多说了，但同时也是一种普遍的不幸。单单从理论上看，由于写信想写就可以写，轻而易举，这就势必会把可怕的灵魂紊乱带到世间来。这是一种同幽灵打交道的行动，不仅是同接信人的幽灵，而且也是同自己的幽灵。幽灵在写信的那只手下成长……[1]

卡夫卡话锋一转，直指问题的本质：写信只是通向欲望的手段，写信就像魔法师一样召唤出了欲望。然而问题在于，欲望一旦被召唤出来，就无法通过写信来平息。所以人类不断花样翻新，更新文明，试图以此平息欲望，最终亦属徒劳：

人们怎么会偏偏产生这样的想法：人与人可以通过信件互相交流！人们可以想起一个远方的人，人们可以抓住一个近处的人，其他一切都超出人的力量。但写信则意味着：在贪婪地等待着的幽灵面前剥光自己。写下的吻不会到达它们的目的地，而是在中途就被幽灵们吮吸得一干二净。它们正是通过这种丰富的营养骇人听闻地繁

1　1922年3月末自布拉格致密伦娜。译文引自《卡夫卡全集》，第10卷，第429页~431页前五行（此划分依据Franz Kafka, *Letters to Milena*），下同。

殖着。人类感觉到这一点,也在与此斗争。为了尽可能把幽灵似的东西与人隔绝,为了达到自然交往的目的,获得心灵的安宁,他们发明了铁路、汽车和飞机,但已经起不了什么作用。这显然是些在毁灭过程中产生的发明;其对立面则更平静,更强大,它为邮政发明了电报、电话。幽灵们不会饿死,而我们将会灭亡。

然而,即便如此,卡夫卡还是坦率承认自己身上仍然存在着"幽灵":

这个关于信的故事给了我一个写一封信的机会。……那么,密伦娜夫人,我为什么不能给您,也许是我最愿意的人,也写一封信呢?(只要还愿意写信,何乐而不为呢? 这话当然只是说给那些贪婪地包围着我的桌子的幽灵们听的。)

收读此信,密伦娜于1922年4月27日再次前往布拉格探望卡夫卡。[1]这是他们最后的会面:

M.[密伦娜]来过,再也不会来了。这或许是明智、正确之举。不过,可能性并非完全不存在:我们关上门,我们守住门,唯恐它打开——或者宁可说——唯恐我们把它打开,因为它自己不会开。[2]

一年后,卡夫卡邂逅多拉·迪芒。这是一位年轻的犹太姑娘,她带着全新气息走进卡夫卡的生活,并陪伴他走到人生的末了。

1924年6月3日,卡夫卡辞世。第三天,密伦娜写下讣告,刊登于次日的捷克文报纸Národní listy,其中引用卡夫卡情书中的思想,对往日恋人做出如下评价:

---

1 参见1922年4月27日日记。

2 译自1922年5月8日日记。

弗兰茨·卡夫卡博士……多年遭受肺结核折磨,在争取治疗的同时,也有意扶植,在思想中加以培养。他曾在信中写道:“当心灵无法承受,肺就主动来分担。”……此举赋予他不可思议的温柔,令他的精神气质如此高雅,世所罕见。……

他为人腼腆、焦虑、温和、善良,然而,他的作品却具有可怕和痛苦的力量。在他看来,世界充满看不见的魔鬼,撕裂并毁灭毫无防备的人类。他如此敏锐,如此智慧,以至无法生存……他拥有高贵的软弱……像他这样的人,其生命如此美丽,所以害怕人间的误解、恶意、聪明的谎言等等;由于首先意识到自身的孤弱,他们无法与自身的害怕做斗争;然而,他们的失败却羞辱了胜利者。他……几乎就是一位先知。他对世界的了解平凡而深刻,他自身就是一个平凡而深刻的世界。……

他的作品无不真实,朴实,痛苦……它们充满了直截了当的蔑视和敏锐的透视。拥有如此眼光的人,对世界的本性如此清楚,以至无法继续坚持。这样的人注定活不下去,因为他拒绝妥协或庇护,无法像别人那样有意无意巧智经营,甚至兜售体面的谎言……[1]

不久,密伦娜将卡夫卡所交托的手稿全部转交勃罗德。在此前后,如卡夫卡所预见,她与犹太人丈夫的“婚姻和爱情”最终破灭。1925年,密伦娜与自己所反叛的父亲和解,重返布拉格父亲家中暂居。她一面坚持写作,一面参与“旋覆花社”的活动,这是当时著名的捷克先锋派青年文学艺术团体。在其中,她结识了杰出的捷克建筑设计师亚罗米尔·克列耶卡,并与之相爱,成婚,终于达成自己所渴望的生活。其时乃1927年,她32岁,距卡夫卡辞世不过3年。次年,她如愿生下女儿贾娜,却落下左腿麻痹的终身顽疾。治疗过程中使用

1 译自 *Milena Jesenská's Obituary for Franz Kafka*,见 Franz Kafka, *Letters to Milena*。

了吗啡，遂不幸导致药物上瘾，致使她无法写作。更不幸的是，第二次婚姻也因此毁于一旦。其后，密伦娜加入捷克共产党，渐渐恢复活力，开始为党报写稿。与此同时，她与党内一位犹太同志产生了感情，成为伴侣。1936年，苏联公审并枪决季诺维也夫与加米涅夫，密伦娜和她的男友双双退党。之后投身反法西斯的民主解放运动，为该运动刊物《存在》撰稿，警告世人纳粹的威胁。后来，纳粹占领布拉格，她甘冒生命危险帮助犹太人(包括她的男友)逃往波兰。《存在》遭纳粹关闭，她继续为反纳粹地下刊物撰稿，直至1939年被捕，关进柏林北郊著名的拉文斯布吕克集中营。在那里，她一如既往，以热情的天性鼓舞难友们努力活下去。她自己却未能坚持到最后：1944年5月17日，密伦娜因肾病不治，死于拉文斯布吕克集中营，时年49岁，距卡夫卡辞世刚刚20个年头。现在，若九泉下亡灵有知，她一定会痛切忆及1920年9月14日那封卡夫卡来信的结尾：

[终于]我想起了我是谁……怀着这种惊恐，我必须回到黑暗中去。我受不了目光，我绝望了，真像一只迷途的野兽，奔跑起来，尽快地跑呀，脑子里只有一个想法：要是我能带走她该多好！还有一个对立的想法：她去的地方还会有黑暗吗？

虽非犹太人，但这一次，她大概能深切体认卡夫卡的“恐惧”和“踟蹰”——按卡夫卡自己的说法，它们始于“出生之前”——那是对世界“同体大罪”的体认，也是人性尽头绝望的担当——果真如此，她与卡夫卡，这对曾经沧海的恋人，眼下哪怕单单作为知己，难道不会相拥而泣？

第十六章 “临终日记”:忏悔与旷野漂流

他并非是在死亡的边缘才望见了迦南,而是毕生走在通往迦南的路上。

——弗兰茨·卡夫卡

从尤丽叶到密伦娜,第三、四次婚事努力相继流产。尤其与密伦娜的较量,伤筋动骨。大概主要由于这一原因,1920年8月底,卡夫卡重启3年前搁下的文学创作,陆续写出多篇小型作品,包括《城徽》《波塞冬》《共同体》《夜》《拒绝》《谈谈法律问题》《考试》《征兵》《秃鹫》《舵手》《小寓言一则》《陀螺》《归乡》等。这些文字痛定思痛,出于生死感悟,具有深刻的象征意义。

与此同时,肺结核进一步恶化了。10月里,新婚不久并怀孕的奥特拉去卡夫卡公司,为他请到病假。12月18日,卡夫卡赴马特里亚利疗养院进行卧床增肥疗法。1921年3月10日和11日,临产的奥特拉再次前往卡夫卡公司,争取到续假,5月初,分娩不久的奥特拉第三次为卡夫卡争取到续假。这一次,卡夫卡再次前往马特里亚利疗养院,在那儿一直休假至1921年8月底。

其间,他遭遇了一场颠覆性的生命体验。

第一节 恐惧与忏悔

事情要追溯到当年1月，即卡夫卡决心与密伦娜痛断书信往来之际。当时，楼下一位捷克肺结核患者病情恶化，转移到喉头，极为痛苦和恐惧。周围罕有人会捷克语，这使他格外孤独，加剧了痛苦和恐惧。刚好卡夫卡会捷克语，于是，护士请他代为探望，以示安慰。这位患者感激之余，向卡夫卡出示了两面镜子，借助它们，他得以把阳光聚焦，准确反射至喉头结核溃疡处，帮助杀菌治病。不幸的人特意现场操作了一次，让卡夫卡观摩。卡夫卡勉强看完，踉踉跄跄逃出病房，内心如遭电击，大脑一片空白。后来他反思此事，一方面，觉得该患者此举无异于"延长刑期"；另一方面，后悔自己仓皇逃离，无意间伤害了本已如此不幸的人。这样的思考多半强化了现场回忆，激发了强烈的恐惧反射。结果，卡夫卡竟然中止了长期坚持的素食，以期增强体质，抵御肺结核的伤害。几天后他致信勃罗德谈及这场恐惧，他承认，他不期遭受了恐惧的洗礼，有如灭顶之灾，并暗示要改变态度，不再把疾病当"母亲"牢牢抓住。

可这不是别的，正是最普通的恐惧，死之恐惧。就像一个人抗拒不了诱惑，游到海里去，满怀喜悦、庄严感。"现在你是人，是一个伟大的游泳家"，突然，没有太多的诱因，他直起身子，只看到天和海。波涛中只有他小小的脑袋，他感到一种极度的恐惧，其他的一切都无所谓了，他必须回去，哪怕肺部撕裂。就是这样。[1]

卡夫卡的生命轨迹从此发生根本的嬗变。表面看来，死亡恐惧击垮了卡夫卡，似乎导致了一场心理退行。然而，这场嬗变其实是一次进步。卡夫卡从来缺乏勇气去正视"看不到底的事物"。面对这样

---

1 1921年1月13日致勃罗德，见《卡夫卡全集》，第7卷。

的事物，他会陷于“悬置”状态，为“悬而未决”所催眠。所谓“看不到底的事物”，其实正是死亡的象征。对于卡夫卡，死亡就是看不到底的终极事物，对死亡的恐惧亦然。本质上，类似一切神经症人格和创造性艺术家，卡夫卡格外恐惧死亡，并拥有自己特殊的恐惧形式，即恐惧“看不到底的事物”。差别仅仅在于，他身上的神经症和创造性如此“出类拔萃”，因而，他内心深处的死亡恐惧亦然超乎一般，令他完全无法正视，遂产生“悬而未决”的晕眩感。现在，因一场阴差阳错，死亡恐惧竟森然浮现，幻放于“悬而未决”的晕眩渊面。他一直在玩死亡游戏，但眼下，他生平第一次意识到，原来死亡离自己如此切近。格外恐惧之余，他实际上完成了一场心理突破。“悬而未决”的魔咒开始终结，“向死而生”之路就此展开。

不患有死，而患死亡的文饰。同样，不患恐惧，而患恐惧的文饰。前面说过，古典之罪等价于现代之神经症。就此不难得出更广义的表述：“不患有罪，而患不认罪。”

直面死亡，承认死亡恐惧，意味着卡夫卡走到头了。自觉面对的尽头，在心理学上意味着自己的改变，在信仰上意味着忏悔。恩典就此敞开，受造与创造得以复和。

1920年或1921年，卡夫卡在马特里亚利疗养院时与其他游客的合影。站在后排中间的是匈牙利医生罗伯特·克罗普施托克（1899年—1972年）。在卡夫卡最后的日子里，克罗普施托克悉心照顾他，两人成为亲密的朋友。克罗普施托克和多拉·迪芒一起构成了卡夫卡的“小家庭”。

从眼下算起，卡夫卡的生命还剩三年半，其间，他作品不多，且多涉及终极关怀。特别是，马特里亚利整整九个多月的疗养，他一个字也没写，日记也全然放弃。相形之下，他继续强化希伯来语的学习，并着手研究犹太教义。特别是，他结识了犹太青年克罗普施托克，医科大学学生，眼下正在这家疗养院实习。交往之际，二人经常讨论《圣经》和克尔恺郭尔。后来的事实表明，他们的友谊延续终身。卡夫卡弥留之际，守候其旁的人，除了犹太爱人多拉，就是克罗普施托克。在这所疗养院，卡夫卡也常致信勃罗德，讨论犹太文学的相关问题。[1]

仲春四月，疗养院又发生了一场悲哀的事件，主角正是那位展示两面镜子，无意间反遭伤害的患者：

> 那位备受折磨的人了结了自己，显然半是有意，半是意外，在行驶着的特快列车上，他从两个车厢之间掉下去了。……此事我们大家都有罪过……对他后来的绝望有责任。每个人都躲他，躲这位渴望交际的人；伤害的方式很冷酷——就像大难临头，人人各自拼命逃生，不顾一切。[2]

深深的自责，出于人类"同体大罪"的思想，稍后可见，这样的考问还将继续深入下去。八月底，卡夫卡结束了疗养，返回布拉格。他一反往日积习，态度积极地面对生活。他致信一向疏于来往的大妹艾莉，详细讨论子女教育问题。他紧凑安排时间会见友人，包括作家友人韦斯，青年朋友雅诺施，病友闵策、密伦娜等。雅诺施是公司一位同事之子，青春年少，才华横溢。两人相识于1920年春。自此经常往来，广泛讨论文学、艺术、人生、爱情、革命、哲学、现代社会、工业技术等问题，有关内容被雅诺施记录下来，卡夫卡去世后，以《卡夫卡口述》为名问世。10月初，卡夫卡把毕生日记全部交付密伦娜，此一重大举措充分说明他内心的嬗变。10月15日，卡夫卡重启中断已久的日记。到10月18日日记，全新气息，峰回路转，扑面而来：

---

1 参见《卡夫卡全集》，第7卷，第377、381、415~421页等处。

2 译自1921年4月中旬致勃罗德。

永恒的童年。生命再次召唤。

完全可以想象,壮丽的生活始终呵护着我们每个人,它永远那么丰富,但亦在遮蔽中,深邃难及,远不可见。不过,它就在那儿,并无敌意,既不抗拒,也不沉默。若以正确的话语召唤,以正确的名字召唤,它就会前来。这是魔法的实质:不创造,而召唤。[1]

我们不是创造者。但是,作为受造,我们本可接受恩典,那是唯一的永生之路。我们本属恩典,却因执迷不悟而失丧,枉然受苦。然而,恩典之所以为恩典,是因为——仅仅是因为——恩典是其所是。恩典自我运动,自我成就,永不改变,更不放弃;既深邃难及,又近在眼前,更属吾人之心,就连恩典的遮蔽也是祝福!所以,虔诚召唤足矣。所谓召唤,那是不拘的祷告,唯愿话语正确,唯愿所奉之名正确。然而,有言说就有倾听,有渴望就有呈现。童年再现,生命更新,似曾相识,已然不意光景——那正是恩典自己!

这篇日记,意蕴丰厚而深远,暗含瑰丽色彩,流露感人希望。相比卡夫卡一贯绝望而晦涩的灰色文字,恰成鲜明对照,堪称绝无仅有。第二天的日记,其主题更是前所未有,论及犹太先知摩西。摩西是亚伯拉罕之后最重要的犹太先祖,80岁那年,他带领犹太人逃出埃及,奔向"流淌奶和蜜"的迦南,那儿是上帝应许亚伯拉罕之地。从埃及到迦南,只有40天路程。不幸的是,犹太人自暴自弃,顺从自身自由意志,悖逆上帝,其结果,40天的路,居然演变成40年的旷野漂流!其间,历经千难万苦,同时生儿育女,他们终于抵达约旦河,望见了对岸的迦南。然而,此时父辈一代,几乎全部倒毙旷野,就连摩西本人,也刚刚来得及眺望对岸迦南,向人民重申上帝旨意,之后竟溘然长逝,只剩约书亚和迦勒二人,带领后代们最终进入迦南。旷野漂

1 译自1921年10月18日日记。

流隐喻着犹太信仰的本质特征，饱含张力：人性与神性、顺服与悖逆、罪愆与恩典、死亡与重生、绝望与希望……其意蕴丰富而复杂，伟大而神秘。那么，回到眼下，具体对于卡夫卡，旷野漂流终归意蕴何在？这位亚伯拉罕和摩西的后裔，以色列和犹太的子孙，迄今40年的一生，不也正是一场“一个人的旷野漂流”？

旷野漂流的本质。他[摩西]带领他的人民走这条路，头脑中依稀残存着往日的记忆(更多的记忆则无法想象)。他一生都走在去迦南的路上，临终居然亲睹了那块土地。这弥留之际的异象，只能倾向于解释为：人的生命是多么不完美的瞬间。之所以不完美，是因为摩西这样的生命本该不朽，最终仍然只是一个瞬间。摩西未能进入迦南，并非因为生命短暂，乃因为这只是人的生命。[1]

人性尽头，“永恒的童年”隐隐开启，“生命再次召唤”。越过隐喻的约旦河，他恍然望见了迦南异象，就此身不由己潜入思想的深处，清理自身与民族的连接，体会信仰与生死的关系。

转折已然来临。

生命纵使短暂，不再一样。

第二节 “同体大罪”与“旷野漂流”

就在思考“旷野漂流”的当天夜里，卡夫卡在一阵短促不安的睡眠状态中做了一个梦。这个梦包含着数不清的关系和头绪，牵连罪愆与救赎，关涉信仰。它是卡夫卡的生死大梦。

他梦见并不存在的弟弟，[2]弟弟犯了重罪，大概杀人了。众人参

1 译自1921年10月19日日记。

2 卡夫卡2~4岁期间先后有两个弟弟，并先后约于两岁和半岁不幸病逝。

与罪行，卡夫卡自己也身在其中。于是，惩罚和死亡的征兆从远方逼来，愈近愈烈，让人喘不过气来。只是，森然逼近的征兆中另有神秘事情，过去几乎未有体验，但他知道那是拯救。所有人都意识到征兆在逼近，所以气氛那么紧张，充满悬念。人群中另有人——似乎是妹妹——不断发出警告，提醒征兆逼近的事实。

与此同时，梦中的卡夫卡一直拼命高喊，高呼这些含义复杂的征兆。征兆愈近愈烈，然而，征兆愈近，他呼喊也愈烈。语句简促，一声胜一声，如临生死关头，永远镌入灵魂深处。他竭尽全力，鼓起腮帮，高声呼喊如患牙痛，歇斯底里而又极度幸福。最终，应着呼喊，惩罚来临。他迎上前去，满怀宁静，坚定而幸福。他知道，此情此景必定感动神灵。果然，他感到了神灵的感动，转而自己感动得热泪盈眶，最终在“极度的幸福”中醒来。[1]

卡夫卡醒后，无法忆及梦中呼喊的话语，却被梦境牢牢抓住，有如痛苦的抽搐，无法忘怀。梦是什么？梦是意识与无意识之间的混沌地带，是深层心理的象征和隐喻。梦境曲径通幽，终至人性迷宫的深处。卡夫卡的生死大梦是一个终极的提醒：众生如一，同属生存之网，无人例外。所以，每一桩罪行，都见证“同体大罪”的实情。恰如《审判》中K的结论：“不存在单独一个人的犯罪。”眼下，卡夫卡再次涉及这个终极真理。只是，在《审判》中，他据此自辩；而在眼下，他借此自审。两次指涉，内容相同，方向相反，生死攸关的改变已然发生。

卡夫卡认罪了。他走到了人性的尽头，但人性尽头正是重生的开端。在生命的绝境中，一场生死大梦终结了“理性的梦魇”，让他不再幻想控制一切。他一直在凭借理性追问“有罪还是无罪”，就此抗辩生活，包括父亲、菲莉斯和密伦娜。现在，一场生死之梦启示他：罪愆不分你我，没有缘由，因而无法计较。它并非“悬而未决”，却是“不由分说”。就此而言，罪是“原罪”，足令吾人“同体大罪”、大死而至大

1 参见卡夫卡1921年10月20日日记。

悲，难有幸免，他自己也无法例外。甚至写作，貌似一条出路，似乎可助吾人遁入“现象世界”，逃避“生活世界”。然而，正如卡夫卡下一年将要指出：“写作无法让我们免罪，跳出杀人犯的行列；相反，写作充满犯罪的诱惑与危险。除非写作本身变成祷告，除非认罪，否则没有得救的可能。”

不患有罪，而患不认罪。认罪即得救，遂死而重生。卡夫卡死于“理性的梦魇”，重生于认罪和忏悔的救赎之梦。他婴儿般回归“原罪”的事实，张开双臂迎接惩罚的降临，感动了神灵，从而得救。他所梦见的“神灵”，隐喻着他一直试图“压抑”的上帝——就在第二天，他写下如下一条乍看神秘的日记：

他不可能踏进这所房子，因为他早已听到有声音告诉他：“等着，直到我带你进去！”于是他继续躺在房子前面的尘埃中，虽然大概没什么希望了（就像撒拉会说的那样）。[1]

撒拉是谁？她是犹太先祖亚伯拉罕之妻。《圣经》记载，上帝多次向亚伯拉罕应许无限美好的未来，特别应许他一位儿子来成就大业，其时，亚伯拉罕100岁，撒拉90岁，两人对生儿育女早已绝望。然而，上帝的应许终成事实：他们生下一个儿子以撒。后来，上帝又要亚伯拉罕奉献以撒作为燔祭。无法承受的考验落到亚伯拉罕身上，然而，他一声不响遵行旨意。谁知手起刀落时刻，上帝却送来一头公羊代替以撒。无法面对的考验，结果凭借绝对的信心安然度过，亚伯拉罕遂成“信心之父”。此一事件，其内涵正是“因信称义”，即恩典的自我运动、自我成就，这是《圣经》思想的核心，也是犹太信仰的生命线。那么，当卡夫卡写下这条日记，他已然回归先祖传统，徘徊在古老而伟大的犹太信仰门前。

---

1 译自1921年10月21日日记。

辞旧迎新,年关又到了。卡夫卡也快要四十而不惑。如他日记的隐喻,在信仰门前,他躺卧于尘埃,为肺结核和焦虑所苦,几近崩溃。他知道,疾病向他提出了紧迫的时间表,让他遭受"非人的追逐"。这"非人的追逐"自有其背景,那就是生存之网上的疯狂。对此,卡夫卡身心脆弱,尤其不堪面对。这是他一生的痛楚,后来又遭肺结核充分放大。如今,转折已然来临,无论生理状况具体如何,他心理上获得了强大的支撑——用他自己的说法——来自"上面",或者说,来自亚伯拉罕和克尔恺郭尔的上帝:

> 事实上,"追逐"不过是隐喻。我也可称为"人世尽头",甚至还可以说,这是自下而上——来自人的冲击,但这也是隐喻。因此,我也可换一种隐喻说:"这是自下而上——来自上面的冲击。"[1]

卡夫卡不复一味尴尬于"法的门前",被"审判"的"追逐"所晕眩。相反,他在犹太信仰门前等待"来自上面"的恩典。他终于站到亚伯拉罕和克尔恺郭尔一边,学会了克尔恺郭尔式的神学辩证。疾病、苦难、"非人的追逐"等等,出于人本(包括他个人)的历史。人本的历史"同体大罪",然而,人性本相害,但神意本慈爱,所以必赦免罪恶,拯救罪人生命,成就恩典的光景。[2]恩典化腐朽为神奇,借罪愆熬炼救赎。正是在这样的意义上,历史既是历史,更是恩典;所以,感恩即蒙恩。

卡夫卡开始触摸到恩典的体温,同时体会到感恩与蒙恩的神学辩证,或者说,他开始卷入恩典的自我运动。现在,所有疾病、苦难以

---

1 译自1922年1月16日日记。

2 译自 *Gen* 50: 20, *ESV*,并参见《创世记》第37章、50章等处。约瑟所算的,绝非仅仅11位兄长之罪,也包括他自身引以为傲的至大之罪。例如,他蒙恩做异梦,却不知感恩,反而骄傲,终至害人害己,若无耶和华的赦免与成全,早已万劫不复。当然,如《创世记》第37章所示,约瑟之罪源于雅各,而雅各之罪,一如众生之罪,则始自伊甸园。

及“非人的追逐”等等，无非是“化了妆的祝福”，最终统统来自“上面”。

他重新审视自己一生的意义：所有不幸与努力，现在都可视为“人世尽头”的另一种“追逐”，其持续的冲击，直指“下面”的人性底线，以便走到尽头。现在看来，一切都是回归的准备。犹太根性开始复苏。他对此甚为自知，表示自己其实一生都在为此奋斗。事实的确如此，本书相关内容已有充分说明。

回到眼下，卡夫卡预感到，自己这一次真的在靠拢“精神邻居”克尔恺郭尔，就要面临“绝望的一跃”。他知道，现在唯一需要的就是勇气。他需要凭勇气战胜诸多软弱或偏执：恐惧、优柔寡断、犹豫不决、对文学的执着、对彼岸的疑虑。为此他思前想后，好不艰难。

第三节　“临终日记”：一个人的旷野漂流

接下来，1922年1月28日，卡夫卡突然写下另一篇更神秘的日记，暗示一种前所未有的力量：虽受困于绝境，他并未束手待毙，相反自有其“武器”。绝非偶然，他再次论及迦南，只是，这次的主角并非摩西及其所带领的犹太人，而是他自己！他说，他跟先祖一样，旷野漂流已近40年，差不多正是他的真实年龄(39岁)。然而，两次旷野漂流存在差异，而且非同小可——先祖旷野漂流是为进入迦南，他的旷野漂流却始自迦南，是对先祖之迦南的背离。换句话说，这是一种“逆反”(反向)的旷野漂流，是他“一个人的旷野漂流”。卡夫卡解释说，如此“逆反”，就某种意义、某种程度而言，出乎他自身自由意志，针对生身父亲，因为是他造成了自己童年的不幸。然而，总体而言，这一“逆反”最终取决于“上面”的“他”——另一位父亲，犹太民族的“天父”，即上帝。一切的一切，包括生身父亲的“暴政”，以及他自己40年“逆反”的旷野漂流，无不出于所谓“父亲的过错”，即这位父亲始于创世之初的大计划。就此而言，他的“逆反”可理解为父亲大计划的某种"反响",针对自己施行某种"极限政策",以便加速旧我的死亡,促进新我的诞生。

这篇神秘日记,开篇论及神秘的"武器",在整个卡夫卡日记中,仅重复于一年半之后的1923年6月12日日记,[1]那刚好是卡夫卡生平最后一篇日记:

> 后发制人的可怕的咒语,不可计数,几乎是无休无止。散步、夜晚、白天,除了痛苦,对一切都无能为力。
>
> 然而。没有"然而"……
>
> 写作时越来越恐惧了。这不难理解。每个词,都在幽灵之手中反扭——这种幽灵之手的反扭是幽灵们的独特姿势——反扭过来指向说话的人自己。这是至为独特的标志,而且是永远的标志。唯一的安慰或许在于:无论你是否愿意,事情总会发生。即便愿意,也几乎得不到什么好处。不过,你也有武器,而且,这不仅仅是安慰。[2]

好一个绝处逢生的"武器"! 而且,卡夫卡明确指出,"这不仅仅是安慰"。稍后可见,卡夫卡所言不虚。

而且,绝非偶然,全部卡夫卡日记就结束于1923年6月12日,此后,直至1924年6月3日辞世,他再未写下任何日记。

那么,无论就现实、象征或字义,"武器"乃卡夫卡日记最后的、唯一的"关键词",是他生命的落笔。

这样,事隔一年半,同一个生死攸关的"武器",将两篇重大日记关联起来。

就此而言,眼下这篇1922年1月28日日记,其内容之重大,已然具备"临终日记"的意义。

---

1 次月,卡夫卡即邂逅此生最后的爱人多拉·迪芒。参见本书第十八章。

2 译自1923年6月12日日记;着重号为引者所加。

这篇“临终日记”全文如下：

有点晕眩，坐平底雪橇累了。不过，对于我，仍然存在着武器(weapons)，虽或我难以启用这些武器。之所以难，是因为从小未能学会使用，因而不懂得使用的快乐。只是，这并非全然出于“父亲的过错”(Father′s fault)，还因为我自己想破坏“和平”，想打破平衡——当我尚在此处竭尽全力埋葬一个人，就不能允许他在别处重生。当然，总体而言，事情最终出于“父亲的过错”，因为，为什么我想放弃日常世界？乃是因为“他”不让我活在那个世界——那个他[生身父亲]的世界。对于此事，我不应过于计较，因为一切已成事实：我已然栖居于这另一世界，它与那个日常世界的关系，就像旷野与其后之迦南的关系(我背离迦南在这旷野上漂流已然40年)。不过，虽不应过于计较，但眼下回首日常世界，我的身份的确像个外邦人。事情的性质并未因两个世界的差异而有所改变——这是我身上来自父母的遗产——我是最卑微、最怯弱的受造。然而，在这另一世界，感谢各项安排所决定的特殊性质，我得以存活。在这儿，甚至最卑贱的生命也可能得到提升，闪电般抵达至高之处，当然也可能承受大海般的重量，以至彻底粉碎。我应该铁石心肠不感恩？当初寻找通向这另一世界的路，做对了吗？来自其中一个世界的“放逐”，加之另一世界相应的拒绝，不会在两个世界的边界把我挤碎？没有什么(非我，当然)能抗拒父亲的判决，父亲的权力(Father′s power)不正是如此？事实上，我眼下的路属于反向的旷野漂流。我认为，眼下，我一直沿着旷野边缘漂流，充满孩子般的(尤其对于女人们的)渴望，如此，“或许我终将居留迦南”——四十年如一日，我始终漂流于旷野，如果这一切希望不过是绝望的海市蜃楼，尤其当我也不过沙漠中最不幸的受造，那么，迦南必然是我唯一的应许之地(Promised Land)，因为对于人类而言，不存在第三个世界。[1]

如前所述，1921年10月19日，卡夫卡在日记中论及摩西旷野漂流，经过三个多月思考，尤其包括对密伦娜事件的痛定思痛，眼下，他终于抵达生死攸关的结论。

“临终日记”本身已然说明一切，如果是知音，就会激发强烈的共鸣。

只是，与卡夫卡的整个生命一样，这篇“临终日记”生死一线，穷心竭力，错综复杂，思想缜密，饱含冲突，充满考问。

特别重要的是，这篇日记深涉信仰的复杂本质，包括打引号的“父亲的过错”，以及不打引号的“父亲的权力”。

思想行走于冲突与张力的极限，犹如克尔恺郭尔的深渊边缘，更是卡夫卡自己的旷野-迦南之边缘。

或者，宛如“平底雪橇”的过山车，因而，连卡夫卡自己都“有点晕眩”。

这也难怪，因为事情并非仅仅一篇日记，相反，“临终日记”事关卡夫卡的一生。

事实上，它是卡夫卡整个生命的高度概括和最终解密。

总体上，它是卡夫卡迄今全部生命的里程碑，总结他迄今生命的旋律。其线索与情境，血肉模糊，峰回路转，借此历历重现；其内在关联，最终令人恍然大悟。

不仅如此，它还是卡夫卡今后全部生命的异象。

从眼下算起，卡夫卡的生命仅剩不足两年半，他虽不能预知具体的时间表，但深知来日无多。犹太民族身处不测，对生命格外珍重，加之他自己身为法学博士的严谨，因而，对于此生剩余的路途，他已然呕心沥血，未雨绸缪，其大体的路线图，铺陈于这篇“临终日记”。

---

1 译自1922年1月28日日记。

那么,无论对卡夫卡,还是对我们,这篇“临终日记”承前启后,意义之重大,超乎预想。

往后,两年半的有生之年,卡夫卡将延续他“一个人的旷野漂流”,一如既往,“在离去时归来”,貌似背离,其实回归。一切无不出于“父亲的过错”,或者不如说“父亲的权力”,即“他”(创造者)始自万古以先的大计划,是专为卡夫卡预备的个体恩典。如此“一个人的旷野漂流”,其实直接源于“他”的自我定义之言:“我是我所是。”如前所述,如此定义已然内含了犹太信仰的个人性。

另一方面,“难啊……通向爱的路总是穿越泥污和贫穷。而蔑视的道路又很容易导致目的的丧失。因此,人们只能顺从地接受各种各样的路。也许只有这样,人们才会到达目的地。”卡夫卡此语中的“爱”,如果视为信仰之爱的隐喻,正好可以用来概括其“一个人的旷野漂流”,稍稍展开一点,也反映了他与克尔恺郭尔——另一位“绝对个体”的异同。

卡夫卡深知,作为“绝对个体”的自己,除迦南(恩典)之外别无出路,然而同时,他同样深知,作为“绝对个体”的自己,无法不置身于普遍历史的“泥污”之内。

正是在这儿,卡夫卡生命的缺憾与消极(“非我,当然”)反而成全了他,因为历史既是历史更是恩典,恩典必成就历史为恩典,如前所述,这是恩典的自我运动与自我成就(“我是我所是”)。奥秘在于,有类于“发生学”的“重演律”,就历史而言,普遍历史同时也是个体历史,恩典亦然——普遍恩典首先呈现为个体恩典。这是恩典的不二!没错,恩典的奥秘完全可以表述为:唯有在历史中,才是在恩典中,背离历史就背离恩典;反之,恩典必保守我们与历史相谐和,最终成就我们于历史之中。然而,我们有幸拥有更为感恩的普遍表述:个体无不有幸蒙恩,秉具各自的历史和恩典。就此而言,背离个体的历史正是对不二恩典的根本弃绝——因而也是至为危险的愚顽与僭狂。

就卡夫卡这位“绝对个体”而言，他自身“泥污”之个体历史，与人类“泥污”之普遍历史，从某种角度说，恰好秉有相当程度的重合。他的“同体大罪”迥异于克尔恺郭尔的“同体大罪”。后者主要体现“同体大罪”的超越，凭借“肉身成言”之个体历史，代言人类普遍历史的神本批判，最终表达为近乎完美的神哲学抽象。卡夫卡的“同体大罪”则浸淫于历史的具象，以绝望为希望，认同于“言成肉身”的个体命运，等待恩典的自我运动与自我成就——那也是犹太人卡夫卡一己的救赎。只是，无论前者还是后者，两者都回应着约翰·多恩的“丧钟”，不一不异，不约而同，根据各自的生命旋律，共鸣着同体大爱-大救的复调。

难啊，的确，向内的路才是向外的路，然而，承载于身体的存在，无法推诿外在的路。尤其对于作家卡夫卡，其“同体大罪”，如他稍后所指：是借写作“享乐”，与魔鬼为伍，并借此成为替罪羊，或勒维纳斯意义上的“人质”：

> 作家，一个这样的作家的定义及其作用（如果有那么一种作用的话）的解释是：他是人类的替罪羊，他允许人享受罪愆而不负罪，几乎不负罪。[1]

其实，无论是谁，无论是否是作家，其生存，无不依据历史的规定性。历史的规定性就是吾人之十字架。无论是谁，直面历史的规定性就背起了自己的十字架。历史自在自为，在这样的历史中，个体与整体不二，因而，背起自己的十字架，也就背起了人性和人类的十字架。这是无可承受之轻，也是无可承受之重，无人例外。然而，有无自觉，生死攸关。若无自觉，就必然文饰、推诿，其十字架就成为刑

1 卡夫卡1922年7月5日致勃罗德，见《卡夫卡全集》，第7卷。

罚，虽不为个体自知，但暗中损害个体，并祸及整体。相反，若有自觉，则已然走上凡·高式的“朝圣者之旅”，最终必蒙祝福，进而祝福整体。只是，“朝圣者之旅”本身需要保守，有赖于卡夫卡“临终日记”中那件神秘的“武器”。

在本体论的意义上，真正存在的只有两样事情：罪与爱（Agape），其关系即如前述约瑟之言：“人性本相害，但神意本慈爱，所以必赦免罪恶，拯救罪人生命，成就恩典的光景。”以约瑟此言，真正存在的只有一样事情：爱（Agape）！

卡夫卡是作家。本来，在自发的人性状态，写作被罪愆支配，用卡夫卡自己的话说，沦为“魔鬼”的“享乐”，其结果不外乎害人害己。然而，卡夫卡有幸自觉背起了写作的十字架，成为犹太意义上的“替罪羊”，亦勒维纳斯意义上的“人质”。此时，他要么跟从一位真正的“总替罪羊”或“终极人质”，[1]要么接受神秘“武器”的保守。

既然如此，让我们稍事停留，对“临终日记”所涉之重大关切——如“武器”“父亲”“替罪羊”“人质”等概念——略做深入探讨，以便更深理解卡夫卡这场一个人的反向的旷野漂流。

第四节 “临终日记”：“武器”与“父亲”

首先，卡夫卡开篇论及的神秘“武器”究竟是什么？它为什么生死攸关？又为什么“难以启用”？

卡夫卡自己交代说，“武器”是他儿时未能学会的某些事情。因为“不懂得使用”，所以也没收获相应的“快乐”。卡夫卡进一步追根溯源，最终归结为“父亲的过错”，这就再次牵涉到1919年年底那封《致父亲的信》，在那儿，他围绕犹太信仰进行了长篇申诉。

1 请特别参见林和生，《忧伤的朝圣者——凡·高的流放与回归》，西南师范大学出版社，2015年7月。

他说，早在儿童时代，他已然遭受“信仰的失落”。父亲从小给他造成的一切不幸，本来可借犹太信仰得到救治，然而，不幸中之不幸在于，父亲同时窒息了他犹太信仰的根芽。他直言，闯荡生计之初，父亲身上犹太教精神尚存，但随着奋斗成功逐渐名存实亡：“就我所见……[你对犹太教]确实是在走过场，寻开心，甚至连寻开心都谈不上。你一年去四次教堂[犹太教会堂]，在那儿并非郑重其事的教徒，倒更像无动于衷的人。”虽然卡夫卡承认，犹太传统在父亲身上并未完全泯灭，然而，

……但要把它继续传给孩子就太少了。当您传授时，它就只剩下微不足道的一小团儿了。……一方面是由于您的性格令人畏惧。而且不可能使一个由于害怕而观察入微的孩子理解。您以犹太教的名义漫不经心地走过场会有更高的意义。[1]

“我从您那儿得到的是什么样的犹太教呀！”——《致父亲的信》如是说。由于“父亲的过错”，卡夫卡“从小未能学会使用”信仰的武器，相应地，也“不懂得使用的快乐”，其结果，至今“难以启用这些武器”——眼下他在日记中如是说。至此，“武器”的含义已然鲜明，那正是悠久深邃的犹太信仰。

在人性的尽头，卡夫卡孤独一人，旷野漂流。然而，他遭遇了恩典。在最后的绝望中，他反省了绝望的缘由，同时找到了希望的依据：“对于我，仍然存在着武器。”而且，这“不仅仅是安慰”。也就是说，他的“武器”并非所谓的心理暗示，而是当下的救赎，“唯一的应许”。

在卡夫卡的时代，犹太人处境艰难，与此同时，犹太人卡夫卡竭尽真诚，并且——很大程度上因此优柔寡断。凡此等等，令他凡事审慎，信仰问题上更是如临深渊，生死一线，近乎失语状态。其结果，恰如勃

1　参见《卡夫卡小说全集》，第342~344页。

罗德的观察,卡夫卡正式发表的作品绝口不提“上帝”和“犹太”,这正是精神分析所谓的“反向作用”,足证“上帝”和“犹太”令他何等揪心,以至无法轻率言及。两者均深涉信仰问题。所以,绝非偶然,他会写下著名的箴言:“信仰就像砍头斧,如此轻快,也如此沉重。”

然而眼下,在“临终日记”中,卡夫卡在信仰问题上却如此坚定。深刻的反省让他体认到自身的巨大缺憾,不过,此情此景,最重要的已不是缺憾本身,而是对缺憾的体认。体认就是认罪。认罪就是得救。人的尽头就是信仰的开端,也是救赎的开端。从这儿开始,一条路超乎常理,把人带到始料不及的地方。只是,要深刻理解这一点,需要我们依次澄清这篇日记的若干疑难之处:“父亲的过错”,主动与被动,两位“父亲”与两种逆反,“天父”的本性,等等。

卡夫卡自谓“难以启用”信仰的“武器”,然而,充满辩证意味的是,当他如此表述,他已然开始了“武器”的使用。他论及“父亲的过错”,原文加了引号,意味着所论者并非真正的过错。这表明,相比《致父亲的信》,这篇日记对“父亲的过错”已重新界定。在《致父亲的信》中,卡夫卡认为,自己只是单方面受害于“父亲的过错”,遂致“从小未能学会使用[武器]”。然而,眼下,在生死攸关的紧迫思量中,他意识到事情另有一面:

这并非全然出于“父亲的过错”,还因为我自己想破坏“和平”,想打破平衡——当我尚在此处竭尽全力埋葬一个人,就不能允许他在别处重生。

“并非全然……还因为……”——如此语式表明,卡夫卡是在强调自身自由意志的一面。他的意思是说,儿时未能学会使用“武器”这件事,不能仅仅归因于“父亲的过错”,也要看到自身自由意志在起作用。他的自由意志支配他“想破坏”“想打破平衡”等,从心理学上说，就是存心逆反，故意跟“父亲”作对捣蛋。换句话说，事情既有被动，也有主动；局部主动，但总体上被动。这就是所谓——主动与被动的疑难。

主动的方面在于：他违背“父亲”意志，顺从自身自由意志。对于日常世界，父亲越是希望他投入，他就越是趋向于放弃。被动的方面在于：所发生的一切——包括上述主动的方面——无不取决于另一位大写的父亲，即日记中的父亲，或者说“天父”。要说主动，创造宇宙万物的“天父”才是真正的、绝对的主动。相对于“天父”，一切皆属被动。

这样，主动与被动的疑难，进一步引向对“天父”的体认。由于“天父”的存在，所谓“逆反父亲”也就具有两种完全不同的含义。

事实上，此处详细讨论之先，本书已然指出：那位绝对主动的父亲是大写的“天父”，即犹太民族的独一真神耶和华，而非卡夫卡的生身父亲赫尔曼·卡夫卡。仔细体会卡夫卡的意思，不仅“父亲”一语双关，他对“父亲”的逆反亦然。换句话说，他的逆反，不仅指向生身父亲，也同时指向创造宇宙万物的“天父”。

对于针对“天父”的悖逆，《希伯来圣经》称为“硬着颈项”或“心里刚硬”。

按《希伯来圣经》，“天父”耶和华把犹太人领出埃及这为奴受苦之地，返回迦南应许之地，犹太人竟不知感恩，反而悖逆，以至于旷野漂流四十年，甚至遭遇分裂、亡国、乱离、大流散、大逼迫、大诱惑、大异化——可一言蔽之曰旷世漂流——绵亘两千七百年，直至失落于全球化资本主义-消费主义的不归之路，恰如卡夫卡自己的父亲赫尔曼·卡夫卡。

按犹太传统，悖逆是人性的逻辑，一如救恩是神性的逻辑。人性要造死、作死，神性要爱人、救人。历史就在两者之间展开，惊心动魄，并以神性的胜利告终。正如亚伯拉罕之孙雅各，作为人性的代表，自私、算计、狡诈，甚至与“天父”摔跤，结果反被“天父”赐名“以色列”，意即“与(父神)摔跤的人”。

眼下，“以色列”的后裔，犹太人卡夫卡，正在反省自己：他一生“与天父摔跤”，纠结于“父亲的过错”，对“天父”的权力耿耿于怀。眼下终于明白，他一生悖逆天父，造死、作死，却蒙“天父”之爱，为“天父”所救赎。而这一切皆出于——“天父”的本性。

表面上看，是卡夫卡主动悖逆“天父”，但事实上，他对“天父”的悖逆，最终仍然出于“天父”的意志，即“天父”的某个“大计划”。一切都在“天父”掌握之中，无论日常世界还是他一个人的旷野。因而，生身父亲赫尔曼·卡夫卡之一切所作所为，以及由此决定的父子关系，包括卡夫卡自身的人格结构等等，在终极的意义上，仍然无不出于“天父”安排。甚至犹太民族所历经之分裂、亡国、乱离或大流散——可一言以蔽之曰“广义的旷野漂流”——最终出于打引号的“父亲的过错”或不打引号的“父亲的权力”。

“天父”决定一切，这是犹太传统的根本信念。所以，无论地震、洪水、瘟病、刀兵、被掳、流离等，面对一切天灾人祸，犹太先知始终高声赞美耶和华：“现在你仍是我们的父！”因为“我们是泥，你是窑匠。我们都是你手的工作”。[1]

更重要的是，犹太传统坚信：“天父”大爱，不仅决定一切，而且祝福一切。一切天灾人祸，无不是化了妆的管教和祝福。管教就是祝福。甚至自身罪愆，皆因“天父”大爱，最终化腐朽为神奇，变成祝福——哪里有罪，哪里就有恩典，而且“罪愈多，恩典愈丰盛”[2]。恩典借罪愆熬炼救赎，让生活既是生活，更是恩典；世界既是世界，更是恩典。日月星辰、春夏秋冬、花开花落、飞鸟或头发是否掉下来、一个人的心是否刚硬[3]……在终极的意义上，无不出于天父旨意。

1　参见《哈巴谷书》，第3章；《以赛亚书》，第64章第8节等。

2　译自 *Rom*5: 20, *ESV*。

3　可特别参见《摩西五经》之《出埃及记》。也参《马太福音》，第10章第29~30节等。

或者,例如对于个体的犹太人卡夫卡而言,他是否“最瘦”、婚恋成败与否、父亲对于他是否是“暴君”、他是否(因此)逆反父亲……以及最后,他是否(因此)逆反“天父”——所有一切的一切——无不出于“天父”旨意,而且,最终意味着祝福。

第五节 “临终日记”:一个人的反向漂流

综而言之,还是那句话:历史既是历史,更是恩典。当事人这样的理解,已然感恩心态,更确切而言,这是蒙恩的结果——正是在这样的意义上犹太人凡事感恩,并因此蒙恩——这是恩典的自我运动与自我成就,恩典的奥秘仅在恩典自己,恩典无法抗拒。

那么,当卡夫卡写下1922年1月28日日记,他已然进入恩典状态,而且,这一事实无法抗拒,不以他自己的意志为转移。用这篇日记的话说:“在这儿,甚至最卑贱的生命也可能得到提升,闪电般抵达至高之处。”虽然,恩典要借历史来展开,主观上还会有各种“打滚”“逆反”“捣蛋”,客观上还会有各样打引号的“父亲的过错”,即各式考验,诚如他所言:“当然也可能承受大海般的重量,以至彻底粉碎”——这不是最重要的事情。最重要的是,卡夫卡已然明了:“天父”最终决定一切。“因为对于人类而言,不存在第三个世界。”而这一结论,他一路思考过来,最晚大约两年前,已然完成基本的表述:

所有这些所谓的疾病,看上去悲哀,其实事关信仰,乃危难之际的心灵抵达了母亲般的土地——即信仰的共同体。……恐怕只有信仰的共同体,能为当前人类所寄望。

另一方面,那些抵达信仰母体的心灵,已然扎根真切的土地。……如此现象先天预成于人类共性,并将沿自己的方向继续造就人的存在(连同其身体)。[1]

"对于人类而言""信仰母体""预成于人类共性"——这一系列用语非同小可,显示出卡夫卡认识的深度与广度,也表明他并不仅仅代言自己。

当他就信仰问题痛定思痛之际,他同时也代言着犹太民族与整个人类。

犹太人卡夫卡、犹太民族、人类全体,这三个概念之间,关联之深切,恐怕血肉模糊,出人意料。而卡夫卡的"临终日记",为我们提供了一条体认的路径。

如前所述,卡夫卡有幸自觉背起写作的十字架,成为犹太意义上的"替罪羊",亦即勒维纳斯意义上的"人质"。神秘"武器"呵护了他,保护他走向个人、民族和人类的终极归因。

犹太人勒维纳斯(1906年—?),他的亲人几乎全部死于纳粹集中营,他自己侥幸逃生。跟犹太同胞卡夫卡一样,他也在个人、民族、人类三位一体的归因中领受天启。他思想的终极背景是自由,亦即"终极人质""总替罪羊"或"最后的十字架"。如此终极背景决定了个体、犹太民族及整个人类的位置与关切:

在世界中面对[人类]所有他者的我们[犹太人]不是自由的,仅仅是他们的见证人。我们[犹太人]是他们的[与终极人质相对应的一般的]人质。人质是我在自由那里得以确定自己的概念。……也许正是在那里,有……[希腊文化]中所没有的某种东西。

作为所有他者人质之人对全人类都是必要的,因为没有这样的人,道德不会在任何地方发生。世界上产生任何一点宽宏都需要人质之人。犹太教对此已经有所教导。它置身受迫害的处境,也许只

1 译自1920年11月自布拉格致密伦娜。

是对该教导的一种履行——即神秘的履行，因为执行这一教导的人全然不自知。[1]

犹太民族是人类的人质，而卡夫卡——无论是否自知——是相关历史进程中犹太民族的人质。或者说，他是人质的人质，是替罪羊中的替罪羊。

按《希伯来圣经》，悖逆"天父"是人性的罪愆，也是犹太人性的罪愆。因悖逆"天父"之罪，在象征的意义上，旷野漂流成为犹太民族的宿命：从亚伯拉罕-摩西时代的"希伯来人"（约公元前2000年—公元前1500年），到大卫-第二圣殿时代的"以色列人"（约公元前1500年—公元前500年），再到第二圣殿-卡夫卡时代的"犹太人"（约公元前500年—），称呼可以变换，但旷野漂流所象征的宿命依然。

正是在这样的背景下，卡夫卡展开自己"反向"的旷野漂流。

"反向"的旷野漂流，这是对旷野漂流的反动；与此同时，在属世/属灵的完整意义上，也是对数千年民族乱离的一场"生命重演"。

因而，"反向"的旷野漂流，完全可以解读为代犹太民族认罪、替罪、悔罪。

然而，最后一个终极的问题仍然横亘在我们眼前：为什么是"一个人"？

答案来自卡夫卡的"精神邻居"克尔恺郭尔，他与卡夫卡一样出人意料，执着于自己一个人的、反向的旷野漂流，就此为历史所铭记：

信仰的本质是成为秘密，成为单个个人（the single individual）的

1 勒维纳斯，《塔木德四讲》，第124~125页。

秘密。[1]

当然，按《希伯来圣经》的逻辑，一切的一切，无不出于恩典。

“反向”漂流的卡夫卡，“一个人”代言自己的民族，进而代言整个人类。

于是，(恰如犹太人勒维纳斯所说)“在世界中面对所有他者”之时，(恰如犹太人卡夫卡所说)“感谢各项安排的特殊性质……[犹太民族]得以存活。在这儿，甚至最卑贱的生命也可能得到提升，闪电般抵达至高之处”！神秘在于：罪愆引发管教，而管教竟然正是恩典。既然如此，罪愆的代言也就是恩典的代言。哪里有罪，哪里就有恩典，哪里罪愆愈泛滥，哪里恩典愈丰盛，终将借吾人之罪，熬炼吾人之救赎。

剩下的事情就是自觉亏欠的自省：“[犹太民族]应该铁石心肠不感恩？”

其实，如此自省，已然感恩。而感恩者即守望者，势必警醒如犹太先知哈巴谷、以西结、但以理等，时时警觉，转而祈求保守，以免“在两个世界的边缘被摔碎”。

就这样——恰如犹太人勒维纳斯所说——“[犹太民族]置身受迫害的处境……全然不自知”，却履行着神秘的使命——活出犹太信仰的教导——甘做全世界的人质，守望弥赛亚的降临。

“因为”——恰如犹太人卡夫卡所说——“对于人类而言，[在属世的希腊文化或属灵的犹太信仰之外]不存在第三个世界”。人类自以为“上帝已死”，遂自暴自弃，浸淫于物质主义/虚无主义而无法自拔，借大众消费/感官主义而饮鸩止渴，沿不归之路愈行愈远。然而，时候到了，日子近了。

1　参见Kierkegaard, *Works of Love*, 1995, pp.24~29。就像保罗和凡·高的“虽然忧伤，却始终快乐”，克尔恺郭尔在此深刻阐释了使徒身份的“吊诡性”。他是一切“个体使徒”的知音，恰如他自己所说，他的这一思想，是对“单个个人”的奉献。认同这一思想的个体，他“满怀喜悦和感激称为我的读者”。着重号为原有，参同上。

第六节 眺望迦南

卡夫卡的峰回路转的确出人意料。然而，借由眼花缭乱的“否定之否定”，他和我们都更加接近那个伟大的神秘。

卡夫卡知道，就像摩西一样，他的“反向”旷野漂流也只是一条路，他至今还在路上。什么时候抵达迦南，完全取决于打引号的“父亲的过错”或不打引号的“父亲的权力”。然而，抵达本身，也许并非一个几何上的点，而仍是一条路， 个进程，而这个进程的主旋律就是和谐。

和谐作为信仰的终极境界，与信仰本身一样，就日常逻辑而言，具有不可证明的性质。也许，信仰或和谐都无法用肯定的语言来陈述或谈论。但是，假如可以说，信仰是苦难的“彼岸镜像”，那么，和谐则是苦难的“此岸镜像”。反过来，我们也可以把苦难看作信仰与和谐的镜像，三个“镜像”之间的内在关联是“大计划”的神秘，我们无法谈论。然而，用人的语言我们可以说，三个“镜像”之间，存在着联系；我们还可以说，信仰必然包含苦难与和谐作为其必要条件！

后面我们将看到，卡夫卡与他的同时代犹太同胞维特根斯坦一样清楚地意识到，无论是否出于信仰，一个人最终必须保持与世界的和谐，而不是放弃世界或旷野漂流。和谐是人的至深渴望，也是卡夫卡生命的最痛。和谐就是广义人际关系的和谐，首先是亲子关系的和谐。和谐就是生活在当下。卡夫卡自幼被剥夺了和谐，他无法生活在当下，所以一生苦难，不得不弃世漂流，亲证彻骨的恐惧。然而，就在漂流的绝路上，卡夫卡遭遇了“他”的神秘，认同了“他”的“大计划”。他的苦难与恐惧因而点石成金，成为和谐与信仰的代价。信仰就是“他”之“大计划”的认同，和谐就是“同体大爱”，就是“重返迦南”！

从这样的意义上说，卡夫卡遭遇了救赎，他复活了。整个1922年1月28日这篇“临终日记”，可以视为救赎的见证。他因和谐的缺憾而漂流，在漂流中亲证苦难与恐惧，通过亲证而认罪，通过认罪而得救。无论就其“人的天性”而言还会有多少起伏，来自“他”的“非人”的拯救和应许已然无可阻挡。“临终日记”之前数月，卡夫卡尚无法与父母“和谐”。某晚，父母劳碌一天之后玩牌消遣，他独坐一旁，“全然像个陌生人”。父亲大概觉察到他的心情，邀请他加入，“至少在一旁看看也行”，然而卡夫卡无法加入——不过“表达了一点歉然的心情”。

这一歉然的表达，大概可以视为转折的萌芽。事实上，他当晚即在日记中静心深入反思此事：

> 自童年起，这种拒绝即不断重复，意味着什么呢？……或许，总体上出于力量的薄弱，也特别出于意志的薄弱——明白此点用了很多年。我过去肯定这种拒绝（被朦胧的巨大希望所误导，而我珍视这些希望）；今天，这种亲切意味的理解仅存残余。[1]

大致可以认为，卡夫卡自幼渴望着来自父亲赫尔曼·卡夫卡的温情。然而，另一位大写“父亲”始终用他的“权力”阻止此事，诱发卡夫卡的拒绝，使之重复了漫长的岁月。

然而，峰回路转的一生下来，这另一位“大写”的父亲终于完成了他的熬炼，见证于卡夫卡的“临终日记”，也见证于卡夫卡日常的生活。

事实上，就在“临终日记”之后5天，卡夫卡竟然加入到父亲的牌局中去了！据他在日记中说，当时他只感到一种“接受的迹象”，并仍然混合着疲倦、无聊和虚废之感。然而，突破已然形成，导致他继续反思人生的“牵挂”，最后竟引发感恩：

1　译自1921年10月25日日记。

设想某人这样说:“我对生活有什么牵挂呢？只是由于我的家庭的缘故,我才不想死。”然而,这个家庭正是生活的代表,这就是说,他希望活下去的理由最终仍然来自生活。的确,只要牵涉到母亲的事,也就牵涉到我,虽然要稍晚一点才会牵涉到我。然而另一方面,难道不是感激和同情导致了我内心这种变化吗？是的,是感激和同情,因为我看到,在这样的高龄,怀着无穷的精力,母亲怎样竭尽全力来补偿我因为孤独而导致的缺憾？当然,感激也是生活。[1]

说来也是,眼下,父母双亲已分别70岁和66岁了！两位老人为儿为女一生辛劳,满身病痛,再度激活了卡夫卡内心深藏的“亲切的残余”。血肉之躯的“共情”,也体认为“同体大爱”的总结:

我也可以说,我由于母亲的缘故而活着。但这不可能是事实,因为即便在过去,在我比现在重要得多时,我仍然不过是生活的一位使者,如果不是通过别的什么,也是通过生活的使命与之相连。[2]

他终于发现——或者说承认——自己也跟芸芸众生并无本质区别,他也是生活的代表,只是承担的任务不同而已。在深刻思考的同时,他多半还联想众多:除了对自己“无限宠爱”的母亲,还有自己一生对父母的依赖;菲莉斯、尤丽叶和密伦娜;马特里亚利疗养院那位自杀的肺结核患者;等等。他也可能想起拉罗什福科著名的箴言:“想要独自完善是一种巨大的疯狂。”无论他到底想了些什么,感受到什么程度,他生平第一次表达了这样一个重大感受:

1 译自1922年1月30日日记。

2 译自1922年1月31日日记。

与人在一起的幸福。[1]

后面将看到，这条至为简明的日记蕴含了卡夫卡问题的最终解决。生死仅系一念。此念是生，彼念是死。下一章第三节“《城堡》与迦南”，借助维特根斯坦天才而严密的表述，我们还将跟卡夫卡一道重返此处的讨论。

更重要的是，自此迄后，卡夫卡的“反向”旷野漂流无论怎样峰回路转，始终指向迦南。

有人说，通往死亡的道路是如此之宽，以致那么多人都挤得下；而与之对照，通向生命的道路却是如此之窄。

一个“欲望/恐惧”的世界走着一条宽阔的道路。那是死亡之路吗？

当一个人走着生命的窄路，他的使命为何无比的巨大和沉重？

那仅仅是因为窄路本身的艰难吗？

窄路本身为什么艰难？

是因为窄路与宽路背道而驰，因而冒犯了宽路上人们的意愿，让他们面对内心不愿面对的不和谐？

正因为如此，他必须反诸自身，向内寻求，更深地认罪？并代人们祷告忏悔？也为人们祝福，与世界一致，同体大爱，与人们保持情感的和谐？他的使命因此更巨大和沉重，抑或相反蒙恩得以释放？

更严格地说，只要还存在着使命的巨大和沉重之感，哪怕因认罪、替罪、代祷、祝福而巨大和沉重，那就还不是真正的窄路，不是真正的生命之路，救赎之路。

应该说，生命之路既窄又宽。

或者说，这条路越走越窄，也越走越宽。

1 1922年2月2日日记。

在眼里很窄,但在心里很宽。

既宽又窄,像刀锋,几近于无,但唯其无,因而无限宽,意味着真正的自由。

向内的路就是向外的路。窄路就是宽路。

真正的独自承担就是真正的相爱,反之亦然。

因为没有单独的得救。

真正的得救中必然包含着和谐的恩典。

第十七章　肉身成言：绝境中的《城堡》

假如人们眼力好，可以不停地，在一定意义上可以是眼睛一眨也不眨地注视着那些事物，那么人们就可以看见许多许多。但是一旦人们放松注意，合上了眼睛，眼前立刻变成漆黑一团。

——弗兰茨·卡夫卡

尘世、恐惧、疾病、幸福、旷野、迦南……语词如此这般，何等举重若轻。随着病情的发展，卡夫卡越来越审慎地掂量它们的含义。还有一个重要的语词，那就是“文学”。20年来，他一直呕心沥血“肉身成言(文)”。如今，肉身风雨飘摇，前景愈益森然，文学的归宿却反而得以澄明。

第一节　《饥饿艺术家》：绝境与希望

去施宾德尔缪勒的卡夫卡(右一)，照片摄于1922年。

还在1921年，卡夫卡在秋天的萧瑟寒意中感染了双侧肺炎，于是从11月起又开始了三个月的休假，并一再延期，直到1922年7月1日退休为止。在这期间，他接受了一次系统治疗，随后于

1922年1月27日前往巨人山区的施宾德尔缪勒疗养，在那里继续进行“旷野漂流”和“同体大爱”的思考。与此同时，他又开始了文学的构思。2月17日，他从施宾德尔缪勒返回布拉格，随身带回短篇小说《饥饿艺术家》，这部重要作品后来被他在一份遗嘱中加以认可。小说深刻剖析了艺术与艺术家的关系。小说中的“饥饿艺术家”本身就是一个悖谬：一方面，饥饿是他赖以为生的艺术，是其生命的唯一维系；另一方面，饥饿恰好又否定着他的生命，并因而否定着他用生命热爱的艺术本身。用卡夫卡的话说，饥饿既是他的乐趣，也是他的绝望，是“乐趣和绝望”。当然，只要还有人热爱古典的饥饿艺术，饥饿艺术家就不致断绝献身的激情，加之他偶尔也会“稍稍啜一点儿水”，并“有一套使饥饿轻松好受的秘诀”，这让他好歹总算坚持下来。

然而，时代在变迁，人们抛弃了饥饿艺术家，潮水般涌向各类新潮演艺项目。“而饥饿艺术家却仍像他先前一度所梦想过的那样继续饿下去，而且像他当年预言过的那样，他长期进行饥饿表演毫不费劲。但是，没有人记天数，没有人，连饥饿艺术家自已都一点不知道他的成绩已经有多大，于是他的心情变得沉重起来。”生命也逐渐衰退。

弥留之际，饥饿艺术家道出真实心声：他的饥饿艺术不应得到赞赏，虽然他的确渴望有人赞赏。“因为我只能挨饿，我没有别的办法。”别人问这又是为什么，他则唯恐对方漏掉一个字，用最后一丝力气回答说：

> 因为我找不到适合自己胃口的食物。假如我找到这样的食物，请相信，我不会这样惊动视听，并像你和大家一样，吃得饱饱的。[1]

话未落音，他的瞳孔已经开始扩散，同时流露出这样的信念：他要继续饿下去！其神情虽不再骄傲，却仍然坚定(或偏执？)如初。

1 参见《饥饿艺术家》，载《卡夫卡小说选》。

就求生的本能而言,谁也不愿始终挨饿,至死方休。但是,既然生而为饥饿艺术家,自始至终饿下去才合乎逻辑。正如卡夫卡自己所说,不写作的作家只能意味着疯狂,那恐怕是比死亡更为可怕的事情。

W.哈森克莱弗、F.韦尔弗和K.品图斯,表现主义三巨头,其中韦尔弗是卡夫卡的好友。

为了在信念和逻辑上摆平自己,饥饿艺术家不得不首先"摆平"自己的肉身。或者说,与许多人的做法相反,他用肉体的死亡代替了信念和逻辑的死亡。他死了。很快,他的位置被一只凶猛的小豹所占据,这只小猛兽生猛美丽,令人赏心悦目。"它似乎都没有因失去自由而惆怅。它那高贵的身躯,应有尽有,不仅具备着利爪,好像连自由也随身带着。它的自由好像就藏在牙齿中某个地方。它生命的欢乐随着它喉咙发出如此强烈的吼声而产生,以至观众感到对它的欢乐很是受不了,但他们克制住自己,挤在笼子周围,舍不得离去。"

在小说丰富的复调中,有一道旋律特别突出:在人的绝境中,艺术有没有突围的可能?卡夫卡的回答显然是没有。在一个"原罪"的世界上,饥饿艺术家苦于找不到"适合自己胃口的食物",所以才拼死表演饥饿艺术。然而吊诡在于,既然没找到自己的食物,他的表演意义何在?——这绝非仅仅是一句刻薄的反讽,相反,这是一个直指人心、震撼灵魂的问号。饥饿艺术家以生命为代价,提醒我们艺术与人的绝境。在人的普遍绝境中,艺术也绝无突围的可能!我们多次说过,卡夫卡是一位伟大的生存论心理学大师,在弗洛伊德之前很久,他已然洞穿了艺术心理学的奥秘。恰如精神分析天才奥托·兰克指出,艺术的本质是神经症,其诱因不外死亡恐惧。艺术家借艺术营建"神化工程",缔造"私人宗教",虚构一己之"彼岸",跟神经症患者没有两样。艺术家"把周围现实当成其自我(ego)的一部分,所以,他与现实的关系才会那么痛苦——因为所有的外部过程，无论本身多么了无意义，最终都与他息息相关……他生活在一种巫术般的统一体中，与周围生活整体相连……潜在地把整个现实都引入了自身”。[1]

另一位精神分析家也指出，艺术家“对生活进行巫术般的转化，把注意力从死亡、罪感、无意义感等对象转移到别处。……某种意义上说，他的神经症使他有可能把握自己的命运——把生命的全部意义转化为被他自己简化了的意义，这简化了的意义来自患者自我创造的世界”。[2]

“当你把所有的鸡蛋都放进一只篮子，你就必须为了亲爱的生活而攥紧这只篮子。这就好像一个人想要获取整个世界，却先把整个世界安全融入单一对象或单一恐惧之内。”[3]艺术家与常人其实并无本质区别。区别仅在于，常人试图把世界一口一口咬下，而艺术家则试图一口咬下。艺术家跟芸芸众生一样，属于有朽与必死的受造，区别仅在于，艺术家感受有朽的强度，远远超过芸芸众生。艺术家知道他的作品就是他，是他的“肉身成言”，绝不可能反过来支撑他的存在。在“原罪”的生活中，所有人，包括艺术家，都苦于寻找本质的意义，挣扎于“饥饿”的绝境，在死亡的虚空中“恐惧和颤栗”。

正是在生存论心理学的意义上，卡夫卡的《饥饿艺术家》以自己的方式揭露了艺术与人的绝境，痛彻表现为“饥饿艺术家”之死——它同时意味着艺术家及其作品之死。

这当然也是人之死。

这是虽生犹死的绝境，在这样的绝境中人活着还有什么意义或希望？

在终极的恐惧之外，有无别的实体？

如果有，那肯定不是文学。

1　转引自《死亡否认》，第182页。

2　转引自《死亡否认》，第181页。

3　参见《死亡否认》，第180页。

那是旷野？或者迦南？

——当问题被这样提出来，《饥饿艺术家》就呈现出犹太民族肉身命运的复调。更重要的是，当问题被这样提出来，我们就再次听见了“临终日记”的旋律。

然而，当问题被这样提出来，小说另一个重大复调不经意显现：饥饿艺术家？细细体量，这不正是一位坚守信仰的殉道者吗？他的临终遗言貌似悲观，引人同情：“我找不到适合自己胃口的食物。”然而事实上，此语不正是苏格拉底的诀别之辞：“你们去活，我去死。”只是，此语借“饥饿艺术家”说来，更显隐微、反讽。上帝已死！感官主义/虚无主义的不二大潮波涛汹涌。大众消费时代，天空飘满淡淡的血痕。罪恶漫天飞舞，人性隆冬凛冽，生命最后一口寒气尚未呼出，已然彻骨冰凉。真诚的灵魂簌簌发抖，虽然许多人佯装不发抖，许多人声言他们本来可以不发抖，许多人激动地宣称他们激动得发抖，另有许多人竭力掩盖或文饰自己在发抖，试图让自己或别人相信：他们的确是因为激动，所以发抖……如此这般的生活不值得过，因为——在先知般敏感的卡夫卡看来——已然虽生犹死，甚至生不如死。要是在其中找得到食物，那才邪门！恰如正常人生活于不正常的时代，“吃得饱饱的”，怎么可能?！即便有食物，也多半属于饮鸩止渴，如时下所说：“我爱每一片绿叶，但每一片绿叶都有毒，都想杀死我！”这其中的隐喻一清二楚：虔信者生逢物欲乱世，除了殉道，难道还有更好的出路？果真如此，那么，告别的时辰就快到了……

就在《饥饿艺术家》写成前后，卡夫卡先后留下两份遗嘱。第一份大概写于1921年，要求勃罗德将所有作品，包括日记、手稿、来往信件、各类草稿等，“一点不剩地全部予以焚毁”。第二份则做了一些温和的让步：

在我的全部文字中，只有《判决》《司炉》《变形记》《在流放地》《乡村医生》和一个短篇故事《饥饿艺术家》还可以。(那几篇《观察》可以保存下来,我固然不愿意让人家拿去捣成纸浆,但是也不希望再版。)我说这五本书和一个短篇还可以,意思并不是说我希望把它们再版,留传后世,恰恰相反,假如它们完全失传的话,那倒是符合我本来的愿望的。不过,因为它们已经存在了,如果有人乐意保存它们,我只是不加阻止罢了。

然而,此外我所写的一切东西(刊登在报纸杂志上的作品、手稿或信件),只要可以搜罗得到的,或者根据地址能索讨到的(大多数人的地址你都知道,这主要涉及……[省略号为原有]特别不要忘记那些笔记本,里面有……[省略号为原有]),都毫无例外地——所有这一切,都毫无例外地,最好也不要阅读(当然我不能阻止你看,只是希望你最好不看,但是,无论如何也不要让别人看)——所有这一切,都毫无例外地予以焚毁,我请求你,尽快地给予办理。[1]

显然,或多或少,第二份遗嘱透露了某种内心的平静。可以认为,写完《饥饿艺术家》的卡夫卡,已然与过去那位"饥饿艺术家"有别。正如上面的分析,他已然超越了过去的伦理-人际关系范畴,直指人的绝境与出路——终极关怀。终极关怀包含了伦理-人际关系,但另外意味着无限丰富的空间。以其决绝的方式,《饥饿艺术家》呕心沥血考问"人的尽头"以及"尽头之后":除了因信仰而重生,还能是什么?

在一个虚胖而饥饿的时代,这是普世的考问。

在一个虚脱而饥饿的时代,这更是犹太的考问。

---

1 转引自《卡夫卡小说选》,第502页。原有的省略号恐系勃罗德编辑的结果,大概是为了保护相关人事及隐私。

第二节 《城堡》及其复调

1922年的卡夫卡

在生死一线的纠缠中,1922年的生日又到了。然而,这个生日完全不同于往常。还在生日之前一个月,医生鉴定:卡夫卡业已丧失工作能力。6月7日,时任公司秘书长的卡夫卡再次向公司提出退休申请。7月1日,公司终于批准卡夫卡退休。从这一天起,他只能依靠退休金为生,其数额远不及过去薪金的一半。还没等到退休批准正式下达,6月底之前,卡夫卡已前往小镇普拉纳,位于波希米亚森林中的卢施尼茨河畔,奥特拉在那里租有一套房子。在远离布拉格的普拉纳,卡夫卡痛苦掂量生与死,思寻生命的出路。7月5日,几个痛苦的不眠夜之后,他向勃罗德写下一封近四千字的长信,其自我分析冷峻、深刻,甚至残酷。在这封信里,这位自称"我就是文学"的人,转而对自身意义提出了根本的怀疑和否定,进而揭露自身恐惧的根源:试图借写作来逃避生活,代替生活。这封信催人泪下,因为其自我考问真诚之极,也无情之极,几乎超出了人的极限:

昨夜辗转无眠,在煎熬中反复思考每件事情。前一段因相对平静而几乎忘怀的想法,昨夜竟又清晰再现。

我想说的是,原来,我生命的支撑竟如此脆弱,形同虚空!黑暗势力为所欲为,全然不顾我的踉跄与蹒跚,摧毁我的生活,时刻置我于绝望——而在此之上我竟想寄托自己的生活!既然如此,与其说写作支撑着我,不如说写作支撑着这样一种生活。

当然,我并不是说,如果不写作,我的生活会好一点。宁可说,如果不写作,我的生活更将一塌糊涂,全然不堪承受,并必然以疯狂告终。当然,这需要首先假定我是一位作家,即便不写作也是作家,而不写作的作家只能是怪物，自作疯狂。

然而，做一位作家，这本来意味着什么？不错，写作是甜蜜而神奇的奖赏，可奖赏什么呢？昨夜无眠，答案竟如此清楚，清楚得有如孩子们的启蒙课本：写作之所以是奖赏，乃因它替魔鬼服务。在生活的下部，你付出大可怀疑的努力：或自甘堕落，与黑暗势力为伍，或释放本来受缚的幽灵，或别的什么——然而在上面，你对此一无所知，竟自就着阳光撰写自己的故事——或许存在着别的写作，但我只知道这一种！夜里，恐惧袭来，无法入眠，我终于懂了这种写作，并认清其邪恶本质：那是虚荣与淫荡，围绕着自身——甚或他人——纵情享乐，忙个不停，同时自我膨胀，最终成就一个自欺欺人的太阳系。天真的人有时心里暗想：我倒情愿一死，看大家怎样为我哀伤。这样的作家始终没长大：他作死（毋宁说他不活），同时借此自卑。由此引发可怕的死亡恐惧，它未必展示为死亡恐惧，却可能表现为对于变化的恐惧……至于这种死亡恐惧的理由，可如下一分为二：

第一个理由，他没活过，所以特别恐惧死亡。我的意思并非是：要想活，必须首先拥有妻子儿女、农田牲口。宁可说，真要想活，就必须放弃自我陶醉，老老实实搬进屋子，而不是绕着屋子巧言夸饰，装点门面。当然，面对这样的问题，或许可以认为：一切出自命运的安排，并非谁都能唾手可得。然而，为什么随之总会不满、抱怨？是为了让自己更可爱，更可口？部分如此。但是，为什么这些不眠之夜总让人反复念叨“我本可活却没有活”？

第二个理由（或许只有一个理由，或许它们眼下并不想对我分成两个）基于下述意见：

“我笔下的事情终将发生。这意味着，我未能借写作赎回自己。长久以来，我一直自己作死，可眼下，我真的要死了。与别人相比，我的生活更甜蜜，那么，相应地，我的死也更可怕。当然，我身上那位作家也将随之死去，因为他的身份了无基础，虚幻不真，连尘土都不如，无非疯狂人世的某种可能性、某种享乐的幻想——这就是你的那位作家！至于我自己，因并未活过，所以也无法活下去了。此生我始终是尘土，未能将火星燃成火焰，最终仅够照亮我自己的尸体。”

这将是一场奇怪的葬礼：这位作家，如此虚幻不真，竟向坟墓交托自己的尸体——这具年深月久的陈尸。此情此景，我倒有充分条件作为作家善加赏识，或者——其实仍属一回事——愿意尽力借自我遗忘而善加描述，因为，自我遗忘——而非警觉——乃作家的首要前提。然而，今后不会再有这样的描述了。只是一切结束之前还有一个问题：为什么我在这里谈论真实的死亡？因为，它与生活并无两样。眼下，我以作家的舒适姿势坐在这儿，准备描写所有美好的事情，必然慵懒观望——因为除写作外难道我还能做什么？——与此同时，我的自我，这可怜而了无防备的自我，被魔鬼用铁钳夹住，痛加殴打，随便找一条借口，就欲置它于死地……作家的存在挑战灵魂的存在，因为灵魂明显逃自真实的自我，却并未改进自身，而仅仅变成了一位作家。[1]

“我就是文学组成的，除此之外我什么都不是，也不可能是什么。”——曾几何时，卡夫卡如此告白，近乎“怨毒”。

然而眼下，从那么要紧的“文学太阳系”，他最终觉悟出来。

以他此刻的眼界，这样的作家，不仅自己犯罪，而且诱惑读者，就其效果而言，堪比魔鬼的狡猾：

作家，这样一位作家，其定义及其作用（如果他可能拥有的话）如下：他是人类的替罪羊。他让人享受罪愆而不负罪，或几乎不负罪。

然而，事实上，卡夫卡从来不是自恋的、“天真”的作家。何况，如

1　译自1922年7月5日致勃罗德。下同。

“临终日记”所示，眼下的卡夫卡，已然越过人生分水岭。哪里有罪愆和危险，哪里就有恩典与救赎。就其至深意义，眼下的卡夫卡深谙此点。正因为如此，他深知“世界上只有一种病”，其实就是“同体大罪”的结果。在“污秽”与“肮脏”的世界上，无论身心怎样关联，身体的“房子”可能率先垮塌，如果灵魂先知先觉，就会在垮塌之前出逃，成为作家，虽然因此遭受致命的削弱，却得以见证同体大罪-大病-大死的过程，包括“黑暗势力”或“邪恶势力”的运作机制。如此见证，当然是一种认罪。那么，这样的作家，作为“替罪羊”，本身固然罪愆，也就此成为恩典与救赎的媒介或“管道”。所以，在这封重大信件中卡夫卡另外写道：

1922年6至9月，卡夫卡在这个名叫普拉纳的镇子，在他妹妹和妹夫租用的两居室假期住宅里完成了《城堡》的后九章。

灵魂与自我分离，竟会遭受如此的削弱吗？（我不敢肯定这一点，但不敢肯定也是错。）假设我不在家，在此前提下，家中房子突然垮塌，一定会让我警觉。毕竟，我知道哪些原因会导致房子垮塌。那么，会不会是我移居别处，而把房子留给了所有的邪恶势力？

回到“人类的替罪羊”一语。如我们就“临终日记”所展开的分析，“替罪羊”一词，意味着深刻的忏悔，甚至救赎。卡夫卡希望忏悔，希望自己有可能放弃写作，至少试一试用几天时间把自己和写字台隔绝。然而，命运之神秘的吊诡在于，在波希米亚森林中的普拉纳，在如此罪感与绝望的悲剧气氛中，卡夫卡正在进行《城堡》的写作，这是他继《美国》和《审判》之后的另一部长篇小说，是他生平第三部，也是最后一部长篇小说。他从年初开始动笔，在上面那封信之后一个多月最终弃笔。

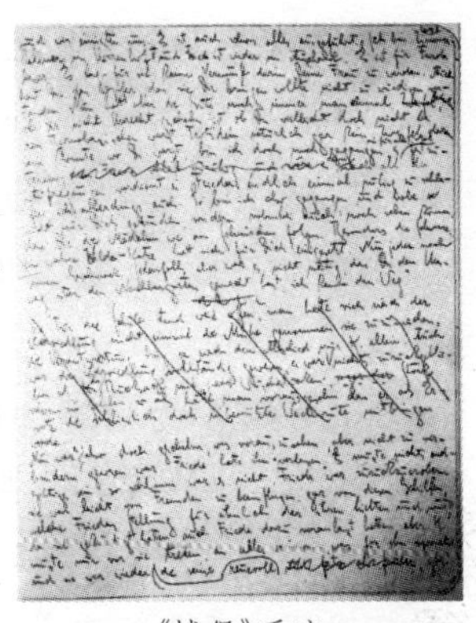

《城堡》手迹

K——他只有这样一个代号般的姓氏——被委派为城堡的土地测量员。但事实上，城堡似乎并不需要土地测量员。因为，在城堡和它所统辖的世界里，一切相关事宜早已登记在册，准确无误，所依据的法则，其非理性的权威毋庸置疑。事实上，与《审判》中的情况一样，城堡的法则来自某个大象无形、渗透一切的运作机构。所有成员都生活于一个封闭而精确的世界，在其中，哪怕一块界石的微小调整，都被视为破坏行为，从而给自己带来危险。繁复而严密的组织部门，办事认真的官僚和下属，成柜成捆的卷宗和文件……城堡有条不紊地运行。然而，荒诞和悖谬的是，那份聘用土地测量员的卷宗却怎么也找不到了。于是，就像《审判》《判决》或其他作品的主人公，K发现自身已然罹受非理性权威的"莫名之罪"，沉陷"不由分说的悬而未决"或者"悬而未决的不由分说"，于是，斗争开始了。

然而，这并非一场轰轰烈烈的斗争。至少在主观上，K并不自以为代表了普遍的正义、公正、理性、良知等。相反，他是一个几乎无名的人，恰如其姓氏所暗示：他"头脑单纯"，没有恶意。不错，他孤独而漂泊异乡，可他并不追求孤独，也不以漂泊为荣；相反，他希望安身立命，结婚，建立家庭……一句话，他只要求进入城堡的权利。

在城堡边上的那座村子里，K执拗地坚持寻找通往城堡的道路，"从未生过气"，也始终不放弃。他几乎尝试了一切办法，也像《审判》中的约瑟夫·K，试图从女人那儿得到帮助，因为她们"跟城堡有联系"。然而，无论他怎样努力，魔幻般的城堡始终保持着自己出神的存在，矗立在远处的山冈上，轮流披戴着暮色、夜色、阳光或晨曦，永远令他可望而不可及。

假如人们眼力好，可以不停地，在一定意义上可以是眼睛一眨也不眨地注视着那些事物，那么人们就可以看见许多许多。但是一旦人们放松注意，合上了眼睛，眼前立刻变成漆黑一团。[1]

K终因心力衰竭而在斗争中死去。弥留之际，从城堡里下达了一个决定，虽然它并未批准K在法律上定居这个村子的权利，但是，“考虑到某些其他情况”，允许他在村子里暂时居住和工作。不用说，这仍然是一种“不由分说的悬而未决”，不过，斗争毕竟有了某种结果。悲剧在于：尚能坚持之际，眼前毫无希望；当希望降临，却再也无法坚持下去。[2]

北波希米亚的弗里德城堡，是小说《城堡》的背景，1911年卡夫卡曾来此出差。

作为一部作品的《城堡》，与这部作品所描述的“城堡”一样，是一座巨大的迷宫，卡夫卡的复调艺术在这里发挥得淋漓尽致。

一如此前的作品，《城堡》也表现了卡夫卡的“父亲情结”，那无处不在的绝对权威，犹如《审判》中的法庭，可视为父亲的象征，而K进入城堡的愿望最终失败，则意味着父亲的“判决”。城堡也可能象征着律法加恩典的上帝，要是那样，K进入城堡的奋斗即可视为灵魂的救赎过程，而他全部努力的徒然，以及在弥留之际所得到的“应许”，则图说了犹太教的根本教义之一：人永远找不到通向上帝之路，然而，上帝的恩典却随时可能出现在人的面前，尤其在人彻底“放弃”（顺服）之时。

1　转引自勃罗德，《<城堡>第一版后记》，《卡夫卡全集》，第4卷，第415页。

2　《城堡》系未竟之作，在卡夫卡去世后正式出版，结尾部分依据卡夫卡向勃罗德所做的叙述。参见勃罗德，《<城堡>第一版后记》。

然而，如果我们想到，骨瘦如柴而又赤身裸体的卡夫卡，其实也是一个人性温暖的人，那么，《城堡》就会呈现更丰富的含义。例如，在《城堡》中的“女人们”身上，K留下了他的体温。这些女人是谁？按瓦根巴赫和卡夫卡生前友人维利·哈斯的意见，这些女人身上至少暗含密伦娜的形象。[1]值得注意的是卡夫卡的相关描写：K跟这些女人在“污秽”中打滚，以至感觉到没有了“故乡的空气”，感觉到令人窒息的诱惑，并因而身不由己，只好任其迷失下去。

关于“污秽”“肮脏”及其诱惑，我们并不陌生。然而，“故乡的空气”象征着什么呢？与卡夫卡异曲同工的另一位犹太天才海涅曾经谈及犹太人的贞洁或童贞：

如果让杰西卡[莎士比亚笔下犹太商人夏洛克之女]穿男装，从她脸上就会发现一种难以掩饰的羞怯。也许从这表情中，人们可以看到那种罕见的童贞，这种童贞是她的部族所特有的，并赋予这个部族的女子们一种神奇的魅力。犹太人的童贞也许是他们自古以来对东方的感官和性崇拜进行斗争的结果……我几乎想说，犹太人是一个禁欲的、节制的、抽象的民族……[2]

海涅反复论及犹太民族的贞洁，他把这种贞洁引为自豪。他说，这种贞洁被东方式的感官主义和性崇拜所包围，所以尤其显得珍贵，而所谓感官主义和性崇拜，其实就是卡夫卡所说的“肮脏”或“污秽”。如果有机会进行比较，我们会看到，海涅与卡夫卡，这两位犹太天才存在诸多相似之处，其中相当重要的一点就是：在爱情和性爱问题上，他们都是典型的柏拉图主义者，更确切地说，都有着刻骨铭心

---

1 参见瓦根巴赫，《卡夫卡传》，第87、140页等处。又见维利·哈斯，《<致密伦娜情书>编后记》。

2 [德]海因希里·海涅，《海涅全集》，田守玉等译，河北教育出版社，2003年，第七卷，第354页。

的“伊甸园情结”。在一个非犹太的、异教的、感官的世界上，他们内心深处都怀念着古老的犹太家园，渴望那贞洁的“故乡的空气”。在性爱问题上，卡夫卡有着这样的自我评价：

> 作为一个小伙子，我在性生活方面是清白的，也是无动于衷的。我对它，就像对待相对论一样，漠不关心。[1]

出于生存的需要，卡夫卡被动地卷进了与女人之间不清不白的关系，他内心的向往仍然属于贞洁的犹太人。

在“城堡”的复调中，有一层重要的象征，那就是非犹太的、异教的、感官的世界，即所谓“生活世界”。从某个意义上说，密伦娜这样的女性正是这个世界的代表。如我们所知，这位非犹太女性感性、强烈，是个弄潮儿，或者，如她自己所说，“是个凡俗的女人，就像世界上所有的女人一样，一个渺小的、有性冲动的小女人”。这样的女人跟“生活世界”联系紧密，她们象征着“生活世界”。如果把她们看作爱情、婚姻、家庭的象征，那么，卡夫卡在这里讲出了“生活世界”的基本法则：任何想要成功进入“生活世界”的人，必须首先通过由女人所象征的伦理-人际关系网络，即爱情、婚姻、家庭的基本样式。然而，如果仅仅把她们看作女人本身，那么，卡夫卡就讲出了K这类特殊个体的特殊命运：她们是进入“生活世界”的中介。K是谁？是卡夫卡的自传形象，还是犹太人的普遍隐喻？答案可能两者都是！果真如此的话，卡夫卡“临终日记”中的“反向”旷野漂流不意呈现一个全新的复调：

他，耶和华的选民，亚伯拉罕和摩西的子孙。某种看似偶然、来自“上面”的神秘意志，带他离开犹太人的“应许之乡”——迦南，开始一个人的“反向”旷野漂流，按“临终日记”的说法，“我认为，眼下，我

---

1 转引自瓦根巴赫，《卡夫卡传》，第230页。

一直沿着旷野边缘漂流，充满孩子般的（尤其对于女人们的）渴望”。就此而言，可以有把握地认为，对于卡夫卡，旷野也象征着异教的“生活世界”，而“女人们”则是“生活世界”的代表或中介，卡夫卡对之充满“孩子般的渴望”。

如此说来，40年“反向”旷野漂流，他既憧憬重返迦南，但也身陷吊诡，渴望进入“生活世界”，并因此首先设法接近这个世界的女人们，与她们周旋和纠缠，同时失落了自身，却仍被拒之门外。他最终发现，她们所代表的，既是普遍意义的“生活世界”，更是非犹太的“他们的-生活世界”。就这样，他的流浪逐渐显现出必然的性质：这是一次“证罪”的流浪。

罪是什么？罪是他无法进入“城堡”的事实。罪是死亡的事实。流浪者至多获准暂时居住和工作于“生活世界”，条件如此苛限，却索取了生命的代价。

这既是拒绝者之罪，也是被拒者之罪。拒绝者过着一种异教的、原罪的生活，而被拒者渴望进入这种生活，因此暴露出同样性质的原罪。而被拒的事实，既是原罪所招致的惩罚，也意味着人性的尽头。

然而，正如我们反复谈及，信仰的奥秘就在人性的尽头。于是，出人意料，在《城堡》看似悲哀的结局，一场大慈大悲的“救赎”悄然展开。心力衰竭之际，“故乡的空气”再次吹拂，那是来自“上面”的气息。它提醒流浪的人：除了重返迦南，还能去往何方？

第三节 《城堡》与迦南

不错，迦南。

然而，连迦南本身也是复调，不仅意味着属灵的家园，也指陈着属世的土地，即国家地理之意义的土地。

论及土地，一个问题顺理成章自然呈现：为什么K的身份是“土地测量员”？而且，为什么他竟如此温和，以至“从未生过气”？

还是犹太人的《希伯来圣经》说得好：“谦和之人，必蒙恩传承土地。”[1]

《希伯来圣经》这一启示，让答案不言而喻。

事实上，“土地测量员”甚至算不上一个隐喻，而是一句告白，代言着犹太民族对“迦南”的地理诉求。

这是《城堡》的复调的重大旋律，它直陈胸臆，呼之即出。

聆听这一旋律，只需谨记：

卡夫卡关切自身民族的历史命运，其程度之深，无论怎样强调都不会过分。然而，这只是问题的一方面。另一方面，卡夫卡这一关切，与20世纪20年代前后如火如荼的犹太复国主义运动既联系，又区别，而且，联系是浅层，区别是深层。如前所述，早在1916年夏秋之交，他的相应思想即得到了经典的表述。其时，他致信当时的未婚妻菲莉斯，鼓励并支持她积极参与“柏林犹太人之家”的各项工作，其中的相应思想是如此重要而清晰，值得在此再次引证：

> 无论如何，你不必为犹太人之家感到不安，虽然它被视为犹太复国主义；你不太熟悉，但不必在意。借由犹太人之家，别的力量正在运行，产生作用，它们与我内心更贴近。大多数犹太人今天容易接近犹太复国主义，至少容易接近其外缘，然而[对我而言]，犹太复国主义不过是一扇门，通向远为重要的事情。[2]

按此信的逻辑，“柏林犹太人之家”有别于当时的犹太复国主义热潮。卡夫卡相对认同“柏林犹太人之家”，然而，即便“柏林犹太人之家”，也并非他终极关切之所在，因为还有“别的力量正在运行……

---

1 译自 *Psalm* 37:11, *ESV*。原文为：“But the meek shall inherit the land……”

2 译自1916年8月2日致菲莉斯。

与我内心更贴近”。相比“柏林犹太人之家”与犹太复国主义，这一“别的力量”指向“远为重要的事情”。

一个多月后，卡夫卡再致菲莉斯：

[现在“柏林犹太人之家”的参与者们]还无法做出什么成绩，因为他们还不太了解其中的意义，还不是十分明朗，然而，一旦他们理解了其中的意义，他们就会倾注自己的心血，竭尽全力，做出他们所能做到的一切，这在另一个方面意味着很多，而且本身就意味着很多。我认为所有这些工作与犹太复国主义之间存在着联系，虽然对你未必如此。这一联系在于这样一个事实：“柏林犹太人之家”将从犹太复国主义汲取充满活力的斗争方式，那是始终生机勃勃的青春力量，在其他方式失败的地方，这种力量却从犹太民族深厚的历史遗产中得到祝福，并因而得以点燃民族热情的火焰。我认为，没有这样一种界定，犹太复国主义就无法生存。[1]

与上一封信相比，此信侧重强调“柏林犹太人之家”与犹太复国主义的关联，然而，最终的关切仍在两者之外，直指“犹太民族深厚的历史遗产”及其内含的“祝福”。不言而喻，卡夫卡的关切，与一般意义的政治犹太复国主义，不可同日而语。如果考虑“临终日记”的维度，那么，卡夫卡的关切也远远超越一般意义的犹太文化复兴。宁可说，所谓“别的力量”，是卡夫卡一己的内心力量，其中复合着克尔恺郭尔和马丁·布伯的思想内核。他，孑然一身的“土地测量员”，无家可归的异乡人，克尔恺郭尔式的孤独斗士，他的抱负既关切人群，也异于人群。卡夫卡蒙受的呼召与众不同，乃是他“一个人的”犹太复兴。就此，“土地测量员”的诉求，令我们回想起“临终日记”的灵肉呼告，一样充满血肉模糊的悔悟与盼望：

1 译自1916年9月12日致菲莉斯。

"或许我终将居留迦南"——四十年如一日,我始终漂流于旷野,如果这一切希望不过是绝望的海市蜃楼,尤其当我也不过沙漠中最不幸的受造,那么,迦南必然是我唯一的应许之地(Promised Land),因为对于人类而言,不存在第三个世界。[1]

只需听出"我"中的"我们"——犹太民族——足矣。只需铭记,犹太人卡夫卡,他早已自觉成为"独特的自传作家",代言着一个三位一体的命运综合体:一己的生命/民族的苦难与希望/整个人类的命运。如是,我们就不难读懂《城堡》复调中的主旋律,那是犹太民族痛失土地两千年的血泪呼告——为了迦南的祝福,他们决心追随那位"和平之君",不懈斗争而又不"生气",并不惜以世代生命相许:"至于我和我家,我们必定待奉耶和华。"

只是,"大的事情小声说",最大的事情,只能大音希声——这是卡夫卡。

所以,在《城堡》中,读不到"犹太"这个词,而且"也不曾在卡夫卡的其他小说或短篇小说中出现"。

他深情眷念自身民族,一如他痛切忧虑"普遍人性"。[2]就此而言,《城堡》既是犹太的自传,也是人性的自省,就像那座城堡本身,在人性尽头,冥想着"最大的事情":

在犹太民族漫长的受难史中,人们曾经听到过所有这些声音。K 以可怜而又可笑的方式遭到了失败,尽管他曾以那么严肃而又认真的态度来对待一切。他始终是寂寞的。在这部长篇小说经过的所有不愉快的场面之上,在所有无辜得来的不幸上隐隐约约地晃着这

---

1 译自1922年1月28日日记。

2 勃罗德,《无家可归的异乡人》,见《论卡夫卡》,第81页。

个口号："这样不行！要想扎下根来，必须寻找一条新的、完全不同的途径。"[1]

一条新路？一条完全不同的路？在人性尽头，在彻底的绝望中还能有这样的路？当然，国土也可视为一条路，至少，"沉重的影子像大路/穿过整个国土"。然而，对于犹太民族，若无信仰之恩典，哪来国土？血肉模糊的犹太历史早已揭示：任何时候，信仰亡则国土亡。若无信仰，连民族也早已灰飞烟灭。皮之不存，毛将焉附？哪来国土？反之，一个民族痛失国土，举世流离，却能守住一个约定，生死无悔，正是信仰之恩典使然。既然如此，所谓一条新路，必然是信仰的恩典之路，否则还能是什么？是的，那是"道成肉身"的得救之路，其救恩既指向卡夫卡一己之生命，也指向他千回百转、哀婉伤痛的民族，进一步传递给普世人类……不过，此处，在眼下这本书，我们暂时还须略做徘徊，再次回到他一己的灵肉之路。

不久于人世之际，与另一位犹太天才海涅一样，卡夫卡也超越了文学。在人性尽头，海涅曾因犹太信仰的失落痛心疾首，并立下一份遗嘱，包括以下一段文字：

四年来我已经放弃了一切哲理性的自尊，恢复了宗教的观念和感情。我怀着对"一个唯一的和永恒的上帝、造物主"的信仰死去，并且为了我的灵魂永存而恳求他大发慈悲。我后悔在作品里有时谈起一些神圣的事物时未曾怀着应有的敬意，不过更确切地说，我是受到了时代风气和我自身癖性的影响。如果我不自觉地冒犯了作为全部一神教信仰的真正精华的良好习俗和道德，我请求上帝和人们宽恕我。[2]

---

1 勃罗德，《卡夫卡传》，第192~193页。

2 《海涅全集》，第十二卷，第393页。

与上帝的和解就是与世界的和解。我们在卡夫卡身上也看到这一点，在他与亲友，尤其与父母的和解中表现得尤为突出。与上帝的和解也是与文学的和解。现在，对于卡夫卡，“写作乃祈祷的形式”[1]，确乎如此。无独有偶，另一位奥地利犹太天才维特根斯坦也有过相关的心路历程，两相比较，有助于我们进一步理解卡夫卡。

1916年，第一次世界大战血肉横飞之际，时年33岁的卡夫卡正与未婚妻菲莉斯痛苦磨合，暗中撕裂生命成伤口，并呕心沥血创作《乡村医生》等名作。同年，27岁的维特根斯坦正在军队服役，他一边思考抽象的逻辑哲学问题，一边完成了关于信仰与幸福之关系的重大思考，无论在起点上，还是结论上，与卡夫卡的关切颇为相近。维特根斯坦问自己：“对于上帝和人生的目的我知道什么呢？”他自我回答说，“我们可以把上帝称为人生的意义，亦即世界的意义”，而“祈祷就是思考人生的意义”。他写道：

信仰上帝即理解了人生的意义问题。
信仰上帝即看到了世界的事实还不是事情的终极。
信仰上帝即看到了人生有一种意义。[2]

以信仰为基础，维特根斯坦就找到了通向幸福之路。他说，“幸福的人必无所畏惧，即使面对死亡亦无所畏惧。”反之，

面对死亡的恐惧是虚伪的即恶劣的人生的最好的标志。[3]

维特根斯坦的意思是说，人会因为死亡恐惧而虚伪地相爱，色厉

1　《卡夫卡全集》，第5卷，第206页。
2　《维特根斯坦全集》，2003年，第1卷，第153~155页。
3　同上，第157页。

内在地放纵，歇斯底里地争强斗狠，脆弱地潇洒，麻木地平静，沾沾自喜地思考和写作等。所有这样一类行为方式，其实质都是因恐惧而反向作用的欲望，或者说，是死亡恐惧的反面表现，就像卡夫卡所指出的那样，它们与死亡恐惧的关系如同一枚硬币的两面。也可以认为，它们与死亡恐惧形成了一个“欲望/恐惧综合体”，其中恐惧与欲望相互强化，恶性循环，不指向当下，而指向未来，饮鸩止渴，所以由欲望/恐惧而直至虽生犹死，甚至生不如死。根据类似的思路，维特根斯坦找到了克服死亡恐惧、走向幸福生活的道路，那就是：放弃指向未来的欲望/恐惧综合体，一心虔敬，“活在当下”：

> 只有并不生活在时间中而是生活在当下的人才是幸福的。
> 因为当下的人生是没有死亡的。
> 死不是人生的一个事件。它不是世界的事实。[1]

世上本无死亡的事实，因为我们恐惧死亡，才有死亡的虚像。并非死亡产生恐惧，而是恐惧投射死亡。而“活在当下”既消除了对死亡的恐惧，也平息了不朽的欲望，最终解构了死亡的虚像。

但是维特根斯坦指出，问题还有更深刻、更重要的层面，那就是：怎样才能“活在当下”？他回答说：“只有与上帝和解，与世界和谐，舍此别无他途。”

> 为了生活得幸福，我们必须同世界一致。这就是“幸福”的**含义**。[2]

绝非偶然，维特根斯坦也意识到了那个生死攸关的问题，即卡夫卡所谓“与人在一起的幸福”！同时代两位犹太天才，不约而同得出

---

1 《维特根斯坦全集》，第156页。

2 《维特根斯坦全集》，着重号为原有。

完全一致的结论。两人都属“中欧-奥地利德语犹太知识精英”，典型的神经症人格。更有甚者，维特根斯坦家族携带自杀性心理因子，三位哥哥先后自杀身亡。从心理学的角度说，他具有高度的心理危机系数。事实上，维特根斯坦的确也曾充满焦虑，无法恰当地处理人际关系，也是终身未婚。然而，借助对信仰的思考和体证，他拯救了自己。就在上述一系列哲学思考的末尾，他写下这样一条结论：“幸福地生活吧！”他不虚此言。62岁那年，他因前列腺癌去世，死前留下平静的爱心遗言：“告诉他们，我度过了美好的一生。”[1]

那么卡夫卡呢？按他自己的说法，他的得救之路需要首先顺从各种各样别的道路，穿过所有的泥泞和污秽。当他终于意识到“与人在一起的幸福”，他真的走到自身人性的尽头了吗？并由此开始领受新生的恩典了吗？

1 《维特根斯坦全集》，第12卷，第444页。

第十八章　言成肉身:多拉与犹太歌手之死

迦南必然是我唯一的应许之地,因为对于人类而言,不存在第三个世界。

——弗兰茨·卡夫卡

数十年间,卡夫卡一个人独自“反向”旷野漂流,未能像维特根斯坦那样“活在当下”。

然而,在人性的尽头,他直面恐惧,承认“原罪”,终获救赎。

他终于承认迦南是“唯一的应许之地”,那么,从逻辑上讲,他已然“活在当下”。虽然现实尚待跟进,但不如说,上帝的“大计划”如期开放,自有其日程与季节——这正是创造的神秘。

第一节　柏林的迦南

1922年8月底,在波希米亚林中小镇普拉纳,卡夫卡最终放弃了《城堡》的写作。总体上的写作当然不会放弃。一生“反向”旷野漂流,写作始终见证着“言成肉身”与“肉身成言”的悲欣交集。事实上,在后来的“奇迹”最终发生之前,他仍然写出了几篇小型作品。只是,他天生作家的禀赋还在等待着全新的机遇。9月18日,卡夫卡从普拉纳返回布拉格。在这一年剩下的时间里,他只写下3篇日记,最后一篇写于12月18日:“这段时间全都躺在床上。昨天读[克尔恺郭尔的]《非此即彼》。”

几乎从一开始,他就一直热心于犹太复兴的社会活动。多年来,他一直坚持学习希伯来语,为移居巴勒斯坦做准备,而约旦河以西的巴勒斯坦,正是古时的迦南,“流淌奶和蜜”的土地,即“临终日记”中“唯一的应许之地”。眼下,回归迦南的意愿更为强烈,支撑他拖着病体,顽强努力。他当时的希伯来语教师,后来成为杰出的以色列教育家,半个多世纪之后,这位教师生动回忆了当年的教学情景:

> 他满腔热忱,感人至深,每堂课都拼命学单词。然而,肺病始终让他饱受折磨。拼读单词之际,他咳嗽频发,甚为苦恼,我只好暂停,让他稍事休息。其时,他虽一时无法说话,却用黑色的大眼睛默默请求,希望我别停下来,再教一个单词,然后再教一个,然后再教一个……仿佛希伯来语是治病的神药。他住父母家,他母亲会不时轻轻推开门,示意我该让他休息了。然而,他的热情无法止息。最终,他取得了优秀的成绩……[1]

这位教师是一名女性,名叫普阿·本托维姆,当年年方19,青春年少,生气勃勃,充满吸引力,同时又具有惊人的自制力。她来自巴勒斯坦的犹太古都耶路撒冷。两年前,耶路撒冷希伯来大学筹建图书馆,负责人系卡夫卡中学同窗兼好友胡戈·伯格曼,后者委派她常驻布拉格募集资金,同时在布拉格大学深造,业余时间则教授希伯来语。自1922年秋到第二年春,她每周两天教授卡夫卡。据说,对于这位来自迦南的同胞少女,卡夫卡渐渐萌生了某种感情。多年以后普阿·本托维姆回忆称:“我很快就觉得事情有点不对劲儿。他就像

---

1 Ernst Pawel, *The Nightmare of Reason: A Life of Franz Kafka*, New York: Farrar, Straus and Giroux, 1984, pp.429.

失足溺水的人，挣扎求生，不管什么，能抓住就行。我有我自己的生活。我既无意愿，也无能力去保护这位大我20岁的男人——换了今天我对他的了解，事情也不会两样。”[1]

1923年4月，伯格曼回布拉格进行相关活动，他现在是耶路撒冷希伯来大学教授兼图书馆馆长。卡夫卡撑着病体参加了一次报告会，聆听同窗老友关于巴勒斯坦文化的讲演。伯格曼向卡夫卡发出热情邀请，希望老同学在身体允许时前往巴勒斯坦，卡夫卡则报以兴奋的憧憬。

5月9日，卡夫卡致信密伦娜，两位曾经的情人后来偶有来往与通信，其间热情全无，拙于应对，但这一次，卡夫卡秉笔直书，洋洋洒洒写成一封长信，专门探讨了写信的生存论哲学，即所谓“幽灵”的问题。这是他给密伦娜的倒数第二封信。在信的结尾处，卡夫卡突然再次谈到结婚的抽象话题：

> 我奇怪地相信——将虚构的对话变成真实的对话：犹太教！犹太教！——如果不是由于寂寞中产生的绝望才要求结婚，那么结婚是可能的，而且会是在头脑高度清醒的情况下结婚。我相信，天使也是这么认为的。因为，那些由于绝望而结婚的人会赢得什么呢？假如把孤寂放到孤寂之中，那么永远不会产生家乡，而只会产生一个……[不幸的叠加]。一种孤寂反映在另一种孤寂之中，即使在最黑暗的深夜也是如此。假如把孤寂与安全放在一起，那么对于孤寂来说情况将更糟糕(除非是一个温柔的、姑娘般无意识的孤寂)。[2]

卡夫卡“奇怪地相信”，而且认为天使也会同意他这次的看法。他遇见什么神秘的启示了吗？一个月以后的6月12日，40岁生日前夕，

---

1 *The Nightmare of Reason: A Life of Franz Kafka*, pp.430.

2 《卡夫卡全集》，第10卷，第434页。

他写下此生最后一篇日记，在其中第二次，也是最后一次谈到了“武器”，另一次是在他讨论“反向”的旷野漂流之际。他所谓的“武器”就是迦南——犹太人“唯一的应许之地”。

就在写下此生最后一篇日记之后，奇迹终于发生了。

1923年7、8月间，年届40的卡夫卡随大妹艾莉和她的两个孩子，前往波罗的海海滨浴场米里茨休养。在米里茨，他参观了一座度假村。这座度假村属“柏林犹太人之家”所有，而卡夫卡早就对这个犹太人社团怀有深情，还在1916年，他就鼓励当时的未婚妻菲莉斯积极参与该社团，并取得出色成绩。卡夫卡当时即认为，在这个社团的日常活动中，“别的力量正在运行，产生作用，它们与我内心更贴近”。它们源自“犹太民族深厚的历史遗产”，与一般意义的犹太复国主义相比，它们“通向远为重要的事情”。这个社团因此蒙受“祝福”。[1]

眼下，就在这座度假村的厨房里，卡夫卡看到一位温柔的犹太姑娘正忙着刮鱼鳞，他当即表示了自己的不赞成：“多么温柔的手，可干的活儿又是多么残忍！”姑娘闻言立即害羞了，向她的上司提出调换工作的要求。这位姑娘就是卡夫卡最后的爱人多拉·迪芒。

多拉·迪芒（1892年—1952年），卡夫卡最后岁月中的伴侣。（柏林克劳斯·瓦根巴赫档案馆提供）

多拉·迪芒，1898年出生在东欧某犹太虔敬教派一个名门家庭。[2]她对亲爱的父亲充满敬意，但无法忍受父亲秉承的传统习俗。20世纪20年代，犹太民族的自我解放运动已深入人心。许多青春朝气的犹太姑娘，纷纷冲出家庭，闯荡世界。与她们一样，多拉也违背父母意愿出逃，漂泊到柏林定居下来，并加入“柏林

1 参见卡夫卡1916年8月2日、9月12日致菲莉斯。也请参见本章相关内容。

2 参见阿尔特，《卡夫卡传》，第632页。也见尼古拉斯·默里，《卡夫卡》，第273页。

犹太人之家”。这位犹太姑娘纯朴自然，天真无邪，为人热情，乐于助人，这些性格特征深深吸引了卡夫卡。不仅如此，多拉还能说一口流利的希伯来语和依地语，并借此掌握了丰富的犹太传统宝藏，这尤其令卡夫卡心醉神迷。

这正是不可理喻的神秘。完全可以认为，独身一人的多拉，正好见证了卡夫卡致密伦娜信中的憧憬：借年轻美丽的体温，保存着那“温柔的、姑娘般无意识的孤寂”，等候着一位乡愁般的知己。

多拉这方面，以她当下25岁的年纪，正满怀青春憧憬，敏感，善良，内心充满温情。然而，身边现实这般无情，举目四望，满眼是欲望所败坏的大地。离乡背井的生活举目无亲，尤其凸显人性的险恶。就在这时她遇见了卡夫卡。这个男人长自己15岁，德语欧洲人，有教养，有头脑，有风度，智慧超群，而且跟她一样，有一颗犹太人的心。这个男人温和而多情，懂得关心体贴人。这个男人表情宁静，然而目光痛苦，神态悲哀，触发了她身上既是孩子又是母亲的双重反应。最重要的是，这个男人需要她——正是这份需要，成为多拉最最充分的理由：她爱卡夫卡。

卡夫卡终于走到了旷野漂流的终点，多拉可视为一个象征。

如他所述，“反向”的旷野漂流，本来延伸于迦南与“生活世界”之间，回归的希望与迷失的危险并存。

然而眼下，“父亲的错误”却翻转为一个不可思议的恩典，正是“父亲的权力”的本意：在迦南与“生活世界”之间，多拉既属于生活，更属于祝福；既属于芸芸众生的世界，更属于犹太民族悠久深邃的血缘。

8月7日，卡夫卡随多拉前往柏林，在多拉一个人的小家逗留了两天，然后返回布拉格。几天后，他前往什累申疗养，奥特拉也正好在那儿度暑假。他显然向奥特拉谈及多拉之事，并得到鼓励和支持。9月24日，卡夫卡不顾父母反对，搬到了柏林多拉的小家。第二天，他在柏林另租了一间好一点的房子，和多拉开始了同居生活。

犹太民族神秘的血缘，借由多拉，成就了卡夫卡的救赎。由于某种来自“上面”的神秘安排，他“反向”旷野漂流40年，历尽悲哀。多拉的出现，是对这40年人生的见证，既美丽又圆满，充满了祝福，她让卡夫卡像维特根斯坦所说“生活在当下”，最终成就了“与人在一起的幸福”。一位前来探望的朋友发现他十分坚强，但“极其思念亲友”。从现在起，卡夫卡写给父母亲友的信中充满了温情，包括他从不喜欢的二妹瓦莉：

亲爱的瓦莉，桌子位于炉子旁边，我刚离开炉子旁，因为那里太暖和了，连那永远冰凉的背脊都受不了。我的煤油灯燃得棒极了，这既是制造灯具者的杰作，也是购买的杰作。它是由不同的东西拼凑起来并一起买来的，当然不是我干的，我哪有这个本事！有一个燃嘴的灯，像茶杯那么大，它的结构使点火容易，不必取下内外灯罩。它唯一的缺点是，没有煤油它就不燃烧，但我们其他人也是如此。我便这么坐着，拿起你那封现在已那么旧，那么可爱的信来……[1]

尤其致父母的信，现在，这些信静静流淌着儿女之情，前所未有，那正是犹太家庭唇齿相依的隽永深情。

1923年10月17日：“最亲爱的父母亲：如果我没记错，已经10天没有得到你们的消息。这是相当长的时间，尤其是因为我经常成为通信中的主要谈论对象，如今家里的许多小事（但愿没发生大事）我都不知道，而这种小事是肯定每天发生的。这就不应该了。”

11月初：“最亲爱的父母亲：这封宣布亲爱的母亲您可能来访的信今天来得正是时候。”

11月20日：“最亲爱的父母亲：这一回谈到你们的来信，得知亲爱的父亲身体健康，我特别感到高兴。”

1 1923年11月致瓦莉，引自勃罗德，《卡夫卡传》，第201页。

11月23日："最亲爱的父母亲：包裹已完好无损地寄到，什么也不缺，什么也没遗忘，便鞋比从前的鞋暖和多了。寄送要花掉多少钱，费掉你们多少辛劳啊……亲爱的母亲你不必煞费苦心照料我……"

12月19日："最亲爱的父母亲：收到这样一封信，看到你们度过星期天下午，安安静静，父亲精力充沛准备到波多尔去……看到你洗完澡躺在沙发上看报(可惜光线半明半暗)，这真叫人高兴。这些都是美好的信件……"

1924年1月3日至4日："最亲爱的父母亲：……天气确实冷得厉害，但是盖着轻柔而暖和的高级鸭绒被我感到很温暖，有时在这里阳光下一座公园的斜坡上甚至会有一个温暖的瞬间，背靠着暖气片也是相当舒服的，如果两只脚偏偏还套在暖脚套里那就更美啦。当然在你们房间里炉边也是很美的……你们在一起好好烤火吧。你们晚上坐在哪个房间里？"

1月5日至8日："最亲爱的父母亲：不，这确实是太多了，说这没有'破费'什么，这是不对的，这确实是花了不少钱的。最近的那个邮包简直了不起，这么多好东西：甜食、果品和纸币，挑选、搭配得这么好，但是如今我也请求给我一个好好休整的时间，好让我能够安安宁宁把这一切吃掉，而不至让新到的包裹转移了我的注意力……你们那盛大的新年庆典(在场人当中我没有发现舅舅)和舞蹈令我感到十分高兴，我也庆祝新年了，即使只是躺在床上庆祝。虽然我住在花园丛中……但是开着窗，嘈杂声一遍又一遍数小时不绝于耳，毫不顾忌这严寒，天空充满焰火，方圆好大的圈子里全是音乐声和喊叫声……"

1月底："最亲爱的父母亲：……包裹今天已经收到，既漂亮又丰富。不顾早晚钟点也不顾肚子饥饱，我打开就吃……多谢快要织成的毛线背心，可这不是太费功夫了吗？这不是要妨碍玩牌，妨碍午后小睡，妨碍读报，妨碍和维拉玩耍以及你的种种杂务……"

2月2日至7日:“最亲爱的父母亲:这是一封了不起的、内容丰富、充满着钱的信。你们大家对我这个无所事事、养尊处优却还一点儿也没胖起来的人多好啊。——正好现在我从窗户朝外面的花园和树木看了很久,为了从那儿找到一个聪明的主意,告诉我对舅舅的慷慨相赠该采取什么态度……如果你们来这儿,你们就会看到我的日子过得多么阔绰。我会给舅舅写信的,也会给艾莉写信,今天我收到她的一封亲切的长信……”

2月20日:“最亲爱的父母亲:……亲爱的母亲您在那些信里表示想和舅舅一道来……考虑到你们的包裹信里的一段表示某些忧虑的话,我便不由得要担心……”

3月1日:“最亲爱的父母亲:……你们别为黄油担忧,这里货源充足。但是主要是我大概不会在这里久住……”

3月15日:“最亲爱的父母亲:这简直不是背心,这是一个杰作,这么漂亮,这么暖和,您是怎样亲自一针一针编织起来的呀? D.[多拉]也觉得不可思议。无论从哪方面说,它都比这件我迄今所穿,也已经被我认为是很好的背心好不知多少倍。也令我感到非常高兴的是——与背心有着适当的距离——寄来的黄油……”

“为了生活得幸福,我们必须同世界一致。这就是‘幸福’的含义。”将近半年的柏林生活,借犹太亲情的祝福,卡夫卡取得了与世界的一致,成了维特根斯坦所说的幸福的人。与世界一致的幸福也体现为心理分裂的终结:卡夫卡彻底放弃了日记,那位在日记中对世界冷眼旁观的卡夫卡幻化了,那位既怨毒又刻薄的卡夫卡,被多拉所代表的祝福感化了。柏林半年,他与多拉相亲相爱。用勃罗德的话说,他们是“天生的一对”。不错,病情继续发展,医疗费用奇高,恰逢欧洲又发生严重的通货膨胀,按勃罗德的说法,由此导致的生计艰难和营养不良差不多要了卡夫卡的命,[1]大部分时间他只能卧床休养……

1　勃罗德认为这是卡夫卡之死的真凶。见勃罗德,《卡夫卡传》,第204页。

然而，用维特根斯坦的话说，凡此等等，不过“世界的事实”，并非“事情的终极”。不错，人的生命短暂而脆弱，却随时可能得到祝福，事情的终极可以幸福得没有边界。卡夫卡的祝福来自多拉，来自迦南，来自巴勒斯坦的耶路撒冷，来自“他”的应许。奇迹在于，他的属世生命向来——用他自己的话说——“子虚乌有”，现在却充实而温暖；他从来厌恶和恐惧人类繁衍的亲情，现在居然想有一个自己的孩子！他的灵肉都在新生。柏林半年，他坚持定期赴“犹太教学院”上课，赴师范学校预备班听取关于犹太圣典的报告，并继续攻读希伯来课程。25年后多拉回忆说：

我不可名状地怀念着弗兰茨，这么多年的怀念汇集在一起，我沉浸其中时便完全不能自拔。弗兰茨的梦想是，得一个孩子并到巴勒斯坦去。现在我有一个孩子——没有弗兰茨同去巴勒斯坦——没有弗兰茨同行，可是我用他的钱买一张去那儿的车票。至少如此。[1]

大约1923年、1924年之交，从柏林，卡夫卡生平最后致信密伦娜，成为他的自我证言。约一个月之前，他曾致信密伦娜，告知其邂逅多拉并移居柏林之事。那封信虽异常乐观，但结尾处仍身不由己，流露旧有的思想情感，诸如“我也会很快就失去它的”，甚至还在讨论“恐惧”。[2]而眼下这封最后的信表明，最终，凭借来自迦南的祝福，他战胜了恐惧。过去的烦恼依旧，“几乎把我摔倒在地上”，但他放下执着，从容应对，因为，“我在这里受到了人间最大限度的温柔与周到的照料”。[3]

卡夫卡放下的，不仅是旧有的生活态度，也包括宿命般的写作。柏林幸福生活的一个重要标志是：他摆脱了“替罪羊”性质的写作。

1 转引自勃罗德，《卡夫卡传》，第203页。

2 参见《卡夫卡全集》，第10卷，第435~437页。

3 参见《卡夫卡全集》，第10卷，第437~438页。

某种意义上，正是这样的写作导致了“虚伪的和恶劣的生活”。早在青年时代，卡夫卡就自知中了写作之“魔”，[1]然而现在，他终于赎回了自己：“我逃脱了魔鬼，搬到柏林来是一个壮举。”在柏林，卡夫卡仍在写作，但其性质已完全不同，因为不再出于“魔鬼”的驱使，相反，眼下的写作融入了一部伟大的“即兴作品”，即他“当下的生活”，包括他与多拉的爱情，他的亲情，等等。在柏林，卡夫卡写成不少作品，然而只有《一个小女人》和《地洞》保存下来，其余要么由他指示多拉焚毁，要么后来被纳粹抄走而散落。[2]尤其重要的是，在柏林，卡夫卡赢得了一位最好的读者，最好的阐释者，那就是与他相亲相爱的多拉。多拉亲身体认了卡夫卡的复活，她知道他现在活过了，并正在活着，因而不再像过去那样恐惧死亡。某种意义上，他也“放下”了关于作品的情结。应该说，他现在对作品的态度倾向于就事论事，仅就作品论作品，也据此决定作品是否保留。根据多拉的回忆，他当时希望焚毁的，多半是柏林之前的文字：

> 他曾一次又一次地说道：“呃，我想知道我是否已经摆脱了那些幽灵。”他把来柏林之前折磨他的一切都称作“幽灵”……他似乎紧抓住这个念头不放……希望烧毁[来柏林前]自己写下的一切，以便使灵魂从“幽灵”那里解放出来。[3]

正是依据卡夫卡柏林时期这一根本转折，勃罗德最后决定违背卡夫卡遗嘱，为后世留下他的作品：

> 马丁·布伯……说：“婚姻是模范性的连接，没有其他东西像它一

1 参见卡夫卡1902年—1904年致奥斯卡·波拉克信，以及1922年7月5日致勃罗德信等。见《卡夫卡全集》，第7卷。

2 柏林期间，卡夫卡让多拉焚毁了部分手稿，也保留了部分手稿。

3 转引自尼古拉斯·默里，《卡夫卡》，第284页。

样载着我们进入伟大的约束之中,而只有作为受约束者,我们才能进入上帝给他的孩子们的自由之中……不错,女人处于有限性最危险的联系中;不错,有限性是一种危险,因为没有什么东西比与她们粘连在一起更严重地威胁着我们的我。但我们得到拯救的希望正是与这种危险锻造在一起的……"……在这个意义上,我看到卡夫卡在他生命的最后一年中(这一年尽管他的病非常可怕,仍然使他得以圆满地结束一生)行走在正确道路上,在他的生活伴侣的伴随下确实感到幸福。他兴致勃勃地工作……当我把他介绍给"锻造"出版社领导人时,不需发挥长时间的说服艺术,他很快就同意发表四篇小说……由于他这一根本上的转变,由于这一切转向生活的迹象,我后来才能鼓起勇气,将他给我的(在此很久以前写下的)禁止发表任何遗墨的叮嘱视为无效。[1]

第二节 《女歌手约瑟芬或耗子民族》:犹太歌手的天鹅绝唱

1924年3月初,卡夫卡病情恶化,亲友们随即赶往柏林。3月17日,多拉、勃罗德、克罗普斯托克一道护送卡夫卡到车站,并由勃罗德带他回布拉格。几天后,多拉收拾好行装,也随后赶来。

卡夫卡知道自己的时光已经不多了。他要给这个世界留下最后一个姿态。那是什么姿态呢?他对前来探望的克罗普斯托克说:"我已经开始对畜生进行研究,我想,这么做是很及时的。"3月底,卡夫卡的天鹅绝唱《女歌手约瑟芬或耗子民族》问世。

女歌手约瑟芬属于"耗子民族"。这是怎样一个民族呢?

我们民族的成员没有青少年时代,童年也微乎其微。……一个

1 勃罗德,《卡夫卡传》,第200页。

孩子，只要他稍稍能跑，稍稍能辨别周围环境，就必须像成年者一样照料自己；出于经济上的考虑，我们不得不分散而居，我们的地域太广，我们的敌人太多，我们的生活危机四伏，防不胜防，因此，我们不能让孩子们远离生存的斗争，否则他们会夭折。……[可]我们没有学校……无法给予孩子们一个真正的童年。这种情况的后果就在于，我们民族充满了某种无法泯灭、无法消除的孩子气；与我们的最大长处——我们可靠务实的思维方式——完全相悖。我们有时的行为愚蠢至极，像孩子干傻事一模一样，荒唐，挥霍，大手大脚，轻率，这样做常常只为了一时的高兴……

……我们没有青少年时期，一下子就变为成年者，而成年阶段又太长，因此普遍感到某种厌倦与绝望广泛侵入了我们这个总体上坚忍不拔、充满希望的民族。[1]

的确，“耗子民族”影射的是哪个民族，根本无须明言。仅议一题：所谓“学校”，正是犹太民族痛失近两千年的国土国家，[2]其余不难举一反三。以“耗子民族”为隐喻，犹太民族的苦难、偏执、童贞、老成、可笑、认真、实际等性格，在卡夫卡笔下魔幻般跃然纸上，催人泪下。用一种象征的手法，弥留之际的卡夫卡终于痛畅淋漓，放声抒发内心珍藏的犹太深情，令他的知音读来痛心疾首。饱含着个人与民族之血泪与隐忍，盼望着恩典，他在哀恸！奇迹在于，他——犹太人卡夫卡——是那么明察秋毫，纤细入微，同时又那么千回百转，柔肠寸断，乃至貌似深藏不露，难知其详，甚至顾左右而言他——或者不如说，是我们，我们这些读者，自以为聪明，自以为看得见，自以为是他的知音，却罔顾他的微言大义（一如“土地测量员”），更不谙他那颗犹太之心！……

1　《女歌手约瑟芬或耗子民族》，见《卡夫卡小说全集》，第3卷，第116~117页。

2　至1948年以色列复国之前。

此乃他话。眼下，存在着进一步的问题：女歌手约瑟芬究竟是谁？她与自己的民族关系如何？作为艺术家，她秉有怎样的艺术风格？可以为自己的民族做出怎样的贡献？

早在1911年11月29日，卡夫卡就在日记中记述了歌声对于犹太人的意义："哈西德派聚会，大家愉快讨论《塔木德》[犹太教经典]。一旦气氛不热烈，或有人不积极参与，大家就开口唱歌……"其时正值东欧犹太依地语剧团巡演布拉格，唤醒了卡夫卡内心深处的犹太深情。当然，歌声是隐喻，而歌手，也可以是卡夫卡自己！

我们的女歌手叫约瑟芬。谁没有听过她的歌唱，就不会懂得歌唱的魅力。我们无不为她的歌唱所吸引，由于我们民族总体上并不热爱音乐，这就更难能可贵了。静悄悄的安宁就是我们最热爱的音乐……只有约瑟芬是个例外；她热爱音乐并且懂得传播音乐；她是独一无二的；如果她谢世，音乐会随之从我们的生活中消失，谁也不知道会消失多久。[1]

然而奇怪的是，同胞们最终弄不清楚：约瑟芬"究竟是不是在歌唱"？

这真算得上歌唱吗？可能只是吹口哨？吹口哨我们当然都懂，这是我们民族真正的艺术本领，或者说得确切些，不是本领，而是独特的生活表达。……一位普通的打地洞者能整天轻轻松松地一边干活一边吹口哨，如果真是这样，虽然驳斥了约瑟芬的所谓艺术家身份，但是，正因如此，更应解开她的深远影响之谜。[2]

---

1 《卡夫卡小说全集》，第3卷，第110页。

2 《卡夫卡小说全集》，第3卷，第110~111页。

吹口哨？那是犹太民族赖以为生的祷告吗？对于他们，祷告是呼吸，是生命之不可承受之轻，更是生命之不可承受之重。经考证，发现约瑟芬发出的声音不仅仅是吹口哨：

> 要理解她的艺术，不仅要听她唱，还要看她唱。即便这不过是我们天天都在吹的口哨，它的不寻常之处首先就在于，郑重其事的登台表演，做的却是最寻常的事。[1]

这就是约瑟芬艺术的神秘：在一个都会吹口哨的民族中，“她的艺术使我们感到惬意，而我们感到惬意时，就会吹口哨；可她演出时，没有一位听众吹口哨，全场静悄悄，仿佛我们终于拥有了渴盼已久的安宁，至少我们自己的口哨声使我们得不到这份安宁，于是我们一声不响；使我们陶醉的，是她的歌唱呢，还是她细弱声音四周的静穆”？

那么，约瑟芬是民族的代祷者吗？或者，约瑟芬就是《创世记》中约瑟的隐喻？约瑟，这位“以色列”之子，与其父以色列（雅各）一样，与父神摔跤，经受耶和华的熬炼，终成大器，兴起了犹太民族，让“亚伯拉罕之约”成为现实。更重要的是，约瑟最终明白了恩典的奥秘：人性本相害，但神意本慈爱，所以必赦免罪恶，拯救罪人生命，成就恩典的光景。还是那句话，人要造死、作死，但神要爱人、救人。吾人罪愆深重，无可饶恕，但最终必蒙赦免，并得救赎。恩典自我运动，自我成就。蒙恩得救者，感恩之余，必自觉亏欠，遂成民族与人类的代祷者，即前述勒维纳斯意义上的“人质”，代言民族与人类同体大救的盼望。果真如此，约瑟芬，耗子民族的“饥饿艺术家”，她正是卡夫卡内心深处的理想人格！

无论怎样，最终，约瑟芬因为她的艺术而受到了民族的照顾：

---

1 《卡夫卡小说全集》，第3卷，第111页。

> 她弱不禁风，需要庇护，在某方面——她自己认为是在歌唱方面——出类拔萃，是被托付给我们民族的，我们必须好好照顾她……[1]

民族是怎样照顾它的歌手的呢？“可能会产生这种看法，认为约瑟芬几乎置身法律之外，可以为所欲为，即便她的行为威胁着全民族的生存，仍会得到宽恕。”[2]但事实并非如此。民族不会完全失去自己的原则性，尤其当约瑟芬自己想要以艺术家自居时，民族就会表现出自己的原则，她在民族眼里反而不是艺术家了。民族有这个理由和权力，因为，她的艺术本身并非艺术而是民族特色的口哨，是民族的“阐释学”使她的口哨成为艺术，没有民族的倾听，她的口哨就什么都不是。她的出类拔萃是民族使然，是自然而然，如果她反过来要求民族对自己做出认可，她首先就否定了自身。这就是约瑟芬作为艺术家的悖论，这一悖论跟她的艺术的悖论具有相应的性质。这两个关于艺术和艺术家的悖论又形成一个怪圈，正是在这一怪圈面前，约瑟芬暴露出她逻辑上的矛盾和“世界观”上的问题：

> 很久以来，可能自从约瑟芬的艺术生涯开始，她就在斗争，希望民族考虑到她的歌唱，免去她的所有劳动……比如，约瑟芬指出，劳动的辛苦会损害她的嗓音……[3]

公众听约瑟芬争辩，权当耳边风。这个容易感动的民族也会无动于衷，也会斩钉截铁地拒绝，令约瑟芬大吃一惊。“她像是顺从了，乖乖地干着她那份活儿，尽其所能地歌唱，可这只持续了一小会儿，接着，她又抖擞起精神开始斗争了——只要是斗争，她似乎有使不完的劲儿。”

1 《卡夫卡小说全集》，第3卷，第114页。

2 《卡夫卡小说全集》，第3卷，第118页。

3 《卡夫卡小说全集》，第3卷，第118~119页。

显然，约瑟芬所真正谋求的……不过是民族对她的艺术的承认，这个承认应当是公开、明确、恒久、远远打破一切先例的。她在别的事上几乎都能如愿以偿，唯独这个要求碰壁了。或许从一开始，她就应当把矛头指向另一个方向，或许现在她自己也意识到了这个失策，可她已骑虎难下，退却意味着背叛自己，她已不得不与这个要求共存亡。[1]

可以肯定的是：约瑟芬这一象征秉有复调的旋律，其主要旋律之一，正是卡夫卡的自传形象。卡夫卡在忏悔。但是，论及忏悔，我们就身不由己随他进入内心，感受此刻更为深沉、悲哀的情怀。这是因为，围绕约瑟芬，起伏着血肉模糊的复调旋律，当然涉及艺术和艺术家，更涉及"父亲"——"父亲"就是可歌可泣的赫尔曼·卡夫卡，这位肉身的、高龄的父亲；然而，即便赫尔曼·卡夫卡，在终极的意义上，也不过代表着"民族的父亲""犹太的父亲"：

我们民族照顾着约瑟芬，就像父亲对孩子一般。孩子向父亲伸出小手，谁也说不清，这是请求呢，还是要求。大家会以为，我们民族不适于履行这种父亲的义务，其实它做得很出色，至少在照顾约瑟芬上是这样的……我可不敢对约瑟芬说这些事。她会说："我才不稀罕你们的庇护呢。"对，对，你不稀罕，我们这样想。当她闹别扭时，其实算不上反抗，不过是孩子气的做法和孩子气的感激，父亲的态度就是不把这当回事儿。[2]

这是忏悔。凭借行将熄灭的生命，弥留之际的卡夫卡在忏悔。

---

1 《卡夫卡小说全集》，第3卷，第119页。

2 《卡夫卡小说全集》，第3卷，第114页。

纠结一生的父子关系，今天他给出全新的总结。曾经，出于逆反，他身陷“反向”的旷野漂流，以“浪子”眼光看待这一关系，然而眼下，他被赐予新的眼光，满含迦南的祝福。哦，“父亲”，多么沉重的词！在父亲业已老病的肉身中，一如既往，满含着血肉模糊的“犹太属性”，辛酸依旧，只是因着死亡之鹰的翼荫，更令人潸然，胜过任何旧日时光。与此相应，在这伤痛莫名的“犹太属性”中，那至高无上的天父——那另一位终极意义的父亲——究竟设计了什么样的熬炼和恩典？在约伯[1]的天平上，民族和它的歌手究竟关系如何？又是怎样举轻若重或举重若轻？……卡夫卡在反省深藏不露的至伟抱负。那年，洛维和他的东欧犹太依地语剧团巡演布拉格，屈指一数，已然十载有三。往事苍茫，但那一年犹太歌手深情绽放，无法挥去。不过，今天的今天，事情的本质已经全然不同：今天的卡夫卡不再是漂流中人，他蒙受着迦南的祝福，他对世事人情有了新的准绳。

……约瑟芬的看法相反，她认为她是在保护我们民族，是她的歌唱把我们救出了恶劣的政治或经济境况，她功绩赫赫，她的歌唱即便不能消除不幸，至少给予了我们承受不幸的力量。她没有这样直说，也没有含沙射影地这样暗示，她平时就不多言语，在喋喋不休的同胞中间，她显得沉默寡言，但这话在她的双眸里闪烁，从她紧闭的双唇——我们很少有能闭嘴的，而她就能——流出。每当坏消息传来……她就立即站起身来，伸长脖子，而她平时总是无精打采地躺倒在地，她想把同胞尽收眼底，就像牧羊人在暴风雨前查看羊群似的。……当然啦，她没有挽救我们，也没有给予我们力量……我的意思是说，事后以我们民族的救星自居是轻而易举的，因为我们民族总是又设法挽救了自己，即便也做出了牺牲，历史学家为这些牺牲感到

1　约伯，《旧约》先知，经上帝反复考验而遭受莫大苦难，然信仰益发虔诚，催人泪下。

触目惊心……[1]

今天的卡夫卡是蒙恩的卡夫卡。他首先是一个回归迦南的人，然后才是一位作家。正因为这一根本的转变，他反而拥有了本真的眼光，得以正确看待自己的艺术。摆脱“艺术替罪羊”的命运，犹太歌手的艺术反倒有可能真诚至极，也血肉模糊，融入民族的生存，而不至于失去平衡——恰如卡夫卡对这篇小说标题的设计——“这种夹着‘或’的题目虽不很漂亮，但在这里也许有特殊的意义。有点像一架天平。”[2]

……确实如此，恰恰在危急时刻，我们比平时更专心地倾听约瑟芬的声音。

……当我们难以抉择时，约瑟芬那丝丝缕缕的口哨声宛如我们民族在敌对世界的风雨飘摇之中勉强维持的生存。约瑟芬挺住了，她用平庸嗓音和平庸歌唱挺住了，打动了我们。念及此，我们深感欣慰。

……她在我们这儿所取得的效果是一位歌唱艺术家无论如何也达不到的，而这种效果恰恰产生于歌唱技巧的欠缺。这恐怕主要与我们的生活方式有关。

……在斗争的匆促间隙，全民族都在做梦，每位成员仿佛都瘫软了，就像一刻不停的奔波者终于能在民族的温暖大床上小憩片刻，尽情地舒展四肢。于是约瑟芬的口哨声时不时地飘入梦中……口哨声中有辛酸而短暂的童年，一去不复返的幸福，也有当前忙忙碌碌的生活，生活中难解难述、实实在在的小活力。……约瑟芬所吹的口哨摆脱了日常生活的桎梏，也使我们得到了片刻解脱。[3]

1 《卡夫卡小说全集》，第3卷，第114~115页。

2 转引自勃罗德，《卡夫卡传》，第209页。

3 《卡夫卡小说全集》，第3卷，第115~118页。

放弃做艺术家的执着，竟然真正成为艺术家！吊诡的是，与此同时，告别的旋律也悄然升起：约瑟芬衰老了，受伤了。她一瘸一拐，被追随者搀扶着。追随者恳求她唱，她很想唱，却唱不了。追随者围着她说安慰话，奉承话，几乎把她抬到事先选好的演唱地点。“她不知为何眼泪汪汪，终于让步了，当她显然下定最后的决心，就要开始歌唱时，她的身子却虚弱无力，双臂不是像往常那样前伸，而是有气无力地低垂着，看上去仿佛短了一截——她刚要开始歌唱，却又不行了，她生气地一摆头，就瘫倒在我们面前了。”最新的情况是，有一次该她演唱，她却销声匿迹了，“彻底离开我们了”[1]。

……过不了多久，她将吹出最后一声口哨，然后就悄无声息了。她是我们民族永恒历史中的一个小插曲，民族将弥补这一损失。对我们来说，这不会是件容易事。集会怎能鸦雀无声呢？当然，以前有约瑟芬的集会不也是沉默的吗？难道她那时的口哨声比回忆中的响亮得多，生动得多？在她的有生之年，这不就是一个淡淡的回忆？[2]

什么叫恩典？恩典就是一个人自我放弃时所莅临的拯救，放弃之时，他无法预期任何拯救。他放弃，他绝望一跃，他仅仅放弃并绝望一跃！如果他心中尚存一念，那就是顺服——全然顺服绝对彼岸那位至高无上者——凡“他”所计划、安排和成就，皆是恩典。

卡夫卡复活了。只有复活的他，才会如此宁静直面下述事实：民族需要他的艺术，而且，这既不值得骄傲，也没必要疑虑，因为这绝非一己之事，并与个人努力无关。相反，它是恩典使然。

---

1 《卡夫卡小说全集》，第3卷，第121~122页。

2 《卡夫卡小说全集》，第3卷，第122页。

我们可能根本不会有多大损失，而约瑟芬摆脱了尘世的烦恼——她认为，只有出类拔萃者才会承受烦恼——跻身于我们民族的无数英雄中，将会快乐地消失。由于我们不撰写历史，她很快就会像她的所有兄弟一样，在更高的解脱中被忘却。[1]

“我们不撰写历史”——如此轻松说出这句生死攸关的话，这正是女歌手约瑟芬“吹口哨”的艺术，或者不如说，这正是犹太歌手卡夫卡举重若轻的艺术，而他——就此胜于其他同胞——恰恰代言着他举轻若重的民族！事实上，万事无轻重。一切皆轻，亦然一切皆重。相对于万事的源头则轻，相属于万事的源头则重。而历史亦属万事，最终来自万事的源头，即创造之源头——那至高无上的“上面”，绝对彼岸的“他”，不可道之“道”，是其所是的“父亲”——临于诸天之上，万事之外，也永驻诸天万事之内心，体恤芸芸众生之悲欣。

一个人，或一个民族，当且仅当其无条件敬畏创造之源头，才会如此轻松——亦如此虔诚——说出那句生死攸关的话。借生命体温懂得“父亲”的体恤，这样的人或这样的民族有福了！对于他/她，向内才是向外，结束等于开始，历史正是恩典，死亡亦即重生。“最后一声口哨”标出“悄无声息”的日子，其时恩典已然降临，赐予他/她升华解脱的幸福，被世界忘却，但被“他”铭记——写进“他”亲手创造、撰写的历史。

卡夫卡要告别了，他所领受的恩典在于，四十年旷野漂流，之后竟然能重返迦南，回归伟大的“父亲”——这是某个意义的“三位一体”：是赫尔曼·卡夫卡，也是他千回百转哀婉伤痛的犹太民族，更是计划、安排、怜悯、赦免并成就一切的“他”。

1 《卡夫卡小说全集》，第3卷，第122页。

第三节 弥留与解脱

1924年4月上旬,病情恶化的卡夫卡被送往“维也纳森林”疗养院。早在3月里,在布拉格父母家中,喉头就产生了异样的肿痛,致使他只能低声说话,《女歌手约瑟芬或耗子民族》的写作也因此分娩般痛苦。在“维也纳森林”疗养院,医生们发现结核病菌已转移至喉头,形成“喉结核”,在当时已属绝对的不治之症。对于不幸的卡夫卡,其宿命般的病例之一,即三年前马特里亚利疗养院那位不幸的患者! 4月13日,卡夫卡向护士询问病情:“喉咙里看上去是什么样子?”护士直率回答:“就像巫婆用来熬魔汤的厨房。”

接下来的一天,风雨交加,疗养院派一辆敞篷汽车,把卡夫卡送往维也纳医院。敞篷车一路颠簸,多拉始终坚持站立,用身体为卡夫卡遮风挡雨。那天,勃罗德在他的日记中写道:“维也纳医院。确诊为喉结核症。最可怕的不幸的日子。”

远在柏林的克罗普施托克得到消息后,不顾卡夫卡的阻拦,立即暂时中断手头正在进行的结核病医学研究(日后他在这一领域取得了重大成果),准备前往护理。4月19日,由于无法在维也纳医院争取到单间病房,卡夫卡被转往维也纳附近由霍夫曼医生主持的基尔林疗养院。5月初,克罗普施托克赶到,以专家身份接管了一部分医护工作,与多拉一道全力照料卡夫卡。正如卡夫卡在写给父母的信中所说,如果没有多拉和克罗普施托克所付出的“难以想象的努力”,他恐怕早已无法从衰弱中挣扎出来。危难当头,多拉和克罗普施托克完全成了卡夫卡的亲人,三个人组成了相亲相爱的“小家庭”,在森然逼近的死亡面前从容地展开日常的生活。由于卡夫卡的病情不忌酒精,相反需要酒精作为药物参与治疗,三人因而常在一起大饮啤酒。情感和着酒精,解除了卡夫卡大脑皮层的压抑,释放出他心灵深处的回忆。他现在时常想到父亲。由于喉头结核已经完全无法说话，就用笔和纸向多拉回忆童年时代跟父亲一道喝啤酒的情境："当我是小孩时，我还不会游泳，有时我同父亲一起到浅水池去，他也不会游。然后我们光着膀子坐在小吃部那儿，每人要了一份香肠，半升啤酒。父亲一般自带香肠，因为游泳学校卖得太贵。你应该仔细体会一下，一个魁梧的男人手里牵着一个小小的、畏怯的骨头架子是什么样子，体会一下比如说我们在小更衣室内怎么在暗中脱衣服，然后他怎么拽我出去，因为我感到害羞，他怎么想要把他所谓的游泳本领教给我，等等。在此之后有啤酒喝！"

多拉做出美味可口的饭菜，卡夫卡现在每顿都吃得很多，就着啤酒和葡萄酒大进营养。按多拉的说法，眼下的卡夫卡"已经成为一名豪饮者，几乎每餐必喝啤酒或葡萄酒"。一段时间之后，病情居然有所缓解。卡夫卡从医生那里得知这一情况，高兴得掉下了眼泪，一再拥抱多拉，他用笔向多拉写道，他从未像现在这样渴望健康，渴望生活。他向多拉求婚了。他致信多拉父亲，试图让老人相信，他虽然不是正统的犹太教徒，但仍是一名"忏悔者"和"皈依者"，因而希望能被这个虔诚的犹太家庭所接受。老人拿着信去教堂征求拉比[1]的意见，拉比给出了否定的回答。消息传回疗养院，卡夫卡苦笑了一下，再未提及此事。此事之重大，某个意义，某种程度，可解读为来自迦南的熬炼，而卡夫卡的苦笑则举重若轻，催人泪下。

低迷的时刻，远在布拉格的父母一封一封寄来明信片和特快信。那是亲情，是永恒的犹太的亲情，是绵延不绝的犹太血缘，已然横亘了数千年！

这是多么令人高兴的交换方式，即你们的明信片与弗兰茨的书信往来。要是能够永远继续下去就好了。明信片带来的喜悦效果并不亚于特别快信。弗兰茨几乎能够背诵全文了。他特别自豪的是，

1　犹太教神职人员，其地位有类于基督教的牧师和天主教的神父。

能够同他尊敬而可亲的父亲一道喝啤酒。[1]

父母通报了即将前来探望的消息。然而,父亲已是72岁高龄,且因病需专人照料,近70岁的母亲不久前才做过大手术。卡夫卡回信阻拦了两位老人,他说,他极度渴望着与亲人的团聚,但他不愿让父母眼下拖着病体受远行之累,他还特别表示,不忍让父母看到自己躺在病床上的样子。他希望父母等他康复些再说:

我不指望能有布拉格团聚的美满,因为那会扰得合家不宁;但我希望能在一个漂亮的地方安安静静地团聚几天……正如你们信中所说,于是我们就可以在一起"好好地喝一杯啤酒"……我现在常常于炎热之中回忆起,我们以前曾经定期地一同喝过啤酒——许多年前,每当父亲带我去游泳学校时。[2]

就在这一天,卡夫卡收到生平最后一本小说集《饥饿艺术家》的校样,在克罗普施托克协助下,他撑着病体完成了清校工作。这部小说集包括了他的绝笔《女歌手约瑟芬或耗子民族》。犹太歌手的命运在他心中久久地鸣响,令他自己一时震撼不已。他知道这是他生命终极的象征。"约瑟芬可不得不走下坡路了"。接下来的两周是犹太歌手的弥留时光。卡夫卡心情愉快地面对一切。每当克罗普施托克从城里办事返回,带回的各种消息和事物,都会激起他的欢喜之情。他享受着各种鲜花和水果,常常久久地陶醉于它们的芬芳和美丽。他喜欢看到多拉和克罗普施托克在他面前喝水,喝饮料,他因喉头的结核无法饮用,但从他们身上分享到喜悦。

---

1 多拉致卡夫卡父母。转引自《卡夫卡全集》,第8卷,第189页。

2 1924年5月19日于基尔林致父母,见《卡夫卡全集》,第8卷,第183页。

我特别想要那些芍药花,因为它们那么娇弱。

还有阳光下的紫丁香。

您有点时间吗?请您浇浇这些芍药花。

好建议:在葡萄酒里放一片柠檬。

您看这紫丁香,比清晨还要新鲜。

永恒的春天在哪里?

昨天黄昏还有一只蜜蜂饮过那朵白丁香。

人没法子获得一阵黄金雨么?

当初您来时,在床上还比较容易,我甚至没喝过一次啤酒,当然有蜜饯、水果、果汁、水,果汁、水果、蜜饯、水,果汁、水果、水、蜜饯,汽水、苹果酒、水果、水。

美极了,是不是?紫丁香——它濒死时还在喝,简直是狂饮。[1]

6月2日,卡夫卡直到午夜才入睡。凌晨4点,多拉发现他“呼吸不对劲”,赶忙叫来克罗普施托克。这是危险的信号。医生赶来注射了强心剂,然后几个人,包括卡夫卡,围绕是否使用吗啡展开了斗争。自知已是弥留之际的卡夫卡粗暴地示意女护士走开。“他从没这

1　卡夫卡临终纸条,见《卡夫卡全集》,第5卷,第494页以下。

么粗暴过。”克罗普施托克后来回忆说。犹太歌手拼足了最后的力气从喉咙里挤出低沉的话语：“现在别再折磨了，何必再拖延呢？四年来您不断向我许诺。您现在却在折磨我，一直在折磨我。我不跟您说话了。我就这样去死。”克罗普施托克，这位忠诚的犹太青年朋友，克制着内心的悲痛，给他注射了两针吗啡。犹太歌手说：“别骗人说您给我的是抗生素了。”然后说出了那句著名的卡夫卡式悖论：“杀死我，否则您就是杀手。”又注射了一针潘妥苯。歌手一小阵昏睡，然后醒来，用尽力气扯掉身上的医疗导管，扔在地上。克罗普施托克起身想捡起这些管子，歌手对他说：“别走开！”克罗普施托克回身扶起他的头：“好，我不走。”歌手应声说：“可我却要走了。”

最后的遗像

歌手走了。孤单地躺在太平间。留下多拉和克罗普施托克在空空的病床前。

可怜的朵拉[多拉]，噢，我们大家都可怜。世界上还有谁像我们变得这么可怜——她睡了一会儿，可就是在梦中她也不停地嗫嚅着，只听得明白：“我亲爱的，我亲爱的，我的好人啊。”……在她躺下时，我答应她，今天下午再到弗兰茨那儿去。她就这样躺下了。[她]说到他，“他是那么孤单，孤单极了，我们无事可干却坐在这里，而让他一个人在那里[太平间]，一个人在黑暗中，无遮无盖。——噢，我的好人儿，我亲爱的你”。就这样翻来覆去。我们这里的情景难以描绘，也没有必要描绘。只有认识朵拉的人才会明白什么是爱情。理解这一点的只有很少的人，而这样更使折磨和痛苦加深。但您是[理解]的，对不对？您是的，您会理解的！……我们还完全不明白，我们这里发生了什么事情，慢慢地，变得越来越清楚，而同时又昏暗下去，揪心的痛楚。他还在我们这儿,所以我们尤其不明白。现在我们又要到他,到弗兰茨那儿去了。他的脸是这么呆板,威严,不可接近,他的精神是那么纯洁和威严。——威严——一张国王的脸,出身于最高贵、最古老的家族。他的人的存在温柔消逝了,只有他无可比拟的精神仍然构成他呆板的珍贵的面孔,美得就像一尊古老的大理石雕像。[1]

几天后,歌手的遗体被运回布拉格。6月11日在布拉格犹太公墓举行了葬礼,人数众多,用希伯来语齐声祷告。歌手下葬时天色昏暗,一位参加葬礼的诗人向世人描述了墓地上的悲哀景象:

> 他的父母和妹妹们在悲哀。他的女伴默默地绝望,她在他墓前昏死过去。阴暗的天气,只偶尔透一点儿亮。上帝啊,人们不能相信,在那赤裸裸的木头棺材里埋葬了弗兰茨·卡夫卡——一个从那时起刚刚开始变得伟大起来的文学家。[2]

卡夫卡双亲最后的照片(约1930年)

父母和妹妹们怎么可能不悲哀呢?恰如他们这位已长眠地下的亲人所说,犹太人通向生命的道路是那么狭窄,其中的艰辛只有犹太的血缘才能体会。而犹太人的幸福,也只有上帝才知道。1931年和1934年,赫尔曼·卡夫卡和妻子先后去世,并与儿子合葬一墓,墓碑上依次镌刻着儿子、父亲、母亲的名字。三位骨肉至亲终于在地下团聚。那里有啤酒喝吗?或者,劳碌一生的父母静静地在打牌?他们的儿子最终参加进去了吗?至少,三个可怜的妹妹没有这样的幸运,她们先后死在纳粹手中,尸骨无存……

1　1924年6月4日克罗普施托克于基尔林致勃罗德。见勃罗德,《卡夫卡传》,第216页。

2　《回忆弗兰茨·卡夫卡》,转引自勃罗德,《卡夫卡传》,第272页。

布拉格维特拉尼彻公墓的卡夫卡墓

多拉怎么可能不悲痛欲绝呢？她是世界上唯一与卡夫卡共享过幸福生活的犹太姑娘，她是唯一感受过卡夫卡灵肉触摸的犹太姑娘。从这个意义上说，她是卡夫卡生命的唯一见证。除了她，这个世界没有人能理解卡夫卡。然而，生活的奇迹就在于，世界上有一个犹太男人卡夫卡，世界上也有一个犹太姑娘多拉。祝福和恩典在于，那至高无上的存在，那绝对彼岸的"他"，包括他的"错误"和"权力"，仁慈地计划、安排和成就了一切。多拉就是证言，通过她，我们抵达了最后的卡夫卡：

总之，世界不懂弗兰茨。他跟谁都没关系，因为谁都不懂他……除非跟他一道生活……除非被他的目光或手触摸——可他再也做不到了！[1]

20世纪20年代末，在纳粹崛起的森然阴影中，多拉嫁给德国共产党一位著名领导人，生下一个女儿，并在纳粹掌权后与丈夫先后逃往苏联。她的丈夫在那里被官方逮捕、审判，最后人间蒸发。多拉历经磨难，于1938年带着久患肾病的女儿离开苏联前往英国，1952年在英国病逝。

就在多拉逃离苏联后不久，1939年3月14日深夜，即德国军队进军布拉格前夕，勃罗德也秘密告别生活了55年的故乡，踏上了逃亡之路。只是，身为犹太人，他这次逃亡也是回家，因为，他准备逃往的目的地名叫巴勒斯坦，这个地方古称迦南，是上帝对犹太人的应许。他的提箱里珍藏着他手中的全部卡夫卡手稿——那是一位肉身成言也言成肉身的卡夫卡。

1 *The Nightmare of Reason: A Life of Franz Kafka*, pp.438.

后记　上善若水：卡夫卡的“国学”

你呼召我出母腹……生而为人，你就是我的神。

——《诗篇》第22章第9~10节

生命的“国学”：家事国事天下事

可怜卡夫卡，一生未有自己的“国学”。他的姓氏“卡夫卡”声如寒鸦啼叫。1883年，这只寒鸦呱呱坠地，34岁那年罹染肺结核——当时因无特效药而被称为“白死病”——遂英年早逝于1924年。此间，他的民族因国破家亡一直在流浪——后来有幸复国不再流浪，已是1948年的事情了！那么，“国学”对于卡夫卡，这只孤独的寒鸦，大概只是旷野风雪深处，某个遥远、遥远、遥远的异乡吧。

也许正因为如此，卡夫卡移情我们中国的国学？并借此兜回他自己病痛的生命？

世上只有一种病，那就是人自己。肺结核（或别的什么），不过是致命的误会，遭受误判与追猎，亡命于罪愆的林莽。自罹病始，卡夫卡紧紧抓住肺结核，“如孩子抓住母亲的裙角”，如此“病病不病”，向死而生。就此逻辑，疾病或可隐喻为他的“国学”，源自犹太人苦难的父精母血，令他成为“最瘦的人”，并痛不此生：

我是父精母血的产物……从根本上说，我对它的重视出乎我自己的意料。……我会恶心得作呕，五脏六腑都要呕出来；就好像我的出生始终没有完成……[1]

卡夫卡挣扎于“出生前的踟蹰”，“恶心”“呕吐”于父精母血。如此强烈的反应，貌似“怨毒”，其实出于几不可言的同体大痛，回应着《希伯来圣经》古老的精义：

向你，唯独向你，我当面犯罪；
故而，你秉公义责备我，以圣洁审判我。
我生于罪愆，呵！母亲孕我于罪愆！
而你开启我，让我悟真道，心明眼亮
……[2]

如此精义让卡夫卡心明眼亮，让他从父精母血中看到罪愆。这罪愆源自对“同体大罪”的悖逆与冒犯，对于犹太人，既意味着外在的患难，也意味着内在的异化。两者作为不二的整体，令卡夫卡“恶心”“呕吐”，也让我突然明白了一点自己的身世。

母亲是外婆的长女，生于1922年（卡夫卡逝世之前两年），出落得美丽、聪慧、大方，就是身子骨特别单薄。据四姨回忆，舅爷（外婆的弟弟）曾对外婆说：“大姐，这个女儿恐怕活不到40岁吧！”后来，母亲果然身患多种疾病，其中就包括卡夫卡所患的肺结核。而且，跟卡夫卡相似，母亲也生于忧患，历经战乱。新中国成立后，父亲被“历史反革命”，母亲又与父亲相濡以沫，一道经历“反右”、“四清”和“文化大革命”。好在，母亲天性不屈不挠，1988年父亲走后又坚持了10年，1998年去世，享年77岁。

1　1916年10月19日致菲莉斯，见Franz Kafka, *Letters to Felice*。

2　译自《希伯来圣经》，并参考*Psm* 51: 5, *ESV*。

父亲于1911辛亥年生于山东菏泽鄄城，地属最穷的鲁西南。1938年，因日军攻占武汉，父亲（父亲，你带罪而来！请原谅我这样说，父亲！）随武汉大学迁来故乡乐山，后来认识了母亲。1945年，父亲与母亲成婚，依次生下大哥（1946）、大姐（1948）、二姐（1952）和我（1954年6月27日）。

1951年，母亲进入当时的建设银行工作。那是我出生之前三年，即卡夫卡死于肺结核之后27年。当时，母亲的同事多为旧时遗留下来的旧员，其中罹染肺结核者，不在少数。1953年金秋，母亲怀上我之后，即深感力不从心，翌年夏天生下我不久，又发现咯血，后于1955年确诊为晚期肺结核。

看来，就在怀上我前后，母亲已罹染肺结核。怀上我之后之所以力不从心，应该正是肺结核使然。母亲当时即与父亲商量，决定中止妊娠。但她怎么也想不到，这一意愿竟“违反政策”。20世纪50年代，中国正学习苏联，鼓励生育，倡导“英雄母亲”：谁生谁英雄，越生越英雄。更要命的是，如此“时代精神”竟成一项政策，必须坚决贯彻、执行。

难为母亲了！她先天那么单薄，承受了大哥、大姐、二姐的育养，眼下又病中妊娠，还不用说因父亲遭受不公我家处境每况愈下。“英雄母亲”对于她，怎么说都是苦涩的讽刺。母亲鼓起勇气向政府打报告，请求批准中止妊娠，结果被否决。倔强的母亲反复打报告，其斗争之烈，连外婆也批评她闹得满城风雨，但最终仍遭否决。

母亲失败了。（她失败了吗？那么谁胜利了？以卵击石是母亲的天性，自晓事以来，我深为母亲这一天性而自豪，以此天性为生的母亲——就像“病病不病”的饥饿艺术家卡夫卡——怎么会失败呢？不过此乃他话。）在以卵击石的斗争中，我在母亲子宫中悄悄成长，并于1954年仲夏顽强降生。

事情愈想愈不可思议：我本来并无“今生今世”，结果竟有“身前生后”！世界本来与我了无关系，但我最终来到世界，并携带着与生俱来的复杂因缘和纷纭际遇，血肉模糊有如父精母血：爱恨情仇、家事国事、伤害牺牲、相濡以沫、“同体大罪”——包括我肉身的缺陷：大约一岁之际，父亲发现我左腿有疾，当下送医院，被诊断为小儿麻痹后遗症。然而，记得小学毕业之前，舅婆（外婆的妹妹）两次悄悄告诉我：“他们哄你的，你的腿是胎生的。”我当时因年少未谙其意，后来“五十知天命”之年，却恍然若有所悟：母亲当年打报告请求中止妊娠，遭否决之余，是否尝试过“非法”之举而仍遭失败，未能“消灭”而仅仅“修理”了我？

无论当年事实究竟如何，我有幸遗传了母亲的乐观天性，有生以来并不为此悲戚，也无“卡夫卡式”（Kafkaesque）的“恶心”“呕吐”。然而，因相关之种种，我竟得以了解犹太人卡夫卡，走近他的内心，体会他的“恶心”“呕吐”，并格外领悟了《希伯来圣经》的精义：“我生于罪愆，呵！母亲孕我于罪愆！而你开启我，让我悟真道，心明眼亮……”

“卡夫卡之罪”与替罪羊

按卡夫卡有意无意的陈述，他自幼与父亲对抗于“父亲的法庭”，其“诉讼”之复杂与吊诡，超乎想象。我有罪吗？如果有，必因父亲（当然包括母亲）先有罪或“被有罪”。然而——如卡夫卡所知悉——父亲无非“生活的代表”，如果父亲有罪，必因生活本身先有罪。但是，如果生活本身有罪，必因众生先已“同体大罪”！

绝望在于：如果众生“同体大罪”，那么，赎罪就没有可能！除非众生之外有一位终极替罪羊（终极人质）——唯一绝对之爱或同体大爱——代“众生”之个体（及其“如一”之整体）赎罪！

人性的悲剧在于，我们总在众生之内寻找“替罪羊”[1]。

1　恰如精神分析的正确观察，此举内含着“反向作用”——就我们内在的深层心理机制，“替罪羊”不二于“替爱羊”。以希特勒为例，纳粹德国时代被选为“替爱羊”，纳粹德国灭亡之后，又被当作“替罪羊”。值得注意的是，连伟大的犹太人勒维纳斯也未能幸免于这一错误的思维模式（参见他的《塔木德四讲》，第124~125页）。卡夫卡不属此列，因为他明了“同体大罪”的真道。

然而,奇妙的是,卡夫卡的犹太先祖竟蒙恩例外,人性因此拥有希望。

历史上,犹太新年之后第十天,是犹太人的赎罪之日(Atonement)。这一天,犹太人彻底斋戒,停止工作,聚于会堂,向"天父"耶和华祷告忏悔,祈求他赦免一年来所犯罪愆。接下来要举行圣殿祭仪,杀死一头公山羊祭祀耶和华,与此同时,将另一头公山羊放逐旷野,让它带走众生所犯一切罪愆。"替罪羊"一义即由此而来。按精神分析所谓的"反向作用"(reaction formation),这只"替罪羊"已然"替爱羊"——即爱的中介。就此而言,Atonement另有"复和"之意——经由"替罪羊/替爱羊"的牺牲,犹太人希望得以与"天父"复和,并借此与众生(包括"代表"众生的生身父亲)复和。

所以,对于犹太人,赎罪之日也是与"天父"(进而与众生)复和之日。

至此,我们恍然大悟于卡夫卡1917年9月28日(赎罪日)那天的日记:

> 话虽这么说,我还是愿意把自己交托于死亡。一种信仰的残余。回归一位父亲。伟大的赎罪之日与复和之日(Atonement)。[1]

所谓"话虽这么说",意指一周前,因罹患肺结核,他铁石心肠与未婚妻挥泪诀别,此情此景,恰如他所回忆的对话轮廓:

> 我:"那么,这就是我的结局。"
> 菲莉斯:"这是我的结局。"
> 我:"这是我带给你的结局。"
> 菲莉斯:"的确如此。"

1 译自1917年9月28日日记。

菲莉斯的指陈令他痛感亏欠。然而，他去意已决，一心向死而生，更确切地说，“回归一位父亲”。

只是，卡夫卡此处所谓“父亲”，一语双关，首指“天父”，继指生身父亲赫尔曼·卡夫卡。

他向“天父”忏悔赎罪，蒙恩复和，也借此——至少在意向上——解除与父亲的“法庭”对抗。

在“同体大罪”之中，父子之所以对抗，乃彼此因爱生恨，互为“替爱羊/替罪羊”或“替罪羊/替爱羊”。父亲对儿子恨铁不成钢，反之亦然。就卡夫卡一方，大体而言，他一生与“最亲爱的父亲”反向作用，基于他对罪愆的深刻体认。这一体认伴随他的生命逐渐展开、深入并完成。他愿父亲不再迷恋罪愆的俗世，回归古老的犹太精神血缘。这是恨铁不成钢。只是，对于卡夫卡，父亲既是生身父亲，也是“生活的代表”，因而，他对父亲的恨铁不成钢，也意味着对民族与人类的忧患——忧患于民族与人类的内外异化及每况愈下。过去，他与父亲对抗于“法庭”，一如他与另一位“生活代表”菲莉斯“诉讼”相见，[1]结果——因“同体大罪”，反而导致更多的伤害。然而眼下，即1917年9月28日这个赎罪之日与复和之日，他有幸蒙恩获赦，与“天父”复和，并借此唯一绝对之爱——替罪羊/替爱羊或同体大爱，开始赎回（“做回”）自己。“同体大罪”依然，然而奇妙的是——在属灵的意义上，他开始同父亲、菲莉斯、“你”、民族与人类复和。

属灵“国学”——上善若水卡夫卡

大约罹患肺结核之后五年，某天，在公司办公室，39岁的卡夫卡与同事之子雅诺施谈起中国的国学，顺手从抽屉里拿出《老子》《庄子》《论语》《中庸》和《列子》等书。他向这位忘年交透露，自己情有独

1　与菲莉斯的婚事，某种意义并某种程度上，恐亦属这场“法庭”对抗的主要内容。

钟中国的道家思想久矣:"长久以来我一直深入研究道家思想,只要有译本,我都看了。"尤其庄子,他自认为"马马虎虎读懂了"。他当下论及庄子的《知北游》:"不以生生死,不以死死生。死生有待邪?皆有所一体。"这段话,他特别画了着重线。徜徉生死之际,从异国的庄子,他似乎找到"齐生死"的知音:"我想,这是一切信仰和人生智慧的根本关切。我们需要把握事物与时间的内在联系,认识自身,洞察自己的形成与消亡。"接下来的一段,他更是逐字逐句画了四条着重线,整段再用线条框起来:"古之人外化而内不化,今之人内化而外不化。与物化者,一不化者也。安化安不化?安与之相靡?必与之莫多。……圣人处物不伤物。"雅诺施表示此语过于深奥,期待卡夫卡来评价。卡夫卡无言,合上《庄子》,与众书一道放回抽屉,沉吟一会儿,再侧头凝视雅诺施片刻,慢慢说:"这很正常。**真道**始终深邃难及,就像游泳和跳水:日常经验的狭窄跳板颤颤悠悠,但必须有勇气就此一跃而下,俯冲到深处,接着再浮出水面,笑着,大口呼吸空气,眼前的世界倍加明亮。"(黑体为笔者所加)

不知雅诺施是否明了,庄子这段不变应万变的心学,在卡夫卡,已然共鸣着他生命的至深体认:致死之疾乃"恐惧(死)-渴望(生)"或"欲望/恐惧"。欲望是恐惧的表象,恐惧是对死亡的反射,然而,爱的世界本来并无死亡。

那天的谈话令卡夫卡再次忆起童年,如沉入水底:父亲强壮爽朗,他瘦削腼腆;父亲越是恨铁不成钢,他越是柔弱胆怯;父亲带他去游泳学校锻炼,总要和他先喝点啤酒,希望他借此壮点胆,但是,到了更衣室——卡夫卡罹病之后致信父亲——"一看见您的身躯,我的心就凉了半截……我瘦削、弱小、窄肩膀,您强壮、高大、宽肩膀……不单单在您面前,在全世界面前也是如此,因为您是我衡量万物的尺度……"到了游泳池边,他更不敢往下跳,老在跳水板上磨蹭……

游泳学校不过是生活的象征。

那么，是沧桑的父亲，大树一般，遮挡了阳光？

不！毋宁说——正如卡夫卡的深刻颖悟——黑暗仅仅源于自己内在的“伤物”之情，而这“伤物”之情，最终来自民族的哀痛，淤结于内而“不化”，又貌似偶然，选择了卡夫卡充当“替罪羊”——做“最瘦的人”，患“恐水症”，罹结核病，当单身汉，成孤独者……隐喻并代言民族的伤痛！

1924年5月，结核转移至喉头，卡夫卡病情恶化。医生尽力挽救之余，鼓励他喝啤酒，因为酒精有助于杀灭口腔及喉头的结核杆菌，对治疗不无益处。病危之际的卡夫卡，生平第一次放开酒量。他因喉头结核无法说话，就以纸笔代言。童年犹如真理，从人生阴暗的水底浮上来，荡漾在明媚的阳光中，再化为温煦的亲情：

如此酒量，还不够资格跟我父亲上游泳学校的酒量呢！……但我希望能在一个漂亮的地方安安静静地团聚几天……正如你们[爸妈]信中所说……一道“好好喝杯啤酒”。……我现在常常于炎热之中回忆起我们以前曾经定期地一同喝过啤酒——许多年前，每当父亲带我去游泳学校时。

寸步不离的恋人多拉，也致信卡夫卡父母，见证卡夫卡眼下的人生豪情：

他特别自豪的是，能够同他尊敬的父亲一道喝啤酒。……眼下，他常常高兴地谈起啤酒、葡萄酒、(水)[原文如此]和其他美好的事物，令我也不禁陶醉。弗兰茨已经成为一名豪饮者……

临别的卡夫卡豪饮人生：啤酒，葡萄酒，水，溪水，水塘，池潭，河流，大海，游泳，阳光，亲人，人……孟夏五月，阳光明媚，“眼前的世界倍加明亮”。

交代与说明

出于分析与叙事的特殊需要，在本书中，大量卡夫卡引文由笔者亲手译自权威英译本，不当之处望方家赐教，典型者如：1922年7月5日致勃罗德（第十七章第二节）、卡夫卡箴言（第六章第二节）、“我自己的犹太教”（第十章第一节）、“别的力量正在运行……犹太复国主义不过是一扇门”（第十七章第三节）、“伟大的赎罪之日与复和之日”（第十四章第二节和后记）、“恐怕只有信仰的共同体，能为当前人类所寄望”（第二章第三节）、“爱有一副强力的面孔”（第四章第一节）、“正面表述走得太远……大而无当”（第十四章第三节）、“临终日记”（第十六章第三节）。

关于本书文献征引，全书（包括“导言”）首次征引给出完整信息，此后仅给出书名与页码。特殊情况，如《卡夫卡传》，同名译本多种，遂标明作者。此外，勃罗德《卡夫卡传》不止一种汉译，本书的“勃罗德，《卡夫卡传》”专指叶廷芳先生译本，另译则注明译者。

《卡夫卡全集》《卡夫卡小说选》《卡夫卡小说全集》等译集的征引，为求简明，一般略去译者和二级编者，特此说明并致歉。

在本书中，一般而言，如无“译自”字样，即引自现有汉译。少数引文仅作为叙事之用，未注明出处，可能引自相关文献，也可能出于笔者自己的移译，特此说明。

概而言之，本书一切疏误，由笔者承担全部责任。先致歉意。

感谢何雨婷女士代表西师出版社的诸般付出：耐心，宽容，相信，建议，讨论，等等。她竟然拥有“星空意识”。4000年前，卡夫卡的先祖亚伯拉罕被带到星空下，领受了绝对与无限之爱的祝福，以至后人代代传唱那首至善臻美的诗篇：“我观看你指头所造的天，并你所陈设的月亮星宿；哦，人算什么，你竟顾念他；世人算什么，你竟眷顾他……”如此“星空意识”会意于老子的“无名”之“道”与“大象无形”，释迦牟尼的“星空”[1]，孔子（前期）的“天”，康德的“敬畏”，牛顿的“第一推动”，斯宾诺莎的“自因”，巴赫-古诺及舒伯特的《圣母颂》，安徒生的《卖火柴的小女孩》[2]，克尔恺郭尔的“主”，凡·高的《星月夜》，爱因斯坦的“上帝”，等等。凭借“星空意识”的恩赐，她直接提出了“星空丛书”这个思想。其结果，这套丛书不再是原来的“旷野漂流丛书”，原来的总序“在人性的旷野”也替换为如今的“星空与创造”，从被“顾念”、被“眷顾”的人与大地，转向了“顾念”与“眷顾”的源头——星空的创造者。“他”创造了星空，自然也创造了星空下那些“创造性”的圣哲、伟人、天才。丛书的空间一下子被敞开，眼前原来异象万千。所以，我对她的感谢不仅为本书，也为“星空丛书”。而且，这份感谢还要延伸到下一步的工作——她另有灵感的恩赐，与“星空意识”一样，在女性中不常见，这一恩赐帮助我打好了下一本书的基础。

谈及下一本书，给了我一个感谢老友钟明的机会。站在我儿子的角度，我私下叫他“钟叔叔”。因为，他的为人总是令我感动，并不由自主念及对儿子及他母亲（我前妻）和至爱亲朋的亏欠。我亏欠创造星空的创造者，所以也亏欠他们，一如亏欠世人。我立志悔改，希望能感恩当下，弥补过去，却“立志为善而行不出来”。在我人性深处，深藏着狡黠的推诿。“钟叔叔”的存在提醒我无可推诿，虽我至今还在推诿，但转变早晚会出现。他是创造者对我特别的恩赐。最近一次见面（一年中我们难得见一两次），我貌似公义论及某项具体“罪行”，他脱口而出：“不要动不动就上纲上线，人类的罪还少了么?!”我一时无语，没想到他对“罪”的思考如此敏锐深刻，用我的话说，已然“同体大罪”的境界。正因为如此，他能接纳我这种损友，甚至不吝善加勉励：“……改啥子嘛？都到这把年纪了……能够坚持做这些事情就是对的……”他所谓“这些事情”，应该就包括刚才说过的下一本书，已经正式启动，期

1　释迦牟尼望星空而成道，可参《佛祖统记》《长阿含经》或《过去现在因果经》。

2　其实，如果理解了本书第二章第三节布伯心中的卡夫卡，就理解了这位“小女孩”。他们都被“顾念”“眷顾”，他们的家都在星空。

限却只有半年。另一方面，我与卡夫卡一样先天不足，后天不良，尤其眼下，精力迅速衰退，早已不敢熬夜写作了。不凑巧，半年之内还须完成装修与搬迁（大约有两万册书），监工事宜尤其令我不敢想象。绝望时刻，他全方位站到我这个损友一边，除安排、资助外，竟主动承担起监工事宜——以他的社会身份，完全不可思议。其实，我并未向他谈过我的下一本书，但他似乎有感知的异禀。事实上，就我对他近20年的了解，他身上就有这种能力！真希望以后有机会讲讲他的二三事，眼下，请允许我道一声："谢谢啦，钟叔叔！"我知道这些表达太书生气，但没法说服自己，只好请老友原谅！

感恩创造星空的创造者，让我有勇气在此感谢老友钟明，进而敞开了异象的空间，在此因感恩而致歉并致谢：创造者恩赐的妻子李琪，一众至爱亲朋，李善河先生一家，恩师观涛并青峰，老师樊洪业先生并林文照先生，无私援助的史弟兄及周安先生并李杨先生，所有向我传递恩典的人，所有被我一己之罪愆伤害过的人，过去现在未来一切众生——所有与我同体大在、大罪、大悲、大痛、大盼望之人……

2014年圣诞

主要参考文献

[1][奥]卡夫卡.卡夫卡全集[M].叶廷芳等译.石家庄:河北教育出版社,1996年.

[2][奥]卡夫卡,[捷]古斯塔夫.雅诺施.卡夫卡口述[M].赵登荣译.上海:上海三联书店,2009年.

[3][奥]卡夫卡.卡夫卡小说选[M].孙坤荣等译.北京:人民文学出版社,1994年.

[4][奥]卡夫卡.卡夫卡小说全集(全三卷)[M].韩瑞祥等译.北京:人民文学出版社,2003年.

[5][奥]卡夫卡.卡夫卡集[M].叶廷芳编选.上海:上海远东出版社,2003年.

[6][奥]卡夫卡.城堡·变形记[M].李文俊等译.杭州:浙江文艺出版社,1995年.

[7][奥]马克斯·勃罗德.卡夫卡传[M].叶廷芳,黎奇译.石家庄:河北教育出版社,1997年.

[8][奥]马克斯·布罗德.灰色的寒鸦:卡夫卡传[M].张荣昌译.北京:北京十月文艺出版社,2010年.

[9][德]克劳斯·瓦根巴赫.卡夫卡传[M].周建明译.北京:北京十月文艺出版社,1988年.

[10][德]彼得-安德烈·阿尔特.卡夫卡传[M].张荣昌译.重庆:重庆大学出版社,2012年.

[11][美]凯西·迪亚曼特.卡夫卡最后的爱[M].张阅译.南京:江苏人民出版社,2012年.

[12][美]桑德尔·L.吉尔曼.卡夫卡[M].陈永国译.北京:北京大学出版社,2010年.

[13][英]尼古拉斯·默里.卡夫卡[M].郑海娟译.北京:国际文化出版公司,2006年.

[14][法]E.勒维纳斯.塔木德四讲[M].关宝艳译.北京:商务印书馆,2002年.

[15][法]E.勒维纳斯.上帝·死亡和时间[M].余中先译.北京:生活·读书·新知三联书店,1997年.

[16][以色列]埃利·巴尔纳维.《世界犹太人历史——从〈创世纪〉到二十一世纪》[M].刘精忠等译.北京:中国人民大学出版社,2007年.

[17][英]R.D.莱恩.分裂的自我——对健全与疯狂的生存论研究[M].林和生,侯东民译.贵阳:贵州人民出版社,1994年.

[18]林和生."地狱"里的温柔:卡夫卡[M].成都:四川人民出版社,1997年.

[19]希伯来圣经

[20]Franz Kafka, The Diaries(1910—1923)[M]. edt. by Max Brod, trans. by Joseph Kresh and Martin Greenberg with cooperation of Hannah Arendt, Schocken Books, 1975, 1976.

[21]Franz Kafka, Letters to Felice [M]. edt. by Erich Heller and Jürgen Born, trans. by James Stern and Elisabeth Duckworth, Schocken Books, 1973.

[22]Franz Kafka, Letters to Milena [M]. translated and with an introduction by Philip Boehm, Schocken Books, 1990.

[23]Franz Kafka, Letters to Friends, Family and Editors [M]. edt. by Max Brod, trans. by Richard and Clara, Schocken Books, 1977.

[24]Franz Kafka, The Zürau Aphorisms [M]. trans. from German by Michael Hofmann, Harvill Secker, 2006.

[25]Gustav Janouch, Conversations with Kafka [M]. trans. by Goronwy Rees New Directions; Second Edition,2012.

[26]Franz Kafka, The Complete Stories [M]. edt. by Nahum N. Glatzer, Schocken Books, 1971.

[27]Ernst Pawel, The Nightmare of Reason: A Life of Franz Kafka [M]. Farrar, Straus and Giroux, 1984.

[28]Martin Buber, The Letters of Martin Buber: The Life of Dialogue [M]. edt. by Nahun N. Glatzer and Paul Mendes-Flohr, trans. by Richard and Clara Winston and Harry Zohn, Schocken Books, 1991.

[29]Martin Buber, Two Types of Faith: A Study of Interpenetration of Judaism and Christianity [M]. trans.by Norman P. Goidhawk, The Macmillan Company, 1951.